U0575979

国家民委民族研究委托项目（2017-GME-009）成果

中南民族大学中央高校科研业务费专项资金资助项目（CSD17025）成果

中国高水平民族大学建设研究

杨胜才　等◎著

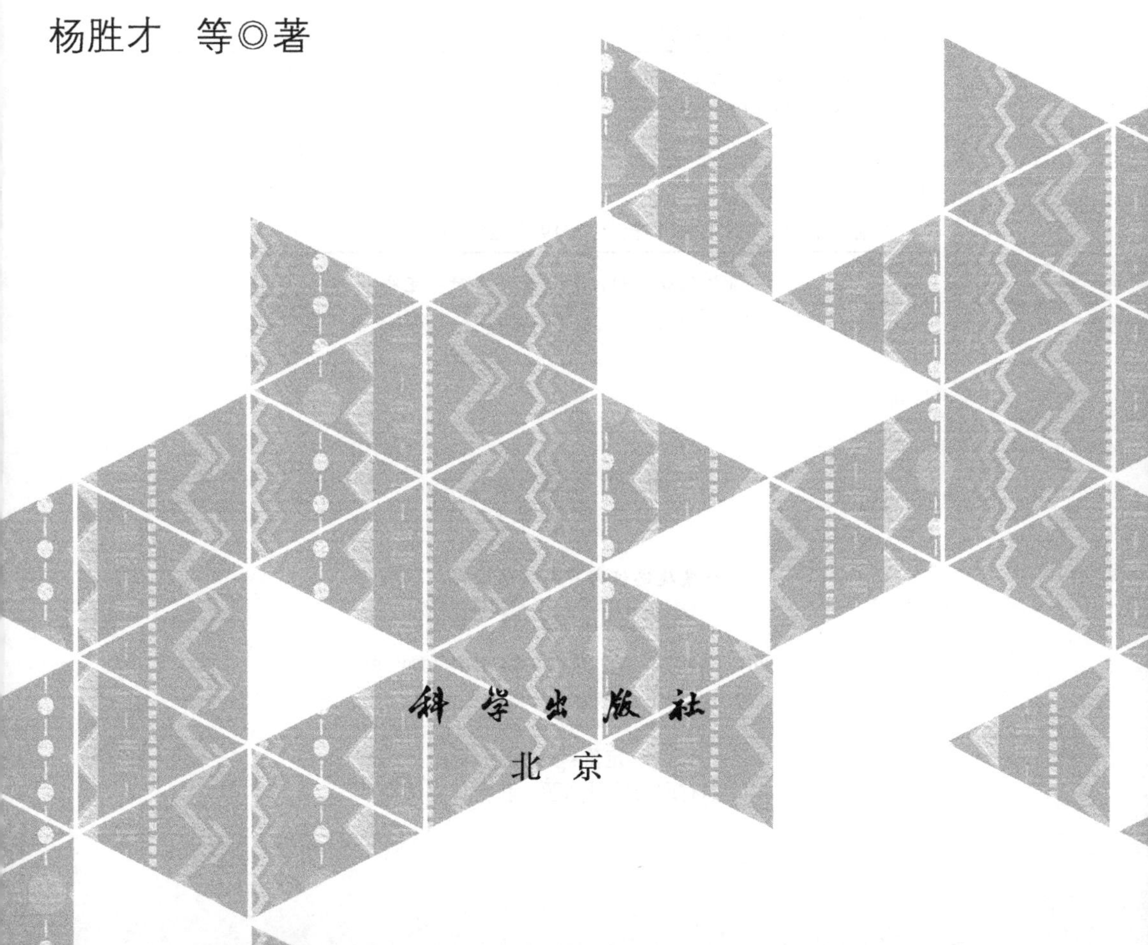

科学出版社

北京

内 容 简 介

本书以习近平新时代中国特色社会主义思想为指导，站在确保党的事业后继有人和社会主义事业兴旺发达的战略高度，站在协调推进“四个全面”战略布局和“五位一体”总体布局的全局高度，站在实现“两个一百年”奋斗目标和中华民族伟大复兴中国梦的时代高度，贯彻党的教育方针和民族政策，立足中国基本国情和民族院校办学实际，坚持目标导向、问题导向和质效导向，围绕“有特色、高水平”这一关键，运用历史法、比较法和行动研究法等综合方法，阐明了我国高水平民族大学建设的重大意义，廓析了高水平民族大学的本质特征，探讨了高水平民族大学的建设路径，初步构建了考察高水平民族大学建设质效的评价体系。

本书可供民族院校及民族地区高校广大师生、民族教育行政管理及民族工作相关人员，以及各高等学校教育科学研究人员参阅。

图书在版编目(CIP)数据

中国高水平民族大学建设研究 / 杨胜才等著. —北京：科学出版社，2019.11
ISBN 978-7-03-063285-2

Ⅰ. ①中… Ⅱ. ①杨… Ⅲ. ①民族学院-教育建设-研究-中国
Ⅳ. ①G758.4

中国版本图书馆 CIP 数据核字(2019)第 251993 号

责任编辑：付 艳 / 责任校对：王晓茜
责任印制：李 彤 / 封面设计：润一文化

科学出版社 出版
北京东黄城根北街 16 号
邮政编码：100717
http: //www.sciencep.com

北京捷迅佳彩印刷有限公司 印刷
科学出版社发行 各地新华书店经销

*

2019 年 11 月第 一 版 开本：720×1000 B5
2019 年 11 月第一次印刷 印张：19 1/4
字数：300 000

定价：99.00 元

(如有印装质量问题，我社负责调换)

序

陈立鹏[1]

近日，拜读了杨胜才教授牵头完成的书稿《中国高水平民族大学建设研究》，很受教益。该书是杨胜才教授继《中国民族院校特色研究》《中国民族院校办学理念研究》《中国民族院校校园文化建设研究》之后，推出的又一部研究民族院校建设与发展的力作；是在习近平新时代中国特色社会主义理论指导下，围绕民族院校如何服务好民族地区、服务好民族工作、服务好国家战略，如何办出特色、办出水平，实现高水平、跨越式发展而完成的一部佳作；是在国家统筹推进世界一流大学和一流学科建设进程中，为积极推进高水平民族大学建设发展、改革创新而“量身定制”的一部杰作。该书是当前学习和研究民族教育、高等教育，特别是民族院校发展、高水平民族大学建设、民族院校“双一流”建设的重要文献。该书具有如下几个特点：

一是高处站位，视野开阔。该书始终站在新时代如何完成民族院校历史使命的高度，站在实现中华民族伟大复兴中国梦和铸牢中华民族共同体意识的高度，站在国家统筹推进世界一流大学和一流学科建设进程中民族大学如何加快发展、高水平发展的高度，来研究和谋划高水平民族大学如何建设和发展；并且始终从民族院校历史发展的视角和高水平

[1] 陈立鹏，教育学博士，中国人民大学教授、博士生导师，全国民族教育专家委员会委员兼副秘书长。

大学建设国际、国内比较的视角，来研究和谋划高水平民族大学如何建设和发展。

二是内容全面，重点突出。该书紧紧围绕高水平民族大学建设的主题主线，深刻阐明了高水平民族大学建设的背景意义，高度凝练了建设理念，系统回顾了建设历程，深入分析了建设现状，精准检视了建设规划，初步探讨了评价体系，在此基础上，提出了符合中国国情、顺应时代发展、彰显民族特色的具体建设路径。该书内容丰富、重点突出，条理清晰、分析透彻，这对于当前境况下推进高水平民族大学建设具有重要的指导意义。

三是观点新颖，见解独到。阅读该书，在强烈感受作者高度的责任感、使命感和担当意识的同时，也深切感受到作者智慧的光芒，书中处处闪耀着作者独到、新颖的观点。例如，关于高水平民族大学建设的意义，该书明确提出，高水平民族大学建设有助于服务国家总体战略布局，有助于促进民族团结进步事业，有助于带动民族教育的现代化。又如，关于高水平民族大学制度建设，该书明确提出，首要的是理顺关系，完善内部治理结构，且在理顺关系时，不仅要重视“边界”，还需关照“之间”。如在处理学术权力和行政权力的关系时，通常十分重视各自权力的划分，忽视两者的交叉、重叠。在大学中，要处理好二者的关系，不仅要划分各自的权力范围，更要注重解决两者“之间”的问题。解决两者“之间”的问题，一是以两个“优先”为原则，即首创优先、首责优先；二是区分学术、行政、综合三种决策；三是实行学术、行政交叉任职，加强相互沟通、理解；四是对校、院、系三级权力作出不同的划分等。再如，关于高水平民族大学建设路径，该书明确提出，笃定宗旨是民族院校的立校之本，发挥特色是民族院校创业之基，要始终坚持把“标准”定格在让党放心和让人民满意上，把“质量”聚焦在各族学生健康成长和全面发展上，把“特色”书写在地方和民族地区的广袤土地上，把“水平”体现在服务国家战略需求和我国民族团结进步事业的创新发展上等。诸如此类的创新观点，书中随处可见，不胜枚举。

四是虚实结合，相得益彰。该书在全面系统阐述高水平民族大学建设有关理论观点的同时，以国家民委所属的中央民族大学、中南民族大学、西南民族大学、西北民族大学和省（自治区）人民政府所属的云南民族大学、广西民族大学等作为案例进行深入分析和比较研究，对这些大学的办学思路、目标定位、发展经验及改革举措、发展规划及落实情况、在国内高校及世界大学中的排名等进行研究，这对于推动高水平民族大学建设的理论研究、全面推进高水平民族大学建设实践具有重要意义。

总之，杨胜才教授牵头完成的《中国高水平民族大学建设研究》一书，是为促进新时代民族院校加快发展、科学健康发展、高水平发展而作，是一部理论研究与实践研究、案例研究与行动研究、历史研究与比较研究相结合而形成的力作，是作者几十年如一日长期研究民族院校、民族教育而形成的重要理论成果，也是作者多年来在高水平民族大学领导岗位上进行的理论思考和实践探索，我非常高兴也非常荣幸为该书写序。

热切期待该书对我国民族院校改革发展，对高水平民族大学建设，对民族院校“双一流”建设，发挥其应有的作用；期待在该书的引领下我国民族院校研究、民族教育研究掀起热潮。衷心祝愿我国高水平民族大学建设、民族院校“双一流”建设硕果累累，祝愿我国民族教育事业兴旺发达、蒸蒸日上！

2019年8月23日　北京

目　录

第一章 绪论

第一节 研究背景

近千年的历史向世人昭示，“哪里有世界一流大学的兴起，哪里就有民族的兴旺、世界一流国家的崛起……大学兴起带来国家昌盛，这不仅是西方现象，也是世界现象”[1]。当今时代，大学已处于现代社会的“轴心结构”[2]，成为“知识工业的中心”[3]。现代大学的性质和功能已由传统模式向多元综合的格局深化拓展，作为提升科技国际竞争力的核心因素，作为推动经济发展的重要命脉，作为促进国家综合发展的稳固基石，现代大学尤其是世界一流大学的作用愈加明显。近年来，面对世界多极化、经济全球化、文化多样化、社会信息化的深入发展趋势，世界各国纷纷研究对策，提前谋划与周密部署，统统将目光投向教育，把重点放在高等教育改革和未来人才培养上，希望在未来的激烈竞争中抢占先机赢得主动。要想在经济规模、物质财富、全球竞争力、国际影响力等方面获得和保持大国地位，要想成为一个伟大的国家，“只有众多的大学还不够，还必须要有既挑战世界，而又包容世界；既立足本国，而又面向全球；既传承过去，而又超越过去；既把握未来，而又脚踏实

[1] 丁学良．什么是世界一流大学[M]．北京：北京大学出版社，2004：29.

[2] Bell D. The Coming of Post-Industrial Society[M]. New York: Basic Books, 1973.

[3] Kerr C. The Uses of the University[M]. New York: Harper Torch Books, 1966.

地的伟大的大学”[1]。

习近平总书记指出，“教育是提高人民综合素质、促进人的全面发展的重要途径，是民族振兴、社会进步的重要基石，是对中华民族伟大复兴具有决定性意义的事业”[2]。在全国高校思想政治工作会议上，习近平总书记又再次强调：“高等教育发展水平是一个国家发展水平和发展潜力的重要标志。实现中华民族伟大复兴，教育的地位和作用不可忽视。我们对高等教育的需要比以往任何时候都更加迫切，对科学知识和卓越人才的渴求比以往任何时候都更加强烈。党中央作出加快建设世界一流大学和一流学科的战略决策，就是要提高我国高等教育发展水平，增强国家核心竞争力。”[3]党的十九大报告提出，“建设教育强国是中华民族伟大复兴的基础工程，必须把教育事业放在优先位置，加快教育现代化，办好人民满意的教育”，并明确了“加快一流大学和一流学科建设，实现高等教育内涵式发展”的方向和目标。[4]中共中央、国务院印发的《中国教育现代化 2035》更是站在新的高度“更新教育现代化内涵、把握改革规划亮点、激活创新发展潜能、提升教育获得感、瞄准主攻方向和着力点”[5]，提出了一系列推进教育现代化的新理念、新目标、新任务、新路径和新要求，在“十大战略任务”中不仅明确了高等学校的努力方向，也强调了振兴中西部地区高等教育和提升民族教育发展水平。正如外媒评论称，“此举将助力中国实现具有国际影响力的‘社会主义现代化强国’目标”[6]。进入新时代，随着高等教育主要矛盾转化、现代化经济体系建设加速、科学技术迅猛发展、教育国际化大势所趋、体制改革不断深化，高等教育面临着新的机遇和新的挑战。

---

[1] 丁学良. 何谓世界一流大学[J]. 招商周刊，2005（5）：22-23.

[2] 习近平. 做党和人民满意的好老师[N]. 人民日报，2014-09-10.

[3] 习近平在全国高校思想政治工作会议上强调：把思想政治工作贯穿教育教学全过程 开创我国高等教育事业发展新局面[N]. 人民日报，2016-12-09.

[4] 习近平. 决胜全面建成小康社会 夺取新时代中国特色社会主义伟大胜利——在中国共产党第十九次全国代表大会上的报告[N]. 人民日报，2017-10-28.

[5] 张菀航. 创新驱动助力中国教育现代化[J]. 中国发展观察，2019（5）：13-15.

[6] 海外网. 中国这一战略规划引发日媒热议：将助力中国实现强国目标[EB/OL].（2019-03-03）. https://weibo. com/ttarticle/p/show?id=2309404345872149278250#_0.

“我们伟大的祖国，幅员辽阔，文明悠久，中华民族多元一体是先人们留给我们的丰厚遗产，也是我国发展的巨大优势。”[1]民族地区集资源富集区、水系源头区、生态屏障区、文化特色区、边疆地区、贫困地区“六区”于一身，这一“家底”与国家“五位一体”总体布局的五大维度息息相关，“其多维的特性突出体现了民族工作的全局性、重要性、复杂性和艰巨性”[2]。站在新的历史起点，从民族工作历史方位看，一方面是民族问题在全社会的影响更加广泛，影响民族关系的因素更加复杂；另一方面是社会主义市场经济条件下的民族工作在新形势下呈现出新的阶段性特征[3]，“我国大散居、小聚居、交错杂居的民族人口分布格局不断深化，呈现出大流动、大融居的新特点”[4]，推进民族事务治理体系和治理能力现代化的要求更加迫切。从民族教育使命任务来看，一方面是民族教育在服务全面建成小康社会、促进民族团结、维护和谐稳定中的作用更加重要；另一方面是民族教育发展现状与各族群众对于“上好学”的高质量教育需求相比、与民族地区实现全面建成小康社会目标相比，“由于历史、自然等原因，民族教育发展仍面临一些特殊困难和突出问题，整体发展水平与全国平均水平相比差距仍然较大”[5]。我国的基本国情和民族地区的家底决定了民族工作和民族教育在党和国家工作全局中的地位愈加重要，全面建成小康社会的重中之重、难中之难、急中之急在于少数民族地区。发展，是解决民族地区各种问题的“总钥匙”，是实现民族地区与全国同步全面建成小康社会，圆满完成新时期民族工作中心任务的关键。民族地区能否扬长补短，实现“弯道超车”、跨越发展，越来越依赖于人力资本的积累、劳动者素质的提高和就业创业能力的提升。

---

[1] 习近平．在全国民族团结进步表彰大会上的讲话[N]．人民日报，2019-09-28.

[2] 李臻，金浩．新常态下民族工作的基本国情依据：中国是统一的多民族国家——做好民族工作的前提[J]．黑龙江民族丛刊，2016（3）：5-10.

[3] 中央文献研究室．中共中央、国务院关于加强和改进新形势下民族工作的意见[A]//中共中央文献研究室.十八大以来重要文献选编（中）[C]．北京：中央文献出版社，2016：105.

[4] 习近平．在全国民族团结进步表彰大会上的讲话[N]．人民日报，2019-09-28.

[5] 国务院．国务院关于加快发展民族教育的决定[Z].（2015-08-17）. http://www.gov.cn/zhengce/content/2015-08/17/content_10097.htm.

民族教育是教育工作和民族团结进步事业的一个交汇点和结合部，民族院校是民族高等教育和民族工作的重要承担者。深化我国高水平民族大学建设研究，对于主动适应民族地区实现全面建成小康社会目标需求，有效服务党和国家民族工作大局，积极跟进国家重大战略布局，不断满足各族群众日益增长的对优质高等教育渴求，创新引领民族教育现代化建设进程，对于丰富和发展具有中国特色的民族高等教育理论，指导和检视我国高水平民族大学建设实践等，具有十分重要的政治价值、学术价值和实践价值。

自 1985 年曲钦岳先生在《人民日报》提出应当尽快建立若干所高水平、多科性的综合大学，到“211 工程”“985 工程”“双一流”战略的相继实施，高水平大学研究也随之不断拓展与深化。“高水平大学”是一个发展性概念，狭义专指世界一流大学，这一研究相对较为成熟。20 世纪 90 年代，上海交通大学高等教育研究所出版了世界一流大学研究和评价的相关专著，广义上包含了高等学校质量保障等层面。当前高水平大学研究主要从国家宏观政策影响、高水平大学建设实践、高水平大学评价指标等方面展开，并取得了一系列重要成果。近年来该主题的研究则逐渐延伸到历史文化领域，将后发高校与高水平大学建设进行综合研究。但现有的高水平大学研究均不同程度地存在去外延化、去个性化、去标准化及模仿化等问题[1]，如何超越发展，超越模仿，更接中国地气，独具中国特色，是高水平大学研究亟待解决的重要问题。

20 世纪 90 年代以前，关于民族院校的研究涉及领域不多，研究成果较少且十分零散。进入 21 世纪以来，随着我国高等教育的快速发展，民族院校研究得以广泛开展，并呈现出涉及面广、成果较多、逐步深入等特点，研究内容主要包括民族院校的作用与地位、民族院校的定位与发展、民族院校的理念与思路、民族院校的质量与特色、多元文化与民族院校发展、民族院校的文化转型、市场经济与民族院校发展等方面，“世界一流民族大学”“高水平民族大学”的概念和目标逐渐进入研究视

---

[1] 叶志明，张旺清，黄韬. 我国高水平大学研究的发展与问题[J]. 长江大学学报（社科版），2013（5）：144-146.

野。如《建设世界一流的民族大学 提升中央民族大学的核心竞争力》（曲木铁西，2003）、《全面加强学科建设，创建高水平的民族大学》（何龙群，2003）、《试论中央民族大学的办学理念与办学思路》（王彦，2004）、《建设世界一流民族大学浅探》（李廷海，2004）、《实施“两大战略”，培育优势学科 把中央民族大学建设成高水平研究型大学》（鄂义太，2006）、《奋力开拓 办有特色、高水平的民族大学》（吴仕民，2007）、《再论十七大精神引领我们办好民族大学》（冯建昆，2008）、《以科学发展观推进高水平民族大学建设》（张婧、周仕兴，2009）等，尤其是《国家中长期教育改革和发展规划纲要（2010—2020年）》颁布和《统筹推进世界一流大学和一流学科建设总体方案》的通知印发以来，“高水平民族大学”和“双一流”的研究主题逐渐成为专家学者的关注焦点，如《高水平民族大学建设的思考》（陈达云，2013）、《创建高水平民族大学的思考》（谢尚果，2013）、《以改革创新为动力 以内涵建设为核心 努力建设人民更加满意的高水平民族大学》（陈达云，2013）、《提升内涵 凝练特色 建设高水平民族大学》（云南民族大学发展规划处高水平大学建设办公室，2015）、《建设国内高水平一流民族大学的实践与思考》（张学立，2015）、《高水平大学建设的云南实践》（王菁，等，2016）、《民族大学建设一流大学一流学科的战略思考》（曾明，等，2016）、《“双一流”战略视野下的民族院校抉择》（杨胜才，2017）、《以党的十九大精神引领世界一流民族大学建设》（张京泽，2017）、《试论民族高等教育改革和“双一流”大学建设》（哈经雄，2017）、《高水平民族大学建设路径选择必须遵循的若干逻辑》（杨胜才，2017）、《建设具有鲜明特色的世界一流民族大学》（张京泽，2018）、《建设人民满意有特色高水平现代民族大学》（杨敏、郭郁烈，2018）、《深入实施“三个突出”战略 建设特色鲜明的高水平现代化民族大学》（赵铸，2019）等，总的研究指向主要集中在何为高水平民族大学、为何建高水平民族大学、如何建高水平民族大学三个方面，预计未来5—10年会迎来相关研究的新的峰值。

总之，较之于我国悠久的民族教育实践史和民族院校近70年的发展历程，相关理论研究严重滞后于实践探索。民族院校研究始于20世纪

90年代后期，兴于21世纪初期，深化提高于“双一流”建设战略实施时期，尽管存在起步较晚、选题宽泛、方向零散、问题剖析有待深化等诸多不足，但我们毕竟迈出了可喜的一步，为未来民族院校研究的拓展深化奠定了一定基础，为高水平民族大学建设提供了不可或缺的重要参考。[1]

第二节 研究的目的和意义

一、研究目的

开展高水平民族大学建设研究，首先要在借鉴国内外相关研究成果和实践探索积累经验的基础上，按照“何为高水平民族大学、为何建高水平民族大学、如何建高水平民族大学”这一总体研究思路，通过回顾高水平民族大学的发展历程，总结历史经验，分析发展现状，在吸收国内外高水平大学建设实践经验和研析相关民族大学“十三五”规划的基础上，凝练发展理念，提出建设路径，构建评价体系。

本书的重点（或集中解决的问题）为：一是高水平民族大学的内涵和标准是什么？二是高水平民族大学建设的思路和对策是什么？三是高水平民族大学的评价体系如何构建？

本书的基本观点是：第一，高水平民族大学建设是全面贯彻党的教育方针和民族政策，立足中国基本国情，遵循民族工作规律与教育发展规律，培养德智体美劳全面发展的各民族高级人才，加快推进民族教育现代化，办好让党放心、人民满意的民族高等教育，接力实现中华民族伟大复兴中国梦的迫切需要；第二，高水平民族大学建设必须立足中国大地，彰显“民族特色”，始终把“标准”定格在让党放心和让人民满意上，把“质量”聚焦在各族学生健康成长和全面发展上，把“特色”书写在地方和民族地区的广袤土地上，把“水平”体现在服务党和国家

[1] 杨胜才. 民族院校办学基本规律的几点认识[J]. 民族教育研究，2015（3）：5-10.

统筹推进“五位一体”总体布局、协调推进“四个全面”战略布局以及助力我国民族团结进步事业的创新发展上；第三，建设高水平民族大学，既要抢抓机遇，应势而谋、因势而动、顺势而为，更要善用机遇，发挥优势、彰显特色，在入流入圈上谋突破，在独树一帜上创业绩。[1]

本书秉持的基本原则有四。一是突出战略性。谋站位：在胸怀全局、把握大势、抢抓机遇的战略思维格局中去探寻高水平民族大学建设的参照系、坐标区和定位点。[2]二是突出系统性。揽全局：从建设理念凝练到发展历程梳理，从历史经验总结到建设现状分析，从评价体系构建到发展路径选择，力求环环相扣、层层递进，形成严密的逻辑体系。三是突出针对性。求实效：回顾历史，既总结成就，又透析短板；分析现状，既把握机遇，又正视挑战；规划发展，既上接国家战略需求的天线，又下接民族院校办学实际的地气。四是突出独创性。显特色：所述观点、所下结论、所提建议力戒人云亦云、照葫画瓢或简单模仿、无味重复，立足民族院校实际，彰显中国特色，体现时代特征，绘制可供借鉴、便于推广、好用实用的高水平民族大学建设线路图。

二、研究意义

1. 进一步深化对于高水平民族大学建设重要性的认识

习近平总书记指出，“实现中华民族伟大复兴，教育的地位和作用不可忽视”[3]，“全面建成小康社会，一个民族都不能少”[4]。要更好地维护民族团结社会稳定大局，助力民族地区持续快速高质量发展，与全国一道同步建成小康社会，最大限度地凝聚各族群众的共识、人心、智慧和力量，谱写“中华民族一家亲、同心共筑中国梦”新篇章，加快

[1] 杨胜才. 双一流”战略视野下的民族院校抉择[J]. 民族教育研究，2017（2）：5-9.

[2] 杨胜才. 着眼“四个维度” 加快民族院校发展[J]. 中国高等教育，2016（11）：30-32.

[3] 习近平在全国高校思想政治工作会议上强调：把思想政治工作贯穿教育教学全过程 开创我国高等教育事业发展新局面[N]. 人民日报，2016-12-09.

[4] 习近平在会见基层民族团结优秀代表时强调中华民族一家亲 同心共筑中国梦[N]. 人民日报，2015-10-01.

高水平民族大学建设意义深远、使命特殊、责任重大，不仅有效助力各民族共同团结进步、共同繁荣发展，还极其有利于主动对接党和国家统筹推进“五位一体”总体布局和协调推进“四个全面”战略布局。

2. 进一步增强高水平民族大学建设的责任感与使命感

2012 年 11 月 29 日，习近平总书记在国家博物馆参观《复兴之路》展览时表示，“实现中华民族伟大复兴，就是中华民族近代以来最伟大的梦想……实现中华民族伟大复兴是一项光荣而艰巨的事业，需要一代又一代中国人共同为之努力”[1]。习近平总书记在党的十九大报告中强调，“中华民族伟大复兴，绝不是轻轻松松、敲锣打鼓就能实现的。全党必须准备付出更为艰巨、更为艰苦的努力”[2]。他还强调，实现伟大梦想，必须进行伟大斗争，必须建设伟大工程，必须推进伟大事业。[3]中国梦不但体现了全国各族人民的共同愿望，也为全国各族人民指明了前进的方向、提供了创造的动力。中国梦是 56 个民族一家亲的团结梦，是同全国一起全面建成小康社会的发展梦，只有每一个中国人的个人梦想实现了，每一个民族的梦想实现了，才能汇聚成伟大的中国梦。“长征永远在路上……每一代人有每一代人的长征路，每一代人都要走好自己的长征路。”[4]作为民族高等教育工作者的长征路，就是要把推动民族高等教育现代化和促进民族团结进步事业创新发展的责任牢牢扛在肩上，不断强化责任意识、使命意识、紧迫意识和担当意识，心无旁骛搞建设，卧薪尝胆谋发展，借助“双一流”建设的强劲东风，调动全校各族师生的“心性力量”和校内校外的“组织资源”[5]，以踏石留印、抓铁有痕的作风和韧劲将民族院校办出特色、办出水平、办出品牌、办出成效。

---

[1] 习近平. 承前启后 继往开来 继续朝着中华民族伟大复兴目标奋勇前进[N]. 人民日报，2012-11-30.

[2] 习近平. 决胜全面建成小康社会 夺取新时代中国特色社会主义伟大胜利——在中国共产党第十九次全国代表大会上的报告[N]. 人民日报，2017-10-28.

[3] 习近平. 决胜全面建成小康社会 夺取新时代中国特色社会主义伟大胜利——在中国共产党第十九次全国代表大会上的报告[N]. 人民日报，2017-10-28.

[4] 习近平. 在纪念红军长征胜利 80 周年大会上的讲话[N]. 人民日报，2016-10-21.

[5] 杨胜才. 积极主义教育论纲[J]. 中南民族大学学报（人文社会科学版），2017（6）：189-194.

3. 进一步探索高水平民族大学建设的有效路径与具体对策

建设高水平民族大学空有激情干劲不管用，简单照猫画虎不适用，违背规律乱干蛮干起反作用，必须在回顾办学历史和总结办学经验、摸清办学的内外部规律和借鉴国内外高水平大学建设成功经验的基础上，运用思维体系，坚持问题导向、目标导向和质效导向，深刻理解和把握“高水平”民族大学建设目标所蕴含的世界观和方法论，进一步阐明建设高水平民族大学的重大意义（“为什么”），进一步解析所建高水平民族大学的丰富内涵（“是什么”），进一步理清建好高水平民族大学的发展思路（“做什么”），进一步提出推动高水平民族大学发展的具体措施（“怎么做”），进而从宏观上定位发展基点，从微观上找准攻坚难点，从纵向上把握着力支点，从横向上聚焦赶超重点。[1]按照创新引领和特色发展的总体思路，遵循顶层设计与推动实施相结合、全面发展与重点突破相协调、普遍性指导与特殊性要求相统一的原则[2]，引导和启发各民族院校对中长期发展规划重新进行调适，在人才培养目标、学科结构内涵、师资队伍建设、科学研究重点、社会服务方向、文化校园提升等方面作出统筹安排，“将发展理念放在国家发展的战略全局中去考量，将发展目标放在民族工作大局中去定位，将发展动力放在融入民族地区繁荣发展进程中去激发”[3]，将发展环境朝着有利于创新活力迸发的方向去营造，使扎根中国大地的高水平民族大学发展模式更富民族内涵、更符时代特征、更显大学特点、更靠国内一流、更近世界水准，使民族院校独特功能的发挥更贴国家重大战略需求、更切民族工作实际、更适少数民族和民族地区高质量发展的迫切需要。

在具体的研究方法上，本书主要采用下列三种：

一是历史法。广泛搜集整理已有历史文献和研究资料，总结和分析出建设高水平民族大学的基本经验和内在规律。

---

[1] 杨胜才. 着眼“四个维度”加快民族院校发展[J]. 中国高等教育，2016（11）：30-32.

[2] 国家民委. 国家民委关于印发《国家民委所属高校改革和发展“十三五”规划》的通知[Z]. 2016-09-30.

[3] 杨胜才. “双一流”战略视野下的民族院校抉择[J]. 民族教育研究，2017（2）：5-9.

二是比较法。通过国内外高水平大学建设的纵向和横向比较，结合民族院校的办学实际，理清高水平民族大学建设的基本思路，谋划高水平民族大学建设的战略规划。

三是行动研究法。与民族院校的主管者、办学者、研究者合作开展研究，探讨推进高水平民族大学建设的基本理路和关键策略。

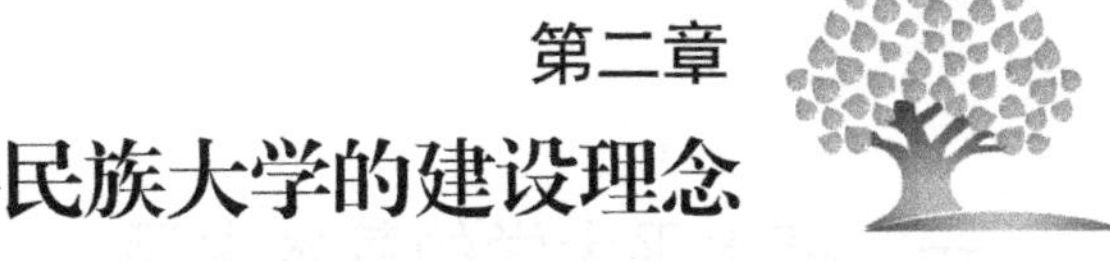

第二章 高水平民族大学的建设理念

“理念”是一个精神、意识层面上的上位性、综合性结构的哲学概念，是主观见之于客观的科学反映，是人们经过长期的理性思考及实践检验所形成的思想观念、精神向往、理想追求和哲学观点的抽象概括，是理论化、系统化且具有相对稳定性、延续性和指向性的认识、理想的观念体系。“哲学是教育的普遍原理，教育是哲学的实验室。”[1]教育与哲学紧密联系，并深刻影响着大学理想。“教育理念是文化积淀和文化交流中形成的教育价值取向和价值追求，是具有导向性、前瞻性、规范性特征的一种理想性、精神性、持续性和相对稳定性的教育发展的范型。”[2]而作为教育理念最高层次的大学理念，是人们对大学本质及其办学规律的一种哲学思考体系，是构建大学现实机制的理论基础，主要包括对大学的理性认识和理性追求。大学理念旨在回答“大学应该是什么”“大学应该如何办”等核心问题。据此，高水平民族大学的建设理念，就是关涉高水平民族大学理性认识和理性追求的指导原则和行动方略，对办学行为和学校发展具有定向和定位作用。而要加快推进高水平民族大学建设，首先必须厘清高水平民族大学的本质特征（即“是什么”）和高水平民族大学的功能定位（即“做什么”）两大核心问题。

[1] Dewey J. Democracy and Education: An Introduction to the Philosophy of Education. New York: The Macmillan Company, 1937, chap. 24.

[2] 王新华. 大学理念——大学的核心文化[J]. 教学研究，2006（3）：189-190.

第一节 高水平民族大学的特殊本质

一、高水平大学的基本内涵

高水平大学既是一个国家或区域高等教育发展水平的主要标志，也是其综合竞争力的重要体现。建设创新型国家、推进产业转型升级、深化高等教育改革成为当前高水平大学建设的宏观背景和目标诉求。[1]那么，究竟什么是“高水平大学”？

1998年，江泽民同志在庆祝北京大学建校一百周年大会上的讲话中指出，“当今世界，科学技术突飞猛进，知识经济已见端倪，国力竞争日趋激烈”，“我们的大学应该成为科教兴国的强大生力军”，“为了实现现代化，我国要有若干所具有世界先进水平的一流大学。这样的大学，应该是培养和造就高素质的创造性人才的摇篮，应该是认识未知世界、探求客观真理、为人类解决面临的重大课题提供科学依据的前沿，应该是知识创新、推动科学技术成果向现实生产力转化的重要力量，应该是民族优秀文化与世界先进文明成果交流借鉴的桥梁”。[2]2011年，胡锦涛同志在清华大学百年校庆讲话时指出，“建设若干所世界一流大学和一批高水平大学，是我们建设人才强国和创新型国家的重大战略举措。要以重点学科建设为基础，以体制机制改革为重点，以创新能力提高为突破，加大支持力度，健全长效机制，鼓励重点建设高校成为知识创新的策源地、深化教育改革的试验田、扩大开放的桥头堡”[3]。中共十八大报告明确指出，要实施创新驱动发展战略，更加注重协同创新；努力办好人民满意的教育，推动高等教育内涵式发展。[4]2015年，习近平总书记

[1] 黄彬. 高水平大学建设：行动背景与核心议题[J]. 高教探索，2016（1）：11-15.

[2] 江泽民. 在庆祝北京大学建校一百周年大会上的讲话[N]. 人民日报，1998-05-05.

[3] 胡锦涛. 在清华大学百年校庆大会上的重要讲话[N]. 人民日报，2011-04-25.

[4] 胡锦涛. 坚定不移沿着中国特色社会主义道路前进 为全面建成小康社会而奋斗——在中国共产党第十八次全国代表大会上的报告[N]. 人民日报，2012-11-18.

在主持中央全面深化改革领导小组第十五次会议时强调，“要全面贯彻党的教育方针，遵循教育规律，以立德树人为根本，以中国特色为统领，以支撑创新驱动发展战略、服务经济社会为导向，推动一批高水平大学和学科进入世界一流行列或前列，提升我国高等教育综合实力和国际竞争力，培养一流人才，产出一流成果。要引导和支持高等院校优化学科结构，凝练学科发展方向，突出学科建设重点，通过体制机制改革激发高校内生动力和活力”[1]。党和国家领导人这一系列重要指示精神，既诠释了中国特色高水平大学的基本内涵，为建设中国特色世界一流大学指明了发展方向，也为我国高水平民族大学建设提供了根本遵循。

针对“高水平大学”这一概念及相关主题，有学者认为，这不仅是高等教育发展理念的转变，也是大学内涵式发展方式的转换。要深究一所大学是否为高水平大学，就要看它能不能在现有基础上生产和再生产出能充分满足大学生、大学教师等相关主体发展需要的社会资本或发展资本，并提出可基于社会资本生产的特点，从认知、关系、结构三个维度出发，建构高水平大学建设的框架和基本路径。[2]有学者依据近年来高等教育的发展，大学特别是高水平大学所表现出的更加注重引领社会、更加注重国际开放、更加注重品牌质量、更加注重学科交叉、更加注重全人教育等五大趋势，描述性地指出，高水平大学必须承担起高素质创新人才培养主阵地、科技创新和经济发展引领力量、政府咨询决策“思想库”和“智囊团”、先进文化和引领社会进步灯塔、地区与全球合作交流桥梁的五大使命。[3]有学者基于世界高等教育强国在科研创新、办学理念、国际合作、办学经费及学科师资优势等的重要作用，间接阐述了高水平大学的内涵。[4]也有学者指出，“高水平是现代大学办学能力

---

[1] 习近平主持召开中央全面深化改革领导小组第十五次会议强调：增强改革定力保持改革韧劲 扎扎实实把改革举措落到实处[N]. 人民日报，2015-08-19.

[2] 董云川，罗志敏. 高水平大学建设：一种新框架和路径[J]. 高等教育研究，2015（6）：49-55.

[3] 谢和平. 高等教育的发展趋势与当代高水平大学的使命[J]. 中国大学教学，2008（5）：4-8.

[4] 张安富，涂娟娟. 高水平大学在高等教育强国中的战略地位[J]. 黑龙江高教研究，2008（9）：1-4.

和办学水平的充分显现，而独特的办学理念、特色的优势学科、拔尖的创新人才、优质的师资队伍、创新的科研成果、教育的国际化程度、创新的环境氛围是现代大学的发展特征。有特色是现代大学生存、发展和竞争力的核心和基础"[1]。

二、高水平大学的本质特征

我国学者从高水平大学的概念视角和实体视角阐释了高水平大学的本质。研究者认为，基于概念视角，高水平大学的本质特征表现为"比较性、模糊性、精神性和建设性"四个维度；基于实体视角，高水平大学的本质特征分为"统领作用的精神层、保障作用的制度层和基础作用的技术层"三个层次。高水平大学的建设过程是一个自外而内与自内而外的三个层次共同推进的过程。三层一体、互相作用、相辅相成，共同形成高水平大学的全部内容。[2]

有学者从概念的视角阐释高水平大学的内涵与本质特征。通过理论分析认为，高水平大学是一个比较性、精神性、学术性与发展性的概念。高水平大学的本质特征主要体现为：在本质上是绝对性与相对性的统一，在内涵上体现了个人价值与社会价值的统一，在价值上体现了社会性与教育性的统一，在发展过程上体现了理想性与现实性的统一，在发展层次上体现了宏观性与微观性的统一，在政策抉择上体现了合目的性与合规律性的统一。[3]

也有学者提出，对高水平大学的评价应当是综合实力与竞争力的综合评价，注重科学判断与价值判断的统一，关照共性与个性的和谐。在高等教育国际化视野下，高水平大学在学科建设、师资队伍、人才培养、科学研究、管理体制等多个层面都应凸显一定的特色，有其自身的内在特征。具体而言，学科门类齐全、基础学科强大、新兴学科多样是高水

[1] 高兵. 现代大学视阈下的高水平大学建设[J]. 高等建筑教育，2009（5）：7-10.

[2] 翟亚军，王战军. 解析高水平大学[J]. 复旦教育论坛，2010（2）：54-57.

[3] 徐吉洪. 高水平大学的本质特征论析[J]. 高等理科教育，2010（4）：28-31.

平大学的学科特征；一流的水平、倒三角形分布、避免“近亲繁殖”是高水平大学的师资特征；导师制、实用教育和“通”“专”融为一体是高水平大学的人才培养特征；基础研究强、科研地位高、多领域合作、产学研一体化是高水平大学的科研特征；管理目标明确、具有开创性、矩阵结构组织是高水平大学的管理特征。[1]

还有学者在对国内外知名的高水平研究型大学概念不确定性分析的基础上，运用模糊数学的理论对国内外知名高水平研究型大学的特征加以分析和描述，认为国内外知名的高水平研究型大学的特征主要表现在：享有较高的国内外学术声誉，吸纳优秀生源，具备高素质的教师队伍，拥有引领科学技术潮流的一流学科，享有较高的学术地位，具有解决重大问题的能力，充足的办学经费，高水平的管理，培养具有社会威望的毕业生，以开放的姿态发展学校。[2]

此外，还有学者认为，考核大学水平高低应跳出大学角度，从全社会视野来看大学，考察其对社会的影响或贡献，这既是大学发展的落脚点，也是衡量大学水平的一个综合指标；应依据社会影响或贡献的范围和大小界定高水平大学、地区性高水平大学、国内高水平大学和世界高水平大学；大学与社会的关系应是适应而不随从，超越而不脱离。[3]

三、高水平民族大学的特质

对于大学本质属性的认识，长期以来人们基本上处于一种混沌状态。“文化大革命”时期，强调大学的政治工具性；在市场经济体制下，强调大学服务经济建设的手段性；基于管理体制的因素，社会系统长期强调大学的附属性；又由于大学承担着重要的政治社会化功能，因此人

---

[1] 高汉运. 高水平大学特征与建设策略[J]. 山东科技大学学报（社会科学版），2004（3）：109-111.

[2] 刘元芳，林莉. 国内外知名的高水平研究型大学：概念和特征[J]. 大连理工大学学报（社会科学版），2002（3）：5-7.

[3] 赵庆年. 高水平大学高在何处[N]. 中国教育报，2005-05-21.

们十分注重大学的政治意识形态属性。[1]之后，有学者依据大学的机构特点和职能所在，将大学的本质属性界定为学术性。[2]随着研究的不断深入，学者们基本一致认为，大学在本质上是功能独特的文化机构，大学的本质属性是文化性。现代大学的本质是在积淀和创造深厚文化底蕴的基础上的传承、研究、融合和创新。传承文化是现代大学的基本功能，创新文化是现代大学的崇高使命，研究文化是现代大学全部活动的基础。[3]追求高深学问、追求真理，不为外界功利所左右的文化传承、文化批判和文化创造精神，是大学的精神价值所在。[4]坚持以高深专门知识的教学为主，坚持教学与科学研究的结合，坚持学术自由，坚持面向社会自主办学是现代大学的主要特征，这既是现代大学办学的普遍规律，也是与教育特点和时代特征相适应的现代大学制度的基本内涵。[5]大学归根结底的本质规定性就在于通过文化教化和文化启蒙，对人的能力、素质、精神境界进行全方位的提升。相应地，大学的建设，本质上应该是一种文化建设，是一种文化氛围和文化育人环境的营造活动，也是一种社会文化样板的打造活动。[6]因此，有学者认为大学的文化使命在于，促进知识体系的学科分化与内部整合，构建文化体系的学科基础；推动科技文化与人文文化的融合，引领社会精神文化的发展方向；促进大学文化的形成与传播，提升社会的文化品位。[7]

大学的本质是社会历史不断向前发展的必然产物。“少数民族高等教育的发生和发展，离不开少数民族所处的自然生态环境、社会生态环境和文化生态环境，以及在此基础上构建的独特的文化体系。这是考察和研究少数民族高等教育的本质特征及其特有的发展规律必须紧紧围绕

[1] 杨胜才. 论民族院校的本质属性[J]. 中南民族大学学报（人文社会科学版），2012（6）：59-63.

[2] 张世文. “文化时代”与大学建设的任务[N]. 光明日报，2010-04-09.

[3] 田建国. 也谈现代大学理念[N]. 光明日报，2006-07-12.

[4] 韩延伦. 大学市场化趋势与大学本质特征的探究[J]. 临沂师范学院学报，2002(2)：94-97.

[5] 王冀生. 现代大学的本质和主要特征[J]. 电子科技大学学报，1999（2）：1-6.

[6] 张世文. 彰显大学本质属性 推进大学文化建设[EB/OL].（2009-06-12）. http://1.ccut.edu.cn/showNews.do?articleId =469.

[7] 欧阳康. 大学管理的文化品格论纲[J]. 中国高等教育，2007（15-16）：37-38.

的主线。”[1]基于民族院校创办的特殊历史背景及独特的功能定位，我们认为，民族院校既具有一般大学所具有的文化逻辑，同时也具有自身特殊的文化逻辑。高深的学术文化与丰厚的民族文化是民族院校组织文化的两大要素，是民族院校的文化逻辑的“普遍性与特殊性”的具体体现。[2]从民族院校“综合性普通高等院校”类别属性来看，民族院校与其他高等院校一样，在本质上是功能独特的文化机构，其本质属性在于文化性。但是，从民族院校的宗旨定位和职能定位来看，民族院校的本质及其属性就有了新的、独特的内涵。这就是，民族院校在本质上是党和国家为解决国内民族问题而专门设立的，以继承、弘扬和发展我国各民族的优秀传统文化为基本功能的文化机构，并且具有自身独特的文化优势；促进“一体多元中华文化”的融合发展是民族院校的神圣使命[3]，增强中华文化认同、促进各民族交往交流交融、构筑各民族共有精神家园、积极培育中华民族共同体意识是民族院校的核心使命[4]，践行“新思想”有高度、聚焦“新矛盾”有深度、对标“新要求”有温度、瞄准“新目标”有广度是新时代办好人民满意的高水平民族大学的新期待[5]。

具体而言，民族院校的特质包含：①具有体现民族院校本质属性、社会责任、特殊使命、价值追求、办学定位、办学特色和办学规律的高站位理念；②具有熟悉民族工作与高等教育工作、符合政治家教育家要求的高标准领导班子；③具有由多民族组成，符合“有理想信念、有道德情操、有扎实学识、有仁爱之心”的“四有”标准，热爱并潜心民族高等教育事业，结构合理、业务精湛的高素质师资队伍；④具有辐射民族地区区域发展、相对优势明显的高水平学科专业；⑤具有符合各民族师生特点、遵循办学规律、紧跟现代化发展步伐的高效能大学内部治理体系及服务保障能力；⑥具有既彰显“四味俱全”“七力合一”系统格

[1] 滕星，王军. 20 世纪中国少数民族与教育[M]. 北京：民族出版社，2002：379.

[2] 蔡琼. 民族院校发展中的文化转型[M]. 青岛：中国海洋出版社，2009：98.

[3] 杨胜才. 论民族院校独特的文化功能[J]. 高等教育研究，2006（10）：12-16.

[4] 杨胜才. 增强中华文化认同是民族院校的核心使命[J]. 中南民族大学学报（人文社会科学版），2015（2）：156-160.

[5] 陈达云. 办新时代人民满意的民族高等教育[N]. 中国民族报，2018-01-16.

局[1]，又融促大学精神与民族特色于一体的高品位校园文化；⑦具有培养符合“勤学、修德、明辨、笃实”[2]要求，独具“独立思考、善于沟通、勇于担当、自然宽和、家国情怀、国际视野”特质[3]的各民族高层次人才的教育教学；⑧具有服务少数民族和民族地区发展、助力党和国家的民族工作创新推进、利于国家战略决策咨询、促进学科学术发展的高质量学术成果；⑨具有促进少数民族和民族地区加快发展的高质效社会服务；⑩具有大批扎根在民族地区乃至全国各条战线的高信度的优秀校友。这“十个具有”之“高”既是高水平民族大学的特质[4]，也是高水平民族大学之谓“高”的具体体现和基本标准。

第二节　高水平民族大学的基本功能

一、大学职能的历史嬗变

“任何大学都是遗传与环境的产物。‘遗传’是大学对自身应有文化的传承，而‘环境’则是促进大学改变的外部力量。”[5]大学的发展正是在内外部力量的相互作用下一次又一次的实现历史性跨越。从1088年人类高等教育先河的首开，大学基本功能从单一的人才培养演变为科学研究与教书育人并列，再到社会服务功能的拓展，历经了数百年的历史。目前“三大职能”的判断成为世界范围内对高等教育功能与作用的

[1] 杨胜才. 民族院校文化建设的价值意蕴[N]. 中国民族报（理论周刊），2016-01-29.

[2] 刘畅. 习近平为青年指明方向：勤学、创新、志存高远[EB/OL]. （2017-05-03）. http://www.china.com.cn/news/2017-05/03/content_40740541.htm.

[3] 教育部高等学校章程核准委员会. 中南民族大学章程（教育部高等学校章程核准书第94号）[Z]. 2017-01-11.

[4] 陈达云. 高水平民族大学建设的思考[J]. 高等教育研究，2013（9）：32-35.

[5] [英]阿什比. 科技发达时代的大学教育[M]. 滕大春，滕大生译. 北京：人民教育出版社，1983：7.

经典表述。[1]2011 年 4 月 24 日，胡锦涛同志在庆祝清华大学建校 100 周年大会上的讲话中指出："不断提高质量，是高等教育的生命线，必须始终贯穿高等学校人才培养、科学研究、社会服务、文化传承创新各项工作之中。"[2]从此，大学被赋予了"文化传承创新"的第四大职能。2017 年初，中共中央、国务院印发的《关于加强和改进新形势下高校思想政治工作的意见》强调指出，高校肩负着人才培养、科学研究、社会服务、文化传承创新、国际交流合作的重要使命。[3]"国际交流合作"又正式成为新的历史条件下我国高等学校的一项新的职责和使命。

关于世界一流大学历史功能的发挥，21 世纪初我国学者在总结其基本经验的基础上提出，自中世纪欧洲现代大学诞生之日起，世界一流大学与社会发展不断协同互动，在促进经济社会发展、推动科技进步、引领高等教育改革等方面发挥着不可替代的历史作用。在人类社会步入新世纪之后，伴随着知识经济时代的来临，世界一流大学通过新知识的生产、传承和运用，正成为社会变革中的巨大力量，成为新经济增长的发动机，发挥着越来越重要的作用。[4]也有学者提出，高水平大学办学水平和自身发展要以贡献社会为前提，高水平大学应该向社会提供高素质创新型人才成果、高水平科技研究成果以及高新技术产品成果。[5]近年有学者提出，为适应建设创新型国家、推进产业转型升级、深化高等教育改革的宏观背景和目标要求，高水平大学建设应把握强化科技创新、服务创新驱动，加强资源投入、注重绩效产出，深化体制改革、提升教育质量三大核心主题。[6]也有研究者从区域视野出发阐述了建设高水平大学的独特作用和重要意义。建设高水平大学应充分发挥好规划的服务与引领、综合改革方案的动力与引擎、高层次人才的主体与基石、一流

---

[1] 徐显明. 文化传承创新是大学的第四大功能[N]. 光明日报，2011-05-06.

[2] 胡锦涛. 在庆祝清华大学建校 100 周年大会上的讲话[N]. 人民日报，2011-04-25.

[3] 中共中央，国务院. 关于加强和改进新形势下高校思想政治工作的意见[N]. 人民日报，2017-02-28.

[4] 刘树道. 世界一流大学的基本经验和我国高水平大学建设之路[J]. 高等工程教育研究，2006（1）：1-6.

[5] 张珏. 也谈高水平大学及其社会贡献[J]. 黑龙江高教研究，2001（6）：4.

[6] 黄彬. 高水平大学建设：行动背景与核心议题[J]. 高教探索，2016（1）：11.

学科建设的支撑与平台、国际优质教育资源的提升与带动、在区域高等教育发展中的示范与辐射等“六种作用”[1]。

《国务院关于印发统筹推进世界一流大学和一流学科建设总体方案的通知》指出，建设世界一流大学和一流学科，是党中央、国务院作出的重大战略决策，对于提升我国教育发展水平、增强国家核心竞争力、奠定长远发展基础，具有十分重要的意义。该通知在“指导思想”中明确了“坚持以中国特色、世界一流为核心，以立德树人为根本，以支撑创新驱动发展战略、服务经济社会发展为导向，加快建成一批世界一流大学和一流学科，提升我国高等教育综合实力和国际竞争力，为实现‘两个一百年’奋斗目标和中华民族伟大复兴的中国梦提供有力支撑”的发展方向；在“总体目标”中提出了“提高高等学校人才培养、科学研究、社会服务和文化传承创新水平，使之成为知识发现和科技创新的重要力量、先进思想和优秀文化的重要源泉、培养各类高素质优秀人才的重要基地，在支撑国家创新驱动发展战略、服务经济社会发展、弘扬中华优秀传统文化、培育和践行社会主义核心价值观、促进高等教育内涵发展等方面发挥重大作用”的基本要求。[2]

二、民族院校的基本功能

《国务院关于印发统筹推进世界一流大学和一流学科建设总体方案的通知》不仅为高水平民族大学建设指引了发展方向，也明确了高水平民族大学的功能定位、建设任务、改革重点和推进策略。同时，我们也深感高水平民族大学建设意义的特殊性、发展的紧迫性、任务的艰巨性。

1. 高水平民族大学建设有助服务国家总体战略布局

从深刻变化的世界格局和发展趋势来看，虽然和平与发展仍是当今

[1] 娄源功. 建设高水平大学应充分发挥好六种作用[J]. 河南教育（高教版），2016（1）：30-31.

[2] 国务院. 国务院关于印发统筹推进世界一流大学和一流学科建设总体方案的通知[Z]. 2015-10-24.

时代的两大主题，但各种矛盾、对抗和冲突依然连绵不断，世界并不太平。从我国自身的基本国情来看，“多民族是我国的一大特色，也是我国发展的一大有利因素”[1]。我国平等、团结、互助、和谐的民族关系已经确立，并将继续加强；但旧时代遗留下来的民族隔阂还没有完全消失，国内外敌对分子，尤其是民族分裂势力、宗教极端势力和暴力恐怖势力图谋分裂国家统一、破坏民族团结的活动时有发生；从我国民族工作面临的形势任务来看，新时期出现了“上网”“进城”“下海”“入世”的新情况、新特点；面临着“改革开放和社会主义市场经济带来的机遇和挑战并存，民族地区经济加快发展的势头和发展低水平并存，国家对民族地区支持力度持续加大和民族地区基本公共服务能力建设仍然薄弱并存，各民族交往交流交融趋势增强和涉及民族因素的矛盾纠纷上升并存，反对民族分裂、宗教极端、暴力恐怖斗争成效显著和局部地区暴力恐怖活动活跃多发并存”的新的阶段性特征。[2]

民族问题是社会总问题的一部分，这是马克思列宁主义关于民族问题理论的一个基本观点。[3]民族问题不仅内嵌于经济、政治、文化、社会等问题之中，还具有政治问题和经济问题、历史问题和现实问题、民族问题和宗教问题、国际问题和国内问题交织在一起的特征，使民族问题更具系统性和复杂性。统筹和看待民族问题、认识和把握民族发展规律、理解和处理民族关系，必须把它作为社会大系统的重要组成部分，统筹把握、综合施策。[4]正因为如此，我们党在长期的民族工作实践中不断展现我国民族关系和民族地区经济社会发展的新作为，创造新业绩。因此，2014 年的中央民族工作会议认为，“新中国成立 65 年来，党的民族理论和方针政策是正确的，中国特色解决民族问题的道路是正确的，

---

[1] 中央民族工作会议暨国务院第六次全国民族团结进步表彰大会在北京举行[N]. 人民日报，2014-09-30.

[2] 中央文献研究室. 中共中央、国务院关于加强和改进新形势下民族工作的意见[A] // 中共中央文献研究室. 十八大以来重要文献选编（中）[C]. 北京：中央文献出版社，2016：105.

[3] 国家民族事务委员会. 中国共产党关于民族问题的基本观点和政策（干部读本）[M]. 北京：民族出版社，2002：21.

[4] 王德强，毕跃光. 运用科学方法论解决中国特色民族问题[N]. 光明日报，2016-04-02.

我国民族关系总体是和谐的，我国民族工作做的是成功的”[1]。在新中国成立 70 周年前夕召开的全国民族团结进步表彰大会上，习近平总书记又强调，“一部中国史，就是一部各民族交融汇聚成多元一体中华民族的历史，就是各民族共同缔造、发展、巩固统一的伟大祖国的历史。各民族之所以团结融合，多元之所以聚为一体，源自各民族文化上的兼收并蓄、经济上的相互依存、情感上的相互亲近，源自中华民族追求团结统一的内生动力。正因为如此，中华文明才具有无与伦比的包容性和吸纳力，才可久可大、根深叶茂”[2]。

我国 8%的少数民族人口，占国土面积的 64%，且民族地区又是集资源富集区、水系源头区、生态屏障区、文化特色区、边疆地区、贫困地区“六区”于一身，对应于国家“五位一体”总体布局的五大维度，民族地区分别具有政治属性（边疆地区）、经济属性（资源富集区）、文化属性（文化特色区）、社会属性（贫困地区）和生态属性（水系源头区、生态屏障区）。这表明民族地区既具有优势特色，也存在困难短板。要确保民族地区与全国一道同步实现全面建成小康社会目标，增强自主发展后劲和自身造血功能，还有大量的打基础、谋长远、见实效的事情要做。在千头万绪的发展工作中，要紧扣民生抓发展，重点抓好就业和教育；发挥资源优势，重点抓好惠及当地和保护生态；搞好扶贫开发，重点抓好特困地区和特困群体脱贫；加强边疆建设，重点抓好基础设施和对外开放，把政策动力和内生潜力有机结合起来，形成加快发展的强大合力。[3]

随着时代的发展进步，教育的地位和作用更加凸显，尤其是高等教育的发展和质量提升对于提高劳动生产率、提增人力资本质量、提振经济增长动力的作用巨大。研究表明，从全国范围来看，高等教育规模扩张对经济增长具有积极影响；由东北往西南，高等教育规模扩张对经济

---

[1] 中央民族工作会议暨国务院第六次全国民族团结进步表彰大会在北京举行[N]. 人民日报，2014-09-30.

[2] 习近平. 在全国民族团结进步表彰大会上的讲话[N]. 人民日报，2019-09-28.

[3] 人民日报评论员. 加快民族地区奔向全面小康的步伐——三论学习贯彻习近平中央民族工作会议重要讲话精神[N]. 人民日报，2014-10-11.

增长的影响作用越来越大，在高等教育资源相对匮乏的地区，高等教育资源增加对经济增长的促进作用要明显高于高等教育资源丰富地区。[1]为探究世界一流大学在企业高管人才培养中的重要影响，国内专家通过对全球 1 万家企业高管教育背景的数据进行分析得出结论。在万家企业高管拥有的全部学位中，超过 1/3 的学位来自占比不到全球大学总数 1%的世界一流大学。在学士、硕士和博士三个不同的学位层次，高管拥有世界一流大学学位数占万家企业高管数的比例分别为 29.41%、42.24%和 44.14%，呈现逐级上升的特征；与 10000 强企业组相比，500 强企业组高管拥有的世界一流大学学位数占本企业组高管学位总数的比例明显更高。[2]可见，发展民族高等教育，提高民族大学办学水平，对于加快民族地区发展，与全国一道同步全面建成小康社会，推动形成“中华民族一家亲、同心共筑中国梦”的强大合力，不仅是十分重要和迫切的，而且是富有价值和效率的；服务民族地区发展，正是高水平民族大学建设的宗旨所在和目标指向，对于服务国家总体布局和战略布局具有非同寻常的现实意义和历史意义。

2. 高水平民族大学建设有助促进民族团结进步事业

民族团结进步事业是建设中国特色社会主义伟大事业的重要组成部分，创新推进民族团结进步事业是解决我国民族问题的重要举措。准确把握我国民族团结进步事业鲜明的政治性、群众性、时代性等重要特征，对于解决日益突出的民族问题具有极为重要的价值。[3]“各族人民亲如一家，是中华民族伟大复兴必定要实现的根本保证。”[4]发展我国民族团结进步事业，就是要守好民族团结的生命线，紧扣“中华民族一家、同心共筑中国梦”的主旋律，用好加快发展的这把金钥匙，聚焦保

---

[1] 劳昕，薛澜. 我国高等教育资源的空间分布及其对地区经济增长的影响[J]. 高等教育研究，2016（6）：26-33.

[2] 陈沛，刘念才. 全球万家企业高管教育背景与世界一流大学的关系研究[J]. 高等教育研究，2016（11）：1-8.

[3] 孙懿. 试论我国民族团结进步事业的主要特征[J]. 思想战线，2014（2）：60-63.

[4] 习近平. 在全国民族团结进步表彰大会上的讲话[N]. 人民日报，2019-09-28.

障和改善民生的根本出发点和落脚点，夯实“四个自信”“五个认同”的奠基石，“铸牢中华民族共同体意识，加强各民族交往交流交融，促进各民族像石榴籽一样紧紧抱在一起，共同团结奋斗、共同繁荣发展”[1]，推动中华民族走向包容性更强、凝聚力更大的命运共同体。民族团结是各族人民的生命线，也是民族院校生存与发展的生命线。[2]“促进民族团结是民族院校的基本职能、核心价值、根本宗旨和办学目标”[3]，加快高水平民族大学建设对于促进我国民族团结进步事业创新发展具有十分重要的战略意义。具体而言：

（1）有利于培养更多更好的各民族高素质优秀人才

2014 年中央民族工作会议指出，“做好民族工作关键在党、关键在人……民族地区的好干部要做到明辨大是大非的立场特别清醒、维护民族团结的行动特别坚定、热爱各族群众的感情特别真诚”[4]。“三个特别”的好干部标准，为民族院校解决好“培养什么样的人才、怎样培养人才、为谁培养人才”的根本问题指明了方向，明确了要求。加快高水平民族大学建设，有利于其在更高水平和更深层次开展民族团结进步教育，为充分发挥其造就各民族优秀干部和高级专业技术人才“后备库”的重要作用提供更优条件和更高平台。

（2）有利于提高服务民族地区科学发展的综合能力

2014 年中央民族工作会议指出，“新中国成立以来，少数民族和民族地区得到了很大发展，但一些民族地区群众困难多，困难群众多，同全国一道实现全面建设小康社会目标难度较大，必须加快发展，实现跨越式发展”[5]。提高民族院校的办学水平，对于增强民族院校综合服务能力，发挥民族院校的学科优势、科技优势和人才优势，为民族地区高

---

[1] 习近平. 决胜全面建成小康社会 夺取新时代中国特色社会主义伟大胜利——在中国共产党第十九次全国代表大会上的报告[N]. 人民日报，2017-10-28.

[2] 杨胜才. “六位一体”培育学生共同体意识[N]. 中国教育报（高教周刊），2017-10-30.

[3] 杨胜才. “双一流”战略视野下的民族院校抉择[J]. 民族教育研究，2017（2）：5-9.

[4] 中央民族工作会议暨国务院第六次全国民族团结进步表彰大会在京举行[N]. 人民日报，2014-09-30.

[5] 中央民族工作会议暨国务院第六次全国民族团结进步表彰大会在京举行[N]. 人民日报，2014-09-30.

质量发展提供可靠的政策咨询，为民族地区加速度发展解决突出的困难问题，为民族地区可持续发展提供强大的智力支撑等都具有极大的帮助。

（3）有利于创造性转化创新性发展各民族优秀文化

一直以来，民族院校持续开展各民族传统文化的教学和研究工作，在彰显其传承和弘扬各民族优秀传统文化的重要地位和办学特色的同时，也反哺了自身教育教学质量，使之得到有效提升。新形势下，民族院校更应把创造性转化创新性发展各民族优秀文化摆在更加突出位置，积极营造中华文化认同的学术氛围，搭建各民族交往交流交融的优质平台，充分利用民族语言文学学科专业的有利条件，面向各族师生、面向民族地区、面向基层一线培养双语人才，为他们研究少数民族语言文字奠定专业基础、拓宽知识领域、提高语言技能、增强竞争实力，为传承和创新优秀民族文化提供重要保障；把握民族人才培养目标和民族文化育人功能这个切入点，整合各方面的资源，努力挖掘、整理、抢救、展示、研究各少数民族文化，注重把优秀民族文化资源融入教学过程，构建民族特色课程教材体系，在育人的过程中传承和弘扬民族优秀传统文化，促进各民族传统文化的创造性转化和创新性发展，使之成为社会主义先进文化的有机组成部分，为培育和践行社会主义核心价值观提供更多文化养分。[1]

（4）有利于发挥民族政策和对外交往重要窗口作用

对自身禀赋和文化价值的充分肯定和积极践行便是文化自信，它是更基础更广泛更深厚的自信，关乎道路、命运和梦想的实现。欲信人者，必先自信。因此，习近平总书记在庆祝中国共产党成立 95 周年大会讲话中把文化自信与道路自信、理论自信、制度自信并置，彰显了中国共产党带领中国人民实现中华民族复兴伟业的文化自觉，使强国自信有了更为坚实的基础。[2]

1998 年，联合国教科文组织在《文化政策促进发展行动计划》中提

---

[1] 陈达云. 民族院校要在推进民族团结进步事业中发挥积极作用[N]. 中国民族报（理论周刊），2014-12-12.

[2] 欧阳坚. 文化自信是民族复兴的强大动力[N]. 学习时报，2017-01-05.

出发展最终应以文化概念来定义，文化的繁荣是发展的最高目标。增强文化自信，要充分发挥各地域各民族文化资源禀赋优势，不断提升民族文化发展活力和影响力，让民族文化造福全体人民惠及世界人民，为构建人类“命运共同体”做出中国贡献。而让中华文化走出去，既是民族院校的职责使命，也是民族院校的独特优势。高水平民族大学建设将更加有利于这一重要使命的有效担当和独特优势的充分发挥。

3. 高水平民族大学建设有助带动民族教育的现代化

教育现代化是我国社会主义现代化的有机组成部分。《中国教育现代化 2035》的出台，为中国教育的未来发展擘画了宏伟蓝图。从教育观念角度而言，教育的民主性和公平性、教育的终身性和全时空性、教育的生产性和社会性、教育的个性化和创造性、教育的多样性和差异性、教育的信息化和创新性、教育的国际性和开放性、教育的科学性和法制性等是现代教育的基本特征[1]，以更加注重以德为先、全面发展、面向人人、终身学习、因材施教、知行合一、融合发展、共建共享为基本理念[2]，其本质是促进作为现代教育基本特征集中反映的教育现代性的增长，其目标是促进人的现代化和社会的现代化。教育现代性的框架由教育的人道性、多样性、理性化、民主性、法治性、生产性、专业性、自主性所构成，是由人的现代化和社会的现代化的客观要求所决定的[3]。通过大力推进教育理念、体系、制度、内容、方法、治理现代化，着力提高教育质量，促进教育公平，优化教育结构，为决胜全面建成小康社会、实现新时代中国特色社会主义发展的奋斗目标提供有力支撑。[4]

民族教育现代化是我国教育现代化的重要组成部分。民族教育的发展既有赖于社会环境、文化背景和经济技术现代化的物质基础，又对少数民族现代化的发展进程产生巨大的推动作用。从某种意义上讲，少数

[1] 顾明远. 试论教育现代化的基本特征[J]. 教育研究，2012（9）：4-10.

[2] 中共中央，国务院. 中国教育现代化 2035[N]. 人民日报，2019-02-24.

[3] 褚宏启. 教育现代化的本质与评价——我们需要什么样的教育现代化[J]. 教育研究，2013（11）：5-10.

[4] 中共中央，国务院. 中国教育现代化 2035[N]. 人民日报，2019-02-24.

民族教育的现代化，又是少数民族实现现代化的动力[1]。“在思考和规划新时代我国少数民族教育事业发展时，需要从国家现代化和少数民族长远发展的角度和立场来分析当前教育体系中存在的问题，研究必要的调整与改进措施。少数民族教育事业如何发展，关系到少数民族新一代在高级人才和劳动力市场上的竞争能力，关系到各民族在未来中华民族大家庭政治结构、经济体系、文化生活中的相对地位。”[2]实现中国教育现代化，偏远地区尤其是民族地区的教育是一大突出的短板。全面建成小康社会，意味着覆盖人群和涉及领域是“全面性”的，不分地域、不分群体、不分层级、不分民族，不使一个人掉队。因此，习近平总书记曾在不同场合多次强调“全面建成小康社会，一个民族都不能少”[3]，“不能丢了农村这一头……绝不能让一个苏区老区掉队”[4]，以及“中华民族是一个大家庭，一家人都要过上好日子。没有民族地区的全面小康和现代化，就没有全国的全面小康和现代化”[5]。全面推进我国教育现代化也应如此，必须坚持统筹兼顾、突出重点、多措并举，协同破解少数民族教育现代化这一“重中之重、难中之难、坚中之坚”，必须坚持事业发展规划优先谋划民族教育、财政资金投入优先保障民族教育、公共资源配置优先安排民族教育，使《中国教育现代化 2035》的既定目标全面如期实现。加快高水平民族大学建设，在促进民族高等教育现代化的同时，有利于充分发挥其头雁作用，引领民族教育现代化进程。

---

[1] 郭福昌. 民族现代化与民族教育现代化[J]. 中南民族大学学报（哲学社会科学版），1997（2）：108-110.

[2] 马戎. 关于中国少数民族教育的几点思考[J]. 新疆师范大学学报（哲学社会科学版），2010（1）：6-18.

[3] 共叙民族情 共圆中国梦——习近平总书记在会见基层民族团结优秀代表时的讲话引起热烈反响[N]. 人民日报，2015-10-02.

[4] 习近平在福建调研时强调全面深化改革全面推进依法治国 为全面建成小康社会提供动力和保障[N]. 人民日报，2014-11-03.

[5] 习近平. 在全国民族团结进步表彰大会上的讲话[N]. 人民日报，2019-09-28.

第三章 高水平民族大学的建设历程

“民族学院是我们党和国家为解决国内民族问题，培养少数民族干部而创办的社会主义新型高等学校”[1]，诞生于伟大的抗日战争的革命实践之中。新中国成立之初，为适应少数民族和民族地区经济社会发展和大力培养少数民族干部的需要，党和国家决定继续采用民族学院的办学形式。此后的 60 余年，随着社会主义建设伟大事业不断推进，在中国共产党的领导下，立足中国国情，扎根中国大地，民族大学从小到大、从弱到强，在规模和质量上都得到前所未有的发展，走出了一条具有中国特色的民族高等教育改革发展之路，成为中国特色社会主义高等教育体系中不可或缺的有机组成部分，在服务国家战略、服务民族工作、培养民族干部和各类专业技术人才等方面发挥了不可替代的积极作用。创办以来，各民族院校始终坚守办学初心，始终践行办学宗旨，始终遵循办学规律，励精图治、抢抓机遇、改革创新、奋发有为，规模、结构、质量、效益协调发展，综合实力和核心竞争力显著增强，办学特色和优势进一步彰显，为建设人民满意的高水平民族大学奠定了坚实基础。本章拟从建设背景、改革举措、政策成效三个维度梳理我国民族院校在不同历史阶段的发展状况，并在此基础上归纳总结其独到的办学经验和突出的改革成效。

[1] 吴仕民. 中国民族教育[M]. 北京：长城出版社，2000：440.

第一节　历经发展阶段

一、初创时期（1951—1965 年）

1. 建设背景

新中国成立初期，全国约 4.5 亿人口，其中少数民族人口 3 000 余万。据 1949 年统计，占国土面积 60%以上的少数民族地区，工业总产值仅占全国工业总产值的 3.8%。与此同时，广大民族地区还保持着封建地主土地占有制度、封建农奴制度、奴隶制度甚至原始公社制度的残余。[1]由于历史和现实、自然条件和生产方式等多方面因素的限制，少数民族和民族地区的经济社会发展水平整体偏低，迫切需要进行社会和政治改革，实现民族平等，建立社会主义新型生产关系和民族关系，解放和发展生产力。与此同时，少数民族与民族地区文化教育发展也非常落后。在此背景下，贯彻中国共产党的民族政策，做好民族工作，培养一大批具有较高政治觉悟、思想政治水平和文化水平的少数民族干部已成为当务之急。[2]

1949 年 11 月，毛泽东在给彭德怀和西北局的指示中提出："要彻底解决民族问题，完全孤立民族反动派，没有大批从少数民族出身的共产主义干部是不可能的。"[3]新中国成立前夕颁布的《中国人民政治协商会议共同纲领》关于"中华人民共和国境内各民族一律平等"，"人民政府应帮助各少数民族的人民大众发展其政治、经济、文化、教育的建设事业"的规定，明确了我国民族高等教育发展的主旋律。[4]

[1] 唐纪南，张京泽.中国民族院校发展史[M].北京：中国社会科学出版社，2012：32.

[2] 吴霓，等. 中国民族教育发展报告 2013[M]. 北京：教育科学出版社，2015：11.

[3] 中共中央文献研究室. 建国以来毛泽东文稿（第一册）[M].北京：中央文献出版社，1987：138.

[4] 民族政策60年：四代中央领导人高度重视民族团结[EB/OL].（2009-08-13）. http://politics.people.com.cn/GB/1025/9845850.html.

新中国成立后，我国进入社会主义过渡时期，新民主主义是这一阶段民族教育的性质。新中国民族教育体系在接受和改造旧教育、探索适应新民主主义革命和社会主义改造的新形势下艰难起航。因而，从一开始，坚持中国共产党领导，服务民族工作，坚持民族平等，维护民族团结，服务少数民族和民族地区经济社会发展，维护少数民族平等受教育权和提高少数民族受教育水平，成为新中国民族大学创设、改革和发展的出发点。

2. 改革举措

1950年11月，周恩来主持的政务院第60次政务会议批准颁布了《培养少数民族干部试行方案》和《筹办中央民族学院的试行方案》，对举办民族学院的目的、任务、培养对象、教育内容等作了全面、系统的规定。《培养少数民族干部试行方案》提出，“为了国家建设、民族区域自治和实现共同纲领、民族政策的需要，从中央至有关省县，应根据新民主主义的方针，普遍而大量地培养少数民族干部”[1]。

1951年9月20—28日，教育部召开了第一次全国民族教育会议。尽管参加此次会议的总人数并不多，但仍具有较广泛的代表性。会议讨论了新中国少数民族教育工作的方针与发展少数民族教育的措施。关于少数民族教育的总方针，会议提出，少数民族教育必须是新民主主义的内容，并应采取适合于各民族人民发展和进步的民族形式，即“各少数民族的教育内容必须是新民主主义的，即民族的、科学的、大众的教育，而不能是其他性质的教育。但这种教育必须采取民族形式，照顾民族特点，才能很好地与各民族实际情况结合起来，否则便不会有良好的效果”[2]。会议还确定当前少数民族教育应以培养少数民族干部为首要任务，以满足各民族政治、经济、文化教育建设的需要。会议认为，在少数民族地区学校，应有步骤、有系统地实施以爱国主义特别是抗美援朝

---

[1] 培养少数民族干部试行方案 [EB/OL].（1950-11-24）. http://www.china.com.cn/law/flfg/txt/2006-08/08/content_7059113.htm.

[2] 国家教育委员会民族地区教育司. 少数民族教育工作文件选编（1949—1988）[G]. 呼和浩特：内蒙古教育出版社，1991：37.

为中心的政治思想教育，反对帝国主义侵略，肃清帝国主义和国民党反动派的残余影响；克服大民族主义和狭隘民族主义（后来均改称“地方民族主义”），发扬民族间的平等、团结、友爱、合作精神和各民族的优良传统，加强各民族人民的祖国观念和拥护人民政府的热情。会议明确，当前阶段少数民族教育的工作方针，应根据各民族教育的实际情况，分别采取巩固、发展、整顿、改造的方针。

如果将1956年作为一个分水岭，民族大学的初创时期可分为两个阶段。第一阶段是从新中国成立到20世纪50年代中期，民族大学的办学性质和办学方式基本沿袭延安民族学院模式。在培养目标上，以普通政治干部为主，迫切需要的专业技术干部为辅；办学形式上，主要是开办各种政治、文化、专业培训班[1]，甚至是文化扫盲班，学制长短不一，长则二三年，短则几个月；教育对象主要是通过推荐或选拔的少数民族基层干部、积极分子、社会青年，以及部分民族、宗教界上层人士；教育内容以思想政治教育和文化教育为主；教育方式上，强调教育与生产劳动相结合，劳动的分量较重。[2]应该说，以上办学模式与当时我国少数民族和民族地区的民主改革、政权巩固建设的中心任务，以及当时各民族文化教育发展水平与特点是相适应的。

第二阶段，从20世纪50年代中期至60年代中期。1956年，我国开始转入全面建设社会主义时期，并提出建设伟大的社会主义工业化国家的战略目标，党和国家的工作重点及时转移到技术革命和社会主义建设上来。20世纪50年代中期，我国少数民族和民族地区的民主改革和社会主义改造基本完成并取得阶段性成果。1956年9月召开的中国共产党第八次全国代表大会，吹响了“把党和国家的工作重心转移到社会主义现代化建设上来”的伟大号角，全国上下同心协力进行社会主义经济建设，民族地区对适应当地经济社会发展的专业人才，特别是高层次人才的需求在不断增加。与此同时，经过多年的建设和发展，民族大学办学能力也不断提高，服务民族地区经济社会发展的能力也不断增强。基

[1] 吴仕民. 中国民族教育[M]. 北京：长城出版社，2000：423.

[2] 杨胜才. 中国民族院校办学理念研究[M]. 北京：科学出版社，2013：43-44.

于此，过去以举办培训班、扫盲班为主的办学形式不能适应社会发展形势，民族大学迫切需要转变办学目标和办学形式。

1956 年 6 月，教育部召开了第二次全国民族教育工作会议。会议指出，民族院校作为培养少数民族人才的专门学校，以往的办学方针、培养目标、办学形式已很不适应新形势发展的需要。随着形势的不断发展，教育部和国家民委于 1955 年、1958 年、1960 年、1964 年先后召开了四次全国民族学院院长会议，总结民族院校办学经验，研究民族院校的办校方针、任务、教学、管理等问题。在一段时间内，民族院校在各方面都有了较大提升，办学质量也有显著提高，有力地促进了民族院校朝着正规化、专业化的方向发展。

20 世纪 50 年代中期至 60 年代中期，是我国民族院校由干部培训为主向正规的高等学校转型的重要时期。[1]各民族院校先后开办了师范专业、文科、理科等。1958 年秋，中南民族学院在开办师范专科的基础上开办了师范本科，在学校“1958—1962 年事业发展规划”中明确提出发展目标是成为一所面向全国培养少数民族工人阶级知识分子的全心全意为民族教育事业服务的民族高等师范学院。中央民族学院、西北民族学院、广西民族学院、贵州民族学院、云南民族学院等在 1956 年前后则明确提出综合性民族高等学校的目标。[2]与此同时，它们也都保留了干训部、预科部这两种传统的办学形式。[3]

此阶段民族院校实现了向正规化高等学校的初步转变：在办学层次上出现了专科，并向本科层次的办学方向转变；学科专业结构出现了多学科文理综合的转变；招生形式则由推荐选拔招生向统一高考招生转变。因此，为民族地区和少数民族培养专业人才成为此阶段民族院校办学目标转向的主要趋势。

3. 政策成效

从诞生之日起，民族院校就承担起培养各民族党政干部和专业人才、

---

[1] 唐纪南. 中国民族院校发展史[M]. 北京：中国社会科学出版社，2012：69.

[2] 唐纪南. 中国民族院校发展史[M]. 北京：中国社会科学出版社，2012：72.

[3] 唐纪南. 我国民族学院的发展与改革[J]. 民族高教研究，1994（3）：11.

研究民族问题的基本任务。经过一段时间的发展，新中国民族大学初步形成以干部培训为主、以预科（文化班）和本专科教育为辅的三种层次的形式相结合的办学格局，建成一支包括一批著名专家、学者在内的具有自身特色和优势的教学科研队伍。在短短几年内，向少数民族和民族地区培养、输送了 2.5 万余名少数民族人才，有效地支持了当地社会改革和经济、文化等方面的建设和发展，支持了党和国家民族工作的顺利进行。[1]

这一时期各民族院校培养的一批少数民族党政干部，对宣传当时党和国家一系列方针政策起到了积极的作用，正规的民族高等教育基本架构和基本雏形已经显现，我国民族院校的地理分布格局已经非常清晰。该阶段内所培养的大批本专科人才是这一时期我国民族工作的中坚力量，他们后来大都成为我国民族工作各条战线的业务骨干和各级领导。因此，这一时期的民族学院发展，成为中国民族大学建设的基石，为高水平民族大学建设进行大胆探索提供了初步经验。

二、挫折时期（1966—1977 年）

1. 建设背景

1966 年，“文化大革命”爆发。随着对新中国成立以来教育工作的全盘否定和“两个估计”的出台，以及“民族问题已不复存在”“民族学院已完成历史使命”等错误舆论的出笼，各地刮起一股撤销、停办民族院校的歪风。[2]受极左政策影响，民族工作部门被撤销，许多民族院校被撤销或停办。全国原有的 10 所民族院校仅剩下中央民族学院和广西民族学院两所，其余的民族院校不是被解散就是被合并掉了。[3]

2. 改革举措

“文化大革命”后期，在老一辈革命家的抵制和斗争下，民族教育

[1] 吴霓，等. 中国民族教育发展报告 2013[M]. 北京：教育科学出版社，2015：11.

[2] 杨胜才. 中国民族院校办学理念研究[M]. 北京：科学出版社，2013：45.

[3] 吴霓，等. 中国民族教育发展报告 2013[M]. 北京：教育科学出版社，2015：63.

工作也得到了一定的开展。以1970年6月中共中央批转《北京大学、清华大学关于招生（试点）的请示报告》为标志，在“文化大革命”中动荡和沉浮了几年的中国高等教育，出现了一个引人注目的变化：高等学校开始恢复招生，招收两年制的“工农兵大学生”。1973年，毛泽东针对当时许多地区违反民族政策的情况指出：“政策问题多年不抓了，特别是民族政策。现在地方民族主义少些，不突出了，但大汉族主义比较大，需要再教育。”[1]

在此推动下，教育政策、民族政策开始调整和落实，从1971年开始，一些民族学院开始恢复招生。未被撤销的中央民族学院、广西民族学院开始招收工农兵大学生，被宣布撤销、停办的民族学院也先后复办并招生。但是，恢复招生后的民族院校，仍然深受极左思潮和政治运动的影响，民族高等教育质量难以保证。

这一时期，民族院校遭受的挫折和损失极其惨重。据统计，民族院校招生中断，少培养了各民族人才至少4万人以上；校产损失极其严重，以致有的院校（如中南民族大学原校址被湖北省军区所占用）复办时不得不整个迁址重建；教职工队伍七零八落，很多人留下种种难于名状的精神创伤。这场“革命”既与时代进步的潮流相违背，也违背了全国6000万少数民族同胞的心愿，极大地阻碍了我国民族团结的进步事业的发展[2]，对我国民族院校的发展也带来了沉重打击。

三、恢复时期（1978—1992年）

1. 建设背景

“文化大革命”结束后，邓小平同志立即着手在教育领域开展拨乱反正工作，全力整顿和恢复教育工作秩序。党的十一届三中全会之后，党中央从全局出发，采取一系列调整措施，至此，民族高等教育事业的发展迎来了新的春天。国家民委和教育部于1979年8月在北京联合召开

[1] 国家民族事务委员会政策研究室. 民族政策讲话[M]. 北京：民族出版社，1979：14.
[2] 杨胜才. 中国民族院校办学理念研究[M]. 北京：科学出版社，2013：45-46.

了全国第五次民族学院院长会议，此次会议针对极左思潮对民族院校发展进程的干扰和破坏进行了批判，同时还总结了民族院校数十年来办学的成绩和经验，明确了民族院校的性质“是培养少数民族政治干部和专业技术干部的社会主义新型大学。它既有培训政治干部的部分，又有培养各种专业技术人才的学科”[1]。会议强调：“我国进入了新的历史时期，各民族学院必须把工作重点转移到社会主义现代化建设上来，坚决执行新时期党和国家对民族工作的任务，大力培养四化所需要的具有共产主义觉悟的政治干部和专业技术人才。”[2]这是历史上第一次把发展民族院校专业技术教育、培养专业技术人才摆在如此突出的地位，为民族学院的发展指明了方向。1979 年 11 月，国务院批准国家民委和教育部《关于民族学院工作的基本总结和今后方针任务的报告》，该报告总结了 30 年来民族院校的工作经验，同时针对民族院校工作的现状提出了今后民族院校工作的方针任务。[3]这些方针政策的正确制定和贯彻实施，使民族院校得到恢复和重建，重新步入正常发展轨道。

1985 年，《中共中央关于经济体制改革的决定》《中共中央关于科学技术体制改革的决定》《中共中央关于教育体制改革的决定》连续颁布，系列决定为新时期教育改革和发展提供了指导，是新中国教育史上具有划时代意义的政策文件。根据中共十三大提出的社会主义初级阶段理论及其在社会主义初级阶段的基本任务，1988 年国家教委召开了全国高等教育工作会议，确定了今后高等教育事业发展和改革的目标、方针和任务，推动了高等教育改革的进程。[4]所有这一切为建设高水平民族院校的改革提供了良好的宏观背景，使民族院校在调整改革中获得了发展。

2. 改革举措

1981 年 2 月，教育部和国家民委在北京召开了第三次全国民族教育

[1] 吴仕民. 中国民族教育[M]. 北京：长城出版社，2000：60.

[2] 吴仕民. 中国民族教育[M]. 北京：长城出版社，2000：61.

[3] 杨胜才. 中国民族院校办学理念研究[M]. 北京：科学出版社，2013：46.

[4] 朱开轩. 贯彻党的十三大精神 深化和加快高等教育的改革——在全国高等教育工作会议上的报告[J]. 中国高等教育，1988（4）：5-14.

工作会议，30多个民族的273名代表参加会议。会议主要是总结民族教育工作的经验，并对调整民族教育的方针任务，加快民族教育的发展进行了研究。会议强调指出，发展民族教育要提高对其战略意义的认识，尊重民族特点，结合实际制订教育规划，把国家支援和民族地区自力更生结合起来。会议还提及要调整和办好少数民族高等教育。针对民族院校的发展，会议要求要加强当时10所民族学院的建设，办好各民族自治地方的中专和高校，逐步提高少数民族在校生比例，继续办好高等院校的民族班；加强民族师范教育，搞好少数民族师资队伍建设。为此，要积极恢复和发展民族师范院校，加强在职教师的培训提高工作，要采取多种方法，继续派教师到边疆、少数民族地区工作。

1992年3月，国家教委和国家民委联合召开了第四次全国民族教育工作会议。参加会议的有30个省（自治区）分管教育的副省长（副主席）、教委主任、民委主任，30位州长，各民族学院院长，全国民族教育先进集体、先进个人代表以及国家各部委主管文教宣传的司、处长共200多人，国务委员兼国家教委主任李铁映，全国政协副主席、国家民族事务委员会主任、党组书记司马义·艾买提到会并讲话。李铁映在会上做了题为《大力改革和发展民族教育 促进各民族的共同繁荣》的报告，司马义·艾买提发表了题为《团结奋斗 继续前进 实现少数民族教育和全国教育的协调发展》的讲话。两个报告均以邓小平同志关于深化改革的基本思想为指导，从各方面总结了我国民族教育特有的经验，同时指出了民族教育的地位、基本原则、今后发展的任务以及实现任务的方针、政策、措施。会议最后由国家教委副主任何东昌作会议总结。该会议实现了针对民族教育工作经验的总结与交流，尤其是党的十一届三中全会以来民族教育发展与改革的经验。同年发布的《全国民族教育发展与改革指导纲要（试行）》（1992年—2000年）中指出：民族学院在历史上为培养民族干部发挥了重要作用，在新形势下要继续办好；当前除重点办好具有民族特色的学科、专业和对少数民族干部进行培训外，还要办好大学预科；民族学院现有的一般专业，要根据社会需要积极改善办学条件，而对民族地区急需的一些专业，要在统筹规划的基础上，努力创造条件，有计划地设置。该纲要同时强调，20世纪90年代，民族高等教育要把工作重点放在适度发展、优化结构、改善条件、提高质量上，并力争取得显著成效；民族学院在历史上为培养民族干部发挥了重要作用，其在新的形势下在民族高等教育中将继续占有重要地位，有关主管部门和省、区人民政府，要大力支持和帮助民族学院改善条件、深化改革、发挥优势、提高质量、办出特色。[1]在此阶段，民族学院的预科教育逐渐形成统一的规制，并开始向本专科阶段的预备教育转型，进一步明确了办好高水平民族院校的目标任务和措施，以继续推动民族院校的改革与发展。

3. 政策成效

“文化大革命”结束至 1992 年，是民族院校在恢复和改革中得到整体发展的重要时期。在此阶段，政策成效十分显著。一是全国民族院校得到恢复和重建，并且通过加强应用型专业、发展新兴专业、扶持特色专业，使得学科专业结构更趋合理和优化。二是少数民族干部教育培训也逐步走向专业化实施的高等教育，这使得研究生阶段的民族教育有了一定的发展。据统计显示，截至 1993 年，全国民族院校已有 3 个民族学博士专业学位点，36 个硕士学位专业点。三是在对外合作与交流方面也有了突破性的发展。在高等教育国际化的背景下，各个民族院校开始积极承担外国留学生的教育任务，与外国院校建立了校际交流与合作关系，采取多种国际教育合作形式，通过国际合作与交流来促进自身发展。云南民族学院于 1981 年招收了建校以来首批外国留学生，迈开了新时期民族学院融入高等教育国际化潮流的第一步。四是经历了长期的压抑和积累之后，民族学院的科研工作开始复苏并显示出良好的发展态势，不仅人文社会科学方面涌现一批有影响力的成果，自然科学研究尤其是技术成果的研发上也初见成效。经过这一时期的调整和改革，民族院校真正实现了从单一的政治教育向专业化教育的全面转轨，逐步发展成为学科门类齐全、结构较为合理的综合性民族高等院校，已成为我国普通高等

[1] 吴仕民. 中国民族教育[M]. 北京：长城出版社，2000：712.

教育体系的重要组成部分。[1]

该阶段民族高等教育事业发展呈现出拨乱反正的基本特征，在“把被颠倒了的事情再颠倒过来”的思路引导下，逐步恢复“文化大革命”前的办学方针、模式、目标、结构、体制、运作方式等，故而命名为“恢复阶段”。

四、拓展时期（1993—1999年）

1. 建设背景

1992年10月，党的十四大做出了三项历史性决策：一是明确了邓小平建设有中国特色社会主义理论在全党的指导地位；二是明确了我国经济体制改革的目标是建立社会主义市场经济体制；三是要求全党抓住机遇，加快发展，集中精力把经济建设搞上去。

为了推动高等教育大众化的进程，迎接世界知识经济的挑战，1999年全国高等学校扩大招生规模以此来加快我国经济与社会发展的步伐。因此，在这一时期各民族院校抓住机遇、乘势而上，实现了由原先以干部培训为主向正规大学教育转变的重大跨越，同时也实现了由小规模办学向适度规模、单一层次向多层次，以教学型为主向教学与科研并重、基本不达标向整体大幅度改善的诸多跨越。[2]此外，国家民委与地方政府及中国科学院合作共建民族院校，为民族院校的发展提供了更为广阔的平台。

1992年召开了第一次中央民族工作会议。党的十一届三中全会之后，民族工作回到了正确的发展轨道，与此同时，国内外的政治形势也在发生着变化。1980年之后，国际上的反动势力利用一些国家在民族政策上的错误和在民族工作上的失误，极力煽动民族分裂主义，第三次世界民族主义浪潮兴起。在这次浪潮冲击之下，到20世纪80年代末、90

[1] 雷召海，等. 中国民族院校的定位与发展研究[M]. 武汉：湖北人民出版社，2009：172.

[2] 国家民委教育科技司，教育部民族教育司. 蓬勃发展的中国民族院校[M]. 北京：中央民族大学出版社，2006：30.

年代初，苏联解体、东欧剧变，我国的民族关系也面临严峻考验。[1]与此同时，中央审时度势，经过研究决定围绕部署民族工作召开专门会议进行研讨，并把会议名称确定为“中央民族工作会议”。这次会议的主题是：加强各民族的大团结，为建设有中国特色的社会主义携手前进。会议在肯定成就、总结经验的同时，分析了当时民族工作的形势，确定了 20 世纪 90 年代我国民族工作的大政方针和主要任务。这次会议对于正确应对第三次世界民族主义浪潮的影响，特别是苏联解体、东欧剧变对我国民族关系的影响，进一步加强各民族大团结，动员各族人民为建设中国特色社会主义而携手奋斗，起到了至关重要的作用，并开创了以中央民族工作会议的方式来确立各个历史阶段民族工作指导原则与重大决策部署的先例。

2. 改革举措

为了适应社会主义市场经济体制的需要，国家民委于 1994 年 11 月在云南昆明、1998 年 9 月在陕西咸阳先后两次召开全国民族学院党委书记、院长会议，讨论民族学院改革与发展的问题。

昆明会议主要讨论社会主义市场经济与民族学院的改革与发展。该会议聚焦的问题是：新时期民族院校的作用和改革的方向；民族院校 40 年的成绩和自身的变化，即民族院校的国民教育的共性逐渐增强，民族院校的特殊性在逐步减弱；学校的教育结构；主动适应社会发展需要的运行机制的建构；内部管理体制改革；国家民委自身职能的转变。同时，会议还分析了“民族学院传统的办学模式与市场经济形势下教育投入与学校发展实际，专业设置、教育质量与经济发展，招生、分配制度与社会要求，应用科学研究与研究成果迅速转化为生产力的要求”之间的“四个不适应”。会议提出了加大改革力度、坚持育人宗旨、逐步建立主动适应国民经济和社会发展需要的有效机制、调整教育结构、推进学校内部管理体制改革、立足提高质量、加强科研工作、搞好校办产业、加强

[1] 王剑利. 中央民族工作会议：加强民族工作的顶层设计[N]. 中国民族报，2018-12-20.

国际交流与合作、转变工作职能十个方面的改革与发展的实施意见。[1]

咸阳会议聚焦的问题则是如何办好民族院校。在此次会议上，国家民委在肯定几十年来民族院校办学取得成绩的同时，还指出了民族院校存在的一些亟待解决的问题：传统的办学模式要增强适应社会需要的内在活力；在办学规模不断扩大、结构调整步伐加快的同时，办学条件改善滞后；优秀学科带头人不足；学科建设需要加强；传统的特色优势学科——民族学科招生存在困难；科技产业薄弱，经费来源单一，自我发展能力较差；教学改革相对落后，教学方法显得陈旧等。[2]会议提出了指导思想、办学方向、特色专业、办学效益、少数民族干部培训、管理水平、教育质量七项面向21世纪进一步办好民族院校的对策。[3]

3. 政策成效

这一阶段内，中央民族学院更名为中央民族大学（1993年），1999年成为“211工程”重点建设大学。1993年，东北民族学院开始以中央民族大学的名义招生；次年，西北第二民族学院经批准正式挂牌建校。1997年，东北民族学院经教育部批准更名为大连民族学院。广东民族学院于1998年更名为广东技术师范学院，因而退出民族院校的行列。云南省人民政府常务会议将云南民族学院列为该省5所重点建设的大学之一。此后，2000年，于1958年创建的内蒙古民族师范学院、内蒙古蒙医学院和哲里木畜牧学院三所院校合并，组建为内蒙古民族大学。截至2013年，全国共有31所民族院校，其中包括由国家民委直接管辖的中央民族大学等6所高校、省级地方人民政府管辖的广西民族大学等9所高校以及另外地方所属的16所本专科高校。至此，具有中国特色的民族高等教育体系已经形成。

---

[1] 马建．社会主义市场经济与民族学院改革与发展问题研讨会综述[J]．民族教育研究，1995（2）：50.

[2] 丁月牙．全国十三所民族学院党委书记、院校长座谈会议综述[J]．民族教育研究，1998（4）：8-11.

[3] 丁月牙．全国十三所民族学院党委书记、院校长座谈会议综述[J]．民族教育研究，1998（4）：8-11.

五、推进时期（2000—2006 年）

1. 建设背景

21 世纪之初，中国民族高等教育实现了跨越式发展，在高等教育大众化的浪潮中，民族教育也迅速进入这一阶段。中国民族高等教育大众化是指世纪之交在中国特色社会主义理论和党的民族政策的指引下，依托全国民族院校和民族地区高等学校等多种教育载体，大体在 21 世纪头 7 年，在全国五大民族自治区先后都进入高等教育大众化阶段。研究民族高等教育大众化政策措施、发展进程、主要特征，深入剖析民族院校发展过程中面临的机遇与挑战，为推进民族院校准确定位、特色发展提供了科学依据和现实基础，具有深刻的现实意义以及时代价值。

在推进我国高等教育大众化进程中，党和政府依据中国特色社会主义民族理论与政策、我国民族工作的指导思想和工作任务、中国高等教育大众化的政策目标和高校扩大招生的重大决策等，在结合少数民族和民族地区经济社会发展实际的基础上制定了一系列行之有效的政策和措施，强有力地推动了我国民族高等教育持续、快速且健康地发展。这些政策措施内容翔实，全方位涵盖民族高等教育，为推进我国民族高等教育大众化进程，推动高水平民族大学的建设，提供了正确指导原则和政策依据。[1]

除此之外，临近世纪之交，新中国成立 50 周年前夕，1999 年 9 月中央民族工作会议暨国务院第三次全国民族团结进步表彰大会在北京召开。会议总结了新中国成立 50 年来民族工作的成就和经验，阐述了党的民族理论和民族政策，提出了今后一个时期我国民族工作的主要任务和要求。会议第一次系统、明确地提出了民族地区实施西部大开发战略的主要任务，从而吹响了加快少数民族和民族地区经济社会发展的号角。[2]

[1] 雷召海，等. 中国民族院校的定位与发展研究[M]. 武汉：湖北人民出版社，2009：56.

[2] 吴建颖. 盘点历次中央民族工作会：共见证同前行[EB/OL].（2014-09-27）. http://politics.people.com.cn/n/2014/0927/c1001-25746644.html.

2. 改革举措

2002 年 7 月 26—27 日，教育部、国家民委在北京联合召开第五次全国民族教育工作会议。中共中央政治局常委、国务院副总理李岚清，国务委员司马义・艾买提出席了会议并与会议代表座谈。李岚清副总理作了重要讲话，教育部部长陈至立作了工作报告，国家民委主任李德洙作了大会总结。[1]李德洙在总结中代表国家民委、教育部就贯彻落实会议精神提出了明确要求。他强调，现在民族地区跨越式发展的关键是培养人才，培养人才的关键在教育。所以，民族地区的教育必须率先实现跨越式发展。发展民族教育要在思路、改革、投入和政策措施上有新的突破，就政策措施而言，该特殊的一定要特殊，该扶持的一定要扶持，不能“一刀切”，不能一般化。李德洙指出，各地要结合贯彻新修改的民族区域自治法，加紧制定加快民族教育发展的有关政策措施，早日实现民族教育的跨越式发展。[2]

国家为了顺应 21 世纪初的高等教育大众化历史发展趋势，采取了一系列相关配套措施，以此来推动民族高等教育大众化发展进程。

一是根据西部大开发战略、科教兴国战略和人才强国战略的指导方针，国家加大了对少数民族高等教育经费的投入力度。而在全国范围内进一步扩大招生规模必须有相应的思路及举措，当务之急便是高等教育经费问题如何解决。因此，从 1999 年开始，国家连续四年安排国债资金来支持教育，直接从中央国债里面第一年安排 20 亿元，第二年安排 25 亿元，第三年安排 25 亿元发展教育，扩招前三年中央财政累计安排国债资金 70 亿元用于支持高校的扩招和发展，安排 20 多亿元维修费用于改造中央部委所属高校的基础设施建设。[3]从民族院校来看，中央政府历来非常重视民族院校的建设与发展，在对其的经费投入方面，一直以来

[1] 增林. 第五次全国民族教育工作会议在京举行[J]. 中国民族，2002（9）：7.

[2] 李德洙. 在第五次全国民族教育工作会议上的总结讲话[J]. 中国民族教育，2002（5）：9-12.

[3] 教育部改革开放30年中国教育改革与发展课题组. 建设高等教育大国的辉煌历程[J]. 中国高等教育，2008（20）：4-10.

采取倾斜政策和优惠政策。1999 年民族院校开始扩大招生规模，国家加大了对民族院校经费投入的力度，特别是进入 21 世纪以来，以国家民委所属的 6 所民族院校为例，其办学条件都有了大幅度的提升。国家民委所属 6 所院校的财政拨款在 1999 年仅有 2 亿左右，而到了 2005 年，财政拨款增加了 4 倍，达到了将近 10 亿左右；1999 年，6 所院校固定资产只有 5.9 亿元，而 2005 年初已增加至 25.6 亿，实现了 3 倍多的增长。[1]民族院校的各项办学条件得到了巨大的改善，已基本达到了国家规定的标准水平。办学条件的改善促进了办学水平的提高，也为民族院校的可持续协调发展奠定了良好的基础。

二是深化民族高等教育体制改革，形成民族高等教育办学主体的多元化发展格局。在计划经济体制下形成的民族高等教育体制有许多弊端，越来越不适应民族地区经济社会发展的要求，缺乏生机与活力。[2]就教育投资体制而言，主要采取的是一种单一的国家拨款方式，这种拨款方式束缚了社会力量办学的积极性，将可能直接导致教育经费投入不足，不利于发挥高校办学的积极性，不利于满足少数民族和少数民族地区人民群众接受高等教育的要求。此种现象长期发展下去，高等学校也就逐渐养成了对国家和政府的依赖性，极大地影响了高校自身的发展，长此以往，高校就越来越缺乏自我生存发展的动力和竞争意识。党的十四大召开后，计划经济体制逐步向社会主义市场经济体制转变，确立了社会主义市场经济体制的新目标。[3]从 20 世纪 80 年代末至 21 世纪初，我国民族高等教育体制逐步建立起与社会主义市场经济体制、政治体制等相适应的具有中国特色的民族高等教育新体制。[4]由此可见，民族高等教育的发展离不开国家的整体发展趋势和发展状态，民族高等教育事业必须依从于国家的整体发展，才能真正意义上构建具有中国特色的民族高等教育的新体制。国家民委根据《中共中央关于教育体制改革的决定》

---

[1] 李德洙. 实现“六个突破” 加快民族高等教育发展[J]. 中国高等教育，2006（6）：4-6.

[2] 霍文达. 中国少数民族高等教育体制改革研究[M]. 武汉：湖北人民出版社，2007：85.

[3] 新华社. 伟大历程(1921—2011)[J]. 四川党的建设（城市版），2011（7）：10-20.

[4] 哈经雄. 试论民族高等教育改革和“双一流”大学建设[J]. 中国教育科学，2017（2）：3-14.

《国务院关于深化改革加快发展民族教育的决定》等文件精神，结合现实情况，与教育部联合出台了《国家民委教育部关于进一步办好民族院校的意见》等一系列改革的重要文件。[1]通过这些文件的出台，国家民委明确提出未来我国民族高等教育办学体制改革的目标和基本方向：打破原先单一的办学局面，进一步建立以政府办学为主、社会共同参与的办学体制，形成公办与民办并举的多元化共同治理的新格局，到21世纪真正建立起民族高等教育办学主体多元化的办学新体制，使得民族高等教育的发展在国家高等教育大众化发展进程中占据一席之地。[2]据此，办学体制创新，在理论和实践上要把握三个基本要点：一是中国的民族高等教育，必须要坚持以政府办学为主体；二是必须要鼓励和支持少数民族和民族地区民办高等学校的进一步改革和民族教育事业的发展；三是必须探索出适合民族高等教育办学主体多元化的多种形式。这三个基本要点，不仅是改革办学体制，推进中国民族高等教育办学体制创新、发展少数民族和民族地区高等教育的需要，同时也是推进西部地区经济文化发展的需要。[3]

三是建立资助民族高校贫困家庭学生的政策体系。随着高校大规模的扩招和缴费上学制度的推行，高校贫困学生的数量呈上升的发展趋势。据调查分析，截止到2003年年底，在全国普通高校中，贫困家庭的学生约占20%，人数约240万；经济特别困难的学生约占5%—10%，人数约为60万—120万。[4]据国家民委教育科技司的统计，到2002年底，国家民委直属院校贫困学生约占在校生总数的24%，人数为11 889，特别贫困的学生约占12%，人数为5 842。从这些数据可以看出，民族院校的贫困生和特困生比例均明显高于一般院校的20%和10%。[5]从我国区

[1] 田慧生. 谋划教育事业科学发展全局的行动指南[J]. 中国德育，2010（9）：3-4.

[2] 霍文达. 中国少数民族高等教育体制改革研究[M]. 武汉：湖北人民出版社，2007：118.

[3] 霍文达. 中国少数民族高等教育体制改革研究[M]. 武汉：湖北人民出版社，2007：118-122.

[4] 国务院办公厅. 国务院办公厅关于切实解决高校贫困家庭学生困难问题的通知[Z]. 2004-09-03.

[5] 张京泽，王丽萍，覃鹏. 关于民族院校贫困生的资助措施及思考[J]. 民族教育研究，2004（5）：19-24.

域分布来看，不难看出西部地区和西部民族地区大都是经济欠发达的地区，城乡经济二元结构尚未改变，所占地域较广，贫困人口也相对较多，这种现实状况也与在我国高校贫困生总数中少数民族贫困生人数占较大比例有直接关系。国家为了解决少数民族地区大学生上学难的问题，民族院校在国家民委的指导下，根据中央相关文件精神，结合民族院校的实际情况，提出了一系列对少数民族贫困学生的资助政策措施。按照中央“绝对不让一个困难学生辍学”的原则，积极资助贫困学生，采取“奖、贷、助、补、减、免、缓”等方式，总的来说，在这些路径的实施下，给少数民族和民族地区的大学生带来了新的希望。[1]

四是逐渐深化投资体制改革，进一步拓宽经费来源渠道。民族高等教育从 20 世纪 90 年代初期以来，就开始改革在计划经济体制背景下所形成的仅由政府单一投资的教育体制，在改革的过程中，逐渐确立了以政府财政拨款为主、社会力量等多渠道筹措的民族高等教育经费投入的新形式。[2]从 20 世纪 90 年代后期至 21 世纪初，为了促进民族高等教育事业发展，政府通过解放思想，坚持改革，采取筹资、融资等措施，拓宽经费来源渠道，增加其经费总量，给民族高等教育的发展开拓了一条更广阔的道路[3]。例如，2004 年 4 月 21 日，教育部批准中央民族大学列入“985 工程”，教育部、财政部 985 工程办公室确定在“十五”期间给予中央民族大学 1.5 亿元的学科建设资助。又如，广西壮族自治区的 14 个市政府资助广西民族学院少数民族优秀大学生，2004 年度资助 116 万元。再如，2004 年曾宪梓教育基金会理事会决定把国家民委所属中央民族大学和西北民族大学纳入“优秀大学生奖学金”实施范畴，实施“少数民族大学生奖励计划”，计划从 2004 年开始每校每年奖励 50 名学生，每生每年奖励 3 600 元，每年奖励金额共计 36 万元。该奖励计划连续实施 5 年，总计金额 180 万元，资助在校品学兼优，家境贫寒的

[1] 张京泽，王丽萍，覃鹏. 关于民族院校贫困生的资助措施及思考[J]. 民族教育研究，2004（5）：19-24.

[2] 郑福桂. 财政拨款制度变迁对民族高校办学行为的影响[D]. 恩施：湖北民族学院，2015.

[3] 李娴，高妍. 浅谈新疆高校少数民族贫困生资助情况——以塔里木大学动物科学学院为例[J]. 亚太教育，2016（21）：237.

少数民族贫困大学生完成学业。[1]

3. 政策成效

在高等教育大众化发展的过程中，民族高等教育不仅扩大了办学规模，调整了学科结构，还提升了整体层次，实现了跨越式发展，这对于不断提高全国各族群众文化科学素质，有效促进少数民族和民族地区的繁荣发展具有举足轻重的作用。民族高等院校在推进民族高等教育大众化的进程中均取得了突出成果。主要表现在：

（1）扩大了民族高等教育办学规模

在教育部和国家民委指导下，民族院校和民族地区的高等学校都依据国家的指示精神，积极响应了高等教育大众化的政策目标和扩大高校招生的相应政策，在调整学科专业结构、师资队伍建设等方面都采取了措施，进一步扩大民族高等教育的发展路径，拓宽民族高等教育事业的上升空间。截至 1998 年，全国民族院校共有 13 所，国家民委直属院校 6 所和地方所属民族院校 7 所，4897 名专任教师，39332 名在校生；民族自治地方共有高校 94 所，3.01 万名专任师资，22.13 万名在校生；全国普通高校共有少数民族在校生 22.63 万人，少数民族专任教师 2.32 万人。[2] 截至 2006 年，全国民族院校专任教师 9952 人，在校生 15.4992 万人；我国民族自治地方共有普通高校 167 所，专任教师 7.12 万人，在校生 113.02 万人；全国普通高校少数民族专任教师 5.03 万人，占全国高等学校专任教师的 5.2%，少数民族在校生 107.55 万人，占全国高等学校在校生的 6.9%。[3]

（2）调优建强学科专业

我国民族院校学科专业建设经过了准备、起步、曲折、稳步前进、

---

[1] 雷召海，等. 中国民族院校的定位与发展研究[M]. 武汉：湖北人民出版社，2009：63.

[2] 许春清. 西部民族高等教育均衡发展论纲[J]. 西北师大学报（社会科学版），2009（3）：84-87.

[3] 国家民族事务委员会经济发展司，国家统计局国民经济综合统计司. 中国民族统计年鉴（2007）[M]. 北京：民族出版社，2008：659-672.

改革发展五个时期[1]，现已初步形成了具有中国特色和民族特色的专业结构模式。据统计，2000 年，委属民族院校共设置本科专业 147 个，至 2007 年底，已开设涵盖 11 个学科门类的本科专业 301 个。[2]根据这些数据可以看出，民族高等院校的专业结构发生了变化，专业数目逐渐拓宽，但是由于历史原因，民族高等教育的专业结构，虽然几经改革调整，但是在专业结构的设置过程中，仍然存在一些不合理之处。存在问题主要是文科比例偏重，尤其语言类偏多，农林、医学科专业比重低，工程技术、应用工科类专业比例过低，师范等专业尚未设置。[3]地域的不同使得民族院校的本专科专业的设置发生了极大的变动，主要的改变是在保持原有优势学科和特色学科专业的基础上，适当地添加一些区域发展所需要的经、法、工、农、医等学科专业，开设了一大批新型专业和应用技术型专业。[4]至 2007 年底，国家民委直属院校已开设涵盖 11 个学科门类的本科专业 301 个，此外还拥有国家级重点学科 2 个、国家级学科基地 3 个、省部级重点学科 41 个、省部级重点实验室 37 个。[5]最终，民族院校学科专业结构从以人文为主逐渐向文理渗透和综合化方向发展，更加促进了民族高等教育事业的发展。[6]

（3）民族高等教育层次结构更加合理

民族高等教育经过改革，建设和发展层次结构更加符合民族地区经济建设。截止到 2000 年，民族院校一共有硕士学位授权专业点 101 个，博士学位授权专业点 9 个，博士后流动站 1 个，11 所民族院校有硕士学位授予权，中央民族大学有博士学位授予权和进入国家重点建设的“211

---

[1] 霍文达. 略论我国民族学院学科专业建设的发展变化[J]. 中央民族大学学报（哲学社会科学版），1995（6）：67-71.

[2] 国家民委教育科技司. 改革开放 30 年我国民族院校的发展成就和基本经验[EB/OL].（2009-01-15）. http://www.seac.gov.cn/seac/mzjy/200901/1014541.shtml.

[3] 张征. 民族院校专业结构研究：现状、问题与对策[J]. 黑龙江高教研究，2018（6）：49-52.

[4] 常思亮，张天骄. 我国民族高等院校慕课发展环境探析——基于 SWOT 分析法[J]. 民族高等教育研究，2016（6）：6-12.

[5] 国家民委教育科技司. 改革开放 30 年我国民族院校的发展成就和基本经验[EB/OL].（2009-01-15）. http://www.seac.gov.cn/seac/mzjy/200901/1014541.shtml.

[6] 雷召海，等. 中国民族院校的定位与发展研究[M]. 武汉：湖北人民出版社，2009：64.

工程”。[1]2007 年底，国家民委直属院校本科专业数达 301 个，在校生达 9.5 万人，硕士学位授权专业点达 189 个，博士学位授权专业点达 27 个，有硕士学位授予权的民族院校达 12 所。中央民族大学是最早进入国家“211 工程”和“985 工程”建设行列的重点研究型大学，西北民族大学、西南民族大学、中南民族大学均相继取得了博士学位授予权。[2]

六、发展时期（2007 年至今）

1. 建设背景

自 2007 年起，教育部明确地将高等教育的“内涵建设”问题提上议事日程。在“内涵式发展”的主旋律下，我国民族大学又将何去何从？所谓内涵式发展，即与办学规模扩张尤其是在校学生数量增加相对而言，采取以提高教育质量为中心，包括内在结构优化、办学特色培育等构成的综合发展方式。[3]无疑，高等学校必须有一定办学规模，否则教育质量、结构、特色等无从依托和体现，规模效益也难以形成，可持续发展难以实现；同样，办学规模必须以教育质量等为前提和基础，否则规模就变成了数字泡沫，教育就会变质。因此，内涵式发展和外延式发展之间的关系，正如唯物辩证法中的质与量，是对立统一的辩证式关系。[4]在扩招期间，民族院校的发展模式主要是外延式的，而且是超常规的外延扩展，不排除其中有降低教育质量的可能。但 2005 年后，招生规模增速减缓，工作重心由外延扩展转向内涵建设，转向教育质量、办学水平的提高，特色的发展，结构的优化等是势所必然、理所应当的。只有根据实际需求来转变民族院校的发展，才能使得民族高等教育融入整个教

[1] 霍文达. 中国少数民族高等教育体制改革研究[M]. 武汉：湖北人民出版社，2007：73.

[2] 魏武，李菲. 为民族教育插上腾飞的翅膀[EB/OL].（2008-05-10）. http://news.sina.com.cn/o/2008-05-10/065913856435s.shtml.

[3] 冯晓丽. 人才培养质量：内涵式发展与“双一流”建设的和谐变奏[J]. 高教探索，2019（4）：37-40+60.

[4] 唐纪南，张京泽. 中国民族院校发展史[M]. 北京：中国社会科学出版社，2012：268.

育事业发展中。[1]

2005年，第三次中央民族工作会议召开。新世纪新阶段如何推动民族地区实现科学发展成为民族工作的重要任务。会议主要讨论了如何加快少数民族和民族地区经济社会发展。与之前相比，这次会议有三个历史性突破：一是出台了《中共中央、国务院关于进一步加强民族工作加快少数民族和民族地区经济社会发展的决定》，这是新中国成立以来关于民族工作的第一个"决定"[2]；二是出台了《国务院实施〈中华人民共和国民族区域自治法〉的若干规定》，这是建立健全我国民族法律法规体系的重大成果；三是国务院审议通过了《扶持人口较少民族发展规划（2005—2010年）》，制定实施了兴边富民行动"十一五"规划。此外，为了贯彻落实此次中央民族工作会议精神，更好地培养少数民族干部和进行民族地区的人才资源开发，进一步办好民族院校，国家民委和教育部联合出台了《国家民委教育部关于进一步办好民族院校的意见》，为民族院校的发展定位、定向、定策。[3]

2. 改革举措

根据"内涵式发展"的指导思想，从2007年前后有关民族院校的本科教学工作水平自评报告中，可以看到各院校结合自身实际提出的发展思路。下面以国家民委直属的中央民族大学、中南民族大学和西南民族大学为例进行说明。

中央民族大学的发展思路是：坚持科学发展观，突出提高人才培养质量和科研创新能力两大主题，大力实施质量立校、学术兴校、人才强校三大战略，走内涵为主、可持续发展的办学之路；坚持以学科建设为龙头，围绕民族类优势学科和专业建设，优化办学结构和资源配置；坚

---

[1] 雷湘竹，张立玮. 全景敞视：民族高等教育外延式发展到内涵式发展转变[J]. 广西师范学院学报（哲学社会科学版），2016（2）：82-87.

[2] 朱玉福. 民族区域自治法颁布实施30年：回顾与展望[J]. 黑龙江民族丛刊，2014（6）：44-51.

[3] 吴仕民. 在全国民族院校工作会议上的总结讲话[EB/OL].（2005-12-29）. http://www.seac.gov.cn/gjmw/mwjs/2005-12-29/1165545820268570.htm.

持始终把人才培养作为学校的根本任务，牢固确立教学科研在学校各项工作中的中心地位，培养基础知识扎实、实践能力和创新精神强的高素质人才；坚持以人为本，突出学生的主体地位和教师的主导作用，调动一切积极因素，同心同德为学校发展而奋斗。[1]

中南民族大学的办学思路是：坚持以人为本的科学发展观，把发展作为第一要务，以本科教育为主，将人才培养作为学校的根本任务，正确处理教学与科研、管理、后勤等工作之间的关系，按照“以提高人才培养质量为中心，教学科研并重”的办学思路，积极探索民族高等院校的发展之路，努力实现“规模、结构、质量、效益”之间的协调发展。[2]

西南民族大学的发展战略可归结为“一体两翼”，即：以深化教学改革、推进科学研究、提高育人质量为“一体”，统筹学科发展与专业建设，统筹质量立校、人才兴校、科研强校、特色铸校，统筹办学规模、结构、质量、效益协调发展，统筹学校发展与社会需求；以建设青藏高原生态保护与畜牧业高科技研发示范基地、民族文化创新实践研发基地为“两翼”，发挥学校的特色与优势，夯实和提高学校核心竞争力和创新能力，更好地为民族地区和少数民族服务，推动学校持续、健康、和谐发展。[3]

通过比较这一时期三所民族院校的发展思路，不难看出三所民族院校都将“内涵式发展”作为学校发展思路的指导原则，注重“以人为本，提高人才培养的质量”，强调在基于学校自身组织结构的基础上彰显办学特色与提升发展效益。同时，还将学校的科研与学术提高到极其重要的发展维度，共同促进民族高等教育质量和民族院校整体水平的提升。因此，此时的民族院校已不再单纯追求办学规模的扩大化，而是寻求一种将学校的办学规模、办学结构、教育质量、成果效益、民族院校办学特色等相统一的内涵式协调共同发展。[4]

此外，随着改革开放的逐步深入，国际化倾向日益显现，中国高等

---

[1] 中央民族大学. 本科教学工作水平自评报告[Z]. 2007.

[2] 中南民族大学. 本科教学工作水平自评报告[Z]. 2006.

[3] 西南民族大学校史编写委员会. 西南民族大学校史（1951—2011）[Z]. 2011：5.

[4] 夏仕武. 论民族院校使命与内涵式发展[J]. 民族教育研究，2015（4）：16-20.

教育成为多方角逐的开放行业。从地理位置上看，部分民族院校位于我国边疆地区，与国外联系较为紧密。面对日趋激烈的高等教育竞争，民族院校在面对国际化浪潮时应何去何从，如何在国际化背景下形成民族院校的独有特色，这些都是十分重要而现实的问题。[1]在经济全球化、知识经济的大背景下，信息化程度的提高，使国家之间、民族之间的联系与合作日益密切，竞争也日益激烈。首先，民族院校应转变观念，将教育事业放在世界性的大背景中，同国际接轨，注重培养适应世界发展需要的国际化人才。[2]以广西民族大学为例，由于广西与东盟成员国的交流与合作不断扩大，所以急需建立一支熟悉东盟各国情况、精通东盟各国语言和礼仪习俗的人才队伍。因此，该校强化国际意识，调整人才培养目标，着重培养具有扎实专业基础，至少掌握一门东盟国家语言，熟悉东盟国家历史文化，国际交往能力与竞争能力较强的复合型人才，以适应中国和东盟经济文化交流及广西外向型经济发展的需要。[3]其次，民族院校应根据自身的实际情况，进一步完善人才培养模式，推进国际化进程，有条件的学校应积极探索跨国联合培养模式。再次，课程设置的国际化是高校国际化最基本的要素。在教学过程中，民族院校应为学生提供和传授掌握国际知识的方法和途径，着力于增强学生的国际意识。[4]

2015 年 8 月 17 日，《国务院关于加快发展民族教育的决定》印发。该决定进一步明确了民族教育的发展目标是，到 2020 年民族地区教育整体发展水平及主要指标接近或达到全国平均水平，逐步实现基本公共教育服务均等化；基本原则是坚持中国共产党的领导，坚持缩小发展差距，

[1] 马梅花. 我国民族院校国际化人才的定位与培养路径探究[J]. 大学（研究版），2018（6）：33-40.

[2] 夏惠贤. 面向世界，理解世界，走向世界——论国际教育的内涵及其推进途径[J]. 外国中小学教育，2014（4）：1-8.

[3] 欧以克，陈秀琼. 中国民族高等教育问题研究[M]. 桂林：广西师范大学出版社，2012：148-149.

[4] 陈炜，关慧川，许进，等. 对我国西部继续教育国际化发展趋势的思考[J]. 继续教育，2011（4）：40-41.

坚持结构质量并重，坚持普特并举，坚持依法治教。[1]该决定还提出要建立民族团结教育常态化机制，建立完善教师队伍建设长效机制，完善经费投入机制，加大学生资助力度，加快推进教育信息化，全面落实政府职责，充分发挥对口支援作用等。通过内容可以看出，该决定是关于民族教育发展的纲领性文件，对我国民族教育在“十三五”期间的发展起着导向性作用。[2]

2015 年 8 月 18 日，教育部、国家民委召开了第六次全国民族教育工作会议。党中央、国务院高度重视民族教育，特别是 7 月 2 日，习近平总书记主持召开中央政治局常委会，亲自听取有关工作情况汇报，审议加快发展民族教育的文件。“在‘四个全面’战略布局的大背景下召开这次会议，出台加快民族教育发展的文件，对于落实好中央关于教育工作和民族工作的决策部署，实现少数民族和民族地区的跨越式发展和长治久安，必将产生深远的影响。”[3]中共中央政治局常委、全国政协主席俞正声在会见第六次全国民族教育工作会议代表时强调，“要全面把握中央关于民族教育工作的新思想新要求，深入推进爱国主义和民族团结教育，坚持立德树人，大力培育和践行社会主义核心价值观，弘扬中华优秀传统文化，夯实中华民族共同体思想基础；按照‘四个全面’战略布局，不断创新工作思路和方式，坚持民族因素与区域因素相结合，坚持普惠政策与特殊措施相结合，统筹谋划、全面推进民族教育改革发展；切实提高服务民族地区全面建成小康社会的能力，把义务教育、职业教育作为重中之重，抓好国家通用语言文字教育薄弱地区双语教育，坚持就业导向，着力培养数以百万计的创新型、应用型、技术技能型各民族优秀人才，为民族地区发展提供人才支持和智力支撑”[4]。中共中

[1] 张进清，张宏宇. 边境民族地区县域教育发展规划研究——以广西边境民族地区 C 县为例[J]. 民族教育研究，2017（6）：12-19.

[2] 李永，李俊杰. 民族院校教师教学发展联盟建设工作刍议[J]. 教师教育论坛，2017（3）：27-31.

[3] 王正伟. 在第六次全国民族教育工作会议上的讲话[EB/OL].（2015-08-27）. http://news.swun. cn/info/1008/26823. htm.

[4] 新华网. 俞正声会见第六次全国民族教育工作会议代表[EB/OL].（2015-08-18）. http://www. xinhuanet. com//politics/2015-08/18/c_1116296341. htm.

央政治局委员、国务院副总理刘延东，全国政协副主席、国家民委主任王正伟参加会见和出席会议，并先后发表讲话，对民族教育发展提出了具体要求。

3. 政策成效

新时期民族教育发展战略的调整为我国民族大学的发展提供了一个相对稳定的平台。具体而言，对于民族高等教育发展来说所形成的一系列政策，都取得了显著的成效，清除了其历史遗留下来的问题，并且还找到了民族大学发展变化路程中的主要阻碍其发展的制约要素，另外还对其主要矛盾着重采取了有针对性的调整措施。就这一时期而言，全国的民族大学开始转换民族院校的发展模式，主要是以“内涵式发展”为主旋律，把以前民族院校从外延扩展转移到内涵建设上来，着重追求民族院校结构和质量发展的平衡。[1]此外，随着国际化、全球化浪潮的日益高涨，民族大学的发展也在逐步走向世界，也在逐步打开视野，也在逐渐与国际接轨，总的来说，在这一时期，中国的民族大学正朝着一个自内向外不断改革的高水平目标前进。

第二节　主要建设成就

据“2015 年全国教育事业发展统计公报”数据，2015 年中国共有普通高等学校 2560 所（含独立学院 275 所，未含港、澳、台大学），其中本科院校 1219 所。在这 1219 所本科院校中，有民族院校 15 所，仅占本科院校的 1.2%。民族院校的数量虽少，但在我国高等教育体系中却具有普通高校无法替代的地位和作用。

新中国民族院校创建以来的办学成就，已有研究者做过归纳和总

[1] 雷湘竹，张立玮. 全景敞视：民族高等教育外延式发展到内涵式发展转变[J]. 广西师范学院学报（哲学社会科学版），2016（2）：82-87.

结。如赵世怀等总结为六点：一是为少数民族和民族地区培养了大批干部和各类专业技术人才；二是取得了丰硕的科研成果，为解决国内民族问题，发展民族地区科技文化事业做出了重大贡献；三是形成了自己的办学特色；四是形成了多学科、多层次、多形式的办学格局；五是建立了民族成分众多的师资队伍；六是办学条件不断改善。[1]杨胜才则归纳为五点：一是为少数民族和民族地区培养了大批党政干部和专业技术人才，促进了民族地区的全面发展；二是独特而丰硕的科研成果，为解决国内民族问题、为促进民族地区科技文化事业的发展做出了重大贡献；三是在民族高等教育的发展进程中发挥了骨干作用，在推动民族教育整体发展中发挥了龙头作用；四是在弘扬民族文化、增进与世界各民族交流中做出了独特贡献；五是探索了一条独具特色的办学之路，增强了加快发展的综合实力。[2]唐纪南、张京泽归纳为三点：一是培养了百万各民族人才，有力地推进了中国少数民族和民族地区的经济建设和社会发展，支持了新中国民族团结进步事业；二是在有中国特色的马克思主义民族理论和民族政策的形成和发展中发挥了重要的作用；三是在传承和弘扬各少数民族传统文化方面取得了丰硕的成绩。[3]

综合各方见解并参考各民族院校有关校史资料，60 多年来新中国民族大学的办学成就可从三个方面加以考量：①从人才培养上来说，民族大学无疑为我国少数民族和民族地区培养了大批民族人才，无论是党政干部还是专业技术人才；②从经济基础上来说，人才的培养对少数民族和民族地区的经济社会和科技文化事业发展起到了积极的推动作用；③从上层建筑上来说，民族大学在坚持具有中国特色的马克思主义民族理论和民族政策的同时，不断形成符合基本国情、具有自身特色的办学格局，并使得我国少数民族优秀传统文化得以传承和发展，促进了民族团结。

[1] 赵世怀，欧以克，等. 中国民族学院论[M]. 北京：民族出版社，2001：7-8.

[2] 杨胜才. 中国民族院校特色研究[M]. 北京：民族出版社，2007：78-87.

[3] 唐纪南，张京泽. 中国民族院校发展史[M]. 北京：中国社会科学出版社，2012：321-326.

第三节　基本办学经验

在我国改革开放 30 年之际，国家民委教育科技司对我国民族院校的发展成就和基本经验进行了全面总结。总结指出，半个多世纪以来，民族院校的办学方针始终和解决国内民族问题相联系，始终和民族地区的发展与社会需求相适应，始终和开发少数民族与民族地区的人才资源相契合。改革开放 30 年来，民族院校的“整体办学水平和综合实力显著提高，在人才培养、科学研究、社会服务等方面取得了历史性成就，为加快少数民族和民族地区经济社会发展做出了重要贡献”；民族院校鲜明的办学特色，“决定了在少数民族人才培养方面，民族院校具有其他普通高校无法替代的地位和作用，也决定了民族院校是我国高等教育体系中特殊的、不可或缺的重要组成部分”。[1]改革开放以来民族院校办学和发展的历程值得认真总结和借鉴的基本经验是：党和国家的高度重视是民族院校教育事业不断发展的重要前提；党的教育方针和民族政策紧密结合是民族院校不断发展壮大的根本保障；“两个服务”是民族院校始终不渝的办学宗旨和发展方向；普遍性和特殊性的统一是民族院校办学发展的基本规律和主要特色；抢抓机遇、发挥优势、改革创新是民族院校持续发展的内在动力；以人为本、统筹兼顾、艰苦奋斗是民族院校的优良办学传统。[2]

中央民族大学第八次党代会指出，在未来的办学实践中，要始终坚持好四个“牢牢把握”，深刻理解党和国家创办中央民族大学并将学校纳入一流大学行列进行重点建设的战略意义，更好地担负起实现“中华民族一家亲、同心共筑中国梦”的时代责任与重大使命，始终突出为国

---

[1] 国家民委教育科技司. 改革开放 30 年我国民族院校的发展成就和基本经验[EB/OL].（2009-01-15）. http://www.seac.gov.cn/seac/mzjy/200901/1014541.shtml.

[2] 国家民委教育科技司. 改革开放 30 年我国民族院校的发展成就和基本经验[EB/OL].（2009-01-15）. http://www.seac.gov.cn/seac/mzjy/200901/1014541.shtml.

家战略和民族团结进步事业服务、为少数民族和民族地区发展服务，进一步聚力于建设特色鲜明的世界一流大学这一总目标，进一步提升“中央”的战略定位、彰显“民族”的特色优势、强化“大学”的质量内涵，确立实施学校发展的“三步走”战略目标，进一步突出学校办学的“五大战略”，以改革创新精神和攻坚克难的勇气，奋力推进特色鲜明的世界一流大学建设。[1]

中南民族大学第七次党代会总结了“五个必须坚持”的基本经验。一是必须坚持党的领导。坚持党的领导是学校事业发展的根本保证。要始终坚持社会主义办学方向，全面贯彻党的教育方针和民族政策，落实立德树人根本任务，努力践行办学宗旨，坚持和完善党委领导下的校长负责制，充分发挥党委的领导核心作用，紧紧团结依靠各族师生，将全部智慧和所有力量都凝聚到事业发展的奋斗目标上来。二是必须坚持科学发展。科学发展是学校事业发展的根本方针。要始终把发展作为办学兴校第一要务，作为解决学校深层次矛盾和问题的“总钥匙”，更加清醒和自觉地以科学发展观为指导，正确研判形势，抢抓历史机遇，切实处理好规模、质量、结构、效益等重大关系，推进学校事业全面、协调、可持续发展。三是必须坚持改革创新。改革创新是推动学校事业发展的最大动力，也是最大红利。不改革就会落伍，不创新就得出局，这是一条铁的规律。近年来，学校正是抓住了改革创新这一“牛鼻子”，以改革破除体制机制障碍，以创新破解发展难题，从而激发内生动力，释放发展活力，才有了今天的累累硕果，才有了学校整体跃升的强劲势头。四是必须坚持以人为本。教育以育人为本，以学生为主体；办学以人才为本，以教师为主体。要把促进学生的全面发展和维护教职员工的根本利益作为一切工作的出发点和落脚点，关爱学生，尊重学者，崇尚学术，充分调动广大师生的积极性、主动性和创造性，构建良好的发展环境，营造和谐的文化氛围。五是必须坚持特色办学。彰显特色是民族院校的办学灵魂，是建设高水平民族大学的必然选择。要始终秉持办学宗旨，

[1] 中央民族大学新闻中心. 中国共产党中央民族大学第八次党员代表大会开幕[EB/OL].（2017-11-21）. http://news.muc.edu.cn/info/1011/2511.htm.

把遵循学校办学、人才成长等内部规律与社会需求、市场经济等外部规律结合起来，把追逐民大梦与圆好团结梦、实现发展梦、共筑中国梦结合起来，准确定位，科学规划，突出战略重点，彰显民族特色，提升核心竞争能力。[1]。

西南民族大学第十次党代会总结了第九次党代会以来的改革与发展实践，得出了“六个必须”的经验和启示：一是必须坚持党的教育方针和贯彻民族政策相统一，坚持高等教育的一般规律和民族高等教育的特殊规律相结合，坚持社会主义办学方向和“二为”办学宗旨，突出办学特色，铸造品牌。二是必须善于认清形势，抓住机遇，解放思想，改革创新，适时调整、确立有利于我校发展的办学思路和发展战略，不断增强学校自身主动适应民族地区经济建设和社会发展的能力。三是必须以科学发展观统领学校发展全局，认真处理好规模与质量、短期效益与长远发展、重点突破与全面协调、学校发展与社会需求、改革创新与和谐稳定等重大关系，实现学校各项事业的科学发展。四是必须牢固树立以人为本的理念，弘扬“和合偕习 自信自强”的民大精神，全心全意依靠广大教职工，充分发挥他们的积极性、主动性和创造性，努力形成推动学校事业发展的合力。五是必须把学校各级领导班子建设成为与时俱进、团结和谐、勇于开拓、群众信任的坚强领导集体，不断提升把握方向的能力、领导科学发展的能力、依法治校的能力、改革创新的能力。六是必须注意加强和改进学校党的领导，以改革的精神推进学校党建和思想政治工作，推进平安校园、文明校园、和谐校园建设。[2]

广西民族大学第二次党代会凝练了五条办学经验：坚持党对学校的领导，把党的建设放到重要位置，是学校事业得以健康发展的根本保证；坚持解放思想，改革创新，是学校事业发展的不竭动力；突出发展主题，以科学发展观统领工作全局，是学校的第一要务；遵循高等教育发展规

[1] 陈达云. 在中国共产党中南民族大学第七次代表大会上的报告（摘要）[N]. 中南民族大学报，2014-12-30.

[2] 罗布江村. 坚持科学发展 构建“一体两翼”努力建设有特色、现代化的一流民族大学——在中国共产党西南民族大学第十次代表大会上的报告[EB/OL].（2009-05-23）. http://dx.swun.edu.cn/info/1003/1204.htm.

律，按规律办事，是学校科学发展的基本要求；尊重人才，重视队伍建设，是学校持续发展的重要基础。[1]

无论是国家民委教育科技司从宏观层面总结民族院校的若干办学经验和启示，还是作为办学主体的中央民族大学面向未来的系统谋划、中南民族大学的“五个坚持”、西南民族大学的“六个必须”以及广西民族大学的“五条经验”等，贯穿其中的都是普通高等教育一般规律与民族高等教育特殊规律的创造性结合、高等教育规律与民族工作规律的创新性互嵌，是民族院校践行办学宗旨、履行特殊使命的生动体现和宝贵财富，是建设高水平民族大学的基本遵循与行动指南。

[1] 钟海青. 解放思想，开拓创新，为建设有特色高水平民族大学而努力奋斗[EB/OL].（2012-06-29）. http://www.gxun.edu.cn/info/1377/32780.htm.

第四章 高水平民族大学的建设现状

党和国家历来高度重视民族高等教育事业的发展。几十年来，在国家民委、教育部和地方各级党委政府的关心支持下，各民族院校围绕民族工作重点，坚持办学方向，践行宗旨使命，以全面提高办学水平为主题，以内涵式发展为主线，以提高育人质量为核心，以学科建设为龙头，以体制机制改革为动力，团结一心、顽强拼搏，在人才培养、科学研究、社会服务、文化传承创新和国际交流与合作各方面都取得了突出成就，综合实力整体提升，核心竞争力显著增强，为新时代加快发展奠定了坚实基础，在高等教育体系中的地位持续跃升，在民族工作体系中的作用更加明显，尤其是“十二五”时期以来，各民族院校事业蓬勃发展，各项工作成效显著。

第一节　创办以来办学条件的积累

2016 年，国家民委印发了《国家民委所属高校改革和发展“十三五”规划》，从六个方面对委属 6 所院校“十二五”期间的办学成就进行了系统梳理和全面总结。[1]以下依据相关数据的可得性和办学条件的显

[1] 国家民委. 国家民委关于印发《国家民委所属高校改革和发展“十三五”规划》的通知[Z]. 2016-09-30.

现性，通过列表的形式展示所选 6 所高水平民族大学办学条件的基本状况（表 4-1）。

表 4-1 6 所高水平民族大学办学条件一览表

办学条件	中央民族大学	中南民族大学	西南民族大学	西北民族大学	云南民族大学	广西民族大学
校园占地/万平方米	119	103	199.8	118.2	170	233
建筑面积/万平方米	80	100	112	70	97	68.5
教研设备/亿元	4.1	5.7	5.2	4.7	6.0	2.9
图书资料/万册	480	697	980	400	330	754
师资队伍（高职/教师总数）/人	641/1 114	734/1 429	700/1 500	754/1 263	601/1 630	514/987
在校学生（研究生/本科生）/人	5 026/11 248	2 761/27 000	3 000/30 000	1 795/24 258	2 385/22 531	1 625/16 545
本科专业/个	65	84	85	71	94	79
学位授权点（博士/硕士）/个	5/27	2/24	3/24	1/15	2/12	4/16
科研平台（省级起）/个	46	39	20	22	37	44
对外交流（国家/大学）/个	44/200	/50	60/70	9/20	20/80	19/157

注：以上数据均为笔者 2019 年 4 月 15 日从 6 所民族院校官方网站整理获得。中央民族大学教学科研仪器设备资产总值数据来源于该校“2017—2018 年本科教学质量报告”；云南民族大学部分数据由该校资产处、人事处、科技处提供。学位授权点仅包含一级学科博士和硕士学位授权点，不含专业学位数。此外，因个别数据不精准，只取底数；个别数据因统计口径不一，与实际数可能存在差距。

第二节　在高等教育体系中的地位

要衡量或描述民族院校在我国高等教育体系中的地位，有必要首先大致了解世界大学排名基本情况，全面分析民族院校的核心竞争力所在，综合参考民族院校历年来在国内外大学排名中的位序，确定其在我国高等教育体系中的大体位次，明确其未来发展的努力方向。鉴于数据获取的可能性和评价体系完善的渐进性，本章主要选取目前排位比较靠前的国家民委所属中央民族大学、中南民族大学、西南民族大学、西北民族大学和地方省（自治区）人民政府所属的云南民族大学和广西民族大学作为案例进行粗浅的比较分析，未能涵盖所有的民族院校，也未能囊括民族院校事业发展的方方面面，更不能预示所有民族院校未来走向，研究结论仅为一孔之见，谬误难免，仅供参考。事实上，要客观、全面地评价一所高校的整体实力，很难用某家排名体系来具体量化，综合考虑多方面因素得出的结论才是科学而理性的。虽然如此，但不限于此，研究排名的根本用意不在于民族院校在高校排名具体位次上的斤斤计较，而在于寻找差距、查准问题，举一反三、精准施策，助力民族院校快速发展、持续发展和高质量发展，为新时代我国民族团结进步事业创新推进做出新的更大的独特贡献。

一、世界大学排名基本情况简述

世界大学排名，是将世界各地的大学放在一个涉及范围较广但又较为受限的国际可比框架内，利用在全球可以收集、比较的系列信息和数据，对世界各地大学的水平进行比较直观、简化和相对科学的比较。世界大学排名自产生以来，逐渐成为世界各国大学评价、比较的重要手段之一，也是社会中介组织和机构参与高等教育和大学治理的重要形式之一，有利于各国通过基于证据的决策来推动高等教育的现代化，提升政府部门对高等教育政策的关注和资助兴趣。[1]

大学排名的历史大致分为三个发展阶段[2]，最早可以追溯到卡特尔（Cattell）在 1910 年出版的《科学美国人》（American Men of Science）。目前，发布世界大学排名的主体已有 10 余家，各家排名涉及范围不同，影响力也各有差异。在诸多世界大学排名中，ARWU 世界大学学术排名（Academic Ranking of World Universities）、THE 世界大学排名（Times Higher Education World University Rankings）、QS 世界大学排名（QS World University Rankings）和 U.S. News 全球最好大学排名（U.S. News & World Report Best Global Universities Rankings）是目前较为公认的四大

[1] 陆根书，罗继军. 世界大学排名与一流大学建设[J]. 高等工程教育研究，2016（1）：51-57.

[2] Hazelkorn E. Reflections on a decade of global rankings: What we've learned and outstanding issues[J]. European Journal of Education, 2014, 49（1）: 12-28.

世界大学排名（具体指标体系和权重见第六章）。

世界大学排名对高等教育政策和大学的活动产生了重要影响，而且它们的影响还在持续增强，同时也激发了全球范围内越来越多的专家、学者及相关机构对其存在的问题和可能的负面影响，如何更科学、合理地评价大学的质量与水平，高等教育的角色、价值和贡献的讨论。近年来，针对原有世界大学排名存在的各种问题，部分机构推出一些新的世界大学排名。例如，面向 21 世纪全球研究型大学网络 Universitas 21 从 2012 年 5 月开始发布 U21 全球高等教育系统排名（U21 Ranking of National Higher Education System）。原有的世界大学排名机构为了回应有关批评，也对大学分类方法、排名方法论或排名分析单元进行了调整，采用的策略包括用更精确、更详细的排名方法，为大学提供基准（benchmarks），用能够更多地考虑大学情景的地区排名弥补全球排名的不足，进行学科/学科领域的排名，以及开展一些专门的排名如大学声誉排名等。

世界大学排名作为社会组织参与全球高等教育治理的一种重要形式，将会长期存在，嗤之以鼻不是可取的态度，应该善待其积极和合理的成分，分析全球影响力较大的世界大学排名系统，研讨它们的指标体系、评价标准，结合自身与世界一流大学的差距，把脉问诊，对症开方，精准务实地改善管理体制和运行机制，提升治理能力和办学水平。尤其是要注重加大对外宣传力度、积极提升学校声誉，完善科研激励机制、提升科技创新水平，重视高等教育的国际化、不断深化国际学术交流与合作。当然，也不能从一个极端走向另一个极端，对世界大学排名顶礼膜拜，唯名是从，被其牵着鼻子团团转。

“办好中国的世界一流大学，必须有中国特色。”[1]中国特色与世界一流是辩证统一体。只有立足中国实际，走中国特色发展之路，才能建成世界一流大学与一流学科；只有以世界一流为标准，瞄准世界一流，不懈努力奋斗，才能与世界一流大学平等交流与对话，跻身于世界一流大学之林。因此，在我国“双一流”建设的进程中，“必须寻求和确立

[1] 习近平. 办好中国的世界一流大学 必须有中国特色[N]. 人民日报，2014-09-10.

自己的‘魂’，把‘中国特色’注入到大学建设的‘魂’中，体现中国一流大学的学术自觉和文化自信”[1]，这才是“双一流”建设唯一正确的前进方向和发展道路。“双一流”建设既然如此，高水平民族大学建设更不例外。如果偏离历史背景、文化底色、使命任务，最终不仅可能与建设高水平民族大学的目标渐行渐远，而且还很有可能迷失方向、丧失特色、错失良机、丢失阵地，甚至危及自身的生存。

二、民族院校的核心竞争力所在

“核心竞争力”概念，由美国密西根大学商学院教授普拉哈拉德（Prahalad C K）和伦敦商学院教授哈默尔（Hamel G）于1990年首先提出。在《公司核心竞争力》一文中，他们将“核心竞争力”定义为“组织中的累积性学识，特别是关于如何协调不同的生产方式和有机结合多种技术流的学识”[2]，并具有客户价值性、延展性、难以模仿性三个明显的特征，核心竞争力的拥护者们还认为核心竞争力应具有稀缺性、专用性、方法性特征。[3]

“核心竞争力”的提出受到了社会各界的广泛关注，并在多个领域得到推广应用。21世纪初，在我国高等教育大众化进程提速的大背景下，国内学者于2000年首次提出“高校核心竞争力”概念。之后学者们从职能与特性、文化与资源、大学竞争的层次等多视角对大学核心竞争力的内涵及构成要素进行了深入系统的探讨。有学者在综合国内外相关研究成果和借鉴企业核心竞争力构成要素观点的基础上提出，“大学核心竞争力是指一所大学长期形成的、能使大学在竞争中取得可持续发展的、建立在大学战略性资源基础之上的获取、创造、整合资源的特有的能力。人才培养能力和学术研究能力是大学核心竞争力的

[1] 靳诺. 建设世界一流大学一流学科 有“形”更要有“魂”[N]. 人民日报，2016-04-14.

[2] Prahalad C K, Hamel G. The core competence of corporation[J]. Harvard Business Review, 1990, 68(3): 79-91.

[3] 周三多，邹统钎. 战略管理思想史[M]. 上海：复旦大学出版社，2003：107.

构成要素，且具备有价值、稀有性、难以模仿、无可替代等核心竞争力的特点”，并强调“大学文化因素以及大学资源因素虽非大学的核心竞争力，但它们从不同方面对核心竞争力产生重要的作用”。[1]这一界定虽然只是诸多研究结论之一，也可能不是最为准确和最具权威的界定，但在诸多能力选择中，将居于支配地位的人才培养能力和学术研究能力作为大学的核心竞争力无疑是正确的。照此界定和标准，梳理民族院校的办学历史与发展现状，就民族院校的核心竞争力，我们不难得出结论。

1. 在培养少数民族人才方面，民族院校在我国整个高等教育体系中具有不可替代的地位和作用[2]

近 70 年来，民族院校培养了数以百万计的各民族干部和高级专门人才，他们扎根祖国边疆和民族地区各条战线，为维护国家统一、增强民族团结、促进社会稳定，为促进少数民族和民族地区的经济与社会发展做出了积极的贡献。[3]例如，建校以来，中央民族大学为国家输送了 10 万余名各民族毕业生。其中有知名专家学者近千名，少数民族省部级领导干部近百名，地厅级领导干部近千名，县处级领导干部万余名，他们在不同的岗位上为国家的民族团结与发展事业做出了突出的贡献。中央民族大学已成为培养少数民族杰出人才和民族团结表率的摇篮。[4]中南民族大学已累计培养了 12 万余名各民族干部和专业技术人才。[5]云南民族大学累计向社会培养输送了 10 多万名高级人才。云南 25 个世居少数民族中的第一代学士、硕士、博士、专家、学者大多为该校所培养造就。16 个州市 129 个县，特别是 29 个民族自治县中的民族干部，大部

---

[1] 刘向兵. 大学核心竞争力构成要素辨析[J]. 中国人民大学学报，2007（2）：143-148.

[2] 国家民委，教育部. 国家民委教育部关于进一步办好民族院校的意见[Z]. 2005-12-28.

[3] 本节涉及的各高水平民族大学的数据信息截止到 2017 年 5 月。

[4] 中央民族大学简介[EB/OL]. （2015-05-14）. http://www.muc.edu.cn/gk/xxjj.htm

[5] 中南民族大学简介[EB/OL]. （2017-05-14）. http://www.scuec.edu.cn/s/1/t/560/p/7/c/2/d/17/list.htm.

分毕业于该校。[1]西南民族大学培养了16万各族各类人才，他们中涌现出新中国第一个藏族博士、羌族博士，涌现出新中国自己培养的第一批藏族将军，涌现出不少国内外著名的专家学者和大批各级领导干部，为民族地区的解放、政权建设、边疆巩固、民族团结、经济发展和社会进步做出了突出贡献。[2]广西民族大学为国家输送了近20万名各民族毕业生，其中有知名专家学者近100名，少数民族省部级领导干部近20名，地厅级领导干部200多名，国有企业或民营企业领导近100名，还有一大批毕业生担任广西各地、特别是艰苦落后贫困地区的市、县、乡镇领导干部，他们在不同的岗位上为国家的民族团结与发展事业做出了突出的贡献。广西民族大学已成为培养民族地区干部和各类高级专门人才的摇篮和促进民族团结进步的重要基地。[3]西北民族大学为国家培养了各级各类人才16万余人。[4]各民族学子沐浴党和国家民族政策的阳光雨露，总体“低门槛进”，在民族院校的精心培育下实现“高门槛出”，各类毕业生与党同心、与国同行、与民同在、与时代同步，奔赴边疆、扎根基层，在建设伟大祖国、建设美丽家乡的伟大实践中贡献宝贵青春，实现人生理想。总之，使各族学生“进得来、学得好、回得去、用得上、干得好、站得稳、留得住”是民族院校人才培养的特殊能力，是一般院校所能无法替代的。

2. 在特色领域科学研究方面，成为国家民族问题决策咨询思想库以及服务民族地区发展助推器

民族院校具有悠久的科学研究历史传统。早在1941年延安民族学院成立之初就设立了研究处，作为与教育、干部、总务并列的四大管理部门之一，并下设蒙古族、回族、藏族三个民族研究室，重点加强对西北和内蒙古地区回族、藏族、蒙古族三个少数民族的历史、现状、政治、

[1] 云南民族大学简介[EB/OL].（2017-05-14）. http://www.ynni.edu.cn/web/pc/3.

[2] 西南民族大学简介[EB/OL].（2017-05-14）. http://www.swun.edu.cn/xxgk/xxjj.htm.

[3] 广西民族大学简介[EB/OL].（2017-05-14）. http://www.gxun.edu.cn/xxgk1/xxgk1.htm.

[4] 西北民族大学简介[EB/OL].（2017-05-14）. http://www.xbmu.edu.cn/frontContent.action?siteId=1&articleClassId=33&articleId=20.

经济、文化以及社会风俗调查研究。研究成果不仅是课堂教学的主要内容，而且还是党中央制定民族政策的基本依据。[1]新中国成立后，民族院校弘扬办学的优良传统，在培养人才的同时，加强学科建设，开展科学研究，"形成了以人文社会科学学科为主体、自然科学学科和艺术学科协调发展、民族类学科优势突出的学科体系，坚持以'民族性'为办学目标，加强民族学学科建设和科学研究，为马克思主义民族理论体系的建构、国家民族政策的制定和少数民族与民族地区社会经济文化发展服务"为基本特点的科学研究与学科建设体系。[2]

新中国成立初期，民族院校专家学者就参加了有关我国少数民族识别、民族语言、民族社会形态等问题的实地调查研究，首次弄清了各少数民族的历史、当时所处的社会形态和语言文字状况，初步奠定了我国55个少数民族的格局，为国家制定民族政策、处理民族问题，为民族地区的社会改革和发展，提供了至关重要的科学依据。随着民族地区的建设与发展，尤其新时期的改革开放，开发西部战略和国家扶贫攻坚战略的实施，民族院校围绕国家战略布局和民族工作部署，充分发挥其学科优势，聚焦民族地区经济发展、文化传承、社会治理、生态环境保护、信息化建设、资源开发利用、农牧业发展、民族教育、民族传统医药等领域开展研究，并取得了丰硕成果，为相关方面提供了理论支撑、政策咨询和技术支持。近年来民族院校积极响应国家在集中连片特困地区开展扶贫攻坚的号召，千方百计采取切实有效措施，通过教育扶贫、产业扶贫、科技扶贫、文化扶贫等多方式，全力支持武陵山片区打赢脱贫攻坚之战，同步建成小康社会，实现乡村振兴。

中央民族学院建校之初，潘光旦、吴文藻、费孝通等大批学界名流到校任教，成为该校教学科研和学科建设的重要奠基人。在现有专任教师中的知名专家学者以及不断涌现的诸多中青年新秀，已渐成为学界翘楚。[3]目前，中央民族大学利用国家高等教育和民族团结进步事业大发

---

[1] 雷召海，等. 中国民族院校的定位与发展研究[M]. 武汉：湖北人民出版社，2009：165.

[2] 苏德，常永才. 论我国民族院校的独特地位与新使命——以中央民族大学为分析个案[J]. 民族教育研究，2015（5）：5-11.

[3] 中央民族大学简介[EB/OL]. （2015-05-14）. http://www.muc.edu.cn/gk/xxjj.htm

展的机遇，强化研究实力，已发展成为以人文科学、社会科学为主干，以民族学科为特色的综合性大学，成为中国民族问题及其相关学科的教学与研究中心。

中南民族大学“十二五”期间，承担国家级项目 316 项，横向课题 379 项，签订企业技术合同 244 项；出版学术专著 309 部，获授权专利 122 项；发表各类论文 5613 篇，其中 CSSCI（Chinese Social Sciences Citation Index，中国社会科学引文索引）论文 1143 篇（其中权威期刊论文 90 篇）、SCI（Science Citation Index，科学引文索引）论文 1041 篇，EI（Engineering Index，工程索引）论文 1112 篇；获省部级以上奖励 144 项；2 项研究成果获得党和国家领导人重要批示，26 项调研报告被政府采纳，7 项议案获得省政府参政咨询奖。[1]近年来，学校立足自身资源优势，高度关注“全面小康，一个都不能少”的重大战略需求，积极主动持续实施“1221”扶贫工程，创新校地校企双向服务，主动探索高校参与精准扶贫新模式，全面助力精准扶贫，全方位地支持和参与武陵山片区扶贫攻坚和区域发展的各项工作，为民族院校服务中西部集中连片民族贫困地区的国家战略，宣传、研究和践行国家民族政策，助力民族地方脱贫，“积累了较好的经验，探索了有效的模式”[2]，受到了当地党委政府和各族群众的一致好评。

西南民族大学 2000 年以来，承担国家级项目 300 余项，省（部）级项目 1100 余项，发表学术论文近 18000 篇，出版学术著作及教材近 1000 部，获省部级科研成果奖 300 余项、国家科技进步奖 1 项。特别是在畜牧兽医理论与技术、民族经济、民族旅游、民族文化研究和少数民族语言文字信息处理等领域的研究成果，在国内外学术界产生了较大影响，建有多个省部级研究平台。[3]

2001 年以来，西北民族大学承担各类科研项目 1880 项，获得省部

---

[1] 中南民族大学简介[EB/OL].（2017-05-14）. http://www.scuec.edu.cn/s/1/t/560/p/7/c/2/d/17/list.htm.

[2] 国家民委. 中南民族大学积极服务武陵山片区区域发展与脱贫攻坚[Z]. 民族工作简报，2016（66）.

[3] 西南民族大学简介[EB/OL].（2017-05-15）. http://www.swun.edu.cn/xxgk/xxjj.htm.

级及以上奖励424项。"藏汉双语信息处理系统""藏文视窗平台、字处理软件和藏文网站"分获国家科技进步奖二等奖，受到了党和国家领导人的高度评价。学校编辑出版了《法藏敦煌藏文文献》和《英藏敦煌藏文文献》，实现了我国珍贵历史文献的回归与面世，在学术界引起强烈反响，被誉为敦煌学与藏学研究的又一个里程碑。[1]

2016年，"青藏高原生态畜牧业协同创新中心"（西南民族大学）、"武陵山片区减贫与发展协同创新中心"（中南民族大学的）、"少数民族事业发展协同创新中心"（中央民族大学）获批国家民委"2011协同创新中心"。

云南民族大学在民族学、社会学、历史学等领域成果突出，多次获得省部级及以上教学科研成果奖，多项民族研究成果，为丰富我国民族理论，服务党和国家制定民族政策、解决民族问题做出了重要贡献。"学校已成为中国特别是西南各民族高层次、高素质人才培养的摇篮、研究民族问题和民族关系的重要基地、国家和云南对外开放的重要窗口。"[2]

2011年以来，广西民族大学承担国家级课题148项，省部级课题348项，外来科研经费达到2.12亿元，获省部级及以上奖励183项，其中国家级奖励4项，省部级奖励179项。[3]

3. 具有独特的大学文化与资源要素，同心同向同力助推民族院校朝着有特色高水平目标持续快速发展

尽管有学者认为大学的文化因素与资源因素均非大学的核心竞争力，但我们认为，大学文化与资源因素不仅应作为大学核心竞争力的构成要素，并且应作为重要的构成要素，否则，就如同植物生长失去了阳光、土壤和水分一样，大学将无法成长。就民族院校的文化体系而言，其蕴含的内在特质是：始终坚守大学本质的文化，始终践行办学宗旨的

---

[1] 西北民族大学简介[EB/OL].（2017-05-15）. http://www.xbmu.edu.cn/frontContent.action?siteId=1&articleClassId=33&articleId=20.

[2] 云南民族大学简介[EB/OL].（2017-05-15）. http://www.ynni.edu.cn/web/pc/3.

[3] 广西民族大学简介[EB/OL].（2017-05-14）. http://www.gxun.edu.cn/xxgk1/xxgk1.htm.

文化，始终履行特殊使命的文化，始终落实根本任务的文化，始终提升核心能力的文化。[1]

此外，民族院校还具有独特而丰厚的资源要素。主要体现在：

民族团结进步事业备受关注。党和国家向来高度重视民族工作，视民族团结为各族人民的生命线、幸福线，鼎力支持少数民族教育事业发展，倾力扶持办好民族院校。自 1980 年《教育部、国家民委关于加强民族教育工作的意见》颁发以来，我国先后召开了四次全国民族教育工作会议，出台了一系列推动民族教育发展的政策措施，破解了一系列制约民族教育发展的瓶颈与难题，充分体现了党和国家对民族教育的关心和关怀。

民族院校校友遍布全国各地。民族院校有数目庞大在校各族师生，在祖国边疆和广大民族地区有数以百万计的优秀校友，他们对民族院校和民族地区充满了朴素而真挚的感情，他们“回得去、留得住、用得上、干得好”，发挥着民族院校与少数民族和民族地区紧密联系的天然纽带和桥梁作用。他们在民族地区经济社会发展一线辛勤耕耘、默默奉献，同时加强了各民族间的交往交流交融，促进了各民族文化之间的交流和学习，进一步维护了国家统一和民族团结。[2]

践行宗旨各族群众广泛认可。半个多世纪以来，民族院校切实践行办学宗旨，竭诚服务少数民族和民族地区发展，得到了全国各族群众的广泛认可，与少数民族和民族地区的各族干部群众结下了不解之缘和深厚情谊，像石榴籽一样紧紧抱在一起，形成了中华民族一家亲、同心同筑中国梦的磅礴伟力。

办学成就社会各界普遍满意。民族院校的发展成就，切实做到了受人尊敬、同行认可、社会信赖、师生骄傲，让党放心、让人民满意。这可从民族院校在教育部普通高等学校本科教学评估和学科评估、国内外大学排名、毕业生就业的第三方评估、各族师生对学校办学治校的满意

[1] 杨胜才. 中国民族院校校园文化建设研究[M]. 北京：科学出版社，2016：9-13.

[2] 陈立鹏，任玉丹. 改革开放 40 年我国民族教育政策成效显著[J]. 中国民族教育，2018（12）：11-13.

度测评等的结果，以及各民族院校招生生源质量持续跃升、民族院校历届校友在民族地区各条战线的工作实绩等方面得到充分验证。

总而言之，民族院校经过半个多世纪的不懈努力，积累了宝贵的办学经验，汇聚了丰厚的资源要素。办好民族院校，有党和国家的关怀，有社会各界关注，有各族群众关心，民族院校正处于天时、地利、人和的良好机遇期，可谓是发展有后台、梦想有舞台、创业有平台。[1]

综上所述，民族院校无论是大学精神、大学制度和学科成长机制[2]的成熟度，还是制度体系、能力体系和文化体系有机组合[3]的契合度，以及人才培养打造力、科学研究创造力、社会服务贡献力、组织管理创新力、资源环境整合力、校园文化影响力等能力要素[4]的成长度均集聚了一定的实力，并正处于快速上升、良性增长的阶段。我们坚信，通过国家政策的有力保障和民族院校的不懈努力，核心竞争力成长的预期目标一定能够实现。

三、民族院校居国内高校的位次

自 1983 年 U.S. News 全球最好大学排名发布之后，英国等其他国家也相继推出了各种形式的世界大学排名。尽管其科学性与合理性（尤其是指标体系）广受质疑，但这并不过多妨碍其影响力的日渐扩大，且逐步成为评估大学发展的一种重要方式。

自 1985 年《中共中央关于教育体制改革的决定》提出“定期对高等学校的办学水平进行评估”后，我国专家学者们开始研究国内大学的评价排名。尤其是 1993 年《国家教委关于加快改革和积极发展普通高等教育的意见》中“社会各界要积极支持和直接参与高等学校的建设和人才培养、评估办学水平和教育质量”公布后，民间的大学评价排名异军

[1] 杨胜才. 民族院校文化建设的价值意蕴[N]. 中国民族报（理论周刊），2016-01-30.

[2] 郑家成. 大学核心竞争力本质论[J]. 清华大学教育研究，2004（6）：14-16.

[3] 别敦荣，田恩舜. 论大学核心竞争力及其提升途径[J]. 复旦教育论坛，2004（1）：55-60.

[4] 施鲁沙. 地方高校核心竞争力构成要素概析[J]. 高教管理，2009（2）：69-71.

突起。之后，几经大浪淘沙，截止到2016年底，国内原来32个评价机构仅有10家继续存活。其中，单指标评价4家，学科评价1家，一个侧面评价3家，综合评价2家。因建立了评价理论、评价指标全面、数据来源中立、研究团队稳定、评价产品多样，校友会榜（艾瑞深中国校友会网发布）和武书连榜一直延续至今，是人民网教育频道长期挂网备查的两个国内榜单，有着广泛的社会影响，基本上满足了应届高中生毕业生报考大学、应届大学毕业生报考研究生的需要，满足了社会各界对大学的其他需求。[1]

大学排名的价值取决于指标体系的优劣。分析校友会榜和武书连榜的指标体系不难发现，二者相同之处在于较为注重人才培养和科学研究指标体系。不同之处在于，校友会榜指标体系重视师资建设及社会声誉；武书连榜指标体系则在科学研究中将自然科学与人文社科分开考量，在人才培养中重视研究生培养的价值，在科学研究更加注重学术论文发表的价值。有学者对校友会榜2007—2014年的排名体系进行分析，发现该评价指标体系中始终将杰出人才和科研成果这两方面放在十分重要的地位，同时媒体影响力在排名体系指标中所占权重也在持续上升。[2]另有研究者通过分析认为，武书连榜评价指标体系注重指标总量和规模，强调高校的输出成果，以2013年大学综合排名为例，呈现排名得分与科研规模、层次成正比，与人才培养层次、规模成正比，高校排名得分呈非正态分布等显著特点，对地方高校评价缺乏适用性、质量性和特色性的考量，并提出细化分类、分项排行、质量结合、扩大领域的改进建议。[3]虽说不是所有可以量化的东西都是重要的，也不是所有重要的东西都可以量化，不过有总比没有好，再说事物总是在发展的进程中不断得到完善的。有学者对国内外12个大学排名指标体系进行对比分析，发现大学评价呈现统一性与多样化相结合、产

[1] 蔡莉，蔡言厚. 中国大陆大学排行榜30年述评[J]. 中国高等教育评估，2016（4）：3-8.

[2] 程雨萌. 我国大学排名评价体系的分析与思考——以中国校友会网大学排名为例[J]. 世纪行，2015（6）：40-41.

[3] 朱淑华. 大学综合排名中地方高校评价存在的问题及策略研究——以2013年武书连版中国大学排名榜为例[J]. 现代教育科学，2013（6）：110-113.

出指标为主导、绝对量指标与相对量指标相结合、教学与科研指标的权重合理分配、定性指标与定量指标相匹配、增设国际化指标等的总体发展趋势。[1]

1. 民族院校在校友会榜单中的排序

校友会榜研究团队从2003年起已连续17年发布中国大学排行榜，近7年高水平民族大学在全国高校的排名如表4-2所示。

表4-2 2013—2019年高水平民族大学的全国排名

学校	2013年	2014年	2015年	2016年	2017年	2018年	2019年
中央民族大学	85	80	82	89	90	80	98
中南民族大学	245	227	196	191	175	174	167
云南民族大学	278	284	229	197	187	172	169
西南民族大学	270	338	315	256	202	196	220
广西民族大学	292	243	254	262	235	229	230
西北民族大学	284	300	329	292	240	237	301

资料来源：根据艾瑞深中国校友会网历年数据整理。

在全国2900余所高校中，高水平民族大学排名位次总体比较靠前。作为民族院校中唯一的“211工程”“985工程”高校和当前民族院校中唯一的一流大学建设高校，中央民族大学在此排名体系中一直处于前100名之内，明显高于其他民族大学。中南民族大学在近7年的排名中稳升不降，呈现出持续发展的强劲势头。西南民族大学波动起伏显著，但总体发展步伐较快。云南民族大学略有起伏，但发展速度最快，排名位次紧贴中南民族大学，2018年排位一度超过中南民族大学。广西民族大学和西北民族大学发展速度稳中有进，位次上升较快。总体而言，除中南民族大学平稳上升之外，其余院校均有程度不同的起伏，但整体趋势是不断向前迈进，均取得了来之不易的骄人成就（图4-1）。从办学类型来看，除中央民族大学为行业特色研究型外，其余5所院校办学类

[1] 杨天平，任永灿. 国内外大学评价指标体系的发展趋势[J]. 高教发展与评估，2014（5）：1-11.

型均为应用型。为了更好地展示民族院校的排名位次，我们整理了上述院校在地区高校中的综合排名（表 4-3）。

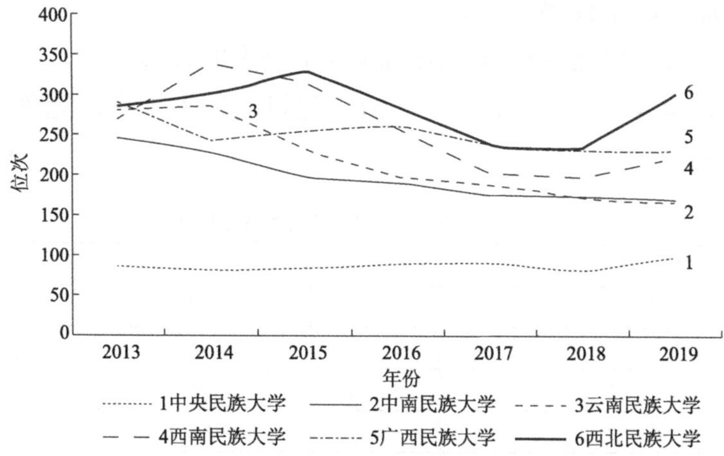

图 4-1　2013—2019 年高水平民族大学在全国高校中的排名变化示意图

资料来源：根据艾瑞深中国校友会网历年数据整理。

表 4-3　2013—2018 年高水平民族大学在地区高校的综合排名（地区排名/地区高校数）

学校	2013 年	2014 年	2015 年	2016 年	2017 年	2018 年
中央民族大学	21/100	18/43	15/56	30/59	17/42	15/60
中南民族大学	46/100	12/31	10/35	10/35	10/32	10/37
云南民族大学	29/100	5/19	4/21	4/22	4/19	4/23
西南民族大学	25/100	15/31	15/33	11/35	9/32	8/35
广西民族大学	52/100	4/20	6/20	6/24	4/22	4/24
西北民族大学	27/100	6/16	6/16	6/17	5/17	5/17

注：因 2013 年没有分省统计数据，因此 2013 年采用分地区中国最佳大学排行榜 100 强数据作为参考。

资料来源：根据艾瑞深中国校友会网历年数据整理。

从表 4-3 可见，中央民族大学整体排名稳中有升、存在起伏，因北京地区著名高校众多，都在全力以赴加快发展，且不论争取排名靠前，能守住原有位次都极为艰难。因此，中央民族大学的发展任务十分艰巨。湖北也是中国教育大省强省之一，高校数量较多，且原来多所基础较好、实力不凡的部委院校下放省管，中南民族大学改革开放后才恢复重建，能基本守住地区前 10 左右的位次实属不易。目前，湖北省有 7 所教育部“211 工程”院校（其中 2 所为“985 工程”院校），现均为“双一流”

建设高校，中南民族大学每前进一位必须付出巨大努力。云南民族大学、西南民族大学、广西民族大学、西北民族大学排位上升较快，地区竞争力较强，加上区位优势，上升潜力较大。

总体而言，民族院校近年来均取得了巨大的发展成就，发展态势相当乐观（表 4-4）。但随着“双一流”建设的深入推进，竞争态势必然会进一步加剧。

表 4-4　校友会榜 2019 年民族院校排名

名次	学校名称	全国排名	星级排名	办学层次	双一流建设类型
1	中央民族大学	98	6 星级	世界高水平大学（特色）	一流大学
2	中南民族大学	167	5 星级	中国一流大学（特色）	
3	云南民族大学	169	5 星级	中国一流大学（特色）	
4	西南民族大学	220	4 星级	中国高水平大学	
5	广西民族大学	230	4 星级	中国高水平大学	
6	西北民族大学	301	4 星级	中国高水平大学	
7	青海民族大学	344	2 星级	区域高水平大学	
8	贵州民族大学	350	3 星级	区域高水平大学	
9	北方民族大学	372	2 星级	区域高水平大学	
10	西藏民族大学	382	2 星级	区域高水平大学	
11	大连民族大学	385	3 星级	区域一流大学	
11	内蒙古民族大学	385	3 星级	区域一流大学	
13	湖北民族学院	465	2 星级	区域高水平大学	
14	四川民族学院	693	2 星级	区域高水平大学	
15	呼和浩特民族学院	708	2 星级	区域高水平大学	

资料来源：大学生必备网.2018—2019 中国民族类大学排名 10 强（校友会最新版）[EB/OL].（2019-05-16）. https://www.dxsbb.com/news/1455.html.

一所学校的综合学科排名直接决定了其科研实力和影响力，也从一个侧面反映了一所学校的核心竞争力和未来发展前景。表 4-5 为 2016 年校友会榜 6 所高水平民族大学的综合学科排名。可以看出，高水平民族大学的学科建设已初具规模，取得了阶段性成果，在我国高等教育体系中占有一席之地，学科排名位次逐年有所进步，7 星级学科有 1 个，5 星级学科有 5 个，4 星级学科有 14 个，3 星级学科有 95 个，未来高水平民族大学在学科建设方面发展潜力巨大。

表 4-5　高水平民族大学综合学科排名

学校名称	学科排名	七星级	六星级	五星级	四星级	三星级
中央民族大学	71	1	0	1	5	19
云南民族大学	193	0	0	1	4	11
西北民族大学	206	0	0	1	2	13
中南民族大学	215	0	0	1	1	22
西南民族大学	230	0	0	1	0	15
广西民族大学	327	0	0	0	2	15

资料来源：艾瑞深中国校友会网 2016 年数据。

“民族院校的根本特色在于其‘民族性’”[1]，而这一特色在学科方面的体现主要集中于民族学学科，也是民族院校的独特优势。表 4-6 为 2016 年 6 所高水平民族大学的民族学学科排名。可以看出，高水平民族大学的民族学是其优势学科，办学层次都相对较高，该学科在国内外都具有一定影响力，在全国学科排名中均位居前列。

表 4-6　高水平民族大学民族学学科排名

全国排名	学校名称	学科星级	学科类型	办学层次
1	中央民族大学	7	研究型	世界知名高水平学科
4	西南民族大学	5	研究型	世界知名学科
4	中南民族大学	5	研究型	世界知名学科
4	云南民族大学	5	研究型	世界知名学科
7	西北民族大学	5	研究型	中国一流学科
8	广西民族大学	4	研究型	中国高水平学科

资料来源：艾瑞深中国校友会网 2016 年数据。

从教育部学位与研究生教育发展中心 2017 年 12 月公布的全国第四轮学科评估结果来看，民族院校均彰显了民族学学科的优势和特色（表 4-7）。

表 4-7　全国第四轮学科评估结果：0304 民族学

评估结果	学校代码及名称
A+	10052 中央民族大学 10673 云南大学
A-	10524 中南民族大学

[1] 杨胜才. 试论民族院校的特色[J]. 民族论坛，2007（6）：38-39.

续表

评估结果	学校代码及名称
B+	10558 中山大学 10656 西南民族大学 10730 兰州大学
B	10126 内蒙古大学 10608 广西民族大学 10691 云南民族大学
B-	10384 厦门大学 10718 陕西师范大学 10749 宁夏大学
C+	10610 四川大学 10742 西北民族大学 10762 新疆师范大学
C	10135 内蒙古师范大学 10517 湖北民族大学 10695 西藏民族大学
C-	10531 吉首大学 10672 贵州民族大学 11407 北方民族大学

注：全国具有民族学学科博士学位授予权的高校共 15 所，本次参评 14 所；部分具有硕士学位授予权的高校也参加了评估；参评高校共计 31 所（评估结果相同的高校排序不分先后，按学校代码排列）。

资料来源：全国高校学科评估结果[EB/OL].（2017-12-28）. http://www.moe.gov.cn/jyb_xwfb/gzdt_gzdt/s5987/201712 / P020171228506450281540.pdf.

在自然科学方面，民族院校也取得了很大的进步。据艾瑞深中国校友会网公布的 2016 年中国大学化学学科排行榜中，中南民族大学、云南民族大学、青海民族大学位列第 61 位（3 星级、研究型、中国知名学科）；内蒙古民族大学、西南民族大学位列第 140 位（3 星级、应用型、区域一流学科）。[1]据 2015 年汤森路透（Thomson Reuters）基本科学指标数据库（Essential Science Indicators，ESI）最新统计数据显示，中南民族大学化学学科首次进入 ESI 全球学科排名前 1%行列，这标志着民族院校化学学科的研究水平和影响力已经进入国际高水平学科行列。[2]据自

[1] 2017 中国大学化学学科排行榜[EB/OL].（2017-02-04）. http://learning.sohu.com/20170204/n479869111.shtml.

[2] 国家民委教育科技司. 中南民族大学化学学科进入 ESI 全球学科排名前 1%[EB/OL].（2016-02-05）. http://jykjs. seac.gov.cn/art/2016/2/5/art_8514_247761.html.

然出版集团更新的2019年自然指数排行榜[1]，中南民族大学榜上有名，在中国高校（含港澳台地区）中排名137位，与2014年（202位）、2015年（177位）、2016年（153位）、2017年（157位）、2018年（139）相比，排名稳步提升。这是该校继2015年11月化学学科进入全球ESI学科排名前1%行列后，学科建设取得的又一重要成绩。[2]2019年1月，爱思唯尔（Elsevier）正式发布了2018年中国高被引学者（Chinese Most Cited Researchers）榜单，中南民族大学李金林教授再次入选该榜单化学工程领域高被引学者名单。[3]这些从侧面说明，民族院校在入流入圈、创新赶超方面的成就初步显现，具有较大的上升潜力和拓展空间。同时也要求民族院校必须坚定抓铁有痕、踏石留印的决心，提振敢打必胜、志在必得的信心，选准攻关重点方向，集中力量靶向突破，排除万难，驰而不息，打造高原，迈向高峰，修成正果，彻底打破过往人们惯常认为民族院校只能“小打小闹、蹦蹦跳跳、自娱自乐”和“低水平标签”的认知误区和历史偏见，为民族院校的特色发展、创新发展、跨越发展、协调发展、开放发展和高质量发展奠定坚实基础。

质量是高等教育的生命，教学是高等学校生存的本真。高等教育由“大”向“强”转变的根本标志是人才培养质量的整体提升。提高高校教学水平是国际社会的普遍共识，是国家发展的紧迫需要，是高校自身发展的内在要求。为此，《中共中央关于制定国民经济和社会发展第十三个五年规划的建议》明确要求：“提高高校教学水平和创新能力，使若干高校和一批学科达到或接近世界一流水平。”[4]首次把提高高校教学水平写入五年规划之中，首次把提高高校教学水平写入党的重大文件之中，而且放在“创新能力”之前予以突出和强调，同时明确要通过提高

[1] 统计时间节点为2018年1月1日至2018年12月31日。Nature Index 2017 Tables[EB/OL].（2019-06-20）. http://www.natureindex.com/annual-tables/2017/institution/academic/all/countries-China.

[2] 胡晶晶，邵祥东. 2019自然指数公布 我校位列内地高校第137位[EB/OL].（2019-06-24）. https://www.scuec.edu. cn/s/329/t/1619/3a/f7/info146167.htm.

[3] 中南民族大学. 李金林教授入选爱思唯尔（Elsevier）2018年中国高被引学者榜单[EB/OL].（2019-01-20）. http://www.scuec.edu.cn/s/329/t/1619/25/58/info140632.htm.

[4] 中共中央关于制定国民经济和社会发展第十三个五年规划的建议[N]. 人民日报，2015-11-04.

教学水平和创新能力使高校和学科达到一流水平，足见党和政府对高校教学、对人才培养的充分认识和高度重视。[1]2018 年 6 月 21 日，教育部在四川成都召开了新时代全国高等学校本科教育工作会议。在会议期间举行的“以本为本 四个回归 一流本科建设”论坛上，150 所高校联合发出《一流本科教育宣言》（即“成都宣言”），提出培养一流人才，建设一流本科教育。[2]

教学工作始终是学校的中心工作，教学质量高低是衡量教学工作优劣的客观尺度。从表 4-8 可见，6 所高水平民族大学的教学质量排名均在 270 位之内[3]，教学质量排名与学校综合排名基本一致，侧面说明民族院校长期以来高度重视教学工作和人才培养质量，牢固确立教学工作的中心地位、教学改革的核心地位、教学质量的首要地位和教学投入的优先地位，教学总体水平较高，教学质量比较过硬，进一步提高教学质量的基础较好，提升的空间与潜力较大。除云南民族大学的教学质量排名优于大学综合排名、中南民族大学教学质量排名约等于大学综合排名外，其他民族院校的教学质量排名均低于或远低于大学综合排名，这一现象值得高度警醒。2019 年 2 月 22 日，中国高等教育学会在杭州发布了“2014—2018 年全国普通高校学科竞赛排行榜”及“2018 年度全国普通高校学科竞赛排行榜”等 12 个榜单。在“2014—2018 年综合类本科院校学科竞赛评估结果（本科）”榜单中，中南民族大学在 1243 所普通本科高校中排名全国第 98 位，在湖北省上榜高校中排名第 8，位列全国民族类高校第 1 名。在“2018 年全国普通高校学科竞赛排行结果（本科）”榜单中，中南民族大学排名全国第 86 位，在湖北省高校中排名第 6，位列全国民族类高校第 1 名。[4]这也足以说明教学质量抓与不抓、真

[1] 瞿振元. 提高高校教学水平[N]. 光明日报（教育周刊），2015-11-17.

[2] 孙竞. 建设一流本科教育：150 所高校联合发出《成都宣言》[EB/OL].（2018-06-22）. http://edu. people. com. cn/GB/n1/2018/0622/c367001-30076659. html.

[3] 艾瑞深校友网. 校友会 2018 中国大学教学量排行榜 800 强揭晓[EB/OL].（2018-04-27）. http://www.cuaa.net/paihang/news/news. jsp?information_id=134945.

[4] 杨海健. 我校入选全国高校创新人才培养暨学科竞赛排行榜 Top100[EB/OL].（2019-02-26）. https://www.scuec.edu.cn/s/329/t/1619/26/d2/info141010.htm.

抓与假抓、实抓与虚抓、主动抓与被动抓、长期抓与短期抓其效果大不一样。在未来的教育教学改革中，切不可以体制机制改革代替教育教学改革，以科技创新能力提升代替教育教学水平提高，以少数拔尖创新人才重点培养冲击全体学生的全面发展；必须抓好创新创业教育，督促提高教育教学水平的各项规划措施落到实处，必须建设优良教育教学文化，促进教育教学水平持续稳步有效提升。

表 4-8　2018 年高水平民族大学教学质量排名

学校名称	教质排名	得分	全国排名	星级排名	办学层次
中央民族大学	84	62.87	80	6 星级	世界高水平、中国顶尖大学
云南民族大学	171	61.75	172	5 星级	世界知名、中国一流大学
中南民族大学	175	61.72	174	4 星级	世界知名、中国高水平大学
西南民族大学	240	61.26	196	4 星级	世界知名、中国高水平大学
广西民族大学	255	61.19	229	3 星级	中国知名、区域一流大学
西北民族大学	269	61.12	237	3 星级	中国知名、区域一流大学

资料来源：艾瑞深中国校友会网 2018 年数据。

2. 民族院校在武书连榜单中排序

1987 年，中国管理科学研究院科学学研究所在《光明日报》发布了我国第一个大学排行榜，该院自此不断地深化相关研究。自 1997 年始，教育部专业核心期刊《中国高等教育评估》杂志每年都转载武书连及其课题组的中国大学评价成果。据人民网报道，《2018 中国大学评价》主要评价指标有中国大学综合实力、12 个学科门类、494 个本科专业、中国大学择校顺序、本科毕业生就业质量、本科毕业生升学率、教师学术水平、教师绩效、新生质量。对比往年，《2018 中国大学评价》的指标体系做了完善性修改：新增本科毕业生就业质量、中国大学择校顺序两个指标，对科学引文数据库进行了阶段筛选。[1]武书连 2019 中国大学排行榜的评价对象是国家财政拨款的 758 所普通本科高校。《2019 中国大学评价》指标体系有所修改：一是本科生培养新增了教育部艺术展演活

[1] 熊旭，吴晨. 武书连 2018 中国大学排行榜发布 清华大学蝉联榜首[EB/OL].（2018-02-27）. http://edu. people. com. cn/n1/2018/0227/c367001-29837456. html.

动奖，包括高校艺术教育科研论文奖、艺术表演类节目奖、节目优秀创作奖、艺术实践工作坊奖、艺术作品奖。二是社会科学研究新增学术著作及他引。学术著作来源为南京大学中文学术图书引文索引，引用来源为科学引文数据库。

6 所高水平民族大学 2012 年以来在全国高校中的综合排名情况见表 4-9 和图 4-2。从中可知，中央民族大学排位稳中有升，但波动较大，2012—2019 年平均位次为 158，其中 2015 年排位最佳。中南民族大学略有波动，但总体上升趋势平稳，平均每年上升 3.9 位。2013—2019 年仅中央民族大学和中南民族大学进入中国大学综合实力前 200 名。西南民族大学 2018 年排位最佳，2015 年起伏最大，之后逐步上升，平均名次在 233 位左右徘徊。广西民族大学稍有起伏，但进步较快，年均上升 3.7 位。云南民族大学 2012—2014 年排位在 350 名开外，但自 2015 年始排名位次起伏式提升。西北民族大学近年来通过不懈努力，内涵发展成效显著，办学实力不断提升，但仍需做好办学要素梳理分析，加大对外宣传力度，全面展示办学实力和个性特色。值得注意的是，2019 年 6 所学校的排名位次全面下降，平均下降 12 位。其中，广西民族大学下降 40 位，降幅最大；西南民族大学次之，下降 14 位；云南民族大学降幅最小。出现这一现象，与该年度指标体系中本科生培养和社会科学研究指标的修订有关，同时也说明民族院校在本科生培养和社会科学研究方面还有待进一步加强。

表 4-9　2012—2019 年高水平民族大学在全国高校中的综合排名

学校	2012 年	2013 年	2014 年	2015 年	2016 年	2017 年	2018 年	2019 年
中央民族大学	162	176	159	139	152	165	148	166
中南民族大学	204	194	184	189	193	191	177	181
西南民族大学	234	237	231	240	228	233	215	229
广西民族大学	311	307	283	275	278	289	331	371
西北民族大学	>350	>350	348	345	327	338	339	342
云南民族大学	>350	>350	>367	341	345	356	388	390

资料来源：依据人民网教育频道历年发布的武书连中国大学排行榜整理而得。

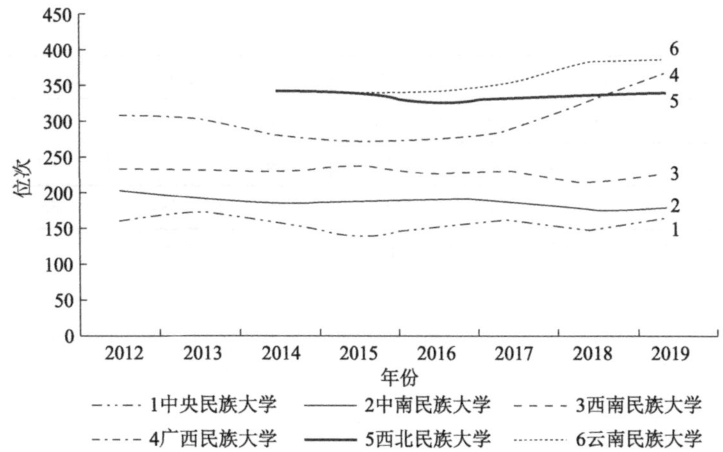

图 4-2　2012—2019 年高水平民族大学在全国高校中的排名变化示意图

资料来源：依据人民网教育频道历年发布的武书连中国大学排行榜整理而得。

2012 年以来 6 所高水平民族大学的教师学术水平在全国高校中的综合排名情况见表 4-10 和图 4-3。从中可知，6 所高水平民族大学教师学术水平总体较高，排名时有波动，除中南民族大学位次平稳上升外，其余 5 所民族院校位次波动幅度较大，上下起伏位次均在 30 位以上，但 6 所院校总体而言仍处于稳步上升的趋势。从图 4-3 可知，2015 年出现排位拐点，那时正值国家“双一流”建设实施，因此，可能的主要原因是：一方面全国性的“竞价挖人”，导致一般院校优秀人才“进不来、留不住”的净流失，给民族院校教师队伍建设带来冲击；另一方面为了赢得竞争优势，高水平大学均在谋创新谋突破，学术研究发展步伐明显加快。因各校的校情不尽相同，影响因素复杂多样，难于给出一套普适性的提升方案。尽管如此，充分调动广大教师的积极性，激励创新、教会创新、协同创新、保障创新，绵绵用力、久久为功地营造大学创新文化，教师平均学术水平就不至于原地踏步，更不会出现大幅下滑的现象。

表 4-10　2012—2018 年高水平民族大学教师平均学术水平排名

学校	2012 年	2013 年	2014 年	2015 年	2016 年	2017 年	2018 年
中央民族大学	151	164	141	109	142	153	151
中南民族大学	177	171	159	159	166	158	155
西南民族大学	242	269	256	274	263	260	251

续表

学校	2012 年	2013 年	2014 年	2015 年	2016 年	2017 年	2018 年
广西民族大学	243	236	211	204	215	221	238
西北民族大学	>350	>350	>367	>367	>361	>361	311
云南民族大学	>350	>350	366	337	334	335	373

资料来源：根据搜狐网教育频道历年发布的武书连中国大学教师水平排行榜整理。

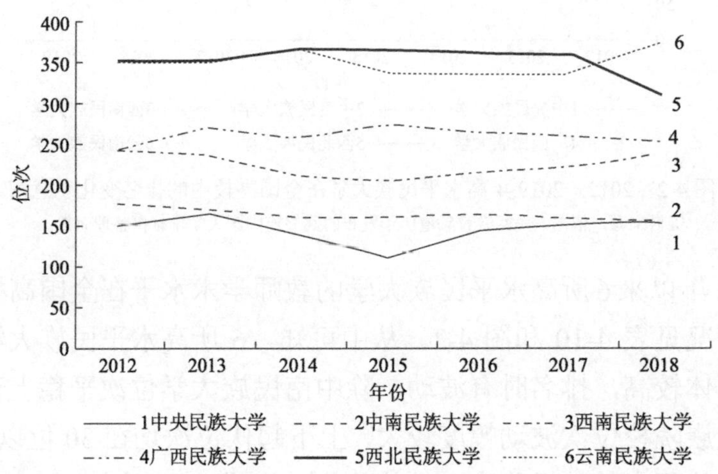

图 4-3　2012—2018 年高水平民族大学教师平均学术水平排名变化示意图

资料来源：根据搜狐网教育频道历年发布的武书连中国大学教师水平排行榜整理。

3. 对民族院校国内高校排序总结

从前面的分析可以看出，民族院校从纵向比，取得了前所未有的办学成就，彰显了办学特色，突出了自身优势，在全国高校体系排位中占有一席之地，并保持着强劲的发展势头，充分而出色地发挥了其作为我国“三个重要基地”和“一个重要窗口”的社会功能，忠实地履行了自身的特殊使命和社会责任，为我国的民族团结进步事业创新发展做出了独特贡献。在这方面的独特因素、独特贡献和独特竞争力，且不说国外高水平大学排名体系，即便是目前国内的大学排名体系也难于将其全部反映出来。

即使套用国内目前的大学排名指标体系，通过横向比较也不难看出，民族院校在全国高校系统无论是综合排名，还是学科、教学质量、教师平均学术水平等单项排名，虽呈现曲折式、平稳式和跳跃式三种上升态势，但总体趋势仍然处于位次不断上升态势。随着“双一流”战略的推进实施，全国各个高校都在全面深化改革，思想再解放、思路再调整、目标再修订、创新再发力、资源再重组等新格局的形成都会对学校的发展产生巨大而深远的影响。因此，在大学排名中位次的升降进退是当前形势发展的自然逻辑和正常状态。民族院校在国内高校体系中的排名情况说明，民族院校在完成特殊使命任务的同时，整体实力和核心竞争力在不断增强，不仅有力地彰显了自身的办学特色，探索了独具特色的中国民族高等教育发展之路，而且还积极主动入流入圈、创新发展，并占有一席之地，得到了国内外同行的广泛认可。第三方大学排名已成定式且必将持续，面向未来，民族院校不仅要眼观通行的显性指标，而且更要胸怀特殊的使命任务，始终坚持创新引领，始终笃定特色发展，始终保持方向不偏、动力不减、目标不变，才能确保民族院校地位不降、作用不衰、价值不贬。

四、民族院校的世界排名

目前，全球公认的世界十大权威大学排行榜见表4-11，其中包含前面提到的四大大学排名。这十大排行榜是目前全球公认的最具权威性、最具参考价值，影响力最大、排名历史最长的世界十大权威大学排名，是目前全球范围内得到世界各国高校、主流新闻媒体、考生家长和政府部门认可的世界大学排行榜，已经成为世界大学评价研究的标杆，对认识世界各国的高等教育发展水平、了解全球大学办学实力和评估中国高校“双一流”建设成效具有重要的参考价值。[1]

表4-11　全球公认的世界十大权威大学排名

序号	国家	发布机构	榜单名称	上榜高校数
1	英国	夸夸雷利·西蒙兹公司（Quacquarelli Symonds，QS）	QS世界大学排名	1 000

[1] 艾瑞深中国校友会网. 2019世界十大权威大学排名，中国102所双一流高校入围世界1000强[EB/OL].（2019-05-22）. http://blog.sina.com.cn/s/blog_48ba1ffd0102yw2l.html.

续表

序号	国家	发布机构	榜单名称	上榜高校数
2	英国	《泰晤士高等教育增刊》（The Times Higher Education Supplement，THE）	THE 世界大学排名	1 000
3	美国	《美国新闻与世界报道》（U.S. News & World Report，U.S. News）	U.S. News 全球最好大学排名	1 250
4	美国	美国 Scimago 平台	Scimago 世界大学排名	783
5	西班牙	西班牙网络计量研究中心（Centre for Scientific Information and Documentation，CSIC）	CSIC 世界大学排名	12 000
6	荷兰	莱顿大学科学技术研究中心（Centre for Science and Technology Studies，CWTS）	CWTS 世界大学排名	938
7	沙特阿拉伯	世界大学排名中心（Center for World University Rankings，CWUR）	CWUR 世界大学排名	1 000
8	中国	台湾大学	台湾大学世界大学排名	800
9	中国	上海交通大学/上海软科教育信息咨询有限公司	ARWU 世界大学学术排名	1 000
10	中国	武汉大学	武汉大学世界大学排名	600

2019 年 5 月 22 日，艾瑞深中国校友会网依据 2018—2019 年世界十大权威大学排行榜的结果，首次公布了《校友会 2019 世界大学排名分析报告》，发布“2019 世界十大权威大学排名（中国大学）”和“2019 世界十大权威大学排名（中国各类型大学）”等系列排名。值得关注的是，“全国共有 44 所‘双一流’建设高校跻身世界十大权威大学排名 500 强，102 所双一流高校跻身世界 1000 强；59 所非双一流高校跻身全球 1000 强，其中仅 1 所高校入围世界 500 强”[1]。在 2019 年的世界十大权威大学排行榜中，中国各类型大学的位次分布见表 4-12，民族类高校也表现不俗（表 4-13）。2019 年 8 月初发布的 CWUR 世界大学排名对来自全球 99 个国家的 2 万所大学进行了评估，中南民族大学等 6 所民族类大学排名进入前 2 000。这些榜单的发布和分析，使我们既看到了现实差距，更增强了发展信心。

[1] 艾瑞深中国校友会网. 校友会 2019 世界大学排名分析报告发布，中国 891 所高校上榜[EB/OL].（2019-05-22）. https://baijiahao.baidu.com/s?id=1634222338725476776.

表 4-12　中国各类型大学在 2019 年世界十大权威大学排名中的位次分布

世界排名区间	综合类	理工类	医药类	师范类	农林类	财经类	民族类	语言类	体育类	政法类	艺术类
1—50	1	1	0	0	0	0	0	0	0	0	0
51—100	3	0	0	0	0	0	0	0	0	0	0
101—200	2	1	0	0	0	0	0	0	0	0	0
201—300	6	5	1	1	0	0	0	0	0	0	0
301—400	5	3	0	0	0	0	0	0	0	0	0
401—500	3	9	1	1	2	0	0	0	0	0	0
501—600	4	5	1	0	2	0	0	0	0	0	0
601—700	5	13	4	3	0	0	0	0	0	0	0
701—800	5	5	4	1	1	0	0	0	0	0	0
801—900	9	10	2	8	3	0	0	0	0	0	0
901—1 000	7	8	3	6	4	2	1	0	0	0	0
1 001—2 000	39	75	19	23	18	11	5	4	1	0	0
2001—5 000	27	41	16	25	5	13	3	4	1	2	0
5 001—10 000	83	73	24	40	3	34	5	11	12	21	32
10 001—12 000	12	18	0	5	2	10	0	2	0	4	7
合计	211	267	75	113	40	70	14	21	14	27	39

资料来源：艾瑞深中国校友会网 2019 年数据。

表 4-13　中国民族类高校在 2019 年世界十大权威大学排名中的位次分布

名次	学校名称	校友会排名	世界平均排名	CSIC	U.S. News	QS	THE	CWTS	CWUR	Scimago	台湾大学	ARWU	武汉大学
1	中南民族大学	167	987	1 385						589			
2	大连民族大学	385	1 360	2083						637			
3	中央民族大学	98	1 413	2 139						686			
4	广西民族大学	230	1 641	2 635						646			
5	内蒙古民族大学	385	1926	3 170						682			
6	西北民族大学	301	1974	3 198						750			
7	云南民族大学	169	3 258	3 258									

续表

名次	学校名称	校友会排名	世界平均排名	CSIC	U.S. News	QS	THE	CWTS	CWUR	Scimago	台湾大学	ARWU	武汉大学
8	青海民族大学	344	4164	4164									
9	西南民族大学	220	4823	8958									
10	湖北民族学院	465	6289	6289									
11	四川民族学院	693	7254	7254									
12	北方民族大学	372	7542	7542									
13	贵州民族大学	350	8283	8283									
14	呼和浩特民族学院	708	9303	9303									

资料来源：艾瑞深中国校友会网 2019 年数据。

第三节 在民族工作领域中的作用

民族工作是指涉及民族事务的工作，它主要包括贯彻执行党和国家的民族政策，建立健全民族法律法规体系，组织有关部门研究马克思主义民族理论、党和国家的民族政策、国家的民族法律法规，并对这些理论、政策和法律法规进行宣传教育，建立和完善民族区域自治制度，协调民族关系，维护民族团结，保障各民族的合法权益，帮助民族地区和少数民族发展经济文化等各项社会事业，培养和使用少数民族干部，开展少数民族对外交流活动等。

2014 年中央民族工作会议指出，“处理好民族问题、做好民族工作，是关系祖国统一和边疆巩固的大事，是关系民族团结和社会稳定的大事，是关系国家长治久安和中华民族繁荣昌盛的大事。全党要牢记我国是统一的多民族国家这一基本国情，坚持把维护民族团结和国家统一作为各民族最高利益，把各族人民智慧和力量最大限度凝聚起来，同心同德为实现‘两个一百年’奋斗目标、实现中华民族伟大复兴的中国梦而奋斗”[1]。足见，做好民族工作具有极端重要性。

民族教育是教育工作和民族团结进步事业的一个交汇点和结合部。民族院校是民族高等教育和民族工作的重要承担者。考察民族院校在民族工作体系中的作用，必须从其职能定位入手，探讨其功能的发挥程度，衡量其办学的贡献质效。

一、作为我国培养少数民族高素质人才的重要基地

1. 从承担任务来看

据教育部发布的“2015 年全国教育事业发展统计公报”，全国共有普通高等学校 2560 所（含独立学院 275 所，未含港、澳、台大学），其中，普通高校中本科院校 1219 所，少数民族本科学生数 1349239 人，占全国在校本科生总数的 8.56%。[2]国家民委直属 6 所民族院校（中央民族大学、中南民族大学、西南民族大学、西北民族大学、北方民族大学、大连民族学院）加上地方省级人民政府所属的 11 所民族院校（广西民族大学、云南民族大学、内蒙古民族大学、湖北民族大学、贵州民族大学、青海民族大学、西藏民族大学、四川民族学院、呼和浩特民族学院、甘肃民族师范学院、河北民族师范学院）共计 17 所[3]，占全国普通本科院校总数的 1.2%，却每年承担了 10%以上少数民族大学生的培养任务，同时每年还为少数民族和民族地区培养培训了数以万计的在职干部、专业技术人才。

---

[1] 中央民族工作会议暨国务院第六次全国民族团结进步表彰大会在京举行[N]. 人民日报，2014-09-30.

[2] 教育部. 2015 年教育统计数据：各级各类学校少数民族学生[EB/OL].（2016-10-17）. http://www.moe.gov.cn/s78/A03/moe_560/jytjsj_2015/2015_qg/201610/t20161012_284504.html.

[3] 国家民委教育科技司. 民族院校风采——民族院校概况[EB/OL].（2017-06-01）. http://jykjs.seac.gov.cn/col/col8510/index.html.

2. 从培养模式来看

民族院校坚持具有“三个特别”特质的民族地区好干部标准，始终把培养各民族优秀后备人才作为根本任务和中心工作，把各族学生的世界观、人生观、价值观、祖国观、民族观、宗教观“六观教育”作为一项基础性、战略性、长远性的工作来抓，充分发挥民族院校作为民族地区优秀人才培养“后备库”的重要作用：一是注重强化思想理论武装，充分发挥主渠道主阵地作用，培养明辨大是大非头脑特别清醒的各民族优秀人才。二是注重抓好民族团结教育，促进各民族交往交流交融，培养维护民族团结行动特别坚定的各民族优秀人才。三是注重汇聚“三全育人”工作合力，心系各族群众福祉，培养热爱各族群众感情特别真挚的各民族优秀人才。

3. 从作用发挥来看

自创办以来，民族院校始终坚持社会主义办学方向，全面贯彻落实党的教育方针和民族政策，以立德树人为根本，以培养具有“三个特别”特质的各民族高级人才为核心，全力抓好学校党的建设和思想政治工作、教育教学以及管理和服务，为学生的健康成长和全面发展提供思想理论武装、核心价值引领、高尚文化熏陶、学业发展支持、全面保障服务，使各族学生学有所教、学有所获、学有所用、用有所能。从近年来民族院校大学生思想政治状况滚动调查结论看，各族学生有理想、有抱负、有担当，思想政治状况总体良好；从近年来第三方抽样调查用人单位对民族院校毕业生的评价结果来看，用人单位普遍认为民族院校毕业生的综合素质比较过硬，满意度一直走高。在民族院校数以百万计的毕业生中不乏政界要员、商界领袖、学界权威，尤其是在祖国边疆地区、贫困地区和少数民族地区的基层一线，民族院校广大校友深深扎根，无怨无悔，默默奉献，为维护国家统一、民族团结、社会稳定，为民族地区经济社会发展贡献力量，这是一般院校尤其是重点高校毕业生所难于做到的。

二、作为研究我国民族理论和民族政策的重要基地

1. 从研究队伍来看

截止到 2018 年，中央民族大学有教职工 1 893 人，其中专任教师 1 196 人，专任教师中教授、副教授 678 人，占专任教师总数的 57%。他们当中有大批国内外知名专家学者和不断涌现的诸多中青年新秀。另外，学校每年都聘有 130 多名外籍专家任教。中南民族大学有教职工 2 114 人，其中专任教师 1375 人，高级职称专业技术人员 750 余人，拥有博士学位教师比例达到 50.91%。西南民族大学有教职员工近 3 000 人，其中博士生导师、硕士生导师 400 余人。西北民族大学有教职工 1922 人，其中专任教师 1251 人，具有高级职称人员 957 人，博士生、硕士生导师 373 人。广西民族大学有教职工 2 104 人，其中专任教师 976 人，具有高职称的 511 人，专任教师中具有博士学位的 270 人。云南民族大学有教职工 1 566 人，其中教授 189 人，副教授 347 人。[1]民族院校的专任教师一半以上属人文社会科学类；因长期学术积淀和办学宗旨要求，在民族学学科领域研究实力相当雄厚（表 4-14）。

表 4-14　6 所高水平民族大学民族学学科主要师资力量

学院	专任教师/人	正高职称/人	副高职称/人	博士占比/%	省级人才/人	博导人数/人
中央民族大学民族学与社会学学院	55	24	18	87.3	20	21
中南民族大学民族学与社会学学院	45	23	13	71.1	15	21
西南民族大学西南民族研究院	80	25	22	68.0	25	19
西北民族大学民族学与社会学学院	34	8	10	47.0	4	3
广西民族大学民族学与社会学学院	47	22	15	57.4	4	10
云南民族大学人文学院	52	12	18	78.7	4	8

注：表中数据来源于各民族院校相关学院简介（截止日期为 2017-05-20），西南民族大学数据由该校西南民族研究院提供（截止日期为 2019-01-18）。

[1] 以上数据来源于各民族院校官方网站，截止日期为 2018 年 3 月 1 日，部分数据经作者整理。

2. 从学科平台来看

6 所高水平民族大学均设有民族学一级学科博士学位点和博士后流动站，拥有若干国家级、省部级重点学科和特色专业以及诸多研究平台（表 4-15）。仅中央民族大学就有 5 个一级学科博士学位授权点、5 个博士后科研流动站，26 个一级学科硕士学位授权点，国家级重点学科 3 个、省部级一级重点学科 5 个、二级重点学科 13 个，省部交叉重点学科 1 个，2 个国家文科基础学科人才培养和科学研究基地，1 个教育部人文社会科学重点研究基地，6 个国家民委人文社会科学重点研究基地，1 个教育部民族教育发展中心重点研究基地。[1]云南民族大学形成了以民族学、民族语言文学、东南亚南亚语言文化、民族药、民族艺术为优势特色多学科与专业格局，拥有 2 个一级学科博士点、1 个联合博士点，14 个省级重点学科和优势特色学科，25 个国家级和省级特色、重点专业，设有 12 个省部级研究基地（中心），具有得天独厚的学科建设和科学研究的优质平台。[2]

表 4-15 6 所高水平民族大学学科平台

院校	特色优势学科	省部级平台
中央民族大学	民族学、人类学、社会学 3 个博士点，其中民族学、社会学为一级博士点；民族学、社会学 2 个博士后流动站。根据 2012 年教育部学位与研究生教育发展中心评估结果，该校民族学学科名列第一位，社会学学科名列第十位	有 1 个省部级 2011 协同创新中心，2 个国家文科基础学科人才培养和科学研究基地，1 个教育部人文社会科学重点研究基地，6 个国家民委人文社会科学重点研究基地，1 个教育部民族教育发展中心重点研究基地等
中南民族大学	拥有民族学一级学科博士点和民族学等 8 个二级学科博士点，4 个湖北省立项建设博士点，有博士后科研流动站。其中民族学专业是国家教育部高等学校特色专业、国家民委重点学科、湖北省高校优势学科和重点学科	有 1 个省部级 2011 协同创新中心，有涉及民族理论政策、社会发展、民族法制、民族教育、城市民族与宗教事务治理研究、区域发展、历史与文化、减贫与发展、少数民族大学生思想教育、民族团结进步创建活动、少数民族审美文化等 20 余个省部级研究中心
西南民族大学	设有民族学、马克思主义民族理论与政策、中国少数民族经济、中国少数民族史、中国少数民族艺术、藏学、彝学 7 个博士点。民族学一级学科为四川省唯一涵盖硕士学位和博士学位授予权及博士后流动站的学科点	有 1 个省部级 2011 协同创新中心，4 个省部级人文社会科学重点研究基地，7 个省部级研究基地，1 个省部级重点实验室，4 个厅级研究基地，1 个共建研究基地，1 个校级研究基地，2 个省级研究所机构，若干校级研究所

[1] 中央民族大学简介[EB/OL].（2018-03-01）. http://www.muc.edu.cn/survey/introduction. html.

[2] 云南民族大学简介[EB/OL]. （2017-05-20）. http://www.ynni.edu.cn/web/pc/3.

续表

院校	特色优势学科	省部级平台
西北民族大学	有中国少数民族语言文学博士点和中国语言文学博士后科研流动站，社会学、民族学、民俗学为省部级重点一级学科，社会学荣膺中国最佳专业和中国高水平专业，民族学排行中国知名专业	有中国民族信息技术研究院、格萨尔研究院、海外民族文献研究所、伊斯兰文化研究所、中国藏文典籍全文数字化研究所等独立建制研究机构和甘肃省高校新型智库“民族地区全面建成小康社会研究中心”等研究平台
广西民族大学	有 24 个省部级重点学科，民族学、中国语言文学、外国语言文学 3 个一级学科博士点，1 个博士后科研流动站，2 个博士后流动站科研基地，形成了从本科到博士后的人才培育体系	有 1 个教育部区域研究（培育）中心，1 个教育部民族教育发展中心重点研究基地，2 个国家民委人文社会科学重点研究基地，3 个广西高校协同创新中心，9 个广西高校重点研究基地（中心）
云南民族大学	形成了以民族学、民族语言文学、东南亚南亚语言文化、民族药、民族艺术为优势特色多学科与专业格局。拥有 2 个一级学科博士点，1 个联合博士点，14 个省级重点学科和优势特色学科，25 个国家级和省级特色、重点专业	有云南省东南亚南亚西亚研究中心、民族文化研究院、藏学研究中心、跨境民族宗教社会问题研究基地、人口较少民族经济社会发展研究基地等，以及云南省高校民族文化资源信息技术运用重点实验室等国家级、省级科技创新平台

注：表中资料均来源于各民族院校官方网站中学校及相关学院简介资料（截止日期为 2017-05-20）。

3. 从研究领域来看

民族院校系统尤其是一流民族大学学科门类齐全，交叉融合，协同发展，在民族学（包括社会学、人类学）学科形成了从本科到博士后的完整培养体系。研究领域涉及马克思主义民族理论与政策、少数民族经济、少数民族史、少数民族医药、少数民族教育、少数民族语言、少数民族艺术、少数民族体育、少数民族文化传承保护、民族地区社会治理、民族地区法治建设、城市民族工作、民族地区环境保护与区域发展、民族地区减贫与发展、边疆民族研究、跨境民族研究、少数民族大学生思想政治教育、民族团结进步创建等，几乎涵盖所有领域。

4. 从研究成果来看

中央民族大学在民族学、人类学及民族社会学研究方面一直处在全国的领先地位。目前所承担的国内外重大研究项目的数量及经费均居全国同行的前列，研究成果不仅极大地丰富了相关学科理论，而且在党和国家的民族工作及政策咨询等方面发挥了重要作用。[1]

早在 1951 年，中南民族学院就建立了以岑家梧先生为学术带头人的民族研究室。一批学者深入民族地区调查研究，为国家识别和认定京族、毛南族、仫佬族、土家族等民族成分提供了科学依据。20 世纪 80 年代以来，在吴泽霖先生的亲自指导下，民族学学科的中青年学者以中东南地区少数民族为主要研究对象，对其历史文化、社会变迁等展开全方位、多角度的探讨。几十年的不懈努力奠定了目前中南民族大学在中国民族学、人类学界的重要地位。[2]

西北民族大学研发的“藏汉双语信息处理系统”“藏文视窗平台、字处理软件和藏文网站”先后获得国家科技进步奖二等奖，《法藏敦煌藏文文献》和《英藏敦煌藏文文献》的编辑出版被誉为敦煌学与藏学研究的又一个里程碑。学校教师承担完成了多项国家级、省部级、国际合作研究项目，在应用社会学、少数民族口头传统与非物质文化遗产保护研究、地方性知识与民族志研究、西北民族宗教与文化研究等领域成果颇丰。[3]

广西民族大学的民族学学科群已经成为中国西南、华南地区最具创新活力和影响力的教学、科研组织之一，是中国及东南亚地区最重要的壮学、瑶学与少数民族语言文学研究基地；东盟语言文学、东盟政治法律、东盟教育、东盟经贸商旅、东盟历史文化、东盟民族宗教、东盟艺术体育等东盟学学科群正稳步发展，培育形成了若干个具有较强研究能力和竞争力的创新团队，在广西乃至全国发挥着带动引领作用。[4]

建校之初，马曜、汪宁生、何耀华、和少英、谢本书等一批学界名流加盟云南民族学院，成为该校教学科研和学科建设的奠基人。经过几

---

[1] 中央民族大学民族学与社会学学院简介[EB/OL]. （2017-05-19）. http://www.muc.edu.cn/content/details_24_139.html.

[2] 中南民族大学民族学与社会学学院简介[EB/OL]. （2017-05-20）. http://www.scuec.edu.cn/ms/.

[3] 西北民族大学简介[EB/OL]. （2017-05-20）. http://www.xbmu.edu.cn/frontContent.action?siteId=1&articleClassId=33&articleId=20.

[4] 陈铭彬. 广西民族大学：主动融入创新大潮 全面提升创新能力[N]. 广西日报，2016-09-22.

十年的传承与发展，目前云南民族大学在民族学、社会学、历史学等领域颇具影响，研究成果十分突出，曾多次获得省部级及以上奖励，系列成果不仅丰富了我国民族理论，还为党和国家制定民族政策、解决民族问题提供了重要依据。近年来，承担了多项国家及省级重点科研项目，先后承办了多场次重大学术会议，协助承办 2009 年国际人类学与民族学联合会第十六届世界大会等。[1]

三、作为传承弘扬中华各民族优秀文化的重要基地

1. 从师生结构来看

民族院校干部教师队伍由来自五湖四海的不同民族组成。“他们从小受到本民族文化的熏陶，对民族文化有着天然而深厚的感情；他们长期学习和钻研马克思主义民族理论，感恩党和国家的民族政策，热爱民族高等教育事业。他们集马克思主义民族理论和党的民族理论政策的积极传播者、民族团结的自觉实践者、各民族优秀传统文化的忠实传承者和创新开拓者、多元一体中华文化和谐共生融合发展的有力推动者、各民族交流交往交融的桥梁纽带和增进中华文化认同的骨干力量等多重角色于一身”[2]。

2. 从办学活动来看

一是各民族院校都有民族学博物馆等民族文化教育基础设施，如始建于 1951 年的中央民族大学民族博物馆，是以全国 56 个民族的文物为主要收藏、展示和研究对象的民族学专业博物馆；中南民族大学拥有我国第一座以“民族学博物馆”命名的国家三级、专业性博物馆；西南民族大学民族博物馆是新中国最早建立的民族博物馆之一，设有 12 个展馆，是一座七彩斑斓的民族文化大宝库。这些民族文化基础设施既是学校教学科研基地，也是全国科普教育基地和全国民族团结进步教育基地。

[1] 云南民族大学简介[EB/OL].（2017-05-20）. http://www.ynni.edu.cn/web/pc/3.

[2] 杨胜才. 彰显民族院校办学特色[N]. 光明日报（理论版），2015-10-31.

二是民族院校与民族地区有着广泛而深入的交流合作，如民族院校在民族地区建立了大量的实习实践和创新创业基地，民族院校科研选题大多与民族地区有关，各民族师生常年深入民族地区开展实习实践和科学研究工作，尤其是寒暑假，民族院校师生几乎是倾巢出动。民族院校还承担了帮助民族地区脱贫攻坚的重要任务，与多个民族地区签到了战略合协议，派驻联络员，举全校之力，发挥学科人才优势，通过发展教育脱贫一批，发展生产脱贫一批，为民族地区脱贫攻坚做出积极贡献。

3. 从履职成果来看

一是民族院校为少数民族和民族地区培养了数以百万计的各民族高级专门人才，他们扎根祖国边疆和广大民族地区基层，在各个工作岗位上兢兢业业、默默奉献，为祖国统一、民族团结、经济发展、文化繁荣、社会和谐发挥积极作用。

二是在国家民委和各级党委政府的坚强领导和关心支持下，民族院校履行职能成效显著，综合实力大幅提升，为民族高等教育事业发展做出了重要贡献，为未来发展奠定了坚实基础。

三是民族院校的科研工作坚持面向民族地区的特色经济定位、面向少数民族和民族地区特殊区域定位和面向民族地区的传统文化遗产的利用与开发定位[1]，充分发挥民族院校在各民族优秀文化的保护、传承、传播、发展等方面的作用，成为民族优秀文化遗产的收集、保护、研究、传承、汇聚的重要基地，成为培养、造就传承和创新先进文化人才的摇篮。

四、作为展示我国民族政策和对外交往的重要窗口

“只有党的政策和策略全部走上正轨，中国革命才有胜利的可能。政策和策略是党的生命，各级领导同志务必充分注意，万万不可粗心大

[1] 雷召海. 关于民族院校科研工作定位与发展的若干思考[J]. 中南民族大学学报（人文社会科学版），2008（6）：177-181.

意。”[1]我党把马克思主义民族理论同中国多民族的国情结合起来，制定和执行了经实践检验是完全正确和成功的一系列民族政策，走出了一条具有中国特色的解决民族问题的正确道路。这些政策概括起来主要有：一是坚持民族平等，维护民族团结，巩固和发展社会主义民族关系；二是实行民族区域自治制度；三是大力培养和选拔少数民族干部；四是积极帮助少数民族地区发展经济；五是发展少数民族和民族地区文化教育和科学技术，促进各民族的全面进步；六是尊重和发展少数民族语言文字；七是尊重少数民族风俗习惯和宗教信仰；八是高举爱国主义旗帜，维护祖国统一和社会稳定。[2]

1. 从民族院校的创办初衷来看

民族院校的建立，是中国共产党将马克思主义民族理论与中国的具体国情有机结合的产物，是中国共产党在世界高等教育史上的一个伟大创举。半个多世纪的实践足以证明：办好民族院校，大力培养少数民族和民族地区经济社会发展所急需的各民族各类别高级人才，为推进我国民族团结进步事业提升素质能力、积聚精神动力、壮大骨干力量，从而使社会主义新型民族关系更加巩固，民族区域自治制度的实行更为有效，少数民族地区的高质量发展更有动力，各民族共同团结奋斗共同繁荣发展的良好态势更加强劲。

2. 从民族院校的办学模式来看

民族院校始终坚持党的教育方针和民族政策，始终坚持社会主义办学方向，始终坚持高等教育规律和民族工作规律、普通高等教育一般规律与民族高等教育特殊规律相结合，始终坚持走富有民族特色的内涵式发展道路，不论是在人才培养目标定位、学科内涵质量提升上，还是在师资队伍建设、科学研究和社会服务方向以及在发展路径选择上，始终

[1] 毛泽东选集（第4卷）[M]. 北京：人民出版社，1991：1298.

[2] 中共中央统战部. 中国共产党的民族政策[EB/OL].（2019-03-09）. http://www.zytzb.gov.cn/tzb2010/ssmz/200911/574402.shtml.

笃定办学宗旨，遵循教育规律，明确自身在高等教育体系中的位置，惦念服务民族工作大局责任的分量，胸怀民族教育使命任务的重托，准确把握自身角色和特殊使命，确定发展目标及重点任务。[1]

3. 从民族院校的对外交往来看

民族院校在改革发展的过程中，坚持与时俱进，担当国际交流与合作的重要使命，在开设外国语学科专业的同时，加强对外宣传，加强与国外大学的交流与合作，学习借鉴国外大学的先进办学理念和改革创新模式，开展联合办学、定期选派优秀的本科生和研究生到国外访问、交流、学习，选派教师出国讲学、进修和科学研究，聘请外国专家来校执教和开展合作，扩大了学校在国际上的学术影响。与多个国家和地区的高等学校联合创办孔子学院，广泛开展文化交流与合作，以充分展示博大精深、绚丽多彩的中华文化和我国各族人民自强不息、蓬勃向上的精神风貌，为教育文化的对外交流与合作搭建平台和营造氛围。

总之，自创办以来，民族院校始终把培养各民族优秀人才摆在突出位置，始终把服务民族地区加快发展摆在突出位置，始终把传承和发展各民族优秀文化摆在突出位置，加强思想政治教育，开展民族团结教育，强化社会实践教育，大力培养具有“明辨大是大非立场特别清醒、维护民族团结行动特别坚定、热爱各族群众感情特别真挚”特质的各民族优秀人才；发挥科研优势、学科优势、人才优势，为民族地区加快发展提供政策咨询和解决突出困难问题，提供强大的智力支撑；高度重视中华文化认同，积极营造促进认同的学术氛围，致力传承和发展优秀民族传统文化[2]；强化主打功能，彰显主场优势，发挥主力作用，提增主粮质量[3]，是我国民族工作领域中不可或缺的重要力量，为我国民族团结进步事业创新发展做出了积极而独特的贡献。

---

[1] 杨胜才. “双一流”战略视野下的民族院校抉择[J]. 民族教育研究，2017（2）：5-9.

[2] 陈达云. 民族院校要在推进民族团结进步事业中发挥积极作用[N]. 中国民族报，2014-12-12.

[3] 杨胜才. 彰显民族院校办学特色[N]. 光明日报（理论版），2015-10-31.

第四节 外部环境与内部要素分析

按照国务院印发的《统筹推进世界一流大学和一流学科建设总体方案》目标设定，未来5—10年是民族院校竞进提质、加快发展的关键时期。如何以习近平新时代中国特色社会主义思想为指导，全面贯彻党的十八大和十九大及历次全会精神，按照统筹推进“五位一体”总体布局和协调推进“四个全面”战略布局的要求，坚持“创新、协调、绿色、开放、共享”新发展理念，深入贯彻落实中央民族工作会议和全国民族教育工作会议精神，借国家高校“双一流”建设战略的强劲东风，乘势提高办学实力和核心竞争力，更好地践行办学宗旨，更好地发挥独特功能，既是严峻的现实考验，也是难得的发展机遇，而客观、全面、深入分析民族院校所面临的外部环境和内在因素，是建设好高水平民族大学的前提和基础。

一、外部环境分析

1. 全球化背景高等教育竞争趋势日益加剧

“从国际背景来看，随着高等教育领域国际化、市场化和信息化的发展，高等教育全球竞争日趋激烈，办学资源配置的全球化正在形成，学生和学者的全球流动将会进一步提速，中国已成为世界最大留学生输出国”[1]和“亚洲最大留学生目的国”[2]。为了提升中国大学的全球竞争力，进而建设高等教育强国，中国迫切需要加快推进世界一流大学和一流学科建设。这一发展态势，仅从优质生源角度考量，不仅波及国内

[1] 郭伟，张力玮. 紧握国内外高教变革契机 创建世界一流大学和学科——访中国人民大学教育学院教授周光礼[J]. 世界教育信息，2016（5）：7-10.

[2] 教育部. 我国已成为亚洲最大的留学目的国[EB/OL].（2017-09-29）. http://www.edu.cn/edu/201709/t20170929_1557719.shtml.

名牌大学，也极大地冲击着所有民族院校。一是部分质量较高的生源竞相出国（境）或报考非民族院校中的重点大学，在一定程度上降低了民族院校生源的总体质量；二是受招生政策的限制，民族院校在招生批次和整体生源质量上的提升空间十分有限。

相对于生源质量，民族院校在师资队伍建设方面受到的冲击则更为严重。由于“双一流”建设高校起点较高、实力雄厚、吸引力大，在高层次人才的激烈争夺战中具有绝对性优势，所需人才能迅速招纳集聚，而民族院校因学科基础、综合实力、资源要素等方面的相对弱势，可能会再度陷入校外高端人才“引进难”“留住难”，校内优秀人才“稳住难”，“儿子”与“女婿”“摆平难”的“四难”窘境。

2. 国内高等教育改革发展机遇与挑战并存

民族院校创办近 70 年来，历经艰辛，负重奋进，顽强拼搏，能持续发展至今并取得如此巨大的办学成就实属不易。“总结民族院校 60 多年办学的成功经验，尤其是改革开放以来的成功经验，其中最为重要的一条就是：十分珍视发展机遇，善于抢抓发展机遇，且不失时机地抓住了改革开放、经济体制转轨、高等教育大众化和我国民族团结进步事业蓬勃发展的重要机遇。”[1]目前各民族院校正处于天时地利人和、全面健康发展的黄金机遇期，应该更有条件、更有经验、更有信心、更有把握抓住机遇、乘势发展。

（1）要抢抓转型发展的机遇

提高质量是高等学校内涵式发展的核心。为提升我国教育发展水平、增强国家核心竞争力、奠定长远发展基础，为实现“两个一百年”奋斗目标和中华民族伟大复兴的中国梦提供有力支撑，党中央、国务院做出了建设一流大学和一流学科的重大战略决策，出台了《统筹推进世界一流大学和一流学科建设总体方案》。“双一流”建设是我国高等教育发展到一定历史阶段的现实选择，是对一流大学发展目标的适时调整，与高等教育多元化发展目标高度契合。“双一流”建设旨在淡化身份，

---

[1] 杨胜才. 着眼“四个维度” 加快民族院校发展[J]. 中国高等教育，2016（11）：30-32.

强化绩效，注重特色，为民族院校改革发展带来的难得机遇与严峻挑战并存。

“淡化身份，为民族院校争创一流提供了可能；强化绩效，为民族院校未来发展指明了方向；注重特色，为民族院校发挥学科特色和特色学科的独特优势拓展了空间。”[1]民族院校要在全面、深入、准确分析理解《统筹推进世界一流大学和一流学科建设总体方案》《统筹推进世界一流大学和一流学科建设实施办法（暂行）》的前提下，乘势而为，及时优化顶层设计，科学谋划发展规划，准确回应各项要求，在发展方向上定好位，在攻坚克难上谋突破，在统筹推进中抓关键，在真抓实干中促发展。面对这一机遇，不能“等靠要”，必须“闯改创”，主动作为，积极作为，科学作为，有效作为。

（2）抢抓依法治校的机遇

依法治校是依法治国的重要组成部分，是贯彻依法治国基本方略的必然要求。依法治校不仅保证国家对学校的领导与管理，而且保证学校管理的规范和秩序；不仅保证学校管理系统的完善与稳定，而且提增学校管理系统的功能和效益。继2003年《教育部关于加强依法治校工作的若干意见》发布之后，为贯彻落实党的十八大精神，进一步推动《国家中长期教育改革和发展规划纲要（2010—2020年）》深入实施，全面落实依法治国各项要求，大力推进依法治校，建设现代学校制度，2012年11月教育部又颁布了《全面推进依法治校实施纲要》，要求各级教育行政主管部门和各级各类学校结合本地区、本学校实际，全面落实依法治国要求，大力推进依法治校，增强运用法治思维和法律手段解决学校改革发展中突出矛盾和问题的能力，全面提高学校依法管理的能力和水平。[2]

我国高校推行依法治校10余年来，在依法治校理念、工作机制、规章制度建设、师生权益保护等方面取得了一定的成绩，但在理顺内外

---

[1] 陈达云. 民族院校“双一流”建设思考[J]. 中南民族大学学报（人文社会科学版），2016（3）：1-4.

[2] 教育部. 关于印发《全面推进依法治校实施纲要》的通知（教政法[2012]9号）[Z]. 2012-11-22.

部关系、规范规章制度、探索依法治校运行路径、防范法律风险、营造法治文化氛围、建立健全现代大学制度等方面依然亟待加强[1]。“当前国际形势呈现‘一场危机、一方动荡、一轮调整和一次转移’的特点，同时中国经济社会发展进入新的阶段，并具有经济发展进入了‘转型期’、社会发展进入了‘矛盾凸显期’、改革进入了‘攻坚期’、经济增长进入了‘换档期’的特征”[2]，而我国教育法制建设速度相对滞后，高校在推进依法治校的进程中面临许多深层次矛盾，给依法治校提出了种种新的挑战。就当前我国高校内部制度建设而言，仍存在着“体系不完善、内容不合理、程序不规范、监督不到位等问题”[3]。要适应国家治理体系和治理能力现代化建设及全面推进依法治国的目标和要求，推进多层次多领域依法治理，提升学校各级领导干部的法治思维能力，加强以学校章程为核心的制度体系建设，建立健全体现法治精神的考核评价体系，强化富有法治内涵的校园文化建设，增强遵纪守法意识，依法治校，规范办学，努力形成具有和符合“有法可依、有章可循、有法告知、有法有人、有法必依、有据可查、有例可参、有功必赏、有怨可诉、有错能纠”特征和要求[4]的依法治校格局，夯实民族院校迈向正规化、法治化、现代化的基础。

（3）抢抓深化改革的机遇

改革开放是党在新的时代条件下带领全国各族人民进行的新的伟大革命，是当代中国最鲜明的特色。全面深化改革旨在“完善和发展中国特色社会主义制度，推进国家治理体系和治理能力现代化”，“让一切劳动、知识、技术、管理、资本的活力竞相迸发，让一切创造社会财富的源泉充分涌流，让发展成果更多更公平惠及全体人民”。[5]随着国际国内形势的深刻变化，我国高等教育在思想观念、办学模式、育人方

---

[1] 罗丽华. 高校依法治校的现状与展望[J]. 中南林业科技大学学报（社会科学版），2013（3）：121-125.

[2] 曾培炎. 中国经济进入换档期[N]. 中国企业报，2013-02-04.

[3] 杨胜才，胡亚军. 论法治视角下高校内部制度建设[J]. 高等教育研究，2019（1）：37-42.

[4] 程斯辉，黄俭. 试析依法治校的基本特征[J]. 复旦教育论坛，2013（3）：10-13.

[5] 中共中央关于全面深化改革若干重大问题的决定[N]. 人民日报，2013-11-16.

式、管理体制、保障机制等方面均不同程度地存在不适应、不协调和不完善的问题，有待通过全面深化改革革除弊端、冲破藩篱、化解难题、注入动力、激发活力、挖掘潜力。民族院校抢抓深化改革的机遇，就是要坚持以科学发展为要义，以改革创新为动力，坚定不移地走内涵式发展道路，关键是要紧紧围绕人才培养模式创新这个核心，主动实现学校发展方式的战略性转变，使数量扩张服从质量提高，硬件增加服务于软件升级；从局部调整转向功能提升，从建设大楼转向培育大师[1]，将学校事业发展推向更高层次、更新阶段、更具质量、更富活力、更显特色、更有温度，让人民更加满意。

（4）抢抓民族工作的机遇

在我国全面深化改革进入关键时期、全面建成小康社会进入决胜阶段、民族工作面临新机遇新挑战的背景下，中央民族工作会议暨国务院第六次全国民族团结进步表彰大会召开。这次会议的主要精神有：明确指出多民族是我国的一大特色和发展的一大有利因素，全党要牢记我国是统一的多民族国家这一基本国情；深刻阐明中国特色解决民族问题正确道路的科学内涵，强调要坚定不移地贯彻党的民族政策；明确民族工作面临的新的阶段性特征，强调民族理论政策创新要坚持增强“四个认同”的原则；深刻阐明民族区域自治制度是我国一项基本政治制度，强调坚持和完善民族区域自治制度要做到“两个结合”；深刻阐明民族团结是我国各族人民的生命线，强调要把加强民族团结作为战略性、基础性、长远性工作来做；深刻阐明民族地区全面建成小康社会的总体思路，强调要做好“四个方面、八个重点”的工作；深刻阐明民族工作中解决好物质方面问题和精神方面问题的关系，强调要把建设各民族共有精神家园作为战略任务来抓；深刻阐明我国进入各民族跨区域大流动活跃期的历史趋势，强调要让城市更好接纳少数民族群众、让少数民族群众更好融入城市；深刻阐明做好民族工作关键在党、关键在人，强调中国共产党的领导是民族工作成功的根本保证，也是各民族大团结的根本保证。

---

[1] 陈达云. 以改革创新为动力 以内涵建设为核心 努力建设人民更加满意的高水平民族大学[J]. 中南民族大学学报（人文社会科学版），2013（4）：1-4.

这一系列新思想、新论断、新认识以及一系列新决策、新部署、新要求，是做好新形势下民族工作的纲领性文献，必将对开创民族团结进步事业新局面产生重大而深远的影响。[1]

习近平总书记在党的十九大报告中指出，“中国特色社会主义进入新时代，我国社会主要矛盾已经转化为人民日益增长的美好生活需要和不平衡不充分的发展之间的矛盾”[2]。这预示着少数民族和民族地区发展迎来新机遇，突出地解决民族地区发展不平衡迎来新时机。在我国社会主要矛盾中，不同地区人民的美好生活需要和向往虽然会有些区别，但时代性、现代性因素需要大致相同且日益广泛。突出的问题是发展不平衡、不充分，这是制约满足各民族人民日益增长的美好生活需要的主要因素。其中，“发展不平衡”是我国现代化建设过程中值得关注的具有一定程度普遍性的现象，尤其是区域发展不平衡突出地表现为我国东部地区与西部民族地区发展水平的差距上。党的十九大把解决“发展不平衡”问题提高到解决我国社会主要矛盾的高度，这表明，在原有的受到党和国家重视的基础上，解决西部民族地区与东部地区发展不平衡、差距拉大的问题又迎来新时机。在党和国家继续推动发展的基础上，西部民族地区与东部地区发展不平衡、差距拉大的问题将在着力解决好发展不平衡不充分问题的过程中逐步得到解决。[3]

民族院校作为民族高等教育和民族工作的重要承担者，必须坚持以习近平新时代民族工作系列重要论述为引领，全面贯彻落实中央民族工作会议精神。抢抓民族工作机遇，就是要着眼于党和国家“四个全面”战略布局和“五位一体”总体布局以及民族工作重大决策部署，围绕“两个共同”的民族工作主题和“中华民族一家亲，同心共筑中国梦”这一新时期民族工作目标任务，结合自身实际率先垂范，在融入和结合上下

---

[1] 王正伟. 做好新时期民族工作的纲领性文献——深入学习贯彻习近平总书记在中央民族工作会议上的重要讲话精神[J]. 求是，2014（20）：31-34.

[2] 习近平. 决胜全面建成小康社会 夺取新时代中国特色社会主义伟大胜利——在中国共产党第十九次全国代表大会上的报告[N]. 人民日报，2017-10-28.

[3] 金炳镐. 党的十九大为新时代民族工作开辟新境界[N]. 中国民族报（理论周刊），2017-11-03.

功夫，在苦练内功、发挥优势、彰显特色上做文章，把培养“三个特别”的各民族优秀干部人才、服务民族地区科学发展、传承和创新优秀民族文化摆在突出位置，在铸牢中华民族共同体意识、推进中华民族大团结的伟大事业中发挥重要作用[1]，“这既是民族院校加快发展的难得机遇，也是对民族院校办学实力的全面检视，更是对民族院校使命担当的深度考核”[2]。

（5）抢抓民族教育发展的机遇

党和国家向来高度重视民族院校教育的发展，改革开放以来的历次中央民族工作会议和全国民族教育工作会议均反复强调发展民族高等教育事业和办好民族院校的重要性。2005 年《国务院实施〈中华人民共和国民族区域自治法〉若干规定》、2014 年《关于加强和改进新形势下民族工作的意见》、2015 年《国务院关于加快发展民族教育的决定》等文件均以专门条款对民族院校的发展给予了高度重视和大力支持。《国家中长期教育改革和发展规划纲要（2010—2020 年）》将民族教育列为专章，并明确指出要支持民族院校加强学科和人才队伍建设，提高办学质量和管理水平。2015 年，为深入贯彻落实党的十八大、十八届三中和四中全会、中央民族工作会议精神和《国家中长期教育改革和发展规划纲要（2010—2020 年）》的要求，加快民族高等教育发展，促进少数民族和民族地区经济社会发展和民族团结、科技进步，推动民族地区与全国同步建成小康社会，国家民委和教育部决定共建国家民委所属高校，并联合出台了《国家民委 教育部关于共建国家民委所属高校的意见》，强调国家民委加强对委属高校改革发展的领导和支持，教育部加强对委属高校在深化改革科学发展，教学科研和学科建设，高层次人才和教学科研、管理团队建设，协调教育部直属高校与委属高校的合作等方面的指导和支持。近年来，国家民委又分别与多所民族院校所在地的省（市）人民政府签署了合作共建民族院校协议。2019 年，中共中央、国务院印

[1] 陈达云. 民族院校要在推进民族团结进步事业中发挥积极作用[N]. 中国民族报（理论周刊），2014-12-12.

[2] 杨胜才. 着眼“四个维度” 加快民族院校发展[J]. 中国高等教育，2016（11）：30-32.

发的《中国教育现代化 2035》强调，要振兴中西部地区高等教育，提升民族教育发展水平。这一系列政策和措施都充分表明，党和国家对于民族教育及民族院校的发展寄予厚望并全力支持。

走进新时代，面对当前的主要矛盾所出现的新变化，人民群众对于高等教育需求从“数量”到“质量”的新诉求，有效破解高等教育领域改革发展中存在的“优质高等教育资源区域分布不平衡不充分、高等教育层次不平衡不充分、高等教育生态发展不平衡不充分、高等教育科类结构不平衡不充分”的难题[1]，对于满足人民群众对美好生活需要与对优质高等教育向往，完成建设中国特色、世界水平高等教育强国的总目标，夯实我国发展整体转型升级的坚实基础，接力实现中华民族伟大复兴中国梦具有十分重要的意义。

民族院校抢抓民族教育发展机遇，就是要从“民族振兴、社会进步、提高素质、全面发展”[2]的高度统一思想和提高认识，谋划和推动各项工作，为增强中华民族大团结、巩固平等团结互助和谐的社会主义新型民族关系注入更大正能量。具体而言：一是要始终把握铸牢中华民族共同体意识这条主线，服务民族团结进步事业，助力中华民族走向包容性更强、凝聚力更大的命运共同体；二是要始终聚焦满足各族人民对美好生活的向往这一奋斗目标，为确保少数民族和民族地区同全国一道实现全面小康和现代化出成果、做贡献；三是要始终坚持走中国特色社会主义高水平民族大学发展道路不动摇，笃定宗旨、特色发展，改革创新、勇攀高峰。

此外，还要善于抢抓委部、委省、省校共建的机遇，积极争取改革发展的政策支持和条件保障；抢抓全面建成小康社会征程中，“大众创业、万众创新”战略实施的机遇，深入推进人才培养模式改革，为少数民族和民族地区培养更多高质量的复合型、应用型、创新创业型高素质人才；抢抓“一带一路”建设机遇，进一步彰显办学特色、扩大对外交

---

[1] 申怡，夏建国. 论我国高等教育的“不平衡不充分”及其破解路径[J]. 中国高等教育，2018（1）：10-12.

[2] 国家中长期教育改革和发展规划纲要工作小组办公室. 国家中长期教育改革和发展规划纲要（2010—2020 年）[Z]. 2010-07-29.

流、深化合作办学；抢抓“互联网+”行动计划的机遇，加快推进教育现代化建设进程。

二、内在因素概要

回顾民族院校的发展历程，如前梳理历经了初创期、挫折期、恢复期、拓展期、推进期和发展期，也有学者划分为诞生期（1941—1948年）、新中国成立后的初创期（1949—1956年）、向正规高等学校转型期（1956—1966年）、文化大革命非常期（1966—1976年）、改革开放恢复期（1977—1985年）、教育体制改革期（1985—1998年）、高等教育扩张期（1999—2005年）、内涵发展新时期（2005年至今）。[1]通过各个阶段的调适，从纵向看，民族院校在办学治校的各个方面都取得了长足进步，为新起点的发展打下了坚实基础。但横向看，“民族院校与国内高水平大学相比，整体上在特色的优势学科、拔尖的创新人才、优质的师资队伍、创新的科研成果、教育的国际化程度、创新的良好氛围等方面均不占优势、差距明显，建设高水平民族大学更是任重道远”[2]，“总体办学水平不高、综合实力相对薄弱的状况还未得到根本性改变，在办学理念、办学思路、基础设施、治理水平等方面还有一定差距，紧紧围绕国家战略全局和民族工作大局，主动作为的意识、有所作为的能力和创新作为的水平都有待提高，落实国家‘双一流’建设战略决策的任务十分艰巨，实现特色鲜明、国内一流、国际知名的高水平民族大学的建设目标困难重重”[3]。

正因如此，需要民族院校不断深化大学本质体认，准确把握大学规律，全面彰显办学特色，以“先人一步、高人一招”的远见和卓识，以踏石留印、抓铁有痕的决心和力度，着力推动内涵发展，力争“在人才培养这个根本使命上有新突破，在科技创新这个关键支撑上有新突破，

[1] 唐纪南，张京泽. 中国民族院校发展史[M]. 北京：中国社会科出版社，2012：1-3.
[2] 杨胜才. 着眼“四个维度” 加快民族院校发展[J]. 中国高等教育，2016（11）：30-32.
[3] 杨胜才. “双一流”战略视野下的民族院校抉择[J]. 民族教育研究，2017（2）：5-9.

在学科建设这个战略举措上有新突破，在师资队伍建设这个基本依托上有新突破”[1]。此外，要始终突出主题主线，在事业发展谋划上有新思路，在全面深化改革上有新部署，在协同创新推动上有新机制，在对外交流与合作拓展上有新格局，在学校治理体系与治理能力现代化建设上有新举措，在资源配置优化和服务保障增效上有新业绩。

[1] 陈达云. 以改革创新为动力 以内涵建设为核心 努力建设人民更加满意的高水平民族大学[J]. 中南民族大学学报（人文社会科学版），2013（4）：1-4.

第五章 高水平民族大学的建设规划

大学发展规划是在科学分析外部环境和内部要素的系统结构及其变化规律的基础上，为保持大学可持续发展而对其未来发展战略目标的确定和实现进行的谋划、安排或展望。[1]检视民族院校“十二五”发展规划，实施民族院校战略规划管理，评析高水平民族大学建设方案，对于推动“十三五”发展规划落地见效，科学谋划“十四五”发展规划，促进高水平民族大学建设目标如期实现等具有十分重要的现实意义。

第一节　民族院校“十二五”发展规划的检视

2010年以来，尤其是我国第五、第六次民族教育工作会议之后，各民族院校在结合民族地区经济社会发展水平与教育事业发展实际的基础上，制定了相应的教育事业发展规划，积极探索教育改革与发展的新思路、新方法和新模式，开启了民族院校教育发展的新局面。“学校发展规划在促进学校内涵式发展方面不仅起到重要引领作用，而且制定过程本身就是学校探索内涵式发展的过程。但在民族院校教育发展规划的制

[1] 包水梅. 关于大学发展规划的基本理论问题探讨[J]. 集美大学学报（教育科学版），2013（2）：54-59.

定存在着制定主体单一、制定程序及其专业性不强、项目规划相互分割而缺乏系统性等诸多弊端。”[1]在规划实施的过程中，“规划规划，墙上挂挂”的现象心照不宣，既掣肘了科学制定教育发展规划的内在动力，也影响了全面实施教育发展规划的实际效果。

因此，在未来发展规划制定过程中，民族院校仍需从教育发展规划的目标设置到目标达成，以及规划实施效果等进行检视，在问题导向中不断反思行为、总结经验、拓宽思路，这对科学编制和有效实施未来教育发展规划有着极其重要的现实意义。

一、规划制定与实施现状调查研究

1. 调研方法与过程

我们从 2015 年开始，分三个阶段对民族院校贯彻《国家中长期教育改革和发展规划纲要（2010—2020 年）》（下称《纲要》）精神以及制定与实施“十二五”规划情况进行了全面考察和实证调查（调查提纲与数据分析略）。

第一阶段（2015 年 4—6 月），研究团队通过网络调查、实地考察和表格调查方式总共收集了 21 所民族高校有关贯彻《纲要》实施措施及“十二五”规划文本 38 份，其中包括 6 所国家民委所属民族院校，15 所民族地区高校和地方民族院校（内蒙古民族大学、内蒙古师范大学、西南财经大学、青海民族大学、石河子大学、广西民族大学、青海师范大学、西藏民族学院、河北民族师范学院、四川民族师范学院、兴义民族师范学院、云南民族大学、甘肃民族师范学院、湖北民族大学、辽宁民族师范专科学校）。通过内容比较和质性分析，一是准确、全面、客观呈现民族高校贯彻落实《纲要》精神的总体状况，二是概括、分析民族高校“十二五”规划的特点与创新，三是比较民族高校“十二五”规划的共性与差异。同时，运用定量分析的方法对各高校“十二五”规划

---

[1] 康翠萍，田恩舜，王磊. 民族院校教育发展规划的实施困境及其对策——基于对国内多所民族院校的考察[J]. 中南民族大学学报（人文社会科学版），2016（3）：66-70.

文本中各要素进行表格统计和内容分析，以从宏观上把握民族高校发展规划的特点，并在“十二五”规划与《纲要》之间进行实然比较和相关分析，以便于把握二者之间的逻辑关系。

第二阶段（2015 年 7—9 月），研究团队分三个调研考察组（西北地区调研组、西南地区调研组、东北地区调研组），在上一阶段考察基础上深入到民族院校或民族地区高校进行了电话访谈、交流访谈和现场考察，重点调研了国家民委所属 6 所院校及内蒙古民族大学、内蒙古师范大学、西南财经大学、青海民族大学、辽宁民族师范专科学校 5 所高校。调查内容包括学校发展规划实施、学科专业建设规划、教师教学发展规划等。

第三阶段（2016 年 7—9 月），研究团队在前期调研基础上，再次进行深度访谈和集中座谈。调查对象主要包括中央民族大学、湖北民族大学、内蒙古民族大学、青海民族大学、伊利师范学院、辽宁民族师范专科学校 6 所高校。此次主要从法治角度，围绕大学章程建制、规划制定程序以及教职工参与度等方面进行调查。

2. 调研中发现的共性情况

课题组在对 21 所民族高校贯彻《纲要》精神以及制定与实施“十二五”规划情况进行了全面考察和实证调查之后，对各高校教育发展规划进行了统计与分析。调研发现，民族高校在贯彻《纲要》与实施“十二五”规划方面存在着诸多共同之处。比如，在指导思想上，贯彻《纲要》中提出的基本原则，强调了贯彻党的民族政策、坚持民族教育规律，今后的发展要为民族工作服务、为少数民族及民族地区经济社会发展服务等。此外，无论是从组织动员与规划形式，还是从规划内容与规划程序来看都存在某些共性。

二、规划制定与推进实施问题分析

各民族院校“十二五”规划的制定各有千秋，推进实施颇具成效。但作为一种规范的管理活动，民族院校发展规划无论是编制过程还是实施监控，都不同程度地存在着“主体利益诉求表达不足，缺乏教师真实理解与责任；制定程序合法性不充分，缺乏专业性的咨询与指导；对存在问题认识不足，规划的各项指标关联性不强；项目规划协同与创新不够，实施过程呈现分裂状态；必要监控与评价机制缺位，规划实施总体绩效偏低”等五方面问题有待解决与改进。[1]之所以出现上述问题，主要原因在于：

一是从宣传发动来看，在贯彻落实《纲要》过程中，民族高校自上而下，以下发系列文件、召开各种会议等形式层层动员、宣传落实，应该说重视程度之高、动员力度之大是前所未有，但仍未能真正深入到一线教师心中，未能引起广大教师的关注。

二是从编制过程来看，虽然各民族院校都成立了作为顶层设计的学校规划领导小组，但制定主体比较单一，制定程序简单化。目前各校规划组织的设置也不一致。一些学校没有发展规划处，则将发展规划工作纳入其他机构如学科建设处或研究生院（处）管理工作中；一些学校虽有发展规划办，但一般是放在学校办公室，实行与学校党政办合署办公；部分学校临时设立编制规划的机构，规划一旦完成，临时组织就自动解散，既缺乏专业性的咨询与指导，也缺乏相关理论的支持与研讨。另外，相关组织的层层动员与全面部署，仍未取得一线教师认知认同的最大公约数，他们的真实意见和利益诉求自下而上层层递减，未能完全反映到决策层面上来。

三是从历史承接来看，部分民族高校缺乏问题意识，回避问题、淡化问题，甚至无视问题，“问题回顾与反思”部分在规划中出现空白，在一定程度上使学校发展规划真正变成了不接地气的“一种理想”。此外，目标结构不成体系、缺乏关联、各自为政。

四是从实施过程来看，部分学校的规划从头至尾存在不同程度的不协调现象，甚至呈现出分裂状态或病态运行。规划制定时不乏“少年妄想症”，在规划实施和中期检查时则患上“中年分裂症”，最后到规划

[1] 康翠萍，田恩舜，王磊. 民族院校教育发展规划的实施困境及其对策——基于对国内多所民族院校的考察[J]. 中南民族大学学报（人文社会科学版），2016（3）：66-70.

收官总结和验收评估之时则常处于“老年痴呆症”状态，失去了应有活力。在未来愈加激烈的教育竞争中，民族高校如何走上科学发展轨道，学校发展规划的重要性是不可忽视的。

五是从监评机制来看，调查发现，几乎所有高校都不太重视规划实施过程的适时监控与中期总结，或信马由缰，或哪黑哪歇，以致到收官之时绩效评估结果极不理想。另外有些学校的规划内容缺漏现象严重，甚至连作为提升高等教育质量重要手段和关键环节的高校教师教学发展都未列入学校发展规划之中。[1]

三、规划制定与推进实施未来走向

在强调治理体系与治理能力现代化背景下，随着社会政治体制改革的不断深入，教育治理方式也在逐步实现思维转换与范式变革，而教育发展规划则是教育管理的一种常用治理手段。国家层面规划对教育事业发展实行宏观调控、提供指南，而学校自身规划则在于贯彻国家要求、谋求自身发展。在此意义上讲，高校教育发展规划的制定与实施正是“要我做”与“我要做”的有效衔接与有机统一。高校发展规划的制定专班和专门人员必须有，规范化程序不能少，但作为最核心工作的战略研究的绣花功夫要下足。“没有战略研究的大学发展规划无异于形式主义、应景行为、文字游戏和资源浪费。要通过战略研究，做到虚实结合，研究大学校情、掌握大学发展规律、把握大学发展形势、做好大学顶层设计，夯实大学发展规划的基础，解决大学发展的方向问题，提高发展规划质量。”[2]

鉴于大学发展规划的基本特征和规范要求，结合民族院校的自身特点和存在问题，我们认为，要使民族院校事业发展规划走向规范化、科学化轨道，除了要进一步加强战略研究，谋划好事关民族院校未来发展面临的全局问题、重大问题和长远问题外，还必须做到以下四点：一是

[1] 康翠萍，田恩舜，王磊. 民族院校教育发展规划的实施困境及其对策——基于对国内多所民族院校的考察[J]. 中南民族大学学报（人文社会科学版），2016（3）：66-70.

[2] 别敦荣. 大学发展规划需要战略研究[J]. 华南师范大学学报（社会科学版），2010（5）：43-46.

牢固树立教育规划编制的法治思维，有效实现多元主体利益诉求的真实表达；二是建立健全学校发展的咨询体系，切实提高教育规划编制的专业化、科学化水平；三是精心谋划具有高度协同性的规划系统，有效提升规划实施的整体实效；四是对标对表全力聚焦规划过程的工作绩效，适时完善学校规划监控和评估机制。[1]

第二节　实施战略管理推动发展规划落地见效

一、规划自觉：有效管理的基本前提

1. 大学战略管理概念

战略（strategy）一词，最早起源于军事领域，源于希腊语“stratege”。从某种意义上讲，早期的战略在知识结构体系中主要属于技术知识领域。随着社会的发展和文明的进步，战略一词的内涵也有了进一步的拓展。从艺术的角度看，德国军事家克劳塞维茨在《战争论》中提出了“战略是一种……达到战争目的的艺术”[2]。20 世纪初英国战略思想家哈特在《战略论》中认为：战略是分配和运用军事工具，以达到政策目的的艺术。[3]50 年代法国战略思想家博福尔在《战略入门》中提出，“战略是一种用来达到目的的手段，是一种运用力量的艺术，以使力量对于政策目标的达成可以做最有效的贡献”[4]。

---

[1] 康翠萍，田恩舜，王磊. 民族院校教育发展规划的实施困境及其对策——基于对国内多所民族院校的考察[J]. 中南民族大学学报（人文社会科学版），2016（3）：66-70.

[2] [德]克劳塞维茨. 战争论（第一卷）[M]. 中国人民解放军军事科学院译. 北京：解放军出版社，2005：166.

[3] [德]克劳塞维茨. 战争论（第一卷）[M]. 中国人民解放军军事科学院译. 北京：解放军出版社，2005：166.

[4] [法]安德烈·博福尔. 战略入门[M]. 军事科学院外国军事研究部译. 北京：军事科学出版社，1989：5.

无论在中西方，“战略”都有“在敌对状态下指挥军队克敌制胜的艺术和方法”[1]之意，亦即，战略是在敌对状态下指挥军队并调动资源，有明确目标即克敌制胜，也是一种艺术、手段和方法。毛泽东认为，“战略问题是研究战争全局的规律性的东西。在一般管理领域，战略就是一个组织的总目标，它涉及一个时期内带动全局发展的方针、政策与任务”[2]。1993 年版的《韦氏大辞典》对战略的定义是：对作为一个整体的组织来说，首要的、普遍性的、持久重要的计划或行动方向。[3]

战略管理（strategic management）是指组织为了长期的生存和发展，在充分分析组织外部环境和内部条件的基础上，确定和选择组织战略目标，并针对目标的落实和实现进行谋划，进而依靠组织内部能力将这种谋划和决策付诸实施，以及在实施过程中进行评估与控制的一个动态管理过程。

大学战略管理是大学为了长期的生存和发展，在充分分析外部环境和内部条件的基础上，确定和选择学校的战略目标，并针对目标的落实和实现进行谋划，进而依靠大学内部能力将这种谋划和决策付诸实施，以及在实施过程中进行评估与控制的一个动态管理过程。一般而言，大学战略管理分为战略规划、战略实施和战略评估三个部分。

2. 大学战略管理功用

战略管理的基本功用，一方面是协调组织与环境之间的关系，另一方面是发展组织的持久竞争优势。

大学是个开放系统，大学的发展需要处理与外部环境的关系。当大学不再是封闭的“象牙塔”，为了自身的生存和发展，就无时无刻不在发生着变化，逐步由相对封闭的系统向开放性系统转变。随着社会竞争的日益加剧，任何一个社会组织都面临着不同程度的生存和发展问题，大学当然也难以置身事外。为了生存和发展，作为开放系统的大学就必

[1] 黄浩明. 非营利组织战略管理[M]. 北京：中国人民大学出版社，2003：1.

[2] 毛泽东选集（第一卷）[M]. 北京：人民出版社，1991：175.

[3] Nichols V, Kauffman L. Webster’s Dictionary[M]. Los Angeles: Nickel Press, 1993.

须对社会环境进行深刻的洞察、透析，将组织的能力与外部环境变化相协调，明确发展方向，为获得学校发展所必需的办学资源以及发挥有限资源的最大利用效益而努力。因此，大学的发展将是一个涉及大学组织自身变革以及应对大学外部系统挑战的过程。战略管理在协调组织与环境之间关系方面的功用有助于大学的发展。事实证明，战略管理不仅能够而且确实在起作用。随着后工业时代和信息时代的来临以及主要的社会与经济范式的转型，战略规划也许是唯一能够帮助高等教育适应高科技、全球化、竞争社会的需要，成功改造高等教育的有效方法[1]。

大学的发展是个复杂的系统工程，需要从宏观上把握发展方向，进行战略选择。从某种意义上说，大学的发展就是一个不断选择的过程。在资源有限的情况下，选择的作用尤为突出。就大学的组织结构来看，它由单位和学科两个维度组成，呈“松散联结”结构状态。“松散联结”结构模式天然造就了大学组织目标发展的多元化和分散化。“一所高质量的大学必定有一个明确的而且是生机勃勃的办学目标，所以，它不可能是满足所有人所有要求的大杂烩，它需要在众多的要求下作出选择并确定哪些是应优先考虑的重点。”[2]因此，如何对大学进行科学定位并整合多元化的发展目标，成为大学发展需要首先解决的问题。科学定位是大学行动的指南和未来的航标，是大学持续健康发展的基本依据与重要前提。只有定位准确，才能构建特色、形成优势。科学的定位源于对自身实力的把握、对社会需求发展的前瞻和对科技发展趋势的预测，定位的过程实际也就是制定、选择学校发展战略目标及重点的过程。

大学的发展充满竞争，需要培植和提升自身的核心竞争力。纵观古今中外，竞争的有无决定着教育的活力和发展。竞争是教育发展的活力之源，教育离开了竞争，客观上就会失去活力。教育发展离不开竞争，大学发展同样离不开竞争。合理适度的竞争，能促进大学之间、大学与

---

[1] [美]丹尼尔·若雷，赫伯特·谢尔曼. 从战略到变革——高校战略规划实施[M]. 周艳，赵炬明译. 桂林：广西师范大学出版社，2006：1.

[2] [美]欧内斯特·博耶. 美国的大学——现状、经验、问题和对策[M]. 复旦大学高等教育研究所译. 上海：复旦大学出版社，1988：395.

社会之间、大学与政府之间形成良性互动的动态系统。如今，大学处在竞争日益激烈、资源相当紧缺的大环境下，战略管理对大学的作用尤为重要，它关系到大学的生存、发展与卓越，决定着大学的未来。“战略是构建大学核心竞争力的重要手段，是大学面向未来的长期发展规划和部署，是大学持续发展的合理设计和远景安排。”[1]“好的发展战略规划和管理对大学的生存发展具有重要意义，它有助于一所学校由模糊办学向明白办学，由无序发展向有序发展，由他控模式向自主模式，由统一化办学向特色办学的方向转变。”[2]

事实上，我们每一个人，每一所大学，都在规划。问题在于，规划是否自觉，是否科学，是否有效。从“六五”“七五”起，清华大学、华中科技大学等开始谋划五年规划；从“十一五”起，几乎所有大学都在制定发展规划。我国大学的规划主要是自上而下的要求，从教学评估的要求开始，教育部、各省市教育部门都要求大学做规划，并要上交、审核。如何把上级要求变为我们的自觉行动，增强规划自觉意识，是加强战略管理、推进大学发展的前提[3]。

二、三位一体：目标达成的重要保障

战略管理包括战略规划、战略实施、战略评估三个环节，要确保大学战略目标实现，必须抓好这三个环节，做到三位一体，协调推进。

1. 大学战略规划

大学战略规划是大学战略管理的基础，是大学战略从理论到实践的重要环节。大学战略规划是一项复杂的系统工程，具有理论和实践两方面的作用。“大学战略规划的制定是一项科学性、技术性与社会性、艺

[1] 程永波. 基于核心竞争力的高校学科发展战略[J]. 现代教育科学，2010（1）：69-71.

[2] 郭伟，李广平. 以战略规划带动高校发展模式转型——访高校发展战略规划专家别敦荣[J]. 世界教育信息，2015（23）：21-28.

[3] 刘献君，陈志忠. 论战略管理与大学发展[J]. 高等教育研究，2016（3）：14-15.

术性相结合的工作”[1]，因此，在大学战略规划制定的过程中，必须遵循高等教育发展和大学战略规划的一般规律，遵守大学发展的内在逻辑规则，秉承大学独有的价值理念，立足现实，面向未来，在大学战略规划领导集体的带领和校内外相关部门及人员的共同参与下，采用科学的方法，按照规范的程序，编制形成规范文本，用于指导大学的改革与发展。

大学战略规划是一项具有全局性、战略性、综合性的工作，必须注意一些基本要求。一是要科学编制，协调体系结构。不仅要编制指导大学整体发展的总体规划，也要编制各种专项规划和学院规划，后两者在总体规划的引领下，为总体规划提供支撑和补充，总体规划、专项规划和学院规划三者之间要协调。要制定合理的目标，要体现和协调大学内部人才培养、师资队伍、科学研究、社会服务、学科发展、文化塑造、行政管理等各个组成部分的发展，实现大学发展事业的全面进步。二是要联系实际，突出学校特色。要因地制宜编制规划，注重特色发展，做到特色立校、特色兴校、特色强校。三是要整体统筹，注重目标分解。要将大学作为一个整体，作出总体预测，对战略目标作出统一的规定，对资源配置作出统一的计划。同时，要注重战略目标的分解和落实，将总目标分解成有针对性的、可操作的、可测量的目标和任务，合理地分布工作重心，适当地调节资源分配。四是要民主参与，扩大信息开放。多元化的参与为大学规划提供了多方位的视角，可以更全面地审视自己所处的环境和拥有的条件，使大学战略规划更加科学、合理、可操作。五是要切实可行，保持适度弹性。要选取最符合学校实际的策略，并配套制订各种相关的保障政策，使规划的落实得到保证。同时，要注重适度的弹性，使大学在千变万化的内外部环境中，始终具备良好的动态适应能力。此外，大学战略规划的编制从前期准备到审定发布有多个彼此衔接的程序，切不可搞形式走过场，因为大学战略规划的编制过程是由客观到主观、由主观到客观、再由客观到主观的这样一个反复螺旋式上升的过程，严肃认真、照章推进才有可能制定出高质量的战略规划。

---

[1] 别敦荣. 大学发展战略规划的制定与实施——青岛大学案例研究[J]. 高等工程教育研究，2010（1）：91-95.

2. 大学战略实施

大学战略实施，是指贯彻大学战略意图，并将战略规划转化为办学绩效，从而确保战略目标实现的过程，是贯彻落实既定战略规划所必需的各项活动的总称，是大学战略取得成效的关键。[1]换言之，大学战略实施是把战略规划转化为战略行动，其基本内容是贯彻发展战略，其根本指向是确保战略意图和战略目标的达成。

大学战略实施主要是解决好"由谁做""怎样做"两大基本问题。具体包括以下内容：根据大学战略规划设计出战略规划实施专项，并进行项目管理；依据大学战略规划的目标、任务和项目在大学内部及各层次之间分配人财物等各种办学资源；根据大学战略规划的目标、任务及项目积极拓展和利用外部资源；对学校各职能部门、学术单位（学院、研究中心）和服务部门（后勤、基建、图书保障、网络中心）规划及项目实施的情况进行动态监控；适应战略规划的需要调整、创新和优化大学内部的治理结构、组织结构、工作流程；建设有利于大学战略意图和战略规划实现的规划实施绩效考核体系和校园文化。

"大学战略实施的路径和方法多种多样，主要有发展目标分解法、规划项目管理法、实施过程监控法、实施情况公布法等。发展目标分解就是将大学战略规划中的长短期目标分解为可操作性的发展指标，并将其落实到内部所属的单位和个人，一般包括时间维度的目标分解、职能维度的目标分解、测量维度的目标分解。"[2]规划项目管理法按照"有所为有所不为，有所先为有所后为"的原则，重点关注战略规划中的重点目标、关键指标和重大任务。实施过程监控贯穿规划实施的全过程，通过不定期、随时随地的监控，及时掌握大学战略实施的进展情况，根据遇到的困难和问题，及时修正或调整发展战略及相关的政策措施。实施情况公布法旨在赢得师生员工对战略规划实施及相关改革的理解和支持，逐步形成战略规划实施的行政控制和舆论监督机制，具体包括实施

---

[1] 王骏飞. 大学战略规划实施模式研究[J]. 经济师，2012（10）：81-82.

[2] 孙俊华. 大学战略规划与评估[EB/OL].（2013-01-24）. http://www.doc88.com/p-9595450829289.html.

情况通报、监测结论公示、发展指标排名等方法。

3. 大学战略评估

大学战略经历了规划、实施两个环节以后，需要进行全面、系统的战略评估。它是大学战略管理系统的重要组成部分和关键环节，具有导向、对接、沟通、管理、鉴别、激励等多种功能。通过战略评估可以分析判断战略规划执行的结果和绩效，适时反馈战略规划运行的效度与信度。只有把战略规划评估与战略管理结合起来，才能不断提高大学战略管理的能力和水平，促进管理部门、学院和学术基层组织提高自我监控、自我反思能力，有效地将内部不同的组成系统引导到学校战略发展方向上来，使各部门始终围绕战略发展目标运转，确保战略规划沿着既定的轨道健康有序运行，真正实现由"操作管理"向"战略管理"转变。

大学战略评估的内涵包括狭义和广义两个层面。所谓狭义的大学战略评估是指对大学战略规划实施的结果与绩效的评估，即与预期规划目标的对比。广义的大学战略评估是指对大学战略规划运行情况的综合评估，具体包括战略规划的过程评估（前期的编制、中期的实施、后期的绩效评估）和战略规划体系评估（总体规划、专项规划、学院规划），评估的主体为代表学校履行战略规划评估职能的管理部门或者是大学委托的校外第三方专业咨询评估机构。

大学战略评估的复杂性决定了评估程序、方法和标准选择的多样性。诸如目标评估法、因素评估法、调查评估法等方法，都是在定性评估和定量评估的基础上形成和提出来的。为综合定性、定量方法的优点，一般采取战略指标评估与战略报告评估相结合的方法来对战略规划进行评估。其中，大学战略指标评估是对规划中办学规模、人才培养、科学研究、学科建设、专业建设、科技产业、社会服务、经费筹措、党建和思想政治工作等所有指标进行筛选，选择相对重要的指标构建评估指标体系，利用评估指标体系进行评估，这是一种定量的评估；大学战略报告评估就是以规划指标的完成情况、运行情况、实施绩效为主要内容，自我评估和校内外专家评估相结合，以做出评估最终结论、提出资源配置建议方案为主要目的的综合性评估，这是一种定性的评估。

大学战略评估过程中指标的确立十分重要。评估指标一方面要全面，同时要注意指标与战略目标之间的相关性。这种相关性，表现为指标的分类和权重的设置上。评估指标一般分为预期性指标和约束性指标。所谓预期性指标是指学校经过分析测算并期望实现的发展目标，主要依靠学校有效调控和各院（系）自主办学行为来实现。所谓约束性指标是指在预期性指标基础上进一步明确并强化校、院两级责任的指标，具有行政效力，其既是学校向师生员工的承诺，也是学校对相关院（系）、职能部门提出的工作要求。指标的权重则由学校总体战略目标相关性决定，相关性越强，其权重就越大。

战略评估的具体过程没有统一、固定的模式，评估的内容不同、采取的方法不同，所对应的过程也不同。但总体来讲，评估的准备、评估的实施、评估的结论发布、评估结果的运用、评估结果的反馈这五个环节都是不可或缺的。

三、把握核心：绩效提升的关键抓手

大学的理念、队伍、制度、资源、文化五个方面是战略管理的核心要素，是战略管理与大学发展的联结支点，是战略绩效提升的关键抓手。

1. 抓住根本，明晰核心理念

大学是理念组织。对任何一个组织而言，影响和制约其管理和发展的主要有三个因素：理念（理）、权力（力）、利益（利）。但不同的组织，三者影响力排序是不一样的。对企业是利、力、理；对政府是力、理、利；对大学则是理、利、力。

教育理念对于教育实践的重要性，主要体现在以下三个方面。第一，教育理念具有先导作用。理念、思想、理论与实践的关系，实践是第一性的，实践在先，理论来自于实践。但理念、思想、理论一旦形成，不仅可以反作用于实践，而且成为孕育新理念、新思想、新理论的重要源泉。因为理论具有解释力，在实践过程中，理论对经验具有先行激发、共时建构、事后解释等作用。第二，教育理念具有导向作用。规划是人的本性的体现，在规划的过程中，人们预先设定的目的和既有的知识、观念基础发挥着重要的导向作用，影响着人的判断与选择。在论述思想、信念、观念对实践的作用时，韦伯提出了著名的“铁路轨道上的扳道工”理论。他把思想、信念、观念等无形的力量比拟为“扳道工”，扳道工可以使一列被利益驱动的“火车”驶向理想、信念所确定的方向。可见，对实践而言，理念具有导向作用。第三，教育理念具有激励作用。教育理念形成之后，会唤醒人的自我意识。这一方面有利于人们去认识有助于达成自身教育理念的信息、资源与机会，另一方面通过唤醒人的良知与潜能，提升人们对符合教育理念之教育实践行为的积极性。教育理念对教育实践的主体具有激励作用。

大学不仅要重视理念，更要重视核心理念。每个事物都有其核心价值，大学要在认识自己的核心价值的基础上形成自己的核心理念。大学的每个成员都有自己的理念，如果都按照自己的理念各行其是，大学不可能有良好的发展。

大学领导者要在广泛讨论、深入实践的基础上，提出自己的核心理念，并以此统一思想，凝聚力量，推进学校的健康发展。世界一流大学都形成了自己的核心理念，如柏林大学的“教学和科研相结合”，斯坦福大学的“培养和发展学生的创造力”，芝加哥大学的“让知识充实你的人生”，哈佛大学的“与柏拉图为友，与亚里士多德为友，更要与真理为友”，普林斯顿大学的“为国家服务，为世界服务”。国内一些大学之所以发展比较好，也是因为凝练了合理的核心理念。缺乏核心理念，是制约我国大学发展的一个关键问题。核心理念体现在校训之中，校训的趋同性，说明了理念的趋同性。

2. 人才兴校，建强师资队伍

教职工队伍是指大学的工作人员，主要包括教师、职员、技术人员，其中教师是大学办学的主体。善之本在教，教之本在师。大学教师是高等教育的实施者，扮演着老师、学者、服务者等多重角色，从根本上决定了大学的教育教学质量和科学研究水平。教师的行为、观念、素质、学识直接影响着学生的成长。在一定意义上可以说，教师的质量就是教育的质量，教育的差距归根结底是教师的差距。1998年，联合国教科文组织发布的《世界高等教育宣言》指出：具有活力的教师发展政策是高等教育机构发展的关键。因此，大学教师发展在很大程度上决定着一所大学乃至整个国家高等教育发展的水平、质量和特征，决定着国民素质，影响着国家的发展与兴衰。在“十二五”“十三五”规划中，各高校都十分重视师资队伍建设，提出了若干“工程”“计划”等，将其放在十分突出的地位，且部分学校的师资规划科学、合理、可行。但仍有部分学校存在差距，主要问题是：①重指标，轻实质。从总体上强调院士、“长江学者”、“杰青”等的数量，在对教师的具体要求上强调课题、论文、科研经费的数量，忽视符合本校需要的对教师水平、质量的要求。②重引进，轻培养。对引进教师的数量、措施等非常具体，培养措施则显得比较空泛。③重业务水平，轻师德师风。对教师业务水平的要求高且明确，但缺少对教师师德师风的要求。每一所大学的定位不同，学科专业结构不同，社会需求面向不同，价值取向追求不同，对教师的要求也不同，应根据自己的需要，规划师资队伍建设，确定教师引进、培养、考核、晋升的标准。

在大学战略规划中，对职员队伍建设往往重视不够。现代大学由于自身发展需要，形成了一支庞大的职员队伍。这支队伍对学校发展有着重大的影响。在规划职员队伍建设时，要抓住其特点。职员队伍的特点主要有：一是服务性。在大学，学术是目的性活动，管理是服务性活动。职员是为教师、学生、教学、科研服务的，必须牢固树立服务意识。二是差异性。教师队伍中当然也有差异性，但职员队伍的差异性更突出。职员队伍中，有的肩负着为学校发展出谋划策的任务，需要熟悉整个高等教育的情况，具有较高的专业和管理水平；有的仅仅从事某项具体工作，如秘书、接待、会计、出纳等，具备具体工作能力即可。三是不确定性。例如，工作目标在明确与模糊之间，权力在有无之间，工作任务在自主与被动之间，等等。职员队伍建设要抓住这些特点，提出有效的对策。

随着信息、网络技术的发展，大学中出现了第三支队伍——技术人员。他们不从事教学，也不做管理，而是承担着某些技术方面的工作。

如在美国加利福尼亚大学伯克利分校，技术人员占到了学校工作人员总数的20%。对大学技术人员队伍的建设，日益引发各方面的关注。

3. 理顺关系，完善制度体系

制度是大学组织赖以存在和发展的基础，它影响甚至决定着人的全面发展，是社会变革和大学变革之间协调的中介。大学制度包括基本制度、一般制度和具体制度，大学制度建设的特点体现为人本性、复杂性、民主性和开放性等。需要着重解决以下两个方面的问题：

关于大学制度建设，首要的是理顺关系，完善内部治理结构。关系是人存在的根本，制度规范着人们的社会关系。在社会现实生活中，人是通过制度与社会发生关系的。制度的规范系统用一整套行为规则规定着人们之间的关系，如地位和角色、权利和义务。大学是一个复杂的组织，涉及众多的关系。从大学的外部关系看，有大学与政府、社会、企业、媒体、社区、学生家长、中小学以及各个大学之间的关系。从大学内部看，有学校领导、教师、学生、职员、技术人员、后勤人员等各利益相关者之间的关系，也有教学、科研、社会服务之间，学术权力与行政权力之间，以及学科专业之间、课程之间、院系之间等方面的关系。大学关系的复杂性，决定了大学制度建设的重要性。大学制度建设要十分重视理顺关系，完善内部治理结构。在这一过程中，一是要从调查研究入手，抓住各种关系处理中存在的主要问题；二是要明确划分党委、行政、学术以及董事会（理事会）之间的责任、权力；三是对各职能部门的设置、职责进行相应的调整，以适应学校管理和发展的需要；四是以服务为宗旨，理清学校和院系之间、学校职能部门和院系办事机构之间的关系。

在理顺关系中，对“关系”要从两个维度加以把握。一是关系各方是“独立”的，存在“边界”；二是关系意味着关系各方存在“之间”，它是各方“所共有但又超出各自特殊的领域”的“交叉”。在研究、理顺关系时，我们往往重视“边界”，忽视“之间”。例如，在处理学术权力和行政权力的关系时，十分重视各自权力的划分，忽视两者的交叉、重叠。在大学中，学术、行政是两种权力，但是，由于学术事务、行政事务往往交织在一起，权力主体也存在交叉，因而两者既有各自的“边界”，又有重叠。因此，在理顺关系时，既要考量各自的权力范围，又要观照两者“之间”的联系。解决两者“之间”的问题，可以从以下几个方面着手：一是以两个“优先”为原则，即首创优先，首责优先。首创优先指在大学治理中，行政人员、学术人员各自发挥自己的优势。首责优先指谁对某项事务负有首要责任，则其有优先发言权。二是区分学术、行政、综合三种决策。学术决策指对只需要进行真伪判断的纯学术问题，通过学术组织，进行学术决策。行政决策指对不需要进行学术真伪判断，只需要进行利害、利益判断的问题，主要由行政系统进行决策。大学中大量问题的决定，既需要进行学术真伪的判断，又要放在全校范围内进行利益、利害的判断，这就需要学术、行政组织共同进行综合决策。三是实行学术、行政交叉任职，加强相互沟通、理解。四是对校、院、系三级权力作出不同的划分。一般而言，校级，行政权力大于学术权力；院级，两者权力相当；系级，学术权力大于行政权力。

4. 系统谋划，盘活办学资源

大学是一种需要消耗稀缺资源的机构，资源既是教育发生发展的基本条件，也是大学与社会互动与交换的载体。在办学中，资源既是系统性因素，也是非系统性因素，既是维持和组成大学的基本要素，又参与并服务于大学组织建设。资源对大学十分重要，大学的三大功能要靠资源来支撑，大学拥有资源的多少影响战略选择的自由度，资源结构决定大学校长工作的方向、重点，资源依赖性决定大学组织的管理模式，战略重点需要依靠资源来保证。

马克思认为，资源是可供满足人们物质生活和精神生活需要的自然要素和社会要素的总和。大学资源可划分为三个维度九个要素，即基础性资源，包括人才资源、财力资源、物质资源；发展性资源，包括学术资源、市场资源、政策资源；衍生性资源，包括观念资源、文化资源、制度资源。这里讲的资源主要指基础性资源和发展性资源。

资源管理包括资源获取、资源配置和资源转化。资源获取指为办学向社会争取资源。从计划经济体制到市场经济体制迈进的过程中，政府对于大学的管理模式逐步由管办评一体向管办评分离转换。在资源配置方面，大学根据学科专业特点、院系状况等，将经费、房屋、设备、招生、升职、奖励等各种指标，按照一定的原则、方式、程序分配给院系等单位。大学领导最大的权力是资源配置权。资源转化即通过一定的资源管理方式对大学组织内外部资源进行有机转换，从而获取新的资源或提高现有资源使用价值的过程。转化的过程是一个“创造—嫁接—转换—再生”的过程。现在，大学开始重视资源获取、资源配置，但仍然忽视资源转化。在大学战略管理中，要十分重视资源转化，通过资源转化，促进大学发展。

资源转化是大学创造新资源的重要方式。大学资源转化有内、外部之分。外部资源转化，即所谓“以服务求支持，以贡献求发展”。外部资源转化是大学与社会互动与交换的载体，大学、政府、企业、社会通过资源转化而有机联系，结成一体，实现各自利益诉求。大学与政府、社会的资源转化，主要从战略资源、政策资源、社会资源、各类基金资源、继续教育市场资源、校友资源出发，在为社会做出贡献的同时，争取资源，特别是将社会资源转化为社会资本，人力资源转化为人力资本。内部资源转化是指大学内部的经费、师资、学生、教学、科研、文化等资源的相互转化，从而实现现有资源的价值优化，提高其使用价值，激活办学活力，提高人才培养质量。资源转化的路径主要有结合型转化，资源联合嫁接路径；结构性转化，资源结构优化路径；认知型转化，资源内生增长路径。

5. 固基铸魂，提升大学文化

这里讲的文化，主要是指学校文化。学校文化是一所学校在长期实践过程中积淀、演化和创造出来并为其成员所认同和遵守的价值体系、行为规范、准则和物化环境风貌的整合和结晶。学校文化由观念文化、规范文化和物质文化构成。“人文化成”“教育即文化”“泡菜理论”“办大学就是要办一个氛围”等，足以说明文化在大学教育中的重要性。现在，文化已经开始受到人们的重视，并被纳入大学战略规划之中。当前，加强大学文化建设，要着重解决两个问题：

首先，走出对学校文化认识的误区。在办学实践中，存在对文化的多种片面认识，甚至误解。如果认识问题不解决，学校文化建设就有可能走偏方向。对此，有学者认为学校文化不等同于“历史”，不能用办学时间的长短来衡量学校文化。学校文化不等同于“教育理念”，如果将学校文化与学校教育理念简单地等同起来，就可能窄化学校文化的含义，并容易使学校文化脱离实际，流于口号。学校文化不等同于“学校品牌”，如果将学校文化理解为学校品牌，则可能导致学校文化建设功能反转，将文化建设蜕变成华而不实的“包装”。学校文化不等同于“学校环境”，如果将文化建设仅仅停留在环境建设上，学校文化建设就可能走偏方向。[1]

其次，根据文化的特点，探索文化育人的方式。虽然人们都已感觉到文化的重要性，但在教育实践中往往对文化难以把握。如何站在文化的高度认识文化的特点，运用文化的方式提高文化育人的自觉性，是一个需要探索的重大问题。刘献君教授认为，可以从以下几个方面着手：一是围绕“成人、成为中国人、成为先进的中国人”三个目标开展文化育人；二是重视民族精神和核心价值；三是在文化传承和创新中育人；四是通过渗透性教育，融入教育目标；五是开展协同性教育，营造环境文化。[2]文化对人的影响是整体的，潜移默化的。文化是一种存在着的“精神氛围”，人民的家园。文化育人，首先要建设好自己的精神家园。家园的精神健康、积极、向上，家园的人民则会受到精神感染，健康成长，幸福生活。应发挥家庭、社区、大众传媒、特定社会组织的作用，使其与学校共同协作，把教育因素、社会因素和自然因素相结合，形成教育合力，营造良好的文化氛围。

第三节 高水平民族大学建设方案的案例分析

为深入贯彻落实习近平新时代中国特色社会主义思想和党的十八

[1] 陈学军. 学校文化是什么[J]. 教育研究与实验，2015（3）：14-19.

[2] 刘献君. 文化是教育之根[J]. 中国德育，2017（16）：44-48.

大、十九大以及中央民族工作会议、第六次全国民族教育工作会议精神，加快高水平民族大学建设步伐，不断满足少数民族和民族地区的发展需求，更好地服务国家重大战略布局，根据相关政策文件的精神，各民族大学先后研究制订了本校的“十三五”发展规划或高水平民族大学建设方案。现以中央民族大学、中南民族大学、云南民族大学、西南民族大学、广西民族大学、西北民族大学6所院校为案例，结合各校的“十三五”规划文本（详见附录）作对比分析。

一、指导思想和基本原则

各民族院校研究制定发展规划，依据和参考了《中共中央关于全面深化改革若干重大问题的决定》《中华人民共和国国民经济和社会发展第十三个五年规划纲要》《国家中长期教育改革和发展规划纲要（2010—2020年）》《国家中长期人才发展规划纲要（2010—2020年）》《国家中长期科学和技术发展规划纲要（2006—2020年）》《国务院关于加快发展民族教育的决定》《统筹推进世界一流大学和一流学科建设总体方案》《国家民委所属高校改革和发展“十三五”规划》等重要文件精神，同时，也结合各自院校实际，提出了符合自身特点的指导思想和基本原则。

1. 中央民族大学

中央民族大学“十三五”规划的指导思想是：高举中国特色社会主义伟大旗帜，以马克思列宁主义、毛泽东思想、邓小平理论、“三个代表”重要思想、科学发展观及习近平总书记系列重要讲话精神为指导，全面贯彻落实党的十八大和十八届历次全会精神、五大发展理念以及中央民族工作会议与全国民族教育工作会议精神，坚持社会主义办学方向，坚持服务党和国家民族团结进步事业、民族地区和少数民族的办学宗旨，坚持把高等教育一般规律和民族高等教育特殊规律相结合的办学原则，以建设一流大学和一流学科为目标，以全面提高人才培养质量为中心，以教职工队伍建设为立足点，以全面深化学校综合改革为动力，以全面从严治党和全面依法治校为保障，继续实施“质量立校、特色兴校、人才强校”三大战略，秉承“精人文、强社科、拓理工”的发展思路，全面推进“特色鲜明、国际知名的高水平研究型大学”建设，为全面建成小康社会贡献力量。

中央民族大学“十三五”期间办学基本原则可以归纳为“四个坚持”或“四个结合”：一是坚持争创一流与突出特色相结合；二是坚持全面提升与重点突破相结合；三是坚持深化改革与加快发展相结合；四是坚持以人为本与依法治校相结合。

2. 中南民族大学

中南民族大学“十三五”规划的指导思想是：以习近平总书记系列重要讲话精神和党的十八大及十八届历次全会精神为指导，以“四个全面”战略布局和“创新、协调、绿色、开放、共享”发展理念为统领，认真贯彻落实中央民族工作会议和全国民族教育工作会议精神，坚持党的领导，坚持社会主义办学方向，坚持立德树人、思想引领，坚持问题导向、创新驱动，坚持“质量立校、学科兴校、人才强校、特色荣校”发展战略，坚持面向地方，面向少数民族和民族地区，面向全国，为地方发展服务，为党和国家的民族工作服务，为国家战略需求服务的办学宗旨，努力建设特色鲜明、人民更加满意的高水平民族大学。

中南民族大学“十三五”期间的发展思路可以概括为“围绕一个中心、突出两大重点、实现三大提升、深化四项改革、促进五个转变”。即：围绕质量这一中心提高办学实力和比较优势，突出学科建设和人才队伍建设两大重点，实现育人质量、科研水平和社会服务能力三大提升，深化内部管理、教育教学、人事分配和后勤保障四项改革，促进从规模扩张、要素驱动、有限协作、传统管理、均衡性扶“平”向质量提升、创新驱动、开放协同、现代治理、差别化扶“优”五个转变。

3. 云南民族大学

云南民族大学“十三五”规划的指导思想是：高举中国特色社会主义伟大旗帜，以马克思列宁主义、毛泽东思想、邓小平理论、“三个代表”重要思想、科学发展观为指导，坚持社会主义办学方针，坚持“四个全面”的战略布局，全面贯彻创新、协调、绿色、开放、共享的理念，以主动融入国家战略为中心，以提升人才支持和智力支撑的社会服务能力为重点，以“民族性、边疆性、国际性”为办学特色，更加注重内涵发展、特色发展、体制创新和需求导向的发展方向，进一步深化改革，努力推动高水平民族大学、民族团结进步和校风教风学风示范校建设取得重大突破，实现科学发展、和谐发展、跨越发展，建成绿色、开放、和谐、幸福民大。

云南民族大学“十三五”期间办学的基本原则是“六个坚持”：一是坚持内涵发展，增强学校综合实力；二是坚持特色发展，提升学校核心竞争力；三是坚持创新发展，激发学校办学新活力；四是坚持共建发展，提升学校社会贡献力；五是坚持和谐发展，增强学校发展凝聚力；六是坚持开放发展，提高学校国际影响力。

4. 西南民族大学

西南民族大学“十三五”规划的指导思想是：高举中国特色社会主义伟大旗帜，以马克思列宁主义、毛泽东思想、邓小平理论、“三个代表”重要思想、科学发展观为指导，深入贯彻习近平总书记系列重要讲话精神，围绕“五位一体”总体布局、“四个全面”战略布局和五大发展理念，准确把握党的教育方针和民族政策，按照《国家中长期教育改革和发展规划纲要（2010—2020年）》等精神，以《西南民族大学章程》为遵循，坚持正确的办学方向，坚持以立德树人为根本，以提升内涵为主线，以学科建设为龙头，以人才队伍建设为核心，以科学研究为重点，以服务社会为着力点，以优化办学条件为保障，进一步提高人才培养质量，提高办学水平和效益，努力为国家经济社会和少数民族、民族地区的发展做出更大的贡献，为把学校建设成为有特色、高水平大学奠定扎实的基础。

西南民族大学“十三五”期间的基本原则主要有四个方面：一是学科引领，质量为先；二是综合改革，统筹推进；三是重视评估，打造品牌；四是坚持稳定，主动创新。

5. 广西民族大学

广西民族大学“十三五”规划的指导思想是：高举中国特色社会主义伟大旗帜，以邓小平理论、“三个代表”重要思想、科学发展观为指导，认真落实党的十八大和十八届三中、四中、五中全会精神，深入贯彻习近平总书记系列重要讲话精神，按照“四个全面”战略布局和党中央、国务院决策部署，以及自治区党委、政府的要求，深入推进高水平民族大学建设，为国家战略和广西经济社会发展服务。

广西民族大学“十三五”期间办学坚持的基本原则有五个方面：一是坚持以建设国内高水平大学为目标；二是坚持育人为本；三是坚持特色引领；四是坚持提升品牌；五是坚持以绩效为杠杆。

6. 西北民族大学

西北民族大学“十三五”期间的发展指导思想是：高举中国特色社会主义伟大旗帜，深入贯彻习近平总书记系列重要讲话精神和党的十八大和十八届三中、四中、五中全会精神，坚持社会主义办学方向，全面贯彻党的教育方针；紧紧围绕“四个全面”战略布局，认真贯彻落实中央民族工作会议、第六次全国民族教育工作会议以及国家关于深化教育领域综合改革、加快发展民族教育的总体部署；以“创新、协调、绿色、开放、共享”的发展理念为指引，以实现中华民族伟大复兴的中国梦为坚定信念，坚持“立足西北、服务民族”的办学宗旨，遵循“以人为本、助人成功”的办学理念，围绕立德树人根本任务，全面实施素质教育，着力培养德智体美全面发展的社会主义建设者、接班人和民族团结进步的引领者；全面加强党的建设，全面推进依法治校，全面深化综合改革，全面提高人才培养质量，办特色鲜明的、人民满意的高水平民族大学。

西北民族大学“十三五”期间的发展思路概括为：一是遵循教育规律，把握发展机遇，提升办学水平；二是坚持内涵发展，深化综合改革，提升育人质量；三是突出“四个地位”，实施“四大战略”，实现新的跨越。

二、总体目标与具体目标

1. “十三五”建设总体目标

中央民族大学的目标是：到2020年，学校综合实力明显提升，“一流大学”的特征更加凸显；特色学科进入一流，学科特色进一步彰显；人才培养质量和科研创新、服务社会、国际化办学能力和水平显著提高；教职工队伍建设取得显著成效；现代大学制度体系基本成型；办学条件明显改善；学校的国际影响力进一步扩大。

中南民族大学的目标是：到 2020 年，学校整体实力居湖北省高校前列，深入推进由教学型大学向教学研究型大学的转变，引进和培养一批一流师资，人才培养能力增强，科研水平与科研成果转化能力提升，文化传承与创新得到较好体现，国际化办学能力得到提高，服务社会能力和影响力明显增强，服务湖北经济社会发展贡献突出，国内一流大学特征初步彰显。

云南民族大学的目标是：到 2020 年，建成国内有特色的高水平大学。实现人才培养、科学研究、社会服务和文化传承创新四位一体，内涵式发展，推动一批学科进入国内一流，建成在中国和东南亚有重要影响的高水平民族大学，在支撑“一带一路”建设、服务区域经济社会发展、弘扬优秀民族传统文化、维护民族团结、培育和践行社会主义核心价值观等方面发挥重大作用。

西南民族大学的目标是：“十三五”期间，学校将向“有特色、高水平大学”的总目标进一步迈进，实现更高水平的发展。

广西民族大学的目标是：①中长期发展愿景是到2032年建校80周年时学校成为国内一流大学；②2020年目标是成为国内有特色的高水平大学。

西北民族大学的目标是：“十三五”期间，将学校逐步建设成为学科特色更加鲜明、管理体制更加先进、师资队伍更加精良、办学条件更加完善的高水平民族大学，成为在国家和西北民族地区经济社会发展中具有重要地位和重大影响力的“六大基地”。

2. “十三五”建设具体目标

6所高水平民族大学在“十三五”期间在办学规模、师资队伍建设、学科专业建设、科学研究建设、社会服务建设方面的具体目标分别如表5-1至表5-5所示。

表5-1　6所高水平民族大学“十三五”期间办学规模目标

学校名称	办学规模目标
中央民族大学	在校全日制本科生保持在13 000人左右，在校研究生规模争取达到4 500人左右，留学生规模达到2 000人左右
中南民族大学	本科生稳定在25 000人左右，研究生3 500人左右，预科生稳定在500人左右，国际留学生达到300人，全日制在校生30 000人左右
云南民族大学	全日制在校生人数保持在36350人以内，其中本专科生（预科生）29000人，研究生3350人，留学生4000人左右（含东盟基地培训人员3300人），研究生与本科生比例接近20%
西南民族大学	在校本科生规模约30 000人，研究生规模约4 000人，预科生规模约1 000人；“十三五”期间，留学生约3 000人次，继续教育约4 000人次，干部培训约8 000人次
广西民族大学	全日制在校生规模达到29 000人左右，其中，博士研究生200人，硕士研究生3 000人，本科生20 000人，预科生3 000人，专科生900人，留学生2 000人
西北民族大学	在校本科生规模26 300人左右，预科生400人左右；在校研究生规模2 100人左右，其中，硕士研究生2 000人左右，博士研究生100人左右；留学生规模100人左右；继续教育和职业教育学生当量数保持在2 000人左右；少数民族学生比例保持在65%左右

表5-2　6所高水平民族大学“十三五”期间师资队伍建设目标

学校名称	师资队伍建设目标
中央民族大学	形成以领军人才、杰出人才、优秀人才、优秀青年人才为骨干的结构合理的高水平师资队伍。培育引进“长江学者”“千人计划”“杰青”高层次人才10人左右；专任教师中具有博士学位的比例达到80%左右，有海外留（访）学经历的教师比例达到50%左右
中南民族大学	全校在编教职工总数稳定在主管部门核定的数目范围内。聘用兼职教师的比例达到教师总数的20%；在院士、“长江学者”等高层次人才上取得突破；引进、遴选5—8名知名教授；遴选、培育20支左右青年学者创新团队；力争国家级教学名师取得突破。统筹推进“三支队伍”建设，努力建成专兼结合、以专为主、有序竞争、合理流动、充满活力的人才队伍
云南民族大学	引进和培育更多优秀教学科研创新团队；吸引和造就一批学术造诣深、具有国际国内领先水平的学科领军人才，培养和引进一批基础扎实、能力突出的学术拔尖人才；储备和培育一批具有发展潜力的青年后备人才；进入省部级及以上高层次人才人选总量不低于专任教师的10%。全面提升师资队伍创新能力和育人水平，打造德高望重、结构优化、实力雄厚的高水平师资队伍
西南民族大学	专任教师比例达45%；高级职称比例达45%；45岁及以下专任教师中具有1年以上海外学习或工作经历的比例达20%；专职实验技术人员中高级职称比例提至25%及以上；校级及以上重点实验室人员研究生学历比例提至85%及以上；图情档案资料人员本科以上学历者比例提至80%。重点在畜牧学、兽医学、化学和药学等领域引进兼职院士1—2人；培养和引进“长江学者”、“杰青”、国家级教学名师等2—3人；培养和引进青年“长江学者”、青年“千人计划”、国家优秀青年科学基金获得者、“万人计划”青年拔尖人才等优秀青年高层次人才5人以上；力争实现国家千人计划、国家级学科团队零的突破

续表

学校名称	师资队伍建设目标
广西民族大学	培养和造就一支结构合理的教学和管理队伍。具有博士学位教师达到 400 人，教授 250 人，45 岁以下有留学经历的教师比例达到 30%以上，力争 2 个国家级创新团队、6 个自治区创新团队，新增获得国家级人才荣誉称号 6 人左右
西北民族大学	专任教师总数达到 1 500 人左右，生师比力争达到 18∶1。专任教师中硕士学位以上达 85%以上，博士学位达 30%左右，外缘关系达到 85%以上。争取教师入选甘肃省领军人才 4—6 人，国家民委领军人才 6—8 人、中青年英才 10 人，省级教学名师 2—3 人。每年立项校级教学团队 10 个，新增省部级教学团队 4—5 个、国家民委创新团队 2 个。争取在"海外高层次人才引进计划""百千万人才工程""两院院士""长江学者""杰青"等国家级人才项目上有所突破

表 5-3　6 所高水平民族大学"十三五"期间学科专业建设目标

学校名称	学科专业建设目标
中央民族大学	学科实力显著增强。各一级学科在全国的排名位次整体前移，其中，民族学确保排名第一，社会学和中国语言文学继续保持国内领先地位。一级学科博士学位授权点数量进一步增加，学科专业布局进一步优化
中南民族大学	打造 1—2 个国内一流学科（群）；4—6 个优势学科在全国排名进入前 20%，5—8 个重点学科在全国排名进入前 30%。把民族学建设成为国内一流水平、国际有一定影响的学科，学科排名位次进入国内前 3。理工科 2—3 个学科进入 ESI 全球前 1%。力争 4 个立项建设学科获批博士学位授权点。一级学科博士学位授权点达到 5 个。硕士学位授权一级学科增加 10 个，达到 28 个。专业博士学位授权点达到 2—3 个，专业硕士学位授权点增加达到 20 个以上，满足社会对应用型人才的需求。建立以需求为导向、质量为核心的专业动态调整机制，"关、停、并、转"一批不适应社会发展需求的专业，增设 10 个左右新专业，提高理工类、应用型专业比例，专业总数控制在 85 个左右
云南民族大学	形成民族学、社会学等优势学科群，力争 1—2 个学科达到国内领先水平；通过重点建设和专项培育，新增 3—5 个博士点学位授权学科，3—5 个特色学科，3—5 个新兴学科，形成优势凸显、特色鲜明、结构优化的学科体系。力争 2—3 个本科专业通过国家权威机构专业认证，建成 2—3 门高质量的精品课程，编撰 5—10 部高质量的规划教材，完善拔尖创新人才培养体系；加强研究生创新能力培养；就业、创业质量不断提升，就业率稳中求升、创业率不断增加
西南民族大学	力争有 2—3 个学科成为国内一流、国际有影响的学科，有 5—7 个学科成为区域一流、国内知名的学科，有若干学科成为区域知名、省内一流的学科；力争新增一级学科博士点 2—3 个，一级学科硕士点 6—8 个，研究生专业学位硕士类别 6—10 个（专业领域 10—15 个）。根据国家经济社会发展需要，实施动态调整学科专业；参照国内一流大学标准，建设 10—15 个高水平本科专业，建成双学位专业 30 个以上；加强优势特色交叉专业建设，建设少数民族语言文学 + 法律、少数民族文化产业管理、数学 + 金融、数字媒体技术等交叉专业
广西民族大学	加强学科建设的顶层设计，建设和培育一批一流学科，带动学科整体竞争力提升。重点建设培育 5 个左右国内一流学科、20 个左右高水平学科，形成 4 个左右学科群。新增一批一级学科授权点
西北民族大学	重点支持中国语言文学、民族学、计算机科学与技术、兽医学等优势学科（研究方向）达到国内一流水平或进入教育部学科评估排名前 10%。大力发展整体实力或可比指标达到国内前 30%—60%（部分学科方向达到国内前 20%水平）的学科，使其排名呈现不断上升趋势。在政策允许的条件下，新增一级学科博士学位授权点 2—4 个，专业学位博士授权点 1 个，一级学科硕士学位授权点 3—8 个。建设校级特色专业 8—10 个，省级特色专业 5—6 个。在保持现有专业数量基本稳定的基础上，根据社会经济发展和职业岗位要求，增设新专业 5 个左右。"十三五"末，本科专业数保持在 75 个以上

表 5-4　6 所高水平民族大学"十三五"期间科学研究建设目标

学校名称	科学研究建设目标
中央民族大学	重点建设一批不同层次的高水平科研平台，高水平学术论文数、国家级科研项目数、科研经费总额和国家级科研奖项数实现翻番，承担国家重大科研项目和在国际顶级期刊发表论文数实现新突破
中南民族大学	①力争承担国家级科研项目 400 项左右，其中国家重大、重点和攻关项目 20 项；年均科研经费总量突破亿元。②权威期刊论文发表量稳中有升，科研评价实现从量到质的转变。自然科学力争在《科学》或《自然》发表学术论文，被 SCI、EI 收录论文各 1 200 篇以上。人文社会科学在权威期刊发表论文 120 篇以上，CSSCI 收录论文 2 000 篇以上，出版有影响的学术专著 500 部以上。③获省部级奖项 200 项以上，争取在国家科学技术奖、教育部高等学校科学研究优秀成果奖（人文社会科学）一等奖等重要奖项方面实现突破。④建成 1—3 个国际合作研究平台，建立 3—5 个各具特色的专业数据库；国家重点实验室（培育基地）、国家级"2011 协同创新中心"、教育部人文社会科学重点研究基地实现突破；力争打造 1—2 个"教育部创新团队"，2 个湖北省创新群体。⑤争取一批具有自主知识产权的科技成果实现有效转化；完成一批高质量调研成果，为国家和地方制定经济社会发展政策提供参考
云南民族大学	学术创新体系进一步完善，产出更多具有较大影响的原创性成果，国家科技奖、高等学校科学研究优秀成果奖等数量明显增长，社会成果转化率不断上升
西南民族大学	争取实现国家级科研平台零的突破；省部级研究基地（中心或重点实验室）达到 15—18 个，新型特色智库 3—5 个；培育能够承担国家重大人文社科项目和国家重大科技项目的科研团队 6—8 个；培育能够承担省部级重大人文社科项目和重大科技项目的科研团队 10—12 个。争取国家级（人文社科与自然科学两大领域）科研项目立项总数达到 220—260 项，省部级（人文社科和自然科学两大领域）科研项目立项总数达到 630—680 项，科研经费总额达到 3 亿—3.5 亿元。发表论文达到 7 800—8 000 篇，在核心刊物发表 4 000 篇以上，其中，在 ESI 收录论文数、被引频次、论文被引百分比、高被引论文等指标有较大提升，自然科学论文 15%被 SCI、EI 等国际自然科学期刊论文检索系统收录，人文社科论文被 SSCI 等转载和他引次数明显提高。出版学术著作达到 350—400 部，其中 A 类出版达 150—200 部。争取实现国家级科研成果奖励零的突破，省部级科研成果奖励达到 120—160 项。成果转化率较"十二五"有明显提高
广西民族大学	①显著提升现有省部级重点实验室、协同创新中心的创新能力，建成 1 个国家级科研平台，1 个中外合作研究机构，3 个左右政企合作的高技术研究院，国家级科研项目数量和经费总额实现翻番，发明专利申请和授权数量实现翻番，省部级获奖数量实现翻两番，获省部级科技奖一等奖 2 项以上，成为广西区域创新体系的重要力量。②人文社会科学领域积极参与国家和区域发展战略研究，力争获得国内领先水平的标志性成果，获得国家级二等奖 2 项以上，获省部级成果奖 200 项，省部级二等奖以上数量翻番；在新型智库建设方面取得突破，力争新增 1 个国家级、2 个自治区级智库
西北民族大学	各类科研项目数量逐年递增，层次不断提高，力争主持人文社科类重大招标项目、国家科技重大专项和国家重点研发计划等 4—5 项，科研累计经费达到 1.2 亿元左右。围绕民族地区的政治、经济、社会、文化、生态发展等问题开展跟踪调研长期课题 10—20 项、短期课题 40—50 项。力争在国家级科研平台上实现零的突破。新增国家民委创新团队或甘肃省创新群体 1—2 个；新增省部级重点研究基地 4—6 个，其中，省级重点实验室（或培育基地）和工程技术研究中心 2—3 个，省级人文社会科学重点研究基地 2—3 个；面向西部地区行业产业共性问题和区域发展的重大现实问题，新增省级协同创新中心 1—2 个；力争建设特色鲜明的哲学社会科学智库 1—2 个。发表高水平学术论文年均增长 10%左右，出版高质量学术著作 100 部以上。申请国家专利 300 项，其中发明专利申请量和授权量增长 10%以上。争取获国家级科研奖励 1—2 项，省部级科学技术奖 5—6 项，省部级社会科学优秀成果奖 10—15 项，"全国民族工作优秀调研报告"15 项

表 5-5 6 所高水平民族大学“十三五”期间社会服务建设目标

学校名称	社会服务建设目标
中央民族大学	打造一批校院两级高水平智库，提供一批高水平研究报告、咨询报告，科研成果转化率明显提升，建设一批产政学研用协同创新基地
中南民族大学	①立足学校自身特色优势，围绕国家重大战略需求、民族地区与地方经济社会发展、民族文化传承与保护、中华民族共同体意识培养等方面的重大理论和现实问题，集中力量协同攻关，产出有重要社会价值的高质量成果。②发挥优势，整合资源，协同创新。建成少数民族地区经济社会发展综合数据库；力争建成 1 个以上中国特色新型高校智库；重视和建设好中国城市民族与宗教事务治理研究中心，力争将其建成全国研究城市民族宗教事务治理最有成效和特色的人才库、智囊库和资料库。③围绕“全面建成小康社会”战略布局，着眼少数民族地区，充分调动人力、财力、物力，积极参与武陵山片区区域发展与扶贫攻坚、精准扶贫等工作。④大力开展创新创业教育，积极培育创新文化，探索构建政产学研用一体化协同创新的体制机制，推进专业链和服务链、产业链和人才链的有效对接，切实服务“大众创业、万众创新”国家战略。⑤重视和做好继续教育，“十三五”期间，面向全国举办各类培训班 70 期以上，培训基层民族干部、专业技术人员和教职人员等 4 500 人次以上；为武陵山片区培训基层民族干部 600 人以上；力争开展职业技能培训项目达到 10 个以上，使 1 000 人次接受职业技能鉴定和培训服务
云南民族大学	社会服务取得重大进展。构建完善高效的开放合作体系，加快成果转化，服务社会的领域进一步拓展、能力进一步增强、水平进一步提高，在服务国家战略和区域经济社会发展方面取得重要进展，贡献度大幅提升
西南民族大学	充分发挥学科综合和人才集聚的优势，进一步创新社会服务的方式方法，大力拓展社会服务的领域，增强服务国家和社会的能力。到“十三五”末，围绕国家精准扶贫战略，继续做好武陵山片区扶贫攻坚和对口帮扶红原县、若尔盖县的工作任务，进一步加大与地方特别是少数民族地区和边远山区的合作和联系，深入拓展服务的领域和范围。依托两个 2011 协同创新中心，发挥智库决策咨询作用，为青藏高原生态畜牧业发展和藏羌彝走廊民族问题与社会治理提供有力的人才支撑和智力支持。健全政产学研用协同创新体系，深入推进政产学研用合作项目。充分发挥四川省干部教育培训高校基地的作用，与四川省政府共建四川民族干部学院，大力开展民族干部培训工作，服务民族地区经济社会发展
广西民族大学	维护与传承华南、西南等民族聚居区内世居民族优秀传统文化。积极参与国家和区域发展战略研究，为国家和地区经济与社会发展决策咨询服务，在新型智库建设方面取得突破。稳步发展学历继续教育，大力发展非学历继续教育；大力推进与政府部门、科研院所、企业等相关组织联合开展继续教育，做好各类培训；继续办好越南 165 项目培训班
西北民族大学	充分发挥学校智力和科研优势，建立民族政策与民族问题研究智库，积极推动民族地区经济社会发展。加强协同创新和科技成果转化，力争科技成果实现有效转化 30—40 项，成果转化率达到 20%—30%；加强哲学社会科学研究，产生民族地区优秀调研成果 20—30 项

三、发展规划的对比评析

纵观 6 所民族院校的发展规划文本，结构整齐，内容全面，结合了各院校的办学传统、资源禀赋、发展定位，体现了各院校在践行宗旨、质量提升、特色发展等方面的执着坚守与不懈探索。综合来看，6 所民族院校的发展规划文本具有以下特点。

1. 总体彰显民族特色，但个性化发展依然不够充分

大部分民族院校都在发展指导思想和建设目标中体现了民族教育特色。例如，中央民族大学的双一流建设方案从五个方面规划了学校“双一流建设”的总目标、总路线和时间表，明确了以民族学一级学科建设为引领的实现“双一流”建设总目标的三步走战略。[1]中南民族大学在《“国内一流大学建设高校”建设方案》中明确提出，要践行为少数民族和民族地区服务，为党和国家的民族工作服务，为国家战略需求服务的办学宗旨，秉承立德树人核心使命，树立人才培养中心地位，铸牢中华民族共同体意识，坚持走特色化、开放型、内涵式发展道路，坚定“特色鲜明、国内一流、国际知名”的建设目标，使学校成为民族高等教育的一面旗帜。云南民族大学在本校“十三五”规划中提出，要以“民族性、边疆性、国际性”为特色，更加注重“内涵发展、特色发展、体制创新和需求导向”，在“高水平民族大学、民族团结进步和校风教风学风示范校建设”取得重大突破。西南民族大学在本校“十三五”规划的发展指导思想中提出，要准确把握党的教育方针和民族政策，努力为国家经济社会和少数民族、民族地区的发展做出更大的贡献，为把学校建设成为有特色、高水平大学奠定扎实的基础。广西民族大学在本校“十三五”规划中提出，要深入推进高水平民族大学建设，为国家战略和广西经济社会发展服务。西北民族大学在本校“十三五”规划提出，要以实现中华民族伟大复兴的中国梦为坚定信念，坚持“立足西北、服务民族”的办学宗旨，遵循“以人为本、助人成功”的办学理念，围绕立德树人根本任务，全面实施素质教育，着力培养德智体美全面发展的社会主义建设者、接班人和民族团结进步的引领者。

具体如何彰显民族教育特色，各院校着眼点稍有不同。有的院校聚焦于学科专业建设。例如，中央民族大学“双一流”建设总目标的“三步走”战略提出：①到 2020 年，民族学一级学科继续保持全国第一，在

---

[1] 中央民族大学印发实施《一流大学和一流学科建设方案》[EB/OL].（2017-10-20）. http://www.sohu.com/a/199118636_543955.

全国形成绝对优势，在国际上产生重大影响；民族+学科全面提升；民族学相关学科位置前移；民族学支撑学科有所进步。②到2030年，民族学一级学科继续保持国内第一，进入世界前列，发挥引领和示范作用，成为全国人才培养、科学研究、资料数据中心和国家民族问题的思想库和智囊团；民族+学科进入国内前列；民族学相关学科位置前移。③到21世纪中叶（2050年），民族学一级学科的国际一流学科地位进一步巩固和彰显，示范和主导民族学研究的国际话语权；民族+学科进入国际前列；民族学相关学科进入国内前列。[1]中南民族大学提出把民族学建设成为国内一流水平、国际有一定影响的学科，学科排名位次进入国内前3；云南民族大学提出形成民族学、社会学等优势学科群，力争1—2个学科达到国内领先水平；西南民族大学提出加强优势特色交叉专业建设，建设少数民族语言文学+法律、少数民族文化产业管理、数学+金融、数字媒体技术等交叉专业；广西民族大学提出民族学学科群成为中国西南地区最具有创新活力和影响力的教学、科研重镇之一，通过东盟学学科群培育若干个具有较强研究能力和竞争力的创新群体，发挥其在广西乃至全国的引领作用；西北民族大学提出不断调整和提升传统专业，扩大专业的适应面，使传统专业产生新的增长点，打造服务国家战略和民族区域特点的优势专业。

有的院校侧重通过社会服务彰显民族教育特色。例如，中南民族大学提出，立足学校自身特色优势，围绕国家重大战略需求、民族地区与地方经济社会发展、民族文化传承与保护、中华民族共同体意识培养等方面的重大理论和现实问题，集中力量协同攻关，产出有重要社会价值的高质量成果；围绕“全面建成小康社会”战略布局，着眼少数民族地区，充分调动人力、财力、物力，积极参与武陵山片区区域发展与扶贫攻坚、精准扶贫等工作。西南民族大学提出，围绕国家精准扶贫战略，继续做好武陵山片区扶贫攻坚和对口帮扶红原县、若尔盖县的工作任务，进一步加大与地方特别是少数民族地区和边远山区的合作和联系，深入

[1] 中央民族大学印发实施《一流大学和一流学科建设方案》[EB/OL].（2017-10-20）. http://www.sohu.com/a/199118636_543955.

拓展服务的领域和范围；依托两个 2011 协同创新中心，发挥智库决策咨询作用，为青藏高原生态畜牧业发展和藏羌彝走廊民族问题与社会治理提供有力的人才支撑和智力支持；健全政产学研用协同创新体系，深入推进政产学研用合作项目；充分发挥四川省干部教育培训高校基地的作用，与四川省政府共建四川民族干部学院，大力开展民族干部培训工作，服务民族地区经济社会发展。

部分院校着眼于在人才培养上彰显特色，对在校少数民族学生的比例给予了重点关注。例如，北方民族大学明确提出，在“十三五”期间少数民族学生比例保持在 65%左右。

总之，大部分民族院校在规划文本中体现了民族教育的特色，强调从学科专业、社会服务等角度切入，以特色学科和优势学科建设为重点，带动相关学科建设提质进位；以服务少数民族和民族地区经济社会发展、民族团结进步事业创新发展、国家重大战略需求为导向，提升内涵建设水平，但在规划的详略程度上仍有明显差异。

2. 文本布局结构规范，但存在一定程度同质化倾向

6 所民族院校的规划文本基本围绕“发展基础、发展形势、指导思想、发展目标、主要任务和保障措施”六个方面展开。其中，对于发展基础、发展目标、主要任务和保障措施等方面的表述，主要按照高等学校的基本职能依次展开。在“十三五”规划中，各民族院校普遍重视学科专业、师资队伍、内部治理等方面的建设，这既与国家宏观政策导向相吻合，又与当前高等教育竞争态势相适应，有利于民族院校在高等教育创新发展的时代大潮中因势而新，顺势而为，趁势而上。

6 所高校文本布局结构规范，呈现顺序也大同小异。西南民族大学在本校“十三五”规划中提出了学校发展的“1258”战略布局，即聚焦一个目标、抓住两个关键、深化五项发展、实施八大工程，对学校发展思路进行了归纳阐释；在主要任务和举措部分，罗列了学校“十三五”期间的八大重点工程，每项重点工程下又细分为若干建设计划，条理清晰，富有新意，便于操作。仔细比较 6 所民族院校的“十三五”规划文本，其在学校具体建设内容上还存在一定的同质化倾向，突出个性化、

特色化发展稍显不足。

3. 保障监督机制完整，但可操作性有待进一步增强

学校事业发展规划只是学校某个时期较为宏观的一个顶层设计而已，其推进实施需要学校上下齐心协力。因此，必须将规划中的各项任务指标分解到具体单位和部门，并适时进行工作考核与绩效评估。6 所民族院校都提出了保障措施，但相关内容大而化之，各项任务指标完成的时间表、路线图、责任制模糊不清，难以操作，无法考核。文本的制定只是学校发展的愿景描绘，狠抓落实、达成目标，才是规划制定的真正目的。

第六章 高水平民族大学的评价体系

大学的评价与大学的诞生如影随形、向来就有，只不过是形式和内涵与当今时代不尽相同而已。大学评价的含义十分广泛，“教育督察、专业评估、学科评估、特色评价、质量认证等都属于广义的大学评价，甚至大学分类也在某种程度上属于大学评价。在现代社会，大学必须接受评价，也承受得起评价”[1]。大学评价的意义极其重要，《统筹推进世界一流大学和一流学科建设总体方案》提出要“建立健全绩效评价机制，积极采用第三方评价，提高科学性和公信度”[2]。《统筹推进世界一流大学和一流学科建设实施办法（暂行）》对于大学建设中期和建设末期的评价问题也提出了具体要求。[3]但无论对大学如何评价，“关键的是必须理解并尊重大学办学的特殊规律，理解并尊重大学学者探求真理的艰苦性与长期性，理解大学评价自身的局限性”[4]。梳理和借鉴国内外高水平大学评价体系，构建符合中国国情和民族大学实际的评价体系，对于推动民族大学进一步提高办学水平，提升办

---

[1] 郭伟，张男星. 怎样认识和理解大学评价？——访中国民主同盟中央专职副主席徐辉教授[J]. 大学（研究版），2019（1）：4-9.

[2] 国务院. 国务院关于印发统筹推进世界一流大学和一流学科建设总体方案的通知[Z]. 2015-10-24.

[3] 教育部，财政部，国家发展改革委. 教育部 财政部 国家发展改革委关于印发《统筹推进世界一流大学和一流学科建设实施办法（暂行）》的通知[Z]. 2017-01-24.

[4] 郭伟，张男星. 怎样认识和理解大学评价？——访中国民主同盟中央专职副主席徐辉教授[J]. 大学（研究版），2019（1）：4-9.

学绩效，促进良性发展，发挥独特功能具有十分重要的现实意义和深远的历史意义。

第一节　世界高水平大学评价体系简要述评

梳理世界高水平大学评价体系，可从世界大学排名视角加以分析。从评价指标体系来看，ARWU 世界大学学术排名、THE 世界大学排名、QS 世界大学排名和 U.S. News 全球最好大学排名为目前比较公认的第三方大学和学科评价指标体系。[1]对这四大排名体系的指标及其特点的比较分析，能够为我国世界一流大学和高水平民族大学评价体系的构建提供有益的借鉴。

一、THE 世界大学排名指标体系

该排名指标体系由 THE 发布，旨在评价全球研究型大学的核心任务（科研、教学、知识转化和国际视野），它的评价对象排除了那些不培养本科生和论文产出量低于 1 000 篇（2012—2016 年）的大学。THE 世界大学排名的评价体系由 5 个一级指标和 13 个二级指标构成，这 5 个一级指标及其权重见表 6-1。此外，THE 的学科排名与其大学排名的指标体系区别不大，分为理科、工科、生命、医科、社科 5 大类，共 52 个学科，多数学科的教学、科研、被引次数三项各占 30%左右。THE 世界大学排名的总体特点是评价指标分类较细，综合性强，看重师均收入和科研收入。

[1] 施艳萍，袁曦临，宋歌. 基于 ARWU 的世界大学排名体系比较及实证研究[J]. 图书情报工作，2017（15）：95-103.

表 6-1 THE 世界大学排名指标体系及其权重

一级指标	二级指标	权重/%
教学 （学习环境）	声誉调查（数据通过调查问卷获得） 师生比 博士学士比 师均博士学位授予数 师均收入（以购买力衡量来评估收入）	15 4.5 2.25 6 2.25
科研 （体量、收入与声誉）	声誉调查 师均科研收入 师均科研论文产出（数据来自爱思维尔 Scopus 数据库）	18 6 6
被引次数 （研究影响力）	研究影响力	30
国际视野 （员工、学生和研究）	国际国内学生比 国际国内教师比 含国际合作者的论文比（与被引次数比较口径一致）	2.5 2.5 2.5
产业收入 （知识转化）	师均来自产业的科研收入	2.50

资料来源：The World University Ranking. World University Rankings 2018 Methodology [EB/OL]. (2017-08-29). https://www.timeshighereducation.com/world-university-rankings/methodology-world-university -rankings-2018.

二、U.S. News 全球最好大学排名指标体系

该排名指标体系由 U.S. News 推出，其评价主要基于两项原则：一是根据专家确定的衡量学术质量的定量指标；二是根据专家作为局外人对有关教育质量的认识。其排名的评价指标由全球研究声誉、区域研究声誉、学术论文发表、专著、学术会议、标准化引用影响力、总被引次数、前 10%高被引文献、前 10%高被引文献占比、国际合作、前 1%高被引论文数量、前 1%高被引论文占比（5%）等指标构成（表 6-2）。该指标体系的学科排名与其大学排名基本类似，少了前 1%高被引论文数量、论文总量和前 1%高被引论文之比 2 个指标。总体来看，该评价指标分类较细，科学研究在评价中占绝对主导地位。

表 6-2 U.S. News 全球最好大学排名指标体系及其权重

评价指标	权重/%	备注
全球研究声誉	12.5	
区域研究声誉	12.5	

续表

评价指标	权重/%	备注
学术论文发表	10	
专著	2.5	
学术会议	2.5	
标准化引用影响力	10	综合考虑了研究领域、发表年份、发表类型等因素
总被引次数	7.5	科睿唯安 Web of Science
前 10%高被引文献	12.5	科睿唯安 Web of Science
前 10%高被引文献占比	10	
国际合作	10	在给定时期内，国际合作发表论文占院校总发文的比率
前 1%高被引论文数量	5	科睿唯安 Web of Science
前 1%高被引论文占比	5	科睿唯安 Web of Science

资料来源：Robert M, Alexis K. How U.S. News Calculated the Best Global Universities Rankings [EB/OL]. (2017-10-23). https:// www.U.S.News.com/education/best-global-niversities/articles/methodology.

三、ARWU 世界大学学术排名指标体系

ARWU 世界大学学术排名指标体系是由上海交通大学高等教育研究所率先研发和使用的国内大学排名体系，目前由上海软科教育信息咨询有限公司发布。它由 4 个一级指标构成，其中，教育质量和人均绩效 2 个指标的权重均为 10%，教师素质和研究成果两个指标权重均为 40%（表 6-3）。教师素质下设 2 个二级指标：获诺贝尔奖和菲尔兹奖的教师折合数（20%）和高被引学者数（20%）；研究成果下设 2 个二级指标：《自然》《科学》近 5 年的发文数（20%），近 5 年被 SCI 和 SSCI（Social Sciences Citation Index，社会科学引文索引）收录论文数（20%）。

表 6-3 ARWU 世界大学学术排名指标体系及其权重

评价指标		权重/%	备注
教育质量	获诺贝尔奖和菲尔兹奖的校友的折合数	10	校友：在该校获得学士、硕士或博士学位。折合方法：2001 年以后获得学位者折合权重 100%，2001 年以前，每十年权重值减去 10%
教师素质	获诺贝尔奖和菲尔兹奖的教师的折合数	20	获奖时需在该学校工作，折合方法同上；若某学者同时任职于多所学校，则每一个学校得分为任职学校数之倒数
	高被引学者数	20	数据来自科睿唯安

续表

评价指标		权重/%	备注
研究成果	《自然》《科学》发文折合数	20	只使用近5年数据
	被 SCI 和 SSCI 收录的论文数	20	
人均绩效	师均学术水平	10	上述5项得分之和除以学校的全职教师总数

资料来源：Academic Ranking of University.Academic Ranking of World Universities 2017[EB/OL]. (2017-10-23). http://www. Shanghairanking.com/ARWU-Methodology-2017.Html.

ARWU 世界大学学术排名全部基于客观数据，目前不涉及主观性指标。据报道，未来会增加主观性指标（诸如面向包括世界百强大学的院长、系主任和团队负责人等的学科专家开展“学术卓越调查”等）。该学科排名与其大学的学术排名指标体系差异较大，其世界一流学科排名的指标体系主要由论文总数、论文标准化影响力、国际论文合作比例、顶尖期刊论文数、教师获权威奖项数 5 个指标的客观数据构成，且均为科研数据，排名门槛也较高。

四、QS 世界大学排名指标体系

QS 世界大学排名由 QS 公司发布，它用 6 个指标来反映大学的整体表现，其中学术领域同行评价所占权重最大（40%），其次为师生比和师均被引各占 20%，全球雇主评价占 10%，国际学生比例和国际教师比例各占 5%（表 6-4）。可见，QS 世界大学排名比较重视主观性指标，其权重至少占整个指标体系的 50%。QS 学科排名评价的学科对象分为人文、工程技术、生命科学和药学、自然科学、社会科学与管理 5 大类，囊括 46 个学科，评价指标由学术声誉、雇主声誉、篇均引用、H 指数 4 个指标构成，与其大学排名的指标体系差异较大。多数学科的前两项（主观评价）之和超过 60%。

表 6-4 QS 世界大学排名指标体系及其权重

评价指标	权重/%	备注
学术领域同行评价	40	数据通过问卷调查获得
全球雇主评价	10	数据通过问卷调查获得

续表

评价指标	权重/%	备注
教师学生比	20	
师均被引	20	数据来自爱思维尔 Scopus 数据库
国际学生比例	5	
国际教师比例	5	

资料来源：Quacquareli Symonds. QS World University Rankings[EB/OL]. (2018-08-10). http://www.qs.com/rankings/.

通过对上述四大排名指标体系的梳理分析，不难发现它们之间的差异性和共同性都较为明显。就差异性而言，QS 的世界大学排名指标体系设计简洁明了，学科分类体系详尽，但主观性指标比例过大；ARWU 的排名指标体系设计相对简洁，且全部为客观数据，无主观性指标；U.S. News 的排名指标体系分类较细，学科分类来自 ESI 分类标准；相对于其他指标体系而言，THE 的排名指标体系则更加注重师均收入和学科经费收入。就共同性来看，四大排名指标体系均认同不同学科应有不同的发展特色；虽然学科划分领域有所不同，但均考虑了学科间的差异性，均看重学科的科研产出情况，且指标权重都较大；均从不同角度考察了学科的国际化水平。若分析主观和客观指标权重，除 ARWU 的排名指标体系不涉及主观指标之外，其余三大排名评价体系都对主观指标赋予了较高的权重；分析教学与科研指标的比重，四大排名指标体系涉及教学的指标较少，均侧重对大学学术水平的评价，且这方面在整个指标体系中占据很大比重；从对国际化的重视程度来看，ARWU 和 QS 的排名指标体系没有突出国际化指标，U.S. News 和 THE 的排名指标体系对国际化程度予以高度重视。

基于对上述评价体系内容和特点的对比分析，有学者对我国的“双一流”建设提出了“在选取评价指标时，应当涉及主观和客观等不同方面的指标，在权重分配时应充分考虑评价对象的特殊性；教学与科研并重，不能偏废；建立动态评价机制，突出评价的发展性”[1]等启示和建

[1] 姚若侠，高文涛. 全球大学评价指标体系的国际比较[J]. 当代教师教育，2018（1）：24-29.

议。也有学者根据系统分析模式的解释，建立“三阶段 + 三维度”的评价指标体系分析框架，其研究结果表明，学术声誉、师资队伍与科研成果是四大排名高度关注的三个方面，世界一流大学的建设核心在于学术研究，而其基础依靠师资队伍的水平。[1]综观当前学术界研究结果，“学术研究、教师水平、国际化水平”是评价世界一流大学的共识性标准，而“良好的科研环境、充足的办学经费”则是形成一流大学的外部保障。关于世界一流学科的评价标准，以四大排名对学科领域进行了不同的划分，在指标设计上根据学科特点而有所侧重，均兼顾了学科间的差异性，非客观性指标占有一定比重，论文指标权重较大，而论文质量又是重中之重。基于此，有学者认为，我国高校创建一流学科应着力于坚持学科分类指导、重视学科声誉塑造、以高质量的科研带动学科发展，以及学科发展回归人才培养等方面。[2]

总之，以上述四个排名为代表的世界大学排名体系，为全球高等教育的高质量发展积累了宝贵经验和树立了良好标杆，也为我国高水平大学评价体系的研究与构建提供了有益的借鉴。

第二节　中国高水平大学评价体系研发现状

国内关于世界一流大学与一流学科相关研究起步于 20 世纪 90 年代，2000—2009 年文献数量快速增长，研究成果颇为丰富，尤其是近年来“双一流”建设研究已经成为学者广泛关注的热点问题，相关研究主要聚焦在人才培养、管理机制、文化理念与师资队伍等方面。

---

[1] 周光礼，武建鑫. 什么是学术评价的全球标准——基于四个全球大学排行榜的实证分析[J]. 中国高教研究，2016（4）：51-56.

[2] 陈世银. 国际学科排名对我国高校创建一流学科的启示[J]. 现代教育论丛，2016（3）：80-84.

一、研发现状梳理

对于近年来科学构建“双一流”建设评价体系和夯实“双一流”建设基础的探讨，有学者认为，虽然学界从多视角出发、运用多种方法分析了评价体系现存的困境、指标的构建与大学排行榜的利弊，但存在着评价本体理论基础薄弱、评价过程不科学、评价对象不明确等不足。因此，需要进一步研究“双一流”建设评价体系的本体理论，探索科学的一流大学与一流学科建设模式，形成以国家、社会需求为价值导向的评价体系。[1]也有学者提出，当前，我国高校“双一流”建设正式进入实施阶段，厘清认识的误区，正视存在的问题，构建集评价目的、主体、客体、标准和方法为一体的“五位”建设评价体系，不仅是落实“双一流”建设国家战略的客观需要，也是各个高校积极应对、理性选择、勇于参与的内在需求。[2]

国内学者普遍认为，在“双一流”建设的背景下，亟须构建符合中国国情，体现道路自信、理论自信、制度自信、文化自信的中国特色世界一流大学评价体系。由于国外指标体系与评价方法不符中国国情、不接中国地气、不显中国特色，且排名背后还存在着商业利益和政治考量，因此，中国特色的世界一流大学评价体系亟待建立，以引导中国大学坚持特色、坚定自信，引导中国大学主动服务国家战略和区域经济社会发展需求，引导中国大学重视整体功能的发挥，引导中国大学分类发展、明确定位、追求卓越。同时，构建中国特色的世界一流大学评价体系应在坚持中国特色的同时兼顾国际学术标准，应关注人才培养的质与量，应坚持主客观相结合等方面的建议。[3]

有学者提出，世界一流大学是一个历时性与共时性概念。回应世界

[1] 梅雄杰，李志峰. 本体与模式：“双一流”建设评价体系研究述评[J]. 现代大学教育，2018（2）：76-84.

[2] 王国平，项怡. 新媒体时代理性构建高校双一流建设评价体系的思考[J]. 中国报业，2018（24）：31-34.

[3] 杨清华，孙耀斌，许仪. 建立中国特色的世界一流大学评价体系[J]. 中国高等教育，2017（19）：42-45.

一流大学的标准是建设一流大学的根本问题，建设世界一流大学既有对标国外先进大学的含义，更体现出奠定我国大学发展基础、超越和引领未来大学发展模式的根本性目标。有研究者选取了 ARWU、THE、QS 等五个国内外具有较高知名度的评价体系，通过消解一级指标中各评价体系的价值偏好，运用比较二级指标中的指标权重和全球可比指标权重的方法进行分析，发现国内的评价体系还没有形成具有中国特色的评价认识，国内外不同的评价体系将全球可比指标看作一流大学的重要标准，量的可比性指标关注超过了其他类属，质性与主观性评价指标具有文化性差异，教学水平和办学声誉的关注度正逐渐提高。在中国大学从跨越式发展到内涵式发展的进路上，我国“双一流”建设评价指标体系更应该注重“国际标准与中国标准、客观评价与质性评价、办学质量与大学内在逻辑合理性、科研能力评价与育人功能评价、强弱功利性评价”的协调。我国在建设世界一流大学过程中，应当警惕唯数据与唯排名思维，坚守求异发展作为大学本质，兼顾学术市场与大学变革等方面。[1]

有专家从适应新时代高等教育新发展的战略视角出发，提出建设中国特色、世界一流的评价体系，要在参照国际质量评价标准的基础上，建立起具有中国智慧的成效评价体系。世界一流大学建设成效评价以促进我国建成高等教育强国为目标，以国家经济社会发展的重点战略和新时代高等教育的使命为导向，采取“融通中外、简约可行”的评价策略，坚持国际视角、中国特色和第三方评价的“三个视角”，强调中国特色与国际评价相结合、定性评价与定量评价相结合、动态评价与周期性评价相结合、长期建设目标达成情况与年度建设成效评价相结合的“四个结合”的评价方法，围绕“达成度、贡献度、支撑度、引领度、满意度”五个评价维度，监测我国世界一流大学的建设状态与建设成效。[2]有学者在中国特色世界一流大学第三方评价政策文本分析、中国特色世界一流大学的内涵界说与特征凝练、中国特色世界一流大学建设成效评价体

[1] 赵国栋，马瑞敏. 世界一流大学五大评价指标体系的比较、改进及其启示[J/OL]. 重庆大学学报（社会科学版/网络版），2019-01-16.

[2] 王战军，刘静. 构建中国特色评价体系　推进世界一流大学建设[J]. 清华大学教育研究，2018（12）：58-65.

系理论建构的基础上，提出紧扣“学生质量（师生数量、校友成就）、科技贡献（成果数量、成果质量）与国际影响（学术声誉、媒体影响）是评价大学的三大核心标准”[1]，融汇中国特色、中国文化和中国元素，站在第三方评估立场，展示中国风格、中国气派和中国精神。他们以高等教育的两大基本功能和现代大学的五大核心职能等为基础，借鉴国内外 30 余年高等教育评估和现代大学评价的经验教训，初步构建起包括 2 个一级指标、6 个二级指标、9 个三级指标、12 个四级指标和 50 个五级指标观测点的中国特色世界一流大学评价指标体系。该体系号称“按中国特色、世界标准研发设计的第四代大学评价技术（大学排名 4.0）”。为了检验中国特色世界一流大学建设成效评价体系的信效度，遵循科学、独立、客观、透明、公正的原则，研究者采集深度反映 42 所一流大学建设高校（A+B 类）五大职能的核心数据（截至 2017 年 12 月 31 日）与标杆大学进行了实践验证，经过数据清洗和标准化归一处理得出相关结论。[2]

另有学者在研究世界一流大学重点建设项目评价基础上提出，因所处阶段、所在地域和所属类型不同，世界一流大学重点建设项目的评价标准和评价要素呈现出不同特征。良性的组织管理、卓越的科学研究和高水平的人员队伍是这些重点建设项目最重要的评价标准。随着世界一流大学发展的日渐成熟，评价主题更加关注项目的增值效应和政策的长效影响，评价形式更倾向根据自身特点灵活设置。“双一流”建设的评价需在“优”的标准、“专家”的选取、“比”的内容和“筛”的时间上精心设置。[3]

也有学者从评价组织、评价标准、评价效用三个方面梳理了我国在世界一流大学建设评价体系构建中面临的问题。借鉴德国、日本、韩国

[1] 冯用军，赵雪. 中国“双一流”战略：概念框架、分类特征和评估标准[J]. 现代教育管理，2018（1）：12-18.

[2] 冯用军，赵雪，朱立明. 中国特色世界一流大学建设成效评价体系理论建构与实践验证[J]. 江苏高教，2019（1）：20-26.

[3] 冯倬琳，刘雪莹，姜雅萃，等. 世界一流大学重点建设项目的评价标准与评价要素[J]. 高等教育研究，2017（12）：43-50.

在世界一流大学建设评价上的做法，建议我国的“双一流”建设应委托专门机构，开展独立评价，重视国际专家在我国重点建设工程中的资政建言作用；发布战略领域，优化评价标准，引导人才培养与科学研究既相互平衡又统一于国家建设；践行阳光评价，力推动态调整，以严肃的评价效用增强入选大学的危机意识和候补大学的进取信心。[1]

还有学者考察了我国高校评价制度的产生背景与社会构建机制，指出我国高校评价是高等教育规模扩张的分化产物。通过分析我国陆续建立以大学科研能力、本科教学、学科发展以及学位点为评价客体的多元高校评价体系的社会构建机制，研究者认为，我国现阶段所构建的高校评价在范式上具有管理主义倾向，在指标体系构建上具有对所依存社会情境抽离性与碎片化特征。在此基础上，研究者提出了实现高校分类评价、提炼关键性综合指标、在评价模式上逐步实现坚定性评价与建构性评价模式的融合等改进我国“双一流”高校评价的策略。[2]

二、研发成果简评

从上述简要的梳理可见，我国专家、学者在借鉴国际高水平大学质量评价标准、反观我国已有评价体系得失的基础上，立足中国国情，围绕中国特色世界一流大学的建设目标，通过20年的不懈努力，基本达成了“为何评价”的普遍共识，总体厘定了“科学评价”的基本原则，大体确立了“如何评价”的主要方法，初步构建了“精准评价”的指标体系，为建立和完善具有中国特色、世界一流水准的大学评价体系奠定了良好基础，同时也为构建中国高水平民族大学的评价体系提供了可资借鉴的经验，在一定程度上弥补了政府评估大学的不足，可满足相关利益者需要，可帮助高校明晰办学定位、调适发展方向，也利于社会监督高等教育质量、反映社会公众诉求。

[1] 崔育宝，李金龙，裴旭，等. 我国世界一流大学建设评价体系的构建及完善论思[J]. 学位与研究生教育，2017（11）：23-29.

[2] 罗燕. 中国高校评价的制度分析——兼论“双一流”建设高校评价[J]. 清华大学教育研究，2017（6）：37-44.

三、未来发展走势

为了深入贯彻落实习近平总书记在全国教育大会讲话中指出的“要深化教育体制改革，健全立德树人落实机制，扭转不科学的教育评价导向，坚决克服唯分数、唯升学、唯文凭、唯论文、唯帽子的顽瘴痼疾，从根本上解决教育评价指挥棒问题”[1]重要指示精神，深入探讨和解决当前教育评价中存在的各种问题，确立科学、合理的教育评价导向，建立健全教育评价制度和治理体系，2018 年 11 月 18 日，清华大学教育研究院与《清华大学教育研究》编辑部联合举办了主题为“深化教育评价体系改革”的学术研讨会，来自教育部、清华大学、北京大学、复旦大学、广岛大学、厦门大学、北京师范大学、华东师范大学、华中科技大学、北京四中、清华大学附属小学等机构的领导和专家学者就教育评价体系改革进行了深入而热烈的讨论，并在教育评价体系改革的重要意义、教育评价的价值与文化、教育评价的多样化、教育评价的平衡、教育评价体系改革的治理等方面取得了广泛的共识。[2]

专家、学者们普遍意识到，在研发过程中不同程度地存在着大学排名目标模糊不清、大学评估意义受到限制、评价指标过于注重量化、大学参评缺乏“软数据”、评估数据来源不全面、数据可信度有待增强、大学排名结果欠缺说明、相关利益者对大学排行榜认识不清等普遍性问题[3]，并强调要在大学评价的实践中不断改进和逐步完善。值得高度关注的提醒是，“当今排名方法的局限性主要表现为对质量和卓越的狭隘定义。如果大学过分强调排名的重要性，就会导致无法完成高等教育本身应担当的责任”[4]，“在世界一流大学的建设中，对于大学排名的消

---

[1] 习近平. 坚持中国特色社会主义教育发展道路 培养德智体美劳全面发展的社会主义建设者和接班人[N]. 人民日报，2018-09-11.

[2] 叶赋桂，段世飞. 深化教育评价体系改革学术研讨会综述[J]. 清华大学教育研究，2018（6）：123-128.

[3] 田建荣，乔娜. 我国大学排行榜的发展困境和理性选择[J]. 徐州工程学院学报（社会科学版），2019(1)：96-101.

[4] 王琪，程莹，刘念才. 世界一流大学：共同的目标[M]. 上海：上海交通大学出版社，2013：120.

极影响必须高度警惕，并以创业思维重新定义一流，以便对于潜在的、未来的危机能够成功应对；尽快从 1.0 版本过渡到 2.0 版本；在大学、政府与产业的多重螺旋中实现知识创造价值”[1]。

第三节　高水平民族大学评价体系构建初探

关于高水平民族大学评价体系的研究最近一两年才开始起步，且成果较少，《管办评分离改革背景下民族院校评价指标体系研究》为唯一见之于公开报刊的文献（陈忠华、甄昕宇，2018）。过往的研究仅从某一侧面、某个角度（或过窄、或过泛、或过偏）加以探讨，如《中国民族高等教育法治化水平最新测度——基于对国内 14 所民族大学的实证研究》《新疆高职院校民族团结教育考核评价问题初探》《对建立我国民族类普通高等学校新分类体系的思考》《民族院校创业教育服务满意度评价体系构建研究》《基于模糊层次分析与模糊综合评价的课堂教学质量评价体系研究——以西北民族大学为例》《多元化评价：民族高等教育的诉求——基于师生对民族高等教育质量多元评价的问卷分析》《对我国民族教育评价改革的几点思考》等。尽管如此，相关研究为构建我国高水平民族大学评价体系积累了经验，提供了借鉴。

值得一提的是，云南民族大学学者在文献研究的基础上，就“管办评分离改革背景下民族院校评价机制”问题，对 9 所民族院校的 125 位专家、学者和领导进行了问卷调查。其基于问卷调查和专家访谈的结果，结合民族院校工作实践，设计出突出“民族团结进步、中国特色的大学治理”的重要地位和作用，含有 6 个一级指标、28 个二级指标、109 个三级指标的评价指标体系，初步构建起了旨在引导民族类院校不忘初心，坚守自己的办学特色、办学宗旨，走特色发展之路的民族院校的评价办

[1] 王建华. 大学排名的风险与一流大学的建设[J]. 高等教育研究，2019（2）：1-9.

法。[1]这是一项开创性研究，其坚持目标导向和问题导向，思路清晰，方向明确，定位精准，务实求是，方法适当，对于高水平民族大学评价体系建设具有十分重要的实践意义和理论价值。

借鉴现行的国内外高水平大学评价体系和已有的大学评价体系研究成果，结合我国民族大学的办学实际，本章就如何构建我国高水平民族大学评价体系的若干重要问题提出如下粗浅思考，以期抛砖引玉。

一、为何评价的应有共识

“于1941年诞生的民族学院，是中国共产党将马克思主义民族理论与中国的具体国情创造性结合的智慧结晶，是世界高等教育史上的伟大创举。”[2]作为首创性和独创性的民族高等教育形式，“延安民族学院不仅培养了一大批各民族干部，为实现和维护党的抗日民族统一战线，为夺取抗战的最后胜利做出了历史性贡献，而且为建国后一批民族院校的创建和发展提供了宝贵经验”[3]。新中国成立初期，为巩固新生人民民主政权，贯彻党的民族政策、做好民族工作、发展民族教育、培养民族干部，中央和地方人民政府1950—1952年先后建立了7所民族院校。半个多世纪以来，民族院校不仅为我国民族团结进步事业做出了重要贡献，自身建设也取得了长足进步，业已成为培养少数民族高素质人才、研究我国民族理论和民族政策、传承和弘扬各民族优秀文化的重要基地，展示我国民族政策和对外交往的重要窗口。[4]民族院校因其独特的办学形式与特殊的地位和作用，从诞生之日起就受到党和国家的高度重视和历代领导人的亲切关怀。国家陆续出台的相关文件，均以专门条款对民族院校的发展给予了高度重视和大力支持。《国家中长期教育改革和发展规划纲要（2010—2020年）》将民族教育列为专章加以统筹规划。《国

[1] 陈忠华，甄昕宇. 管办评分离改革背景下民族院校评价指标体系研究[J]. 民族教育研究，2018（4）：106-113.

[2] 杨胜才. 论民族院校的地位、方位和品位[J]. 高等教育研究，2015（12）：47-50.

[3] 杨胜才. 中国民族院校特色研究[M]. 北京：民族出版社，2007：70-71.

[4] 国家民委，教育部. 国家民委教育部关于进一步办好民族院校的意见[Z]. 2005-12-28.

务院关于加快发展民族教育的决定》对如何办好民族院校提出了更加明确、更加具体的要求。党和国家从逐步解决我国民族问题的战略高度出发，强调办好民族院校的重要性和必要性，为民族院校的发展奠定了基础。[1]

既然民族院校是在特殊时期、特殊背景下创建，为世界首创、具中国特色，主观武断地照搬 THE、QS 等国外高水平大学评价体系显然是不合时宜的，不符合中国国情。既然民族院校具有特定的办学宗旨和肩负特殊的使命任务，削足适履地套用国内大学排名指标体系也是缺乏科学依据的，难于体现民族院校的办学特色。既然我国的民族院校还要继续办下去，而且要办好，办成受人尊敬、同行认可、社会信赖、师生骄傲，让党放心、让人民更加满意的高水平民族大学[2]。既然“管办评分离是教育体制改革的重点和难点，是建设现代学校制度的必然选择”[3]，而“教育治理体系现代化的终极目标，应成为教育管办评分离的根本走向和目标设计的核心依据”[4]。据此，对于民族院校办学水平的评价，我们应该至少达成以下基本共识：第一，必须进行全面评价，以总结过去、面向未来，评出努力方向，评出发展目标；第二，必须采取分类评价，与同层次、同类型的民族院校进行对比，评出发展差距，评出比学赶超；第三，必须做到科学评价，用突出宗旨、彰显特色的指标体系加以评价，评出发展成就，评出信心决心；第四，必须用好评价结果，服务政府决策，出台特殊政策，帮扶扬长避短，轻装高质量发展。

总之，要通过科学、客观的评价，使民族院校心无旁骛地做好该做、想做、能做之事，在中国大地争创一流，为我国民族团结进步事业开创新时代、培育新动能、做出新贡献；在世界范围打造样板，为构建人类命运共同体提供中国方案和贡献中国智慧。

---

[1] 杨胜才. 论民族院校的地位、方位和品位[J]. 高等教育研究，2015（12）：47-50.

[2] 杨胜才. 着眼“四个维度” 加快民族院校发展[J]. 中国高等教育，2016（11）：30-32.

[3] 满建宇. 管、办、评分离：现代学校制度建设的关系重构[J]. 现代教育管理，2014（9）：25-30.

[4] 史华楠. 教育管办评分离的条件、目标和策略分析[J]. 中国教育学刊，2015（7）：65-72.

二、如何评价的基本原则

如何评价的问题是关涉评价原则的根本问题。习近平总书记就如何办好中国的世界一流大学多次发表了重要讲话，为研究和落实中国特色社会主义大学的办学目标、主要职能、发展道路、办学特色和办学保障以及办好高水平民族大学提供了科学指导和基本遵循。有专家认为，各国大学具有一些普遍性特征，但不同历史文化背景、不同政治制度又塑造着不同的大学理念和大学实践，使各国大学具有差异性。中国特色社会主义大学植根于中华文化沃土，反映中华民族意愿，符合中国基本国情和顺应时代发展进步要求，具有人本性、民族性、科学性、政治性、法治性“五大基本特征”。办好中国特色世界一流大学，既需要从理论上深入研究中国特色社会主义大学的丰富内涵和基本特征，又需要在办学过程中积极探索和大胆实践，努力实现让党和国家、让人民群众、广大师生员工“三个满意”[1]。据此，我们至少可以厘定以下几项民族院校的评价原则。

1. 导向性原则

中国特色社会主义大学的“五大基本特征”具体反映在民族院校的办学实践上，主要彰显了以下四个方面的特色[2]，通过科学评价将进一步明确导向、强化特色。

一是主打功能特色。“解决我国国内民族问题”是民族院校的创办初心，“传承和弘扬我国各民族优秀传统文化、推进各民族交往交流交融、促进多元一体中华文化的融合发展”是民族院校的特殊使命。民族院校在发挥主打功能上，胸怀中华民族伟大复兴中国梦，聚焦我国民族团结进步事业的创新发展，出思想、出思路、出人才、出经验、出成果。

二是主场优势特色。民族院校师生由来自五湖四海的多民族组成，

---

[1] 李元元. 办好中国特色世界一流大学[N]. 人民日报，2015-09-10.

[2] 杨胜才. 彰显民族院校办学特色 为实现中国梦强根固本[N]. 中国民族报（理论周刊），2015-10-16.

大学校园是促进各民族师生交往交流交融的理想场所和增进民族团结的重要窗口。民族院校在发挥主场优势上，对标好干部、好老师、好青年的新标准、新要求，以实现中华民族伟大复兴为己任，引导各族师生"把自己的小我融入祖国的大我、人民的大我之中，与时代同步伐、与人民共命运，让青春在为祖国、为人民、为民族、为人类的奉献中焕发出更加绚丽的光彩"[1]，不负党和人民的重托。

三是主力作用特色。民族院校大批来自民族地区的教师和干部，他们从小受到本民族文化的熏陶，对民族文化有着天然而深厚的感情；他们长期学习和研究党的民族理论政策，深入民族地区开展调查研究与社会服务，与少数民族和民族地区联系密切。他们是我国民族团结进步事业践行者、推动者、传播者。民族院校在发挥主力作用上，充分调动各族干部教师的积极性、主动性和创造性，最大限度发挥其各民族优秀文化传人的特殊作用。

四是"主粮质量"特色。文化传承创新是大学职能的丰富和发展，创造性传承、创造性发展我国各民族优秀传统文化是民族院校的基本功能和独特优势。民族院校在提增"主粮质量"上，坚持以社会主义先进文化为引领，以筑牢中华民族共同体意识为主线，站稳文化阵地，多出文化精品，服务民族文化大繁荣大发展和中华文化走向世界。

秉持导向性原则，旨在认知特色、认可特色、挖掘特色，通过全面系统和客观科学的评价，引导民族院校进一步凝练办学特色、彰显办学特色，在新的更高水平上实现办学目标，发挥独特功能，做出独特贡献。

2. 实效性原则

所谓"实效"为实际的效果，而"实效性"则是"实施的可行性与实施效果的目的性的有机统一"。大学评价体系的设计必须与大学预期的评价目标相一致。因为各国大学评价指标体系是公众对大学不同要求的反映，每个国家的经济和社会境况不同，要求大学为社会提供的服务

[1] 习近平. 在纪念五四运动 100 周年大会上的讲话[N]. 人民日报，2019-05-01.

亦不尽相同。[1]

民族院校“质”的规定性在于“培养特色人才、传递特定文化、服务特别决策”，培养的人才结构、数量、素质满足国家和社会需要，传递文化的广度、深度和效果得到国家和社会的认可，服务国家决策的内容、层次和水平符合国家和社会的要求，才能实现民族院校履行使命预期的办学效果。[2]在不同的历史时期，民族院校的办学重点会有所调适、随机应变，但始终不变的是，坚持“三个面向”（面向少数民族和民族地区、面向地方、面向全国）的办学方向和“三个服务”（为少数民族和民族地区服务、为党和国家的民族工作服务、为国家战略需求服务）的办学宗旨，为促进我国少数民族和民族地区的民主改革、经济建设、改革开放、社会稳定，维护民族团结和国家统一做出重要贡献。

改革开放以来，尤其是 21 世纪以来，仅“十二五”期间，国家民委所属 6 所院校取得了突出成效[3]。值得欣慰的是，即便在当前国内大学评价指标体系下，民族院校在高等教育体系中的位次也有不同程度的提升。民族院校的核心竞争力不断增强：在培养少数民族人才方面，民族院校在我国整个高等教育体系中具有不可替代的地位和作用[4]；在特色领域科学研究方面，民族院校成为国家民族问题决策咨询思想库以及服务民族地区发展助推器；民族院校的文化与资源要素，同心同向同力助推民族院校朝着有特色高水平目标持续快速发展。民族院校在人才培养、科学研究、社会服务、文化传承创新等方面取得了突出的办学实效[5]。更令人振奋的是，民族院校在艾瑞深中国校友会网首次公布的 2019 年世界十大权威大学排名中仍占有一席之地。

总结是为了凝练，凝练才便于考核。强调实效性原则，旨在以尊重民族院校发展历史的客观事实为基础，以国家层面和相关部委出台的政

[1] 刘创. 构建以创新力为导向的大学评价体系的基本原则[J]. 云梦学刊，2014(6)，121-124.

[2] 夏仕武. 论民族院校使命与内涵式发展[J]. 民族教育研究，2015（4）：16-20.

[3] 国家民委. 国家民委关于印发《国家民委所属高校改革和发展“十三五”规划》的通知[Z]. 2016-09-30.

[4] 国家民委，教育部. 国家民委教育部关于进一步办好民族院校的意见[Z]. 2005-12-28.

[5] 杨胜才. 中国民族院校特色研究[M]. 北京：民族出版社，2007：78-87.

策文件为依据，结合民族院校的类别属性和基本职能、办学宗旨和办学方向、办学层次和培养目标、办学模式和发展方式等的结构与内容[1]，以特色为导向，以实效为目标，通过构建系统、科学的评价指标体系，进行积极、有效的评价督导，使民族院校看到成绩受鼓舞，找出差距明方向，制定措施补短板强弱项，调适规划促进整体提升。

3. 科学性原则

“相对于广义上评价的个体主观性，有组织的评价更强调客观中立即科学性原则。经验上可观测、可量化乃至主观判断的要素化与指标化，就成为其获得合法性的基本依据。”[2]所谓科学性，是指针对民族院校的评价应遵循高等教育规律、民族工作规律和大学评价活动的内在规律，以科学的评价指标体系为尺度，以筛选和集成的评价信息为依据，采用适切的评价方法技术，对评价对象进行实事求是的价值判断。有研究认为，当前我国大学评价指标体系存在着指标评价设置的分类问题、评价指标的定性与定量问题、评价指标的组成与权重问题、评价指标的绝对数量与相对数量的关系问题、评价数据的时效性与准确性问题等主要困惑。要提高大学评价的科学性，必须明确大学评价的目的，坚持先分类再分型的原则，坚持定性与定量相结合、关注存量与保持增量相结合、绝对数量与相对数量相结合的原则，提高采用数据质量。[3]这为确立民族院校评价的科学性原则提供了重要的参考。

大学具有自身的职能，大学评价并非纯粹的比高下和排名次，而是帮助高校认识自身、了解同行；满足社会了解高校、选择高校的需求；有利于主管部门掌握情况、调适政策。因此，大学评价指标设计应坚持目标导向，服务评价目的。不同类型的高校，办学的目标使命不尽相同，具有一定的层次性和差异性。如民族院校虽为综合类普通高等学校，但

---

[1] 杨胜才. 试论民族院校的办学定位[J]. 西北民族大学学报（哲学社会科学版），2012（5）：118-121.

[2] 阎光才. 谨慎看待高等教育领域中各种评价[J]. 清华大学教育研究，2019（1）：1-4.

[3] 郭时印，向绪金，朱骞，等. 影响大学评价指标科学性的主要问题及对策[J]. 高等农业教育，2011（3）：15-18.

事实上除大连民族大学外，其余均为文科起点，且肩负“三个面向”和“三个服务”的特殊使命任务。就民族院校系统的类型而言，呈现出“类别”相对单一、“型式”复杂多样的格局。因此，对不同类型、不同层次的高校应设计出与之相匹配的评价指标体系，对人才培养、科学研究、资源占有等项目的评价既有普适性，更具差异性，其权重配比必须恰如其分。科学评价高校的办学实力，既要看办学规模，又要看内涵质量；既要看有形资产，又要看无形资产。高校办学规模、有形资产数据容易获得和方便实施，而无形资产和内涵质量难以把握和操作困难，致使大学评价指标大多看重办学规模和有形资产，注重采用定量指标来评价，而对无形资产和内涵质量关注不够，很少或根本不采用定性指标来评价[1]。高校的发展的确离不开有形资产的有力保障，但也不能轻视甚至无视精神动力无形资产的强大支撑。大学是个极其复杂的系统，一切均以数据进行定量评价，不仅有失公允和公信，还可能造成大学忽视自身品质、大学传统文化精神等内在品格的修炼，将其引向盲目性、功利性的竞争[2]，对民族院校而言更是如此。因此，在评价指标体系中，既要考虑科研成果、人才培养数量、财政经费、物质资源等有关物质形态的构成因素，也要关照包括办学声誉、办学传统、办学特色、办学效益等无形资产的评价，增加定性指标的考核，合理设计定性指标的权重。

三、评价什么的指标体系

指标的组成反映评价的内容。评价内容全面科学、组织实施简单便捷应是评价指标体系设计的理想模式。本小节指标体系的设计，以艾瑞深中国校友会网 2019 中国大学排行榜评价指标体系（简称“体系”）为蓝本，在借鉴已有研究成果的基础上，结合民族院校的办学实际，以大学职能、办学定位、办学特色和社会贡献为主轴，以人才培养、科学研

---

[1] 王琴. 我国大学评价指标体系研究[J]. 评价与管理，2006（1）：19-24.

[2] 郭时印，向绪金，朱骞，等. 影响大学评价指标科学性的主要问题及对策[J]. 高等农业教育，2011（3）：15-18.

究、社会影响一级指标为重点，初步提出民族院校的评价指标设计框架（暂不含权重）（表 6-5），以为后续研究提供参考。

表 6-5　民族院校评价指标设计框架

一级指标	二级指标	三级指标	指标内涵及说明
人才培养	教学质量	杰出校友	既要考量政界要员、商界领袖、学界泰斗，也要顾及创业先锋和基层顶梁，将省市民族团结先进个人、劳动模范等杰出人物纳入考核范畴
		教学水平	除“体系”所列外，加入国家级（或省部级）教师教学发展示范平台等
		创新教育	除“体系”所列外，加入省部级社会实践表彰荣誉
		德育教育	除“体系”所列外，还要考察民族团结进步创建、资助育人等方面工作
	高端人才	一流学者	除“体系”所列外，加入省部级人才项目等
		教学名师	除“体系”所列外，加入省部级教学名师、教育部全国民族教育专家委员会委员等
		高被引学者	除“体系”所列外，人文社会科学中的大民族学科单独分类排行
	学科专业	优势学科	除“体系”所列外，加入省部级重点、优势和特色学科
		优势专业	除“体系”所列外，加入省部级特色、优势专业及省部级精品课程等
科学研究	高端成果	国际奖励	与“体系”所列相同
		国家奖励	与“体系”所列相同
		部省奖励	与“体系”所列相同
		高水平论文	除“体系”所列外，人文社会科学应考察中文权威期刊学术论文
	科研项目	科研经费	与“体系”所列相同，但不同院校应区别对待
		基础研究经费	与“体系”所列相同，但不同院校应占比不同
		应用研究经费	民族院校在民族地区公共政策、发展规划、实用技术、社会治理、乡村振兴等应用型研究方面投入较大，应予以列入
	科研基地	知识生产	除“体系”所列外，还要考察省部级重点研究基地
		成果转化	重点考察服务国家战略需求、民族地区政府决策、发展规划、产业升级、生态改善、社会治理、文化传承创新、脱贫攻坚、乡村振兴等方面的突出贡献
		高端智库	除“体系”所列外，还应考察针对民族自治区域（地市州盟）发展智库
		期刊和出版社	与“体系”所列基本相同，但出版社占比不宜太大

续表

一级指标	二级指标	三级指标	指标内涵及说明
社会影响	办学层次	各院校大学章程定位	与“体系”所列相同，同类型院校比较
	社会声誉	教育捐赠	与“体系”所列相同
		生源竞争力	既看全国高考提档线，也看在校少数民族学生占比
		社会影响力	既看新闻媒体报道和新媒体影响，也要看院校服务面向地区干部群众的满意度
	国际影响	国际化办学	除“体系”所列外，还需考察对外文化交流项目
		国际声望	除“体系”所列外，还需重点参考国内大学排名情况

据艾瑞深中国校友会网大学研究团队首席专家介绍，其评价数据来自艾瑞深自主研发的“中国高等学校发展指数数据库”，为采集于自国家权威部门、第三方权威机构、新闻媒体、企事业单位和高校等对外公开的权威数据和客观数据。[1]对于民族院校发展指数的评价，还需收集和整理民族院校的举办（主管）部门及学校所在地权威部门的相关数据，同时还应根据设定的评价指标在民族院校的服务面向区域设立观测点，整合、集成相关数据信息并适时加以更新，以全面、科学、准确、客观地评价民族院校建设与发展状况，引导民族院校实现特色发展、高质量发展。

四、谁来评价的角色主体

做好大学评价，除了评价指向必须明确、指标体系必须科学、评价措施必须规范、评价行为必须监管之外，谁来评价这一角色主体的确定也十分重要。世界一流大学对于重点建设项目评价的实施方分为内部评价、准外部评价和外部评价三类。内部评价主要指由重点建设项目相关的政府管理机构自身开展的评价；准外部评价指由重点建设项目管理机构组织外部专家形成临时的评价机构开展评价；外部评价是由第三方机

[1] 艾瑞深中国校友会网. 校友会 2019 中国大学排名评价指标体系[EB/OL].（2019-03-02）. http://www.sohu.com/a/283998183_356902.

构开展评价，这些第三方机构可以是专业的评价和咨询公司，也可以是独立的学术团体或机构。

评价主体如何选取？该采取何种方式进行评价？有研究者分析了世界一流大学重点建设项目评价实施者的特征，建议：由项目管理机构对项目的实施和执行情况进行监督评价；由项目管理机构组织外部专家形成常设（或临时）专家评价委员会对项目的预期成果是否达成、预期目标之外的增值效果开展评价；委托咨询公司或研究机构等专业第三方机构对项目开展政策评价和成本效益评价。[1]这不失为值得借鉴的合理化建议。那究竟谁是“第三方”？有专家认为，“高校组织以及学术活动的特殊性，决定了它不可能是一个可以由非专业的外行随意介入的领域”[2]。对普通高校的评价尚且如此，对民族院校的评价更应是专业人来做的专业之事。

值得注意的是，无论评价主体是谁，也无论采取何种方式进行评价，在专家团队的组成上和评价实施的过程中，民族教育领域（尤其是民族高等教育）和民族工作领域的专家不能缺位。大学评价，既是一门系统科学，也是一门高超艺术。因此，既要遵循规律，又要讲究方法，更何况民族院校系统结构复杂、要素繁多、影响面广，如果没有民族教育领域和民族工作领域专家们的参与，最终结果只能评出轰轰烈烈的“热闹”。只有广泛吸纳民族教育领域和民族工作领域的专家参加，并虚心听取和尽量采纳他们的意见、建议，才能评出真真正正的“门道”来。简言之，就是要兼听民族院校举办者（国家层面）、管理者（行政主管）、指导者（统筹部门）、办学者（办学主体）和受益者（学校所在地和民族地区）等各方意见，系统考量，综合评价。同时，也应该倡导民族院校以我为主开展内部评价或自我评价，形成一种自律、能动、实效、常态的自我评价文化。

[1] 冯倬琳，等. 世界一流大学重点建设项目的评价标准与评价要素[J]. 高等教育研究，2017（12）：43-50.

[2] 阎光才. 谨慎看待高等教育领域中各种评价[J]. 清华大学教育研究，2019（1）：1-4.

第七章

高水平民族大学的建设路径

世界一流大学与一流学科是大学以实力、贡献和声誉等为核心指标在历史竞争中形成的比较优势，它具有区域性与类型性的双重特征。以“追求卓越、个性发展”的理念为统领，通过一流师资队伍的建设推动一流的科学研究，以现代大学制度作为经营大学的重要手段成为可资借鉴的“双一流”建设的国际经验。[1]按照国务院关于印发《统筹推进世界一流大学和一流学科建设总体方案》的要求，高水平民族大学建设应该遵循办学治校的内在逻辑，理性选择适切各自校情的发展路径。

第一节　战略导向：形成富有民族特色发展模式

一、战略内涵与功能特点

大学发展战略是大学为了实现自身的发展所进行的长期的、重大的、全局性的谋划，是大学在现实境况与长远利益视野下选择的发展路径。[2]大学是自身发展战略制定的主体，发展是大学发展战略制定的目

[1] 张敏．“双一流”建设的国际经验与中国方略[J]．江苏高教，2016（6）：60-63.

[2] 别敦荣．论高等学校发展战略及其制定[J]．大学教育研究，2008（2）：13-19.

的，长期性、重大性与全局性是大学发展战略的基本特点，明确发展方向、凝聚人心、统一发展思路、推动大学实现特色发展、促进大学快速发展是大学发展战略应具有的功能。[1]大学组织的特殊性使得大学发展战略应具有异于其他社会组织发展战略的符合高等教育的规律性、符合大学发展的目的性、符合现实的可操作性三个方面的特征。[2]

从大学发展战略这一特殊谋划形式的特质与职责来看，大学发展战略的制定必须遵循“非常规”（不同于工作计划）、“合规律”（不同于行政指令）、“高务虚”（不同于发展规划）的基本逻辑，并构建由战略愿景、战略目标和战略举措三者组成，且环环相扣、逐级拓展、逻辑严整的谋划系统。而作为大学发展战略灵魂核心的战略愿景，需要总体谋划长远发展、全面回应教育规律和高度凝练核心价值；作为大学发展战略实现载体的战略目标，需要现实勾勒发展愿景、重点发挥办学特色和合理统摄整体指标；作为大学发展战略支柱依托的战略举措，需要系统分解战略目标、长效变革常规工作和细致摹写行动纲领。[3]而要制定发展战略，必须首先做好发展战略分析。据此，有研究者认为，大学发展战略分析应借助于一定的分析视角和分析框架，相对明确大学所处的环境和相对竞争地位，其主要目的是用于评价那些影响大学发展的关键因素并确定大学在发展战略选择上的若干可能性。内部分析框架由传统与价值观分析和资源与能力评估两部分构成，外部分析框架可从依存环境和竞争环境等两方面来进行构建。[4]

二、国际经验与中国方案

世界一流大学是一个比较性的群体概念，大家公认的世界一流大学并不都是按照一种模式发展起来的，而是经历了多样化、个性化的发展

[1] 张晓报. 大学发展战略的内涵与功能探析[J]. 教育探索，2013（7）：27-28.

[2] 胡天佑. 大学发展战略的特征及其分析框架[J]. 现代教育管理，2013（12）：33-37.

[3] 李家新. 大学发展战略的制定逻辑与构成体系[J]. 现代教育论丛，2014（5）：57-62.

[4] 胡天佑. 大学发展战略的特征及其分析框架[J]. 现代教育管理，2013（12）：33-37.

历程，它们探索着不同的发展模式，实现着共性与个性的统一。[1]从西方发达国家的发展模式来看，有学科门类比较齐全（如牛津大学、剑桥大学、哈佛大学、耶鲁大学等）与重点发展有限学科（如麻省理工学院、加州理工学院）发展模式的战略选择；有“巨无霸”（如加利福尼亚大学伯克利分校、哥伦比亚大学等）与“小而精”（如加州理工学院、巴黎高等师范学校、普林斯顿大学等）发展模式的战略选择；有创新（如哈佛大学）与保守（如耶鲁大学）发展模式的战略选择；有秉承传统（如牛津大学、剑桥大学、巴黎大学等）与适时转型（如麻省理工学院、加州理工学院、巴黎高等师范学校等）发展模式的战略选择。有学者在研究后发外生型世界一流大学发展模式时指出，“从学习的角度来说，无论是自发生长、逐步壮大的‘早发内生型’世界一流大学，抑或是起步较晚、迅速做强的‘后发外生型’世界一流大学，对于我国建设世界一流大学来说都具有重要的借鉴意义”[2]。

而对于包括中国在内的众多发展中国家而言，如何建成高水平大学并与世界学术系统对接，是促进高等教育发展和综合国力提升的关键问题。在阿特巴赫看来，基于多样化院校系统的创建来重点选择和发展高水平大学是全球化背景下发展中国家亟须解决的高等教育问题；正视历史与尊重本国现实和教育发展规律，在借鉴发达国家先进经验的同时致力于本土化创新与改造是发展中国家高水平大学建设的基本途径；研究经费不足、市场商业主义影响、学术自由受限以及学术腐败蔓延是当前阻碍发展中国家建设高水平大学的不利因素；通过提供稳定的政策支持、持续的财政保障，并在构建全职教师群体、保障其学术自由、确保其学术职业发展的前景和稳定性、消除学术腐败以及培育以竞争和科研生产率为特征的学术文化等方面做系统的筹划和安排是发展中国家高水平大学建设的基本策略。[3]

---

[1] 刘宝存. 世界一流大学发展模式的个性化选择[J]. 比较教育研究，2007（6）：74-79.

[2] 王建梁，陈瑶. 后发外生型世界一流大学发展模式述评[J]. 理工高教研究，2010（2）：107-111.

[3] 王茜. 阿特巴赫发展中国家高水平大学建设思想及其中国意义[J]. 西北师大学报（社会科学版），2013（2）：111-115.

有专家在研究我国高水平大学的发展方向时提出，面向世界科技前沿、面向经济主战场、面向国家重大需求，把一批高水平大学特别是研究型大学建成创新性大学，是经济社会转型期我国高等教育发展的必然趋势。创新性大学以服务经济社会发展为使命，以知识创新为基本内核，在培养创新创业人才、解决原始创新稀缺问题、科技成果推广应用等方面具有强劲的功能性优势。而要加快创新性大学建设，必须在办学理念、发展模式、育人体系、科研范式、跨界协同、创新文化等方面主动革新。进入创新驱动发展时代，以市场需求为导向的知识生产正在深刻影响和丰富着创新的概念内涵，创新这一概念的内涵重心正在从强调静态的知识生产向动态的知识应用发生转变。推动研究型大学向创新性大学转型，一方面必须在办学理念上正确把握知识创新的概念内涵，强化知识生产的国家和市场语境，突出服务经济社会发展，在产出重大原创性科研成果的基础上更加突出知识的使用与商业化；另一方面要突破对原有发展模式形成路径的依赖，在学术场域内提升知识生产能力的同时牢固树立知识创新的核心理念，重塑大学发展模式，主动突破路径依赖，以开放的姿态主动与产业、政府等其他场域的创新主体开展实质性的跨界合作，通过协同育人、协同科研促进知识创新与知识产业化、商业化的有机结合，以新的制度体系构建创新性大学发展的新模式，引领高等教育改革发展的新方向。[1]

“中国的世界一流大学处于历史与时代经纬的‘交叉点’上，具备了加速起飞的现实基础，承载了加速实现民族复兴的艰巨使命，中国的世界一流大学建设是走中国自己发展道路的生动体现。”[2]建设好中国的世界一流大学，有专家认为，其核心是要处理好国际通行标准与中国特色、一流大学与高等教育体系建设、立德树人与科学研究、政府投入与市场驱动等“四大关系”。实现建设中国的世界一流大学目标，要建设好基于国际化的师资队伍体系、去科层化的现代大学治理体系、个性

[1] 王嘉毅，陈建海. 从研究型大学到创新性大学——我国高水平大学的发展方向[J]. 高等教育研究，2016（12）：28-34.

[2] 张敏. “双一流”建设的国际经验与中国方略[J]. 江苏高教，2016（6）：60-63.

化的人才培养体系、品牌化的校园文化体系等四大保障体系。[1]

有学者在研究国家战略需求与研究型大学发展模式时指出，研究型大学应紧密围绕国家战略需求的双向关系，构建科教用融合的人才培养模式、需求引领创新的科学研究模式、协同发展的知识创新模式和效果测评模式等发展模式框架内容。[2]也有学者在研究我国地方高校发展模式选择时提出，大学与社会共生是我国地方高校发展的模式选择。我国地方高校可借鉴美国作用大学“以他方为中心”的核心理念及与社会共谋发展的经验，结合本地本校的实际，采取独建型、依托型、改建型、校企型、远程型等模式发展自己。[3]

通过对战略内涵与功能特点的梳理分析，对世界一流大学（包括后发外生型）发展模式、发展中国家高水平大学建设思想、中国高水平大学的发展方向、我国地方高校发展模式选择进行分类总结，我们谋划高水平民族大学发展模式的视野和境界得以进一步开阔。

三、笃定宗旨与特色发展

笃定宗旨，是民族院校的立校之本。民族院校是党和国家为解决国内民族问题而建立的综合性普通高等院校，是我国培养少数民族高素质人才的重要基地，是研究我国民族理论和民族政策的重要基地，是传承和弘扬各民族优秀文化的重要基地，是展示我国民族政策和对外交往的重要窗口。“解决我国国内民族问题”明确了民族院校的根本目的和最高宗旨定位；“综合性”为民族院校类别属性的定位，是民族院校“质”的定位的关键指标之一。这一定位对于确定学科专业结构、办学规模、办学层次、办学形式等方面具有重要的引导作用。而“重要基地”和“重要窗口”的作用既是民族院校的职能定位，也是民族院校的优势和特色

[1] 项仲平. 世界一流大学建设的中国范式与中国路径[J]. 中国高等教育，2017(3-4)：32-36.

[2] 张涛，周琳. 国家战略需求与研究型大学的发展模式研究[J]. 南京理工大学学报（社会科学版），2015（6）：63-68.

[3] 王保华，张婕. 大学与社会共生：地方高校发展的模式选择——从美国相互作用大学看我国地方高校的发展[J]. 高等教育研究，2003（3）：57-61.

的基本定位。该定位包含了人才培养类型、科技贡献方式、社会服务领域等，明确了民族院校在具体的社会发展中所扮演的角色、肩负的使命和承担的责任。创办以来，民族院校始终按照定位的标准和要求，坚持把“面向少数民族和面向少数民族地区”作为服务面向，坚持把“为少数民族和民族地区服务，为党和国家的民族工作服务，为国家战略需求服务”作为办学宗旨，并将办学宗旨落实到民族院校的招生、学科专业设置、师资队伍建设、教育教学、毕业生就业等全部办学过程和各个育人环节之中，以满足少数民族和民族地区对各类人才的需求。[1]半个多世纪的历史事实证明，正因为民族院校坚定了办学宗旨，才发挥了非民族院校无法替代的特殊作用，才取得了今天如此巨大的发展成就。“半个多世纪的办学历史昭示，笃定办学宗旨，是民族院校生存与发展的生命线和根本点，过去如此，现在如此，将来也是如此。笃定则立，偏离则废，这既是民族院校未来发展的战略导向逻辑，也是民族院校办学治校的特殊规律之一”[2]。

发挥特色，是民族院校创业之基。[3]坚持特色发展，就是要践行办学宗旨，遵循民族高等教育规律，破解分类不清、定位不明、特色不显、模式单一等方面的问题，明确自身在高等教育体系中的位置，惦念服务民族工作大局的责任，胸怀民族教育使命任务的重托，准确把握自身角色和特殊使命，确定发展目标及重点任务。始终坚持把“标准”定格在让党放心和让人民满意上，把“质量”聚焦在各族学生健康成长和全面发展上，把“特色”书写在地方和民族地区的广袤土地上，把“水平”体现在服务国家战略需求和我国民族团结进步事业的创新发展上；不负重托、坚守根本，不辱使命、创新驱动，绵绵用力谋质效，久久为功促发展，创一流业绩，树一流形象，定一流标准，立一流标杆。不为时尚所惑，不为积习所蔽，不为浮名所累，不为指标所困，胸怀理想，坚定

[1] 杨胜才. 试论民族院校的办学定位[J]. 西北民族大学学报（哲学社会科学版），2012（5）：118-121.

[2] 杨胜才. 高水平民族大学建设路径选择必须遵循的若干逻辑[J]. 西南民族大学学报（人文社会科学版），2017（12）：217-222.

[3] 杨胜才. 发挥特色：民族院校立校创业的基石[N]. 光明日报（理论版），2006-04-11.

信心，轻装上阵，砥砺前行，这才是“双一流”建设之真势，也才是高水平民族大学成就之正道。[1]

第二节 学科发展：重点突出优势更优特色更特

一、学科建设规律

学科是大学发展的重要基础，学科建设是大学建设的核心任务之一。把握学科建设规律是推进学科发展的认识前提，是开展学科建设的本质要求，有利于清晰大学学科建设的发展方略，提高学科建设的科学化水平。把握学科建设规律，就是要充分理解学科的内外部关系规律及其学科内部关系规律，明确学科规律对于学科建设的诸如适应性、交叉创新、重点突破和以人为本等规律性要求，明确学科定位，培育学科文化，创新建设内涵。[2]把握学科建设规律，就是要找准学科逻辑起点、推行内因驱动式发展，以推动学科交叉融合发展为基本方式，注重内外部条件的综合支持，注重传统、培育优势、突出特色的学科内涵式发展的基本要求，并同时符合社会经济发展的外在需要和教育发展的内部规律，坚持适应性原则、发展性原则、系统性原则、重点建设原则和突出特色原则。[3]把握学科建设规律，就是要根据学科建设的“四个特点”[4]，立足尊重学科发展规律这一“双一流”建设基点，坚持消除量化思维的科学发展观，推行学科与大学分离的政策，实施学科为中心的发展战略（中位管理原则或中间突破策略），把大学建设的基点和重心落实下放到学科上，最大限度地规避资源过于集中、行政权力滥用、管

---

[1] 杨胜才. “双一流”战略视野下的民族院校抉择[J]. 民族教育研究，2017（2）：5-9.

[2] 韩文瑜，等. 握学科规律 培育学科文化 促进学科发展[J]. 中国高等教育，2011（7）：22-24.

[3] 汪勇. 遵循规律、突出特色 促进学科建设内涵式发展[J]. 公安教育，2013（11）：48-52.

[4] 殷翔文. 创新思路遵循规律扎实推进高校优势学科建设[J]. 江苏高教，2011（3）：1-4.

理简单粗放、学术腐败丛生、同质化倾向严重、非学术恶性竞争，倒逼大学内部管理重心下移，激发学科发展活力、促进学科交叉融合，解放学术生产力，把学术发展的外在驱动变成学术发展的内在驱动[1]。

二、学科建设思路

学科建设该如何更好地遵循人的发展规律、知识的发展规律和教育的发展规律，更充分地发挥人才培养、科学研究、社会服务、文化传承创新以及国际交流合作职能，更有效地处理好规模、结构、质量、特色、效益之间的关系，推动高等教育实现内涵式发展？对此，有专家认为，学科内涵式建设和发展的关键要素在于确定学科定位、优化学科布局、完善学科组织、加强项目建设、加强学科基地建设、完善学科制度、营造学科环境。[2]“以制度创新为核心，以学科结构战略性调整为基础，加强校园文化和制度建设，强化学术委员会在学科建设上的规划和指导作用”，打破高校中普遍存在的学科壁垒和知识渗透障碍的通病。[3]地方和区域高校的优势学科建设，要在瞄准学科前沿、“顶天攀高”上下功夫，要在围绕重大需求、“立地贡献”上下功夫，要在科学聚才用才、发挥“团队合力”上下功夫，要在创新管理模式、建设“学科特区”上下功夫，要在深化内外合作、建立“战略联盟”上下功夫，要在遵循学科规律、营造“创新环境”上下功夫。[4]在“双一流”建设中“要牢固树立依附优势学科、重在学科内涵发展的理念，夯实基础学科，培养特色学科，强化制度创新，保障大学自治，实现大学学科的协同创新模式”[5]。从综合的视角来看，“双一流”建设的核心在于处理好教学与科研之间的关系，关键是扎实推进学科专业课程一体化建设。应坚持以

---

[1] 王洪才. “双一流”建设的重心在学科[J]. 重庆高教研究，2016（1）：7-11.

[2] 汪勇. 遵循规律、突出特色 促进学科建设内涵式发展[J]. 公安教育，2013（11）：48-52.

[3] 赵文平，等. 学科发展规律与学科建设问题研究[J]. 学位与研究生教育，2004（5）：23-26.

[4] 殷翔文. 创新思路遵循规律扎实推进高校优势学科建设[J]. 江苏高教，2011（3）：1-4.

[5] 常文磊，等. 世界一流大学及一流学科建设：核心论域与路径突破[J]. 教育探索，2016（12）：47-50.

改革为动力，确定优先发展学科领域，重构专业教育理念，创新人才培养模式，重视课程建设，建立系统化的学术评价国际标准制度，加快中国特色现代大学制度建设。[1]此外，还有专家提示，纵观国外一流大学，普遍将本科人才培养和本科教育质量放在学校发展的重要战略地位，将培养一流本科生作为学校发展的坚定目标和不懈追求，这对我们推进中国特色、世界一流高水平大学建设具有重要的启示和借鉴作用。[2]

三、民族院校路径

民族院校在几十年的建设历程中，始终坚持“民族性”这一根本特色，扎实推进学科建设，现已形成门类较为齐全、富有民族特色的学科体系，为少数民族和民族地区经济社会发展输送了大批高素质人才，为我国民族团结进步事业创新发展做出了重要贡献。但由于民族院校起点较低，历史欠账较多，办学水平总体还不高，与同层次普通高校相比仍有一定差距；学科结构布局不尽合理，学科发展不太平衡，重点学科、新兴学科和应用型学科发展水平偏低、学科间资源整合不够，学科建设还不能完全适应民族高等教育发展的现实需要；高水平的学科平台和高层次学科领军人才奇缺，学科建设投入严重不足；同质化、行政化办学现象仍然存在，以大学章程为核心的现代大学制度尚未完全健全，学校内部治理体系与治理能力现代化有待进一步推进。尽管民族院校在学科建设竞进提质的关键时刻还面临着系列特殊困难和制约瓶颈，但信心比黄金更重要，自知比知人更难得。经过几十年的不懈努力，民族院校通过调适学科定位、优化学科布局、完善学科组织、实施项目建设、构筑学科基地、完善学科制度、营造学科环境，已经基本形成了民族特色显著、学科门类齐全的学科体系，初步积累了富有潜力的相对学科发展优

[1] 周光礼. “双一流”建设中的学术突破——论大学学科、专业、课程一体化建设[J]. 教育研究，2016（12）：72-76.

[2] 李艺英，张春萍，孙宝国. 一流学科建设助力一流本科教育——北京工商大学校长孙宝国院士访谈录[J]. 北京教育，2016：27-29.

势，有利占据了区域地缘优势和校地合作基础。[1]同时，民族院校还迎来了诸多难得的发展机遇。民族院校要实现跨越式发展，要求我们必须具备精心谋事的高超智慧，用心干事的踏实作风，专心成事的执着精神；需要我们必须理清以一流学科为支撑，按照非均衡、集群化和开放性的发展逻辑，遵循“一流为目标、学科为基础、绩效为杠杆、改革为动力”的基本原则，深化综合改革，发挥比较优势，走选择性追求卓越[2]的精进道路，加快学科发展步伐。

（一）明确指导思想与基本原则

要在习近平新时代中国特色社会主义思想的指引下，全面贯彻党的教育方针和民族政策，遵循高等教育规律、民族工作规律、学科建设规律以及人才培养规律，立足地方、面向少数民族和民族地区、辐射全国、放眼世界，按照“特色立校、质量强校、开放兴校、依法治校”的总体办学思路和工作要求[3]，以“特色鲜明、国内一流、国际知名”为奋斗目标，以立德树人为根本任务，以服务民族地区发展、民族工作创新、国家战略需求为建设导向，以提高办学质量、提升核心竞争力和社会服务能力为发展核心，为促进各民族共同团结进步共同繁荣发展，为实现中华民族伟大复兴的中国梦提供有力支撑。

依据“扶优扶强、强化特色、统筹兼顾、整体提高”的原则，优化学科结构与布局，按一级学科整合学科资源，继续推进优势学科建设，形成“特色鲜明、重点突出、结构合理”的学科体系，为建成高水平民族大学奠定学科基础。[4]

---

[1] 曾明，刘兴全，薛子帅. 民族大学建设一流大学一流学科的战略思考[J]. 中国民族教育，2016（4）：17-20.

[2] 陈达云. 民族院校“双一流”建设思考[J]. 中南民族大学学报（哲学社会科学版），2016（3）：1-4.

[3] 国家民委教科司. 关于全面深入学习贯彻巴特尔同志对委属高校发展改革指示精神的通知[Z]. 2016-06-20.

[4] 曾明，刘兴全，薛子帅. 民族大学建设一流大学一流学科的战略思考[J]. 中国民族教育，2016（4）：17-20.

（二）确定建设目标及发展方式

立足学校历史传统和特色优势，面向民族地区高质量发展和国家重大战略布局急需，对焦学科建设与社会需求有效对接和互促共进，依据“非均衡、集群化和开放性”的学科发展理路，通过系统规划、重点建设、错位发展、动态调整，使优势学科率先冲顶，特色学科形成高原，培育学科提质进位，新兴学科实现跨越，形成重点突出、梯队分明、布局合理的学科建设态势，形成点面结合、支撑有力、协同促进、优势互补的可持续发展学科体系。在建设周期内，优势学科（或其特色研究方向）要达到国际知名、国内一流水平，特色学科要达到国内知名、区域一流水平，培育学科要达到区域重点水平，新兴学科要达到一般院校领先水平。

（三）落实推进措施与保障条件

推进措施主要是实施好七大工程。

一是学科模式创新工程。按照“四个集中”和“六个导向”的实践经验与发展逻辑，创新学科有效组织模式，完善学科要素运行机制，使教师向学科团队集中，学科团队向硕士点、博士点集中，硕士点、博士点向重大项目、重点学科、实验室基地平台集中，学科平台向重点学科、优势学科、特色学科和培育学科集中。通过集中，实现师资队伍的有机整合，实现学术团队力量的规模集成。学科队伍建设以基地为导向，以重点实验室为导向，以重点项目为导向，以社会需要为导向，以优势学科和特色学科为导向，以大师名师为导向。通过导向，发挥学科集群和交叉融合的优势，组建多种形式的创新学术组织，形成充满活力的创新团队，[1]并强调这种学术组织的“多学科特征”，以保持各相关学科间的连通性。同时设立重点学科、优势学科、特色学科和培育学科建设专项，重点投入，全力打造，注重绩效，滚动发展。

二是重大项目培育工程。参照国家重点项目标准，面向民族地区经济社会发展及产业转型升级急需，每年遴选一定数量重大项目并给予相

[1] 陈达云. 高水平民族大学建设的思考[J]. 高等教育研究，2013（9）：36-39.

应经费重点支持，为凝练研究方向、实现错位发展、培育新的学科增长点、积累一批创新成果创造条件。

三是拔尖人才引领工程。牢固树立“以人为本”和“第一资源”的建设理念，加大人才引进和培养力度，重点引进高精尖缺领军人物，加快引进和培育杰出学科带头人和优秀创新团队，秉持“五湖四海”原则，聚集海内外优秀人才，并在优化结构、激发活力、提升能力、创新管理、强化保障等方面做好文章。

四是创新人才培育工程。以学科建设带动专业改造，优化专业结构，提升专业内涵，提高人才培养质量，配套教育教学改革专项资金，以一流学科建设为依托开展创新创业型人才培养模式创新，形成各具特色的人才培养基地。

五是实施协同创新工程。加强与兄弟院校、科研院所、政府组织、企事业单位、社会团体的合作互动，积极争取民族地区各级政府的全力支持，探索政产学研用深度融合的新型模式，着力推进成果转化、打造一批服务型学科专业体系。

六是实施创新文化建设工程。当今时代，创新已成为大国竞争的新赛场，谁主导创新，谁就能主导赛场规则和比赛进程。[1]大学创新文化是培养创新型人才的源头活水，是大学多元文化发展的主导形态；创新人才培养是国家意志的重要体现，是大学创新文化的核心价值。只有从文化创新着力，深化人才培养体制改革，实现人才培养的范式转换，才能永葆大学的社会文化引领作用。培育大学的创新文化，就是要守望大学奉献社会、推动进步的崇高使命，强化大学追求真理、献身科学的价值观念；就是要坚执大学严谨治学、求真务实的科学态度，提升大学自强不息、追求理想的精神境界，崇尚创新、团结民主的团队氛围，营造大学兼容并蓄、海纳百川的学术环境，[2]激励教师潜心育人、静心治学，激发学生奋发向上、健康成长，树立不尚名利、但求真理的价值取向，

[1] 申孟哲. 创新：未来中国的引擎[N]. 人民日报海外版，2015-11-13.

[2] 王兵. 大学创新文化视野中的人才培养体制改革[J].《南京师大学报》（社会科学版），2011（2）：9-15.

使高等学校成为社会文化的高地。[1]

七是现代治理工程。坚持以人为本、顺应客观规律、合乎法治精神，通过规则制定、制度落实、文化涵养实现对组织成员的方向引导、动机激发与行为强化，充分调动人的积极性、主动性和创造性，促进人与制度的良性互动，形成以大学章程为基础，以制度激励为主线，以大学治理能力建设为基本内容的制度文化生态，激发教师的尊严感、学生的自豪感和全体员工的成就感，[2]为高水平民族大学建设提供有效的制度保障。

落实保障条件主要是构建跨学科共创、跨学院共建、校部院共管、大部制共抓、校内外共育、产学研共融的创新机制，落实规划指导、组织协调、制度调适、资源调配、环境建设、评估督导、责任落实等各项保障条件。

第三节　队伍建设：构建灵活高效人才发展机制

师资队伍是大学的战略性资源，是大学的安身立命之本，是建设世界一流大学的关键因素和重要“支点”。“人才强校”战略行动取向和目的在于，尊重人才成长规律和学术活动规律，在全面提高人才培养能力和提升办学治校整体水平的同时，建立和完善一系列有利于人才脱颖而出、充分发挥其创新精神和创造能力的制度体系，营造一个健康向上的学术生态与环境，最终形成一个高层次人才群体密集、创新活力旺盛的教育系统。“人才强校”战略宏图的实现，引进和资金支持是手段，使用和培养是核心，而制度的完善、土壤的改良和环境营造才是战略得以可持续展开且实现最终目标的基础。[3]

---

[1] 杨胜才. 用新的发展理念引领民族院校科学发展[J]. 中南民族大学学报（人文社会科学版），2016（3）：5-8.

[2] 张杰. 推进以人为本的制度激励 构建现代大学治理体系[J]. 中国高等教育，2014（22）：4-7.

[3] 阎光才. “人才强校”战略内涵与其实施的现实境遇[J]. 中国高教研究，2012（11）：1-5.

一、正视人才队伍困局

自国家启动“双一流”建设、深化人才发展体制机制改革、第四轮学科评估等重大工作以来，全国高校人才工作呈现出前所未有的竞争态势。“由于人才待遇不设上限、同质化办学、一把尺子量不同学科和学校、人才计划各自为政等原因”，导致民族院校与西部高校同样面临着人才竞争白热化、稳才任务显像化、人才成本畸形化、引才风险扩大化的严峻挑战，陷入人才信息不对称导致的引才难、违约追责难导致的履约质量低、国际差异导致的续聘待遇难降、双轨待遇导致“儿子”“女婿”摆不平的窘境。针对西部高校人才工作难题，有专家提出了“大幅提高教师的保障性收入比例、引导各级政府和大学国（境）外引才、设立西部重大研究专项人才计划、设立西部地区专项人才调节津贴、建立西部人才支持条件倍增政策、尽快建立起人才流动补偿机制、出台高层次人才年薪指导意见、出台有效措施限制从西部引才”[1]的对策建议。

事实上，对于“竞价挖人”的乱象，教育部的态度是明确的，也出台了一系列措施，如2017年发出《教育部办公厅关于坚持正确导向促进高校高层次人才合理有序流动的通知》，表明了“不鼓励东部高校从中西部、东北地区高校引进人才”[2]的态度；教育部《关于做好2017年度“长江学者奖励计划”人选推荐工作的通知》指出，鼓励东部地区优秀人才到中西部及东北地区高校应聘，东部地区高校不得到中西部及东北地区高校招聘人选。对违规引进人才、片面依赖高薪酬高待遇竞价抢挖人才的高校，停止下一年度的推荐资格。[3]近日，中共中央办公厅、国务院办公厅印发《关于进一步弘扬科学家精神加强作风和学风建设的意见》，提出了“支持中西部地区稳定人才队伍，发达地区不得片面通过

---

[1] 甘晖. 破解西部高校人才队伍建设难题的战略思考[J]. 中国高等教育，2017（5）：7-10.

[2] 教育部办公厅. 教育部办公厅关于坚持正确导向促进高校高层次人才合理有序流动的通知[Z]. 2017-01-25.

[3] 教育部人事司. 关于做好2017年度“长江学者奖励计划”人选推荐工作的通知（教人司[2017]228号）[Z]. 2017-05-22.

高薪酬高待遇竞价抢挖人才，特别是从中西部地区、东北地区挖人才”[1]的明确要求。相信通过国家相关政策调适，“竞价挖人”的乱象有望得到有效遏制。

然而，从高校内部来看，长期存在着人才队伍结构不合理、人才队伍可持续发展能力差、青年人才成长不通畅、人才队伍发展不均衡、科研创新总体能力不强大等问题，严重制约着高校的改革和发展，其根源还在于人才队伍建设领域存在制度体系“发展”内涵不足、人才梯队建设机制“可持续”特征不明显、人才发展机制“均衡性”不足、管理人才队伍“专业化”程度低等问题。[2]除此之外，民族院校人才工作还存在一些特殊困扰。在人才引进方面，如因学术平台、学科结构和财力支撑等条件的掣肘，缺乏自信心和主动性，存在畏难心理和懈怠情绪；在人才培养方面，缺乏长远规划和针对性措施，统筹性、针对性和前瞻性不足；在人才使用方面，缺乏科学有效的激励机制，“干与不干一个样、干多干少一个样、干好干坏一个样”的现象时有存在，制约着学校事业的发展。[3]

二、破解人才队伍瓶颈

要破解人才工作的难题，开创业尽其人、人尽其才、才尽其用的发展局面，必须在人才工作体制机制创新上下功夫。要正确处理学校定位与人才规模、层次、结构的关系，引进、培养与使用人才的关系，稳定与流动、保护与竞争的关系，要依据社会市场需求，确立学校培养目标和人才的培养规格，确立学科、专业设置，创造有利于人才成长、培养、引进、选拔、储备、使用的良好环境，构建引培—使用—激励的良性运行机制。[4]尤其是要通过对岗位聘任制度、教师专业发展制度、评价退

---

[1] 中共中央办公厅，国务院办公厅. 关于进一步弘扬科学家精神加强作风和学风建设的意见[N]. 光明日报，2019-06-12.

[2] 郑可春. 论新形势下高校人才队伍建设的创新[J]. 教育探索，2015（6）：59-63.

[3] 陈达云. 民族高校如何加强人才工作[N]. 光明日报（理论版），2016-05-17.

[4] 周德义. 关于高等学校人才队伍建设的思考[J]. 湖南师范大学教育科学学报，2005（3）：70-73.

出制度等的“综合”变革和创新，提升人才队伍建设制度体系的科学性；通过团队发展机制、学科和研究人才的协调发展和青年教师发展机制的创新，探索人才队伍“有序、均衡、可持续”之路；通过管理人才专业化建设，提升高校服务效能，优化高校人才队伍建设环境。[1]集中力量重点引进和培养高层次人才，并注重发挥其在学科建设中的高端引领作用、内涵驱动作用和交叉辐射作用，把好钢用在刀刃上。此外，作为办学主体的高校身处办学工作第一线，始终面临着诸多棘手问题和特殊困难，建议教育主管部门在合规合法、合情合理、可控能控的范围内，遵从大学章程的核心精神，遵循大学发展的内在逻辑，给予高校更多的依法本应享有的办学自主权，便于高校在破解人才瓶颈时有更多灵活招数和更大回旋余地。

第四节 协同创新：提升服务民族地区发展水平

结构功能主义认为，如果社会作为一个系统要继续存在下去，就需要构成整体的各部分都发挥一定的功能并互相依存。在系统论看来，系统的各部分只有在系统的变化过程中达到协调，系统才能达到整体上的步调一致，充分发挥系统功能，以实现系统整体的最优化。[2]协同，既意味着要考虑内部要素的协调一致，也意味着要关照内部外部的同频共振。

一、注重协同破除壁垒

2011 年 4 月，胡锦涛同志在庆祝清华大学建校 100 周年大会上的讲话中特别强调，高等学校特别是研究型大学“要积极提升原始创新、集成创新和引进消化吸收再创新能力，瞄准国际前沿，加强基础研究，推

[1] 郑可春. 论新形势下高校人才队伍建设的创新[J]. 教育探索，2015（6）：59-63.

[2] 周洪宇. 论大学教育的协调发展[J]. 青岛化工学院学报（社会科学版），1999（1）：13-16.

动学科融合，培育新兴学科，建设重大创新平台和创新团队，以高水平科学研究支撑高质量高等教育。要积极推动协同创新……在关键领域取得实质性成果，努力为建设创新型国家作出积极贡献”[1]。次年，先后出台的《教育部 财政部关于实施高等学校创新能力提升计划的意见》和《“高等学校创新能力提升计划”实施方案》，标志着大学协同创新进入正式议事日程并迈出了关键的第一步。

全面推进协同创新是提升高校科研能力的必由之路，是提升高校人才培养质量的客观要求，是服务经济社会发展的内在要求。大学协同创新是组织内协同和组织外协同的统一，本质上是一种管理创新。就大学内部管理而言，就是要走出学科专业之间的藩篱、大学精神文化的式微、大学人才培养的单一、大学思想交流的趋少、大学教师评价的短视等创新要素紧密相关的核心要素和支撑要素的现实困境。通过科学管理和制度设计，促成这些要素与协同创新的融合；通过优化要素结构，形成合力，推进协同创新。[2]全面推动协同创新，基本前提是在发展意识上强化协同，重要基础是在推进实施上强化规划，关键所在是在机制建设上强化联合攻关，根本保障是在搭建平台上强化开放创新。[3]

二、推动协同提质增效

就民族院校的协同创新而言，在办学定位上，要把促进公平和提高质量作为工作的出发点和落脚点，主动适应民族地区全面建成小康社会目标需求，跟进服务国家重大战略布局和民族工作大局要求，不断满足各族群众日益增长的对高等教育特别是优质高等教育的需要。[4]

在培养目标上，要以学术研究型人才培养为引领、以应用技术型人才培养为中心、以服务民族地区高质量发展为指向，并从知识、能力、

[1] 胡锦涛. 在庆祝清华大学建校 100 周年大会上的讲话[N]. 人民日报，2011-04-25.

[2] 周继良. 大学协同创新的内部现实困境与制度改进[J]. 四川师范大学学报(社会科学版)，2012（6）：15-22.

[3] 张宏伟. 全面推进协同创新 加快建设高水平大学[J]. 中国高等教育，2015（23）：10-12.

[4] 杨胜才. 论民族院校的地位、品位和方位[J]. 高等教育研究，2015（12）：47-50.

素质结构和面向社会需求的角度明确人才培养目标、规格和要求。

在协同模式上，一方面，要加强与国际国内优质教育资源的协同合作，重点在民族地区急需学科专业领域联合培养人才。另一方面，要强化创新体系建设，瞄准民族地区急需，尽学校当前所能，建设一批高水平科技创新基地；加强应用基础研究，提升原始创新能力；着力新型智库建设，服务民族地区重大决策；健全有利于激发创新活力和促进科技成果转化的体制机制；探索构建产学研用深度融合的全链条、网络化、开放式协同创新联盟，为民族地区加快发展提供人才支撑和科技保障。

在学科建设上，要坚持有所为有所不为、有先为有后为，坚持突出重点、形成优势特色。找准学科内涵提升和经济社会发展的结合点，通过新建扩建、学科共建、校所（院）联建、校企校地合建等方式，对接国家和地方创新驱动发展战略，满足少数民族和民族地区对于工科、医学、管理学科和民族特色学科等方面紧缺人才的现实需求；主动实施分类发展、特色发展、转型发展，引导优势学科向国内外顶尖水平看齐，促进特色学科在服务中发展。注重专业内涵的调整，处理好学科建设跟专业发展之间相辅相成、相互促进的辩证关系，扩大应用型、复合型、创新型人才培养规模，努力把具有区域特点、民族特色的专业做大做强。

在教学改革上，要树立以本为本、育人为本和“三个一切”的教育理念，促进学生又红又专、德才兼备、全面发展，重建富有时代内涵、呼应社会需求的人才观和质量观，深化教育教学改革，直奔教育教学理念更新的深处改，直击人才培养模式创新的痛处改，直面教学模式改革的难处改。[1]倡导教学科研融合，完善质量保障体系，夯实学生专业基础，注重综合素质全面提升，着力培养创新创造和创业就业能力。

在人力资源建设上，“更加突出环境引才，打造人才‘服务链’；更加突出精准聚才，培育人才‘生态圈’；更加突出科学育才，汇聚人

[1] 陈达云. 关于民族高校教学改革的几点思考[J]. 中南民族大学学报（人文社会科学版），2013（1）：1-4.

才‘梯队群’；更加突出人尽其才，搭建人才‘创业汇’”[1]，坚持以事业留人、感情留人和待遇留人，促使人才愿意来、留得住、干得欢、能出彩。在现代大学制度建设上，要坚持依法自主办学、自我约束；积极融入社会发展，坚守大学精神；优化内部治理结构，保证学校发展战略目标的顺利实现。

在软实力建设上，要积极营造具有创新文化特质[2]，创新文化要素齐备的文化生态[3]，倡导和弘扬敢创、善创、独创的科学进取精神，营造和形成人才想干事、好干事、干成事的良好环境，为进一步激发师生创新创造活力奠定坚实基础[4]；“用新时代中国特色社会主义思想铸魂育人，引导师生增强中国特色社会主义道路自信、理论自信、制度自信、文化自信，厚植爱国主义情怀，把爱国情、强国志、报国行自觉融入坚持和发展中国特色社会主义事业、建设社会主义现代化强国、实现中华民族伟大复兴的奋斗之中”[5]。

第五节　坚守根本：聚焦民族英才培养首要目标

人才培养是高等学校的首要职能，提高人才培育质量是高等学校内涵发展的核心要义，立德树人是高等学校的根本任务，古今中外莫不如此。2016年，习近平总书记在全国高校思想政治工作会议上明确指出，“高校立身之本在于立德树人。只有培养出一流人才的高校，才能够成为世界一流大学。办好我国高校，办出世界一流大学，必须牢牢抓住全面

[1] 赵曙明. 引才聚才谋发展 育才用才添活力[N]. 新华日报，2017-03-30.

[2] 刘湘溶. 大学应积极成为社会创新文化的引领者[J]. 中国高等教育，2007（7）：17-19.

[3] 眭依凡. 创新文化：决定大学兴衰的文化之魂[J]. 中国高等教育，2007（7）：7-10.

[4] 杨胜才. 用新的发展理念引领民族院校科学发展[J]. 中南民族大学学报（人文社会科学版），2016（3）：5-8.

[5] 习近平. 用新时代中国特色社会主义思想铸魂育人 贯彻党的教育方针落实立德树人根本任务[N]. 人民日报，2019-03-19.

提高人才培养能力这个核心点，并以此来带动高校其他工作”[1]。2019年3月18日，习近平主持召开学校思想政治理论课教师座谈会强调，要用新时代中国特色社会主义思想铸魂育人，贯彻党的教育方针，落实立德树人根本任务。[2]2018年“成都宣言”提出，培养堪当民族复兴大任的时代新人是高等教育的核心使命，坚持以本为本、推进“四个回归”是高等教育改革发展的基本遵循，并将“致力于立德树人、致力于教书育人、致力于提升内涵、致力于领跑示范、致力于变轨超车、致力于公平协调、致力于开放合作、致力于开拓创新”[3]作为高等学校的共同承诺和行动坚守。全面有效地落实立德树人的根本任务，切实务实地肩负高等教育的核心使命，是民族院校“坚持社会主义办学方向的本质要求，是贯彻党的教育方针和民族政策核心指向，是履行政治责任、担当历史使命的具体表现”[4]。立德，就是要办让党放心、让人民满意、无愧于时代的高等教育；树人，就是要培养又红又专、德才兼备、全面发展的中国特色社会主义合格建设者和可靠接班人。落实立德树人的根本任务，就是要做到理想信念不动摇，社会主义核心价值观不动摇，“一条道路、两个共同、三个离不开、四个自信、五个认同”不动摇；就是要坚持教书与育人紧密结合，育德与增智互促共进，创新精神和实践能力的培养有机融合；就是要使马克思主义的指导地位更加巩固，中国特色社会主义大学的基本特征更加鲜明[5]，使“有理想信念、有道德情操、有扎实知识、有仁爱之心”成为广大教师的自觉修养和育人导向，“志存高远、敢于担当、修身立德、勇于实践”成为各族学生的成才目标和价值追求。[6]

高等学校肩负着培养中国特色社会主义事业建设者和接班人的重

---

[1] 习近平在全国高校思想政治工作会议上强调：坚持立德树人 实现全程育人[N]. 人民日报（海外版），2016-12-09.

[2] 习近平. 用新时代中国特色社会主义思想铸魂育人 贯彻党的教育方针落实立德树人根本任务[N]. 人民日报，2019-03-19.

[3] 孙竞. 建设一流本科教育：150所高校联合发出《成都宣言》[EB/OL].（2018-06-22）. http://edu. people.com.cn/GB/n1/2018/0622/c367001-30076659.html.

[4] 杨胜才. “双一流”战略视野下的民族院校抉择[J]. 民族教育研究，2017（2）：5-9.

[5] 李元元. 试论中国特色社会主义大学的基本特征[J]. 中国高等教育，2015（24）：16-19.

[6] 杨胜才. “双一流”战略视野下的民族院校抉择[J]. 民族教育研究，2017（2）：5-9.

大任务，要站在确保党的事业后继有人和社会主义事业兴旺发达的战略高度，要站在协调推进“四个全面”战略布局和“五位一体”总体布局的全局高度，要站在实现“两个一百年”奋斗目标和中华民族伟大复兴中国梦的时代高度，深入思考、全面把握“培养什么样的人、如何培养人、为谁培养人”和“办什么样的大学、怎样办好大学”这一系列根本性问题，这“是高校办学治校的首要问题，也是办好中国特色社会主义大学的关键所在”。[1]

只要有教育实践活动的存在，就会有对教育根本逻辑的追问。2016年教育部部长陈宝生在武汉高等学校工作座谈会上提出高等教育要做到四个“回归”，即回归常识、回归本分、回归初心、回归梦想[2]，这应该就是高等教育办学必须遵循的根本逻辑。民族院校遵循办学根本逻辑，就是要立足中国国情校情，牢固确立人才培养的中心地位，视本科教育为学校教育之本，视人才培养为学校事务之源，[3]将培养具有“三个特别”特质的各民族创新型人才作为首要目标，夯实发展的基础，回归大学的本源。

一、确立培养目标

培养目标是人才培养的规格和标准，是大学培养什么样人的价值主张和具体要求，是大学人才观的集中反映，也是大学理想和使命的具体体现。人才培养目标设计质量预示着大学教育质量。明确人才培养目标，是确保大学人才培养应有质量的前提。

创新型人才研究表明，创新型人才往往具有：很强的好奇心和求知欲望；很强的自我学习与探索的能力；在某一领域或某一方面拥有广博而扎实的知识，有较高的专业水平；良好的道德修养，能够与他人合作或共处；健康的体魄和良好的心理素质，能承担艰苦的工作等特质。[4]

[1] 郭倩. 教育管理者话《意见》[N]. 人民日报，2015-02-12.

[2] 陈宝生. 高等教育要做到四个“回归”[N]. 中国教育报，2016-10-25.

[3] 刘华东. 培养高素质人才是高校的第一要务[J]. 中国高教研究，2012（7）：69-71.

[4] 陈军华，李心. 创新型人才主体特质及培养环境设计[J]. 科学管理研究，2013（4）：101-104.

目前，从国内大学章程不难看出，各个高校均有人才培养目标，也不乏新意和创意，但总体而言过于宏观而抽象，缺少对创新型人才素质的具体要求，现实中难以把握和操作，与社会现实和时代要求相互脱节。以普林斯顿大学为代表的美国大学则不然，它们不仅关心人才培养目标，并且能与时俱进地确定创新人才培养的标准。在它们本科生培养目标的12项标准设计中就包含了创新型人才所需要的知识、能力和素质结构，具体为：①具有清楚的思维、表达和写作的能力；②具有以批评的方式系统地推理的能力；③具有形成概念和解决问题的能力；④具有独立思考的能力；⑤具有敢于创新及独立工作的能力；⑥具有与他人合作的能力；⑦具有判断什么意味着彻底理解某种东西的能力；⑧具有辨识重要的东西与琐碎的东西、持久的东西与短暂的东西的能力；⑨熟悉不同的思维方式；⑩具有某一领域知识的深度；⑪具有观察不同学科、文化、理念相关之处的能力；⑫具有一生求学不止的能力。针对这一具体明了的培养目标，大学的创造性人才培养工作不仅可以有的放矢，而且可以有依可循、有据可查。[1]

借鉴国外创新型人才培养目标设计的他山之石，鉴于我国高校当前存在的“三创”短板，在培养目标的设计中应更好地体现对创业意识、创业精神和创业能力的要求。同时，还应处理好学科建设与人才培养的关系，消除学科隔离，促进学科融通，汇聚多学科综合育人合力，凸显高水平民族大学建设的根本指向性和稳步健康高质量发展的可持续性。

二、创新培养模式

把握教学制度、教学模式和人文环境等三个培养模式的基本要素，在培养模式创新的过程中，要践行《中国教育现代化 2035》中关于推进教育现代化的八大基本理念，更加注重面向社会实际、强调学科交叉、重视能力培养、加强实践环节、培养团队精神、训练系统思考和创新能力等。

---

[1] 眭依凡. 大学：如何培养创新型人才——兼谈美国著名大学的成功经验[J]. 中国高教研究，2006（12）：3-9.

在教学制度改革上，既有"学的规定"，也有"教的要求"，创造条件使学生学有空间、选有余地、践有平台、习有项目。[1]与此同时，应进一步完善学分制，保障学生充分的学习选择与自由；探索暑期学制，为部分求学欲望强烈、有发展特殊要求的学生提供科学研究训练、素质拓展教育、专业深化教育、工程实践教育或职业培训教育等；进一步完善和实施本科生参与研究计划，将优秀本科生吸收到教师研究团队和研究项目中来。

在教学模式创新上，"要从教学内容和教学方法入手，重点解决好教师教什么、如何教和学生学什么、如何学的问题"[2]，更加重视通识课程和创新创业课程建设，确保学生的知识、能力、素质结构得到合理优化；更加重视小班教学，推行启发式、探究式、参与式、合作式等教学方式及走班制、选课制等教学组织模式，充分调动学生学习的积极性、主动性，培养学生的批判性思维、创造性习惯以及实战性能力。

在人文环境建设上，要高度重视"追求科学、崇尚真理"和"对国家负责"的大学使命和大学精神文化的营造，"高度重视尊重知识、尊重人才、尊重学生的包容文化的营造，高度重视培育大学竞争意识和学生想象力的文化营造"[3]。

三、提升师资水平

虽说教育者和受教育者是构成大学不可或缺的两类性质和任务均有所不同的主体，但教育的成功与失败最终还是取决于教师。世界高水平大学的共同经验证明，高素质的师资队伍既是决定一所大学核心竞争力也是培养创新型人才的关键所在。"这些大学并不期待大师级的教授

---

[1] 杨胜才. 高水平民族大学建设路径选择必须遵循的若干逻辑[J]. 西南民族大学学报（人文社会科学版），2017（12）：217-222.

[2] 陈达云. 关于民族高校教学改革的几点思考[J]. 中南民族大学学报（人文社会科学版），2013（1）：1-4.

[3] 眭依凡. 培养创新型人才的呼唤：重构大学人才培养体系[J]. 中国高等教育，2008（19）：14-18.

立即给学生传授他们一时不能理解的高深学问，更为重要的是让学生在进校之初就能在与大师巨匠的零距离沟通中，在很高的起点上领悟科学、宇宙、人生的真谛，并充满信心找到自己未来的人生目标。优秀教授对学生影响不仅体现在学科专业的指导方面，更在于由他们带给学生的追求科学、献身科学、严谨做学问的精神和思考、研究问题的方法，以及由他们形成的知识至上、真理至上的优良教风和学风。”[1]

反观我国大学教师发展状况，据 2014 年调查发现：中国大学教师具有年纪轻、学位获得时间短、博士比例高、学术近亲繁殖重、来自农村乡镇的多、父母教育程度和职业层次低、感觉工作压力大、满意度较高的归纳性群体特征；具有周均工作 45 小时、年均收入近 11 万元、1/3 的人住政策房、1/3 的人没有出过国、1/5 的人有可能不再选择本职业，教学、科研偏好比例为 2∶8，认可的教学、科研、服务权重为 4∶4.5∶1.5 的数据性职业特征。调查结果表明，大学教师职业最具公平性但仍需多样化背景的人加入，入职门槛高但需提高其职业发展条件，职业特性明确但要求教师个体更为努力的学术追求。[2]由此看来，高素质师资队伍建设迫在眉睫且任重而道远，不仅需要标本兼治，还需要综合施策。无论从育人的角度，还是从育师的角度，都需要解决好立师德、正师风、强师能、铸师魂的问题[3]。从育人的角度，迫切需要破解“不少老师已经沦为教书匠，死气沉沉地照本宣科，只会给学生灌输教条思维和死的知识，教学不是智慧的启迪，而是程式化地知识灌输，机械地记住结论”的问题；从育师的角度，就是要以“四有”[4]为基本要素，以“四个统一”[5]为成长路

[1] 眭依凡. 大学：如何培养创新型人才——兼谈美国著名大学的成功经验[J]. 中国高教研究，2006（12）：3-9.

[2] 沈红. 中国大学教师发展状况——基于“2014 中国大学教师调查”的分析[J]. 高等教育研究，2016（2）：37-46.

[3] 杨胜才. 高水平民族大学建设路径选择必须遵循的若干逻辑[J]. 西南民族大学学报（人文社会科学版），2017（12）：217-222.

[4] 习近平在北京师范大学考察号召全国广大教师做党和人民满意的好老师[N]. 人民日报，2014-09-10.

[5] 习近平在全国高校思想政治工作会议上强调：把思想政治工作贯穿教育教学全过程 开创我国高等教育事业发展新局面[N]. 人民日报，2016-12-09.

径，以“四个引路人”[1]为目标要求，引导广大教师以德立身、以德立学、以德施教，培育一批把追求科学、追求创新视为自己学术生命的高水平的学术领袖型教师，培育一种把发现、培养、扶植优秀学生视为教师天职的教师文化。

四、培育优良学风

学风建设是民族院校实施教育质量工程的主要内容和有效途径，更是高水平民族大学建设的有力抓手和关键措施。高校学风建设的系统性和复杂性，从客观上决定了其主体的多重性，具有群体性、历史性、稳定性、系统性、目标性、层次性等特征。[2]学生、教师、管理人员和学校领导都会在各自的层面发挥作用，从而对学风建设产生不同的影响。“应该说学风是学生的求学研学之风，教师的教学治学之风，教学管理人员的督学管学之风，学校领导的办学导学之风的总和。它反映的是人们内心深处深层次的价值理念、世界观和方法论。”[3]

当前，在校学生学习状况总体向好，但由于受社会风气、家庭环境、自身基础、资源供给、学校管理多种因素的影响，部分学生不同程度地存在功利性、浅层性、敷衍性、投机性学习的现象。[4]近期，有研究者以华南农业大学为个案对高校学风建设的现状和问题进行了实证分析。研究结果表明：学习指导是高校学风建设的关键因素，学风管理是学风建设的薄弱环节。同时也发现高校学风建设存在着下列问题和不足：学业指导对学生需求关注不足，个体发展的育人载体有待优化；新生适应大学的教育模式较慢，适应性教育的实效性有待提升；“朋辈互助”的学业帮扶理念普及不够，学业互助中心有待全面推广；综合测评评价体

[1] 刘奕湛，吴晶，等. 努力培养出更多更好的人才——习近平总书记在北京市八一学校考察时的讲话引起热烈反响[N]. 人民日报，2016-09-11.

[2] 陈玉栋. 试论高校学风建设的概念、主体及特性[J]. 高教探索，2014（4）：92-96.

[3] 吕秋芳. 大学学风建设的内涵、本质及误区[J]. 北京青年政治学院学报，2008（4）：52-56.

[4] 杨胜才. 高水平民族大学建设路径选择必须遵循的若干逻辑[J]. 西南民族大学学报（人文社会科学版），2017（12）：217-222.

系的学习主体导向作用依然不够突出；大学生学习目标不清晰、缺乏学习动力，自我管理和时间管理能力有待提升；等等。[1]因此，要培育优良的学风，需要遵循育人规律，践行“以本为本”理念，培育教育教学质量文化，积极“构建‘乐学–动力’体系、创设‘辅学–帮扶’体系、探索‘督学–养成’体系、打造‘优学–创新’体系、培育‘勤学–示范’体系、布局‘导学–相长’体系，努力形成以教风带学风、以管理促学风、以服务护学风、以环境育学风、以实绩彰学风的学风建设工作新格局，全力培养德智体美劳全面发展的社会主义建设者和接班人”[2]。

第六节　改革开放：激发内部活力用好国际资源

习近平总书记在党的十九大报告中指出，“只有社会主义才能救中国，只有改革开放才能发展中国、发展社会主义、发展马克思主义”[3]。近年来，我国高等教育大众化水平持续提升并快速迈向普及化，服务经济社会发展能力显著提高，人民群众获得感明显增强，高等教育国际影响力不断扩大，得益于大力实施教育规划纲要，坚持走以质量提升为核心的内涵式发展道路，以立德树人为根本任务，以服务引领经济社会发展为时代主线，不断深化改革，着力优化结构布局，着力加强质量保障，着力促进教育公平，着力提升开放水平，高等教育改革发展取得了历史性成就。“改革开放是中国的基本国策，也是今后推动中国发展的根本动力。”[4]同理，改革开放也是我国建设高水平民族大学和实现高等教育强国建设目标的必由之路和理性选择。

---

[1] 李晓诗，等. 高校学风建设调查分析报告——以华南农业大学为例[J]. 科技创业，2017（1）：89-92.

[2] 范九伦. 构建“以本为本”学风建设新体系[N]. 中国教育报（高教周刊），2019-03-04.

[3] 习近平. 决胜全面建成小康社会 夺取新时代中国特色社会主义伟大胜利——在中国共产党第十九次全国代表大会上的报告[N]. 人民日报，2017-10-28.

[4] 何欣. 习近平五大发展理念之四：改革开放是基本国策[EB/OL].（2016-02-09）. http://www. ce. cn/xwzx/gnsz/gdxw/201602/09/t20160209_8806876. shtml.

一、以改革添活力

改革创新是推动民族院校内涵发展的根本途径。要建设高水平民族大学，关键要走内涵式发展道路，核心在于人才培养模式创新，主动实现学校发展方式的战略性转变，使数量扩张服从质量提高，硬件增加服务于软件升级；从局部调整转向功能提升，从建设大楼转向培育大师；以科学发展为要义，以改革创新为动力，在改革的全方位、深层次和系统性、长效性方面下功夫、求突破，切实解决现实工作和长远发展中的突出矛盾和问题，将学校发展推向更深层次、更新阶段、更高水平。[1]

一是要明确改革方向，聚焦改革重点。以内部改革为切入点，以推进干部人事制度改革，深化教育教学改革等为突破口，积极调整学校内部各要素的运行方式，协调各功能的有效发挥。通过培养模式改革，实现教学相长；通过科研体制改革，走出科研与教学“两张皮”的怪圈；通过人事分配制度改革，为培养优秀人才而汇聚优秀人才，打破“三个一个样”的格局，根除“个人主义、平均主义、好人主义”的顽疾；通过治理模式改革[2]，调动各个发展要素积极性，激发各种办学治校正能量；通过学科体制改革，优化学科交叉融合的组织方式。

二是确立改革目标，破解发展难题。围绕推动民族院校内涵式发展的主题主线，通过改革的聚焦、综合、协同与集成，破解发展难题，提高育人质量，推动学校在人才培养这个根本使命上有新突破，在科技创新这个关键支撑上有新突破，在学科建设这个战略举措上有新突破。

三是完善改革保障，确保常态长效。在更加“具有固化的注意力和保持力”[3]的民族院校进行全面深化改革，既要突破思想“禁区”，更

[1] 陈达云. 以改革创新为动力以内涵建设为核心 努力建设人民更加满意的高水平民族大学[J]. 中南民族大学学报（人文社会科学版），2014（4）：1-4.

[2] 蒋达勇，王金红. 现代国家建构中的大学治理[J]. 高等教育研究，2014（1）：23-31.

[3] 刘龙洲，廖志鹏. 论现代大学制度下我国高等学校内部管理体系的构架[J]. 湖南工业大学学报（社会科学版），2009（3）：129-130.

要突破利益“雷区”。为此，必须确保改革认识到位、改革行动同步、改革作风过硬。[1]

二、以开放促发展

大学总是在与社会的互动中不断地探索和实践新的大学理念，审视和调整自身的组织结构和大学制度。[2]作为学习型、创新型组织，开放是大学的应有之义和组织特征[3]，也是现代大学科学发展的规律性特征[4]。开放，意味着要主动回应和担当“培养具有全球视野和多元文化背景的创新型人才、树立国际话语权、发挥高端智库”新使命[5]；开放，意味着要积极面向市场、社会和国际开放。面向市场开放，需要转变和更新对学校、学校产品、学校管理的认识，需要全面综合地遵循教育规律、民族工作规律与市场经济规律，需要关注就业市场需求、区域经济发展、办学成本等要素的变化，需要坚守育人之本、兴校之基、办学之魂并在市场中调整和规范，在适应中服务和引领。面向社会开放，需要将社会服务提升至与其他职能同等重要的地位，借鉴国内外高水平大学的成功经验，把社会服务列为办学目标，纳入发展规划，深化校地校企合作关系，聚焦学术所应扮演的社会角色，关注学校促进公共福祉和社会责任的角色与功能，并通过面向社会开放设施和传授知识、扩大师生的社会参与、促进地方经济与企业发展，以及建立公共关系等多个维度加以实现。面向国际开放，需要在坚持平等性和普遍性、融合性和独立性、开放性和闭合性相结合的实践原则下[6]，精心做好国际化发展顶层设计，转变发展理念，优化内部管理，

---

[1] 陈达云. 以改革创新为动力以内涵建设为核心 努力建设人民更加满意的高水平民族大学[J]. 中南民族大学学报（人文社会科学版），2014（4）：1-4.

[2] 周光礼. 完善高教治理结构加快现代大学制度建设[J]. 中国高等教育，2009（15-16）：15-17.

[3] 马陆亭. 开放是大学昌盛的基础[J]. 中国高等教育，2016（5）：8-10.

[4] 靳占忠，王平. 开放办学制度化与现代大学发展[J]. 高等农业教育，2010（2）：3-5.

[5] 樊丽明. 中国开放新阶段与大学的使命[J]. 中国高等教育，2016（5）：11-14.

[6] 丁玲. 中美大学国际化实践及发展趋势研究[D]. 武汉：华中科技大学博士学位论文，2012：194.

完善制度机制，创新外事工作，健全来华留学教育体系，形成多维一体、环环相扣的国际化发展链条，在依托优势学科重点突破，锻造国际化师资队伍，培育国际化人才等方面积极稳妥有效推进。[1]

国际交流合作既是高等学校的重要使命，也是实现建设高水平大学奋斗目标的重要途径。当前，民族院校的国际交流与合作仍处于起步阶段，还远未真正入流入圈，存在着“对教育国际化理念的认识有待深化，各院校之间的互动与合作有待加强，参与对外交流的平台有待拓展，院校的品牌形象有待提升，教师和学生出国交流学习机会偏少，对外合作项目层次低且发展不平衡”等方面的问题。[2]要开创对外开放的办学格局，鉴于当前民族院校的国际交流合作仅处于起步提速阶段的实际，要在国际化的办学理念、师资水平、培养目标、课程体系、培养平台、合作方式等方面积极探索和加快推进。[3]

第七节　依法治校：推进内部治理体系的现代化

中共十八届三中全会提出了完善中国特色社会主义制度、推进国家治理体系和治理能力现代化的我国现阶段全面深化改革的总目标。中共十八届四中全会又做出全面推进依法治国的重大战略部署。“在这一宏观背景下，高等学校作为教育体系的重要组成部分和实施教育教学活动的社会机构，决定了高等学校不仅要成为整个教育系统治理体系的现代化建设和依法治校排头兵，同时也是实现我国高等学校自身高水平发展的必由之路和基本保障。”[4]

---

[1] 杨胜才. 用新的发展理念引领民族院校科学发展[J]. 中南民族大学学报（人文社会科学版），2016（3）：5-8.

[2] 陈达云，等. 民族高等教育特色发展研究[M]. 北京：民族出版社，2013：258-261.

[3] 杨胜才. 高水平民族大学建设路径选择必须遵循的若干逻辑[J]. 西南民族大学学报（人文社会科学版），2017（12）：217-222.

[4] 华起，刘帅. 高校的依法治校与治理体系现代化：协调与共进——我国高校高水平发展的必然选择[J]. 教育教学论坛，2016（45）：7-8.

一、内部治理症结所在

治理体系和治理能力现代化既是高校层面建设现代大学制度、创建一流大学的现实需要，也是教育层面的重要内容和国家层面的重要体现。纵观当前高校治理的现状，政府主导地位、学校依附地位、社会边缘地位的不平衡治理体系，政府"包揽一切"、高校"坐等其成"、社会"有心无力"的低水平治理能力，以及治理制度的不完善成为制约高校治理现代化的瓶颈。"就当前我国高校内部制度建设而言，仍存在着体系不完善、内容不合理、程序不规范、监督不到位等问题，亟待构建一个以大学章程为统领、以政治为方向、以行政为保障、以学术为本位、以民主为基础、以执行为重点的协调统一的制度体系。"[1]我国高校自贯彻实施《教育部关于加强依法治校工作的若干意见》以来，在依法治校理念、工作机制、规章制度建设、师生权益保护等方面取得了一定的成绩，然而，"人治"传统的影响、资源配置的不足、市场利益化驱动、高等教育法制的缺失、管理体制改革的夹生和普法工作力度不够等因素不断地冲击和影响着现代大学制度建设。从总体上看，高校与政府、社会的关系还未完全理顺，依法治校的制度和措施还不健全，依法治校还没有完全成为高校的自觉行为，与依法治国基本方略的要求还有相当的差距，加快依法治校的进程依然任重而道远，仍需在强化法治理念、理顺内外部关系、完善规章制度、落实主体责任、建立评估体系、防范法律风险、加强法治文化建设等方面进一步加强依法治校工作，建立健全现代大学制度。

二、内部治理根本出路

大学治理体系现代化之于一流大学建设而言，只有该大学的行政系统和学术系统成为相互配合的协同系统，即两者形成的能量场发生高度耦合，一流大学建设的目标设计与大学内部治理的结构安排两者的逻辑

[1] 杨胜才，胡亚军. 论法治视角下高校内部制度建设[J]. 高等教育研究，2019（1）：37-42.

才能自洽。[1]

针对高校治理中存在的主要问题，进一步深化高等教育综合改革，有专家提出要围绕高校治理这一中心，立足治理体系、治理能力和治理制度三个基本点，着力解决当前高校“治理体系不平衡”“治理能力低水平”“治理制度不完善”等问题，构建起“政党（领导）+ 政府（管理）+ 高校（办学）+ 社会（监督）”的“四位一体”治理体系，充分发挥政党领导能力、政府管理能力、高校办学能力和社会监督能力。[2]还有学者认为，推进中国大学治理结构和治理能力现代化需要实现三大转变：大学外部治理由政事一体化向政事分开转变，大学内部治理由横向分权向纵向分权转变，制度创新由高教法向大学章程的转变。[3]

《中国教育现代化 2035》将“推进教育治理体系和治理能力现代化”列为十大战略任务之一，并明确提出了构建完备的教育法律法规体系、健全教育法律实施和监管机制、提升政府管理服务水平、健全教育督导体制机制、提高学校自主管理能力、推动社会参与教育治理常态化等一系列要求，这为民族院校深入推进依法治校，加快内部治理体系和治理能力现代化建设指明了方向、提供了机遇、提振了信心和增添了动力。

第八节　许民为民：扎根中国大地发挥独特功能

以人民为中心发展教育，是党的十八大以来习近平总书记关于教育的重要论述中的重要内容。坚持以人民为中心发展教育，办好人民满意

[1] 眭依凡. 关于一流大学建设与大学治理现代化的理性思考[J]. 中国高教研究，2019（5）：1-5+48.

[2] 何慧星，孙松. 论高校治理体系和治理能力现代化[J]. 高等农业教育，2014（9）：3-6.

[3] 周光礼. 实现三大转变，推进中国大学治理现代化[J]. 教育研究，2015（11）：40-42.

的教育，既是党“以人民为中心的发展思想”的重要体现，也是党执政为民的内在要求，是我国教育改革发展的基本遵循和指南针。[1]

一、不忘初心提站位

习近平总书记在党的十九大报告中强调，“不忘初心，方得始终。中国共产党人的初心和使命，就是为中国人民谋幸福，为中华民族谋复兴。这个初心和使命是激励中国共产党人不断前进的根本动力”[2]。许民，是大学理想的皈依；为民，是大学行动的指向。遵循许民、为民逻辑，就是要坚守大学的人民性。人民性是中国特色社会主义事业的根本属性。来源人民、为了人民、依靠人民、服务人民是马克思主义政党最鲜明的政治立场。中国共产党更是始终把全心全意为人民服务作为根本宗旨，一系列改革发展、治国理政的战略部署和具体举措，都鲜明体现了“以人民为中心”的发展理念，也生动诠释了中国特色社会主义事业人民性这一根本属性。

我国高等教育坚持以人为本、立德树人、提高质量，努力服务于国家建设和社会进步、快速实现由精英化向大众化并快速迈向普及化教育的转变、努力办好人民满意的教育等需求，充分体现了党和国家教育方针中人民性的根本特征，更是对人民性最深刻的实践和遵循。正因为如此，建设中国特色高等教育强国的根本要求、推动我国大学跨越提升的基本出路、建设一流的基本标准和实现一流的关键要素都在于坚守人民性。践行“人民性”，推动一流建设，必须始终坚持社会主义的办学方向，始终坚持为人民服务的办学宗旨，始终坚持把促进人的全面发展作为基本出发点和落脚点，始终坚持扎根中国大地、办出中国特色的发展思路。尤其是在扎根中国大地和结合自身实际消化吸收再创新并不断凸显办学特色的过程中，要始终坚持面向国家战略需求，不断创新解决制

[1] 教育部课题组. 深入学习习近平关于教育的重要论述[M]. 北京：人民出版社，2019：96.

[2] 习近平. 决胜全面建成小康社会 夺取新时代中国特色社会主义伟大胜利——在中国共产党第十九次全国代表大会上的报告[N]. 人民日报，2017-10-28.

约经济社会发展的关键问题和短板问题，在最紧迫、最急需的精准发力点上破解难题。同时要求切实处理好开放与创新、学术与工程、发展学术性和践行人民性的关系，确保在创建一流的征程中，既不迷失方向，更能充分激发和释放人才第一资源和科技第一生产力的巨大潜能，为中国转型发展、跨越“中等收入”陷阱、实现中华民族伟大复兴做出原创性、支撑性和引领性贡献。[1]

二、牢记使命立新功

民族院校的创办不仅集中体现了人民性，而且在办学实践中还充分体现了践行人民性的高度自觉性。在抗日战争时期，在外忧内乱的背景下，在中华民族危在旦夕的紧急关头，中国共产党人勇担民族大任，在革命圣地延安创建了延安民族学院，以体现当时中国共产党的民族政策，培养各民族的抗战和建设新中国的干部，调查研究各民族的历史、政治、经济、文化和社会生活，争取团结全国各民族实现抗日统一战线。[2]这一伟大创举为中华民族的独立与解放做出了极其特殊的历史性贡献。新中国成立初期，中央落实毛泽东主席《对西北少数民族工作的指示》，成立了多所民族学院，培养了大批各民族党政干部，为了巩固新生的人民民主政权，在我国各民族和民族地区奠定社会主义制度的政治、经济基础发挥了十分重要的作用。20 世纪 50 年代到 60 年代中期，为服务探索适合中国国情的社会主义建设道路的需要，民族院校从低层次的干部培训向正规化的高等专业教育转型发展，为少数民族和民族地区的经济社会发展发挥了更大作用。党的十一届三中全会以后，民族院校及时将工作重点转移到社会主义现代化建设上来，坚决执行新时期党和国家对民族工作的任务要求，大力培养所需要的具有共产主义觉悟的政治干部和专业技术人才。[3]21 世纪以来，

[1] 郑晓静. 论大学的人民性[J]. 中国高等教育，2017（5）：18-21.
[2] 宗群. 回忆延安民族学院[J]. 中国民族，1958（1）：14-15.
[3] 吴仕民. 中国民族教育[M]. 北京：长城出版社，2000：61.

各民族院校着眼于国家战略布局和民族工作大局，准确把握高等教育改革发展方向，主动适应经济发展新常态，更加注重内涵发展和特色发展，更加注重体制创新和需求导向，加快推进学科专业结构调整和优化转型，深入实施创新能力提升计划，为国家宏观决策、地方经济转型升级和民族地区全面建成小康社会提供高效能智力支持、高质量人才保障和高水平科研支撑。[1]半个多世纪以来，民族院校牢记初心，勇担使命，始终践行为少数民族和民族地区服务，为党和国家的民族工作服务，为国家战略需求服务的办学宗旨，对促进我国少数民族和民族地区的民主改革、经济建设、改革开放、社会稳定，维护民族团结和国家统一做出了重要贡献。

在新的历史起点，民族院校扎根中国大地、发挥独特功能，就是要进一步强化“人民性”办学理念，胸怀实现“两个一百年”的奋斗目标和中华民族伟大复兴的“中国梦”，集中精力把经济建设搞上去、把人民生活搞上去这一工作大局，把握和平、发展、合作、共赢的国际大势和建设富强、民主、文明、和谐、美丽的社会主义现代化强国的国内大势，着眼于事关党和国家事业长远发展、事关最广大人民根本利益的大事，坚定政治定力，增强发展定力，保持战略定力，坚守办学宗旨，自觉将学校事业发展的方向和基点放到党和国家的战略需求上去，主动把学校工作的布局和谋划置于党和国家民族工作的全局中来，在培养具有“三个特别”特质的各民族创新型高素质人才，发挥我国民族理论创新和民族政策制定的高端智库作用，打造促进各民族交往交流交融、各民族优秀传统文化创造性转化和创新性发展的战略高地，在对外交往中为展示我国民族工作全球典范、鲜明的中国特色、中国风格、中国气派，讲好中国故事、传播好中国声音提供高品位合作与交流窗口等不断做出新的更大的贡献。[2]

---

[1] 杨胜才. 用新的发展理念引领民族院校科学发展[J]. 中南民族大学学报（人文社会科学版），2016（3）：5-8.

[2] 杨胜才. 高水平民族大学建设路径选择必须遵循的若干逻辑[J]. 西南民族大学学报（人文社会科学版），2017（12）：217-222.

参 考 文 献

一、著作类

[英]阿什比. 科技发达时代的大学教育[M]. 滕大春，滕大生译，北京：人民教育出版社，1983.
[法]安德烈·博福尔. 战略入门[M]. 军事科学院外国军事研究部译，北京：军事科学出版社，1989.
蔡琼. 民族院校发展中的文化转型[M]. 青岛：中国海洋出版社，2009.
陈达云，等. 民族高等教育特色发展研究[M]. 北京：民族出版社，2013.
[美]丹尼尔·若雷，赫伯特·谢尔曼. 从战略到变革——高校战略规划实施[M]. 周艳，赵炬明译，桂林：广西师范大学出版社，2006.
丁学良. 什么是世界一流大学[M]. 北京：北京大学出版社，2004.
国家民委教育科技司，教育部民族教育司. 蓬勃发展的中国民族院校[M]. 北京：中央民族大学出版社，2006.
黄浩明. 非营利组织战略管理[M]. 北京：中国人民大学出版社，2003.
霍文达. 中国少数民族高等教育体制改革研究[M]. 武汉：湖北人民出版社，2007.
[德]克劳塞维茨. 战争论[M]. 中国人民解放军军事科学院译. 北京：商务印书馆，1986.
雷召海，等. 中国民族院校的定位与发展研究[M]. 武汉：湖北人民出版社，2009.
[美]欧内斯特·博耶. 美国的大学——现状、经验、问题和对策[M]. 复旦大学高等教育研究所译. 上海：复旦大学出版社，1988.
欧以克，陈秀琼. 中国民族高等教育问题研究[M]. 桂林：广西师范大学出版社，2012.
唐纪南，张京泽. 中国民族院校发展史[M]. 北京：中国社会科学出版社，2012.
滕星，王军. 20 世纪中国少数民族与教育[M]. 北京：民族出版社，2002.
吴霓，等. 中国民族教育发展报告 2013[M]. 北京：教育科学出版社，2015.
吴仕民. 中国民族教育[M]. 北京：长城出版社，2000.
习近平. 习近平谈治国理政（第一卷）[M]. 北京：外文出版社，2018.
习近平. 习近平谈治国理政（第二卷）[M]. 北京：外文出版社，2017.
杨胜才. 中国民族院校校园文化建设研究[M]. 北京：科学出版社，2016.
周三多，等. 战略管理思想史[M]. 上海：复旦大学出版社，2003.

二、期刊类

包水梅. 关于大学发展规划的基本理论问题探讨[J]. 集美大学学报（教育科学版），2013（2）.
别敦荣，田恩舜. 论大学核心竞争力及其提升途径[J]. 复旦教育论坛，2004（1）.
别敦荣. 论高等学校发展战略及其制定[J]. 大学教育研究，2008（2）.
别敦荣. 大学发展规划需要战略研究[J]. 华南师范大学学报（社会科学版），2010（5）.
蔡莉，蔡言厚. 中国大陆大学排行榜 30 年述评[J]. 中国高等教育评估，2016（4）.
常文磊，仇鸿伟. 世界一流大学及一流学科建设：核心论域与路径突破[J]. 教育探索，2016（12）.
陈达云. 以改革创新为动力 以内涵建设为核心 努力建设人民更加满意的高水平民族大学[J].

中南民族大学学报（人文社会科学版），2013（4）.
陈达云. 高水平民族大学建设的思考[J]. 高等教育研究，2013（9）.
陈达云. 民族院校“双一流”建设思考[J]. 中南民族大学学报（人文社会科学版），2016（3）.
陈军华，李心. 创新型人才主体特质及培养环境设计[J]. 科学管理研究，2013（4）.
陈立鹏，任玉丹. 改革开放40年我国民族教育政策成效显著[J]. 中国民族教育，2018（12）.
陈沛，刘念才. 全球万家企业高管教育背景与世界一流大学的关系研究[J]. 高等教育研究，2016（11）.
陈玉栋. 试论高校学风建设的概念、主体及特性[J]. 高教探索，2014（4）.
陈忠华，甄昕宇. 管办评分离改革背景下民族院校评价指标体系研究[J]. 民族教育研究，2018(4).
陈孜卓. 多元化评价：民族高等教育的诉求——基于师生对民族高等教育质量多元评价的问卷分析[J]. 科教导刊（下旬），2015（4）.
程永波. 基于核心竞争力的高校学科发展战略[J]. 现代教育科学，2010（1）.
褚宏启. 教育现代化的本质与评价——我们需要什么样的教育现代化[J]. 教育研究，2013（11）.
崔育宝，等. 我国世界一流大学建设评价体系的构建及完善论思[J]. 学位与研究生教育，2017(11).
董云川，罗志敏. 高水平大学建设：一种新框架和路径[J]. 高等教育研究，2015（6）.
鄂义太. 实施“两大战略”，培育优势学科 把中央民族大学建设成高水平研究型大学[J]. 中央民族大学学报（哲学社会科学版），2006（3）.
樊丽明. 中国开放新阶段与大学的使命[J]. 中国高等教育，2016（5）.
冯建昆. 再论十七大精神引领我们办好民族大学[J]. 云南民族大学学报（哲学社会科学版），2008（3）.
冯用军，等. 中国特色世界一流大学建设成效评价体系理论建构与实践验证[J]. 江苏高教，2019（1）.
冯用军，赵雪. 中国“双一流”战略：概念框架、分类特征和评估标准[J]. 现代教育管理，2018(1).
冯倬琳，等. 世界一流大学重点建设项目的评价标准与评价要素[J]. 高等教育研究，2017（12）.
甘晖. 破解西部高校人才队伍建设难题的战略思考[J]. 中国高等教育，2017（5）.
高兵. 现代大学视阈下的高水平大学建设[J]. 高等建筑教育，2009（5）.
顾明远. 试论教育现代化的基本特征[J]. 教育研究，2012（9）.
郭时印，等. 影响大学评价指标科学性的主要问题及对策[J]. 高等农业教育，2011（3）.
哈经雄. 试论民族高等教育改革和“双一流”大学建设[J]. 中国教育科学，2017（2）.
韩文瑜，梅士伟. 握学科规律 培育学科文化 促进学科发展[J]. 中国高等教育，2011（7）.
何龙群. 全面加强学科建设，创建高水平的民族大学[J]. 广西民族学院学报（哲学社会科学版），2003（5）.
胡天佑. 大学发展战略的特征及其分析框架[J]. 现代教育管理，2013（12）.
黄彬. 高水平大学建设：行动背景与核心议题[J]. 高教探索，2016（1）.
黄艳. 中国民族高等教育法治化水平最新测度——基于对国内 14 所民族大学的实证研究[J]. 民族教育研究，2018（5）.
蒋达勇，王金红. 现代国家建构中的大学治理[J]. 高等教育研究，2014（1）.
康翠萍，等. 民族院校教育发展规划的实施困境及其对策——基于对国内多所民族院校的考察[J]. 中南民族大学学报（人文社会科学版），2016（3）.
牢昕，薛澜. 我国高等教育资源的空间分布及其对地区经济增长的影响[J]. 高等教育研究，

2016（6）.
李家新. 大学发展战略的制定逻辑与构成体系[J]. 现代教育论丛，2014（5）.
李廷海. 建设世界一流民族大学浅探[J]. 西南民族大学学报（人文社会科学版），2004（9）.
李元元. 试论中国特色社会主义大学的基本特征[J]. 中国高等教育，2015（24）.
刘宝存. 世界一流大学发展模式的个性化选择[J]. 比较教育研究，2007（6）.
刘创. 构建以创新力为导向的大学评价体系的基本原则[J]. 云梦学刊，2014（6）.
刘树道. 世界一流大学的基本经验和我国高水平大学建设之路[J]. 高等工程教育研究，2006（1）.
刘献君，陈志忠. 论战略管理与大学发展[J]. 高等教育研究，2016（3）.
刘向兵. 大学核心竞争力构成要素辨析[J]. 中国人民大学学报，2007（2）.
娄源功. 建设高水平大学应充分发挥好六种作用[J]. 河南教育（高教版），2016（1）.
陆根书，罗继军. 世界大学排名与一流大学建设[J]. 高等工程教育研究，2016（1）.
罗燕. 中国高校评价的制度分析——兼论“双一流”建设高校评价[J]. 清华大学教育研究，2017（6）.
马君曹，莉萍. 基于模糊层次分析与模糊综合评价的课堂教学质量评价体系研究——以西北民族大学为例[J]. 中央民族大学学报（自然科学版），2016（4）.
马陆亭. 开放是大学昌盛的基础[J]. 中国高等教育，2016（5）.
梅雄杰，李志峰. 本体与模式：“双一流”建设评价体系研究述评[J]. 现代大学教育，2018（2）.
孟立军. 对建立我国民族类普通高等学校新分类体系的思考[J]. 民族高等教育研究，2016（4）.
潘泽江，潘昌健，李秋蓉. 民族院校创业教育服务满意度评价体系构建研究[J]. 赤峰学院学报（汉文哲学社会科学版），2016（8）.
曲木铁西. 建设世界一流的民族大学 提升中央民族大学的核心竞争力[J]. 中央民族大学学报（哲学社会科学版），2003（4）.
申怡，夏建国. 论我国高等教育的“不平衡不充分”及其破解路径[J]. 中国高等教育，2018（1）.
沈红. 中国大学教师发展状况——基于“2014 中国大学教师调查”的分析[J]. 高等教育研究，2016（2）.
史华楠. 教育管办评分离的条件、目标和策略分析[J]. 中国教育学刊，2015（7）.
苏德，常永才. 论我国民族院校的独特地位与新使命——以中央民族大学为分析个案[J]. 民族教育研究，2015（5）.
眭依凡. 创新文化：决定大学兴衰的文化之魂[J]. 中国高等教育，2007（7）.
眭依凡. 培养创新型人才的呼唤：重构大学人才培养体系[J]. 中国高等教育，2008（19）.
田建荣，乔娜. 我国大学排行榜的发展困境和理性选择[J]. 徐州工程学院学报（社会科学版），2019（1）.
王保华，张婕. 大学与社会共生：地方高校发展的模式选择——从美国相互作用大学看我国地方高校的发展[J]. 高等教育研究，2003（3）.
王兵. 大学创新文化视野中的人才培养体制改革[J]. 南京师大学报，2011（2）.
王洪才. “双一流”建设的重心在学科[J]. 重庆高教研究，2016（1）.
王嘉毅，陈建海. 从研究型大学到创新性大学——我国高水平大学的发展方向[J]. 高等教育研究，2016 （12）.
王建梁，陈瑶. 后发外生型世界一流大学发展模式述评[J]. 理工高教研究，2010（2）.
王菁，刘瑜澍，黄薇. 高水平大学建设的云南实践[J]. 今日民族，2016（1）.
王彦. 试论中央民族大学的办学理念与办学思路[J]. 中央民族大学学报（哲学社会科学版），

2004（6）.
王战军，刘静. 构建中国特色评价体系 推进世界一流大学建设[J]. 清华大学教育研究，2018(12).
魏凯. 新疆高职院校民族团结教育考核评价问题初探[J]. 理论观察，2016（4）.
吴仕民. 奋力开拓 办有特色、高水平的民族大学[J]. 大连民族学院学报，2007（4）.
项仲平. 世界一流大学建设的中国范式与中国路径[J]. 中国高等教育，2017（3-4）.
谢和平. 高等教育的发展趋势与当代高水平大学的使命[J]. 中国大学教学，2008（5）.
谢尚果. 创建高水平民族大学的思考[J]. 广西民族大学学报（哲学社会科学版），2013（4）.
阎光才. 谨慎看待高等教育领域中各种评价[J]. 清华大学教育研究，2019（1）.
杨敏，郭郁烈. 建设人民满意有特色高水平现代民族大学[J]. 中国民族，2018（1）.
杨清华，等. 建立中国特色的世界一流大学评价体系[J]. 中国高等教育，2017（19）.
杨天平，任永灿. 国内外大学评价指标体系的发展趋势[J]. 高教发展与评估，2014（5）.
姚若侠，高文涛. 全球大学评价指标体系的国际比较[J]. 当代教师教育，2018（1）.
叶志明，等. 我国高水平大学研究的发展与问题[J]. 长江大学学报（社会科学版），2013（5）.
殷翔文. 创新思路遵循规律扎实推进高校优势学科建设[J]. 江苏高教，2011（3）.
云南民族大学发展规划处高水平大学建设办公室. 提升内涵 凝练特色 建设高水平民族大学[J]. 云南民族大学学报（哲学社会科学版），2015（5）.
曾明，等. 民族大学建设一流大学一流学科的战略思考[J]. 中国民族教育，2016（4）.
翟亚军，王战军. 解析高水平大学[J]. 复旦教育论坛，2010（2）.
张布和. 对我国民族教育评价改革的几点思考[J]. 教育探索，2008（12）.
张杰. 推进以人为本的制度激励 构建现代大学治理体系[J]. 中国高等教育，2014（22）.
张京泽. 建设具有鲜明特色的世界一流民族大学[J]. 中国民族，2018（1）.
张敏. “双一流”建设的国际经验与中国方略[J]. 江苏高教，2016（6）.
张涛，周琳. 国家战略需求与研究型大学的发展模式研究[J]. 南京理工大学学报（社会科学版），2015（6）.
张晓报. 大学发展战略的内涵与功能探析[J]. 教育探索，2013（7）.
张学立. 建设国内高水平一流民族大学的实践与思考[J]. 山花，2015（2）.
赵国栋，马瑞敏. 世界一流大学五大评价指标体系的比较、改进及其启示[J]. 重庆大学学报（社会科学版），2019（1）.
赵铸. 深入实施“三个突出”战略建设特色鲜明的高水平现代化民族大学[J]. 大连民族大学学报，2019（1）.
郑家成. 大学核心竞争力本质论[J]. 清华大学教育研究，2004（6）.
郑晓静. 论大学的人民性[J]. 中国高等教育，2017（5）.
周光礼. 完善高教治理结构加快现代大学制度建设[J]. 中国高等教育，2009（15-16）.
周光礼. “双一流”建设中的学术突破——论大学学科、专业、课程一体化建设[J]. 教育研究，2016（12）.
周光礼，武建鑫. 什么是学术评价的全球标准——基于四个全球大学排行榜的实证分析[J]. 中国高教研究，2016（4）.

三、报纸类

陈达云. 民族院校要在推进民族团结进步事业中发挥积极作用[N]. 中国民族报（理论周刊），

2014-12-12.
陈达云. 民族高校如何加强人才工作[N]. 光明日报，2016-05-17.
陈达云. 办新时代人民满意的民族高等教育[N]. 中国民族报（理论周刊），2018-01-16.
范九伦. 构建“以本为本”学风建设新体系[N]. 中国教育报，2019-03-04.
金炳镐. 党的十九大为新时代民族工作开辟新境界[N]. 中国民族报（理论周刊），2017-11-03.
靳诺. 建设世界一流大学一流学科 有“形”更要有“魂”[N]. 人民日报，2016-04-14.
李元元. 办好中国特色世界一流大学[N]. 人民日报，2015-09-10.
欧阳坚. 文化自信是民族复兴的强大动力[N]. 学习时报，2017-01-05.
瞿振元. 提高高校教学水平[N]. 光明日报，2015-11-17.
田建国. 也谈现代大学理念[N]. 光明日报，2006-07-12.
王德强，毕跃光. 运用科学方法论解决中国特色民族问题[N]. 光明日报，2016-04-02.
张世文. “文化时代”与大学建设的任务[N]. 光明日报，2010-04-09.
赵庆年. 高水平大学高在何处[N]. 中国教育报，2005-05-21.
赵曙明. 引才聚才谋发展　育才用才添活力[N]. 新华日报，2017-03-30.

附录 部分民族大学教育事业发展“十三五”规划

“十三五”时期是各民族院校抢抓“双一流”建设战略机遇、全面提高综合实力、全面深化综合改革的重要时期。为深入贯彻落实党的十八大和十八届三中、四中、五中全会精神和习近平总书记系列讲话精神，以及中央民族工作会议和全国民族教育工作会议精神，全面开展一流大学和一流学科建设和深化综合改革，推进学校各项事业的健康持续发展，尽快建成特色鲜明、国内一流、国际知名的高水平民族大学，各民族院校根据《中共中央关于全面深化改革若干重大问题的决定》《中华人民共和国国民经济和社会发展第十三个五年规划纲要》《国家中长期教育改革和发展规划纲要（2010—2020 年）》《国家中长期人才发展规划纲要（2010—2020 年）》《国家中长期科学和技术发展规划纲要（2006—2020 年）》《国务院关于加快发展民族教育的决定》《国家少数民族事业“十三五”规划》《统筹推进世界一流大学和一流学科建设总体方案》《国家民委所属高校改革和发展“十三五”规划》和各民族院校章程和综合改革方案，在回顾“十二五”期间学校事业发展所取得的成绩，总结实践探索所积累的经验，查找发展过程中存在的不足，分析未来发展所面临的机遇和挑战的基础上，结合各民族院校自身的实际，确立了“十三五”时期事业发展的指导思想、基本原则与发展目标，制定了发展举措和实施保障，最终形成了各自的“十三五”时期事业发展规划正式文本。

综观各民族院校的“十三五”规划，从制定过程来看有下列特点：一是各院校高度重视，学校党政主要领导亲自挂帅，精心组织周密谋划，部门之间密切配合，组织领导保障有力；二是有正确的指导思想，科学的发展定位和合理的目标任务；三是广泛深入调查研究、分析论证、科学决策；四是充分发扬民主，广泛听取意见，集中师生智慧，凝聚全校最大公约数。从“十三五”规划内容来看有下列特点：一是全局性，统揽了学校事业发展的全局；二是导向性，明确了学校事业未来发展的方向；三是前瞻性，既立足于现实又着眼于长远；四是承续性，体现了新规划对于原基础的创造性转化与创新性发展；五是可操作性，合校情、接地气、励人心、可实现。我们坚信，在习近平新时代中国特色社会主义思想的科学指引下，在国家民委的坚强领导和地方党委政府的大力支持下，各民族院校的各族师生顽强拼搏、不懈奋斗，“十三五”规划的各项目标、任务一定能够如期达成。

需要说明的是，为了最大限度地忠于原文，保持资料的完整性，我们对于附录中收录的 6 所高水平民族大学的“十三五”规划：①对原文件中可能存在的与正文表述不一致的术语、文件名等未进行强行统一，也未对原始资料的标题层级进行统一，对其中的重复性内容也未删减。

②对于原文件中与规范用法不一样的字、词未改动，保留其原貌。③对于原文件中没有统一编号的表格，保留其原貌。

中央民族大学事业发展“十三五”规划[1]

前言

“十三五”时期（2016—2020年）是学校推进“世界一流大学和一流学科”建设、全面提高综合实力、全面深化综合改革的重要阶段。为深入贯彻落实党的十八大和十八届三中、四中、五中全会精神和习近平总书记系列讲话精神，以及中央民族工作会议和全国民族教育工作会议精神，全面开展一流大学和一流学科建设和深化综合改革，推进学校各项事业的健康持续发展，尽快把我校建设成为特色鲜明、国际知名的高水平研究型大学，根据《中共中央关于全面深化改革若干重大问题的决定》《中华人民共和国国民经济和社会发展第十三个五年规划纲要》《国家中长期教育改革和发展规划纲要（2010—2020年）》《国家中长期人才发展规划纲要（2010—2020年）》《国家中长期科学和技术发展规划纲要（2006—2020年）》《国务院关于加快发展民族教育的决定》《国家少数民族事业“十三五”规划》《统筹推进世界一流大学和一流学科建设总体方案》《委属高校高等教育事业“十三五”规划》和《中央民族大学章程》《中央民族大学综合改革方案（2015—2020年）》，制定本规划。

一、发展基础及面临的机遇与挑战

（一）发展基础

“十二五”期间，学校以学科建设为龙头，以体制机制改革为动力，全面实施“质量立校、特色兴校、人才强校”三大战略，贯彻“精人文、强社科、拓理工”的发展思路，在学科建设、人才培养、科学研究、文化传承创新、服务社会等各方面都取得了快速进展，为把我校建设成为特色鲜明、国际知名的高水平研究型大学奠定了坚实基础。

1. 学校综合实力全面提高。学校顺利通过“211工程”三期建设和“985工程”三期建设项目验收，取得预期建设成果。顺利进入国家“一流大学”建设行列，成为唯一一所进入“一流大学”建设行列的民族高校；制定出台了《中央民族大学章程》，确定了依法治校的基本框架；制定了《中央民族大学综合改革方案（2015—2020年）》，形成了全面深化改革的路线图和时间表；制定出台了《中央民族大学学科建设规划（2015—2020年）》和《中央民族大学科学研究奖励办法（试行）》等一系列规划和办法，推进了与“一流大学和一流学科建设”相适应的制度体系建设。

2. 学科整体水平显著提升。在2012年学科评估中，民族学排名第1，成为拥有一个及以上学科排名第一的28所“985工程”高校之一；社会学、音乐与舞蹈学、美术学、中国语言文学

[1] 中央民族大学. 中央民族大学事业发展“十三五”规划[Z]. 2016-11-14.

排名靠前，成为我校的特色学科和优势学科。一级学科博士学位授权点从 2 个增加到 5 个，一级学科硕士授权点从 4 个增加到 25 个，专业硕士学位授权点从 5 个增加到 10 个，经济、管理、理工医和艺术学科门类首次获得一级学科硕士学位授权点；博士后流动站从 3 个增加到 5 个。省部级重点学科一级学科从 1 个增加到 5 个，省部级重点学科二级学科从 12 个增加到 17 个。

3. 人才培养质量大幅提高。2015 年本科招生第一志愿录取率达 99.29%，招收文史类和理工类考生最低录取分超重点线 50 分以上的省份分别达 15 个和 25 个，增幅创历史新高。5 年累计向社会输送本科毕业生 13705 人，授予硕士学位 6034 人，授予博士学位 1018 人，博士后出站 47 人，较“十一五”分别增长 2.72%、97.51%、46.26%、113.64%。本科生初次就业率稳定在 90%以上，面向西部和基层就业人数比例在“一流大学”建设高校中稳居前列。本科生获得省部级以上奖励 1090 项，较“十一五”增长 78.68%；12 项大学生创新训练项目入选国家大学生创新创业年会；2 篇论文获得全国优秀博士论文提名奖，1 篇论文获得北京市优秀博士论文奖；国家级精品视频公开课和精品资源共享课从 1 门增加到 11 门；新增国家级规划教材 5 部、北京市精品教材 5 部；获得北京市教学成果奖 8 项；获批国家级实验教学示范中心 1 个、北京市实验教学示范中心 1 个、卓越法律人才教育培养基地 1 个；新增省部级教改立项 43 项，较“十一五”增长 138.89%。成人教育取得新进展。

4. 教职工队伍建设成效显著。专任教师中，具有高级专业技术职务、博士学位和海外留学经历教师分别占 57.58%、61.39%和 34%，较“十一五”末分别提高了 1.75、18.86 和 11.72 个百分点。培育国家特殊人才支持计划（万人计划）教学名师 1 人、“长江学者奖励计划”青年学者 1 人、全国新闻出版行业第四批领军人才 1 人；国家民委领军人才 8 人；“百千万人才工程”国家级人选从 9 人增加到 10 人，北京市教学名师从 10 人增加到 15 人，“国家民委突出贡献专家”从 9 人增加到 11 人，“新世纪优秀人才支持计划”入选者从 30 人增加到 60 人；获批国家级优秀教学团队 1 个、国家民委创新团队 1 个、北京市优秀教学团队 7 个。引进高层次人才 10 人，其中“千人计划”特聘专家 1 人、“长江学者奖励计划”特聘教授 1 人、中宣部“四个一批”人才 1 人、“百千万人才工程”国家级人选 2 人。

5. 科研创新能力持续增强。承担国家级科研项目 217 项，其中国家哲学社会科学基金重大项目 10 项，较“十一五”期间增长 233.33%；教育部哲学社会科学研究重大课题攻关项目 1 项；首次获得国家自然科学基金重点项目 2 项；省部级科研项目 355 项，较“十一五”增长 21.26%。3 篇研究成果在国际顶尖杂志 Science 上发表，实现了零的突破；4 部著作入选国家哲学社会科学成果文库。获得省部级以上科研成果奖 102 项。成立了少数民族事业发展协同创新中心、民族理论与民族政策研究院、生物成像与系统生物学研究中心、世界民族学人类学研究中心 4 个校级科研平台；新增 6 个省部级重点研究基地。

6. 服务社会能力全面提升。我校与北京市共建“少数民族文化创意产业与教育基地”，获 2.5 亿建设资金投入；获批北京市“马克思主义与民族团结教育协同创新中心”及“北京高校辅导员研修基地”。获国家领导人批示或被政府采纳的调研报告 21 篇，其中 7 篇获俞正声等中央政治局常委批示。争取横向课题 320 项，较“十一五”增长 50.23%。我校与 5 所国家民委直属高校签订了少数民族事业发展协同创新战略合作协议，积极申报国家级智库；与云南省人民政府和湖北民族大学等 23 家单位建立了合作共建和对口支援协议。完成了北京地铁 9 个车站 9 幅大型公共艺术创作工作。依托国家民委民汉双语教育基地和国家级专业技术人员继续教育基地，举办了多期各级各类培训班。开展了北京市委宣传部处级干部培训工作，举办 14 期民族地区干部培训研究班和 4 期美术家创作高级研修班。

7. 传承创新中华民族文化成效显著。建立了中国少数民族语言资源保护研究中心，完成了中国语言资源保护工程民族语言调研专项任务 40 个语言调查点课题验收。编制出版了《中国少数民族非物质文化遗产研究系列丛书》；获批文化部非物质文化遗产传承人群培训计划承办基地。出版了《中国少数民族古籍总目提要》《国家少数民族文字古籍珍贵名录研究丛书》等，将十余个少数民族古籍文献清点入册。成功展演原创民族舞剧《茶马古道间的铃声》；联合主办三场专题全国美术作品大展；创编“爱我中华韵律操”并在北京市中小学推广；选派多批学生赴美国、俄罗斯、意大利、希腊、日本、韩国和我国港澳台等国家和地区开展文艺演出，传播民族文化。

8. 国际交流和合作层次不断提高。我校与哈佛、耶鲁、牛津、剑桥等 9 所世界顶尖级大学开展了实质性合作，互派教师访学和学生研修。加入了“金砖国家大学联盟”和“新丝绸之路大学联盟”。我校与德国马普社会学研究所等研究机构建立国际合作研究中心 2 个。顺利通过国家“111 工程”引智项目“一期”验收。我校与美国欧道明大学合作建立了孔子学院。大规模集中选派 300 多名学生到泰国开展暑期汉语教学支援服务。通过各种渠道选派 1890 名学生赴海外研修交流，其中研究生 699 人，占 36.98%，较“十一五”分别增长 335%和 672%。累计接收留学生 3795 人，其中学历生 1166 人，占 30.72%，较“十一五”末提高了 15.84 个百分点。教师出国访学交流 1005 人次，较“十一五”增长了 45%。通过“海外知名学者民大讲坛”等项目邀请外国专家来校任教和交流 698 人次，较“十一五”增长 125%。设立“暑期国际课程项目”，邀请海外学者来校开设了经济学、植物化学和文化人类学等 106 门国际课程，提高了我校国际化办学水平。

9. 办学条件进一步改善。投资 12 多亿元，完成新校区征地拆迁等土地一级开发、校区整体规划设计和教职工公租房前期报批手续等工作，开工建设基础设施一期工程。投入专项经费 3.54 亿元，完成了老校区基础设施、实验室及其他专项工程建设，较“十一五”增长 107.02%。图书馆建设取得重大进展，投资 3200 余万元购置电子文献数据库 56 个和纸质图书和期刊 16 万余册，投资较“十一五”增长 100%；阅览室空间进一步扩大，自助借还设备、自助文印和自助选座系统投入使用。

10. 民生建设成绩显著。根据国家政策先后两次调整工资待遇，教职工收入水平得到提高。我校与北医三院等 4 所医院建立了良性互动和转诊机制，与人民医院等 3 所医院开通了预约挂号系统和远程会诊可视系统，师生医疗服务水平不断提升。完善家庭经济困难学生特别是少数民族生活困难学生的资助体系，共投入学生奖助学金 3.32 亿元，实现了 100%全覆盖精细化资助；通过开展心理健康课堂、个体心理咨询、团体心理辅导、心理危机干预等方式，关心学生心理健康。附中建设取得巨大成绩，成为北京市级优质高中统筹校；我校与农科院附小、万寿寺小学和海淀实验中学等建立了共建关系，解决了教职工子女入学困难。办起了清真食堂；积极落实离退休老同志的生活待遇和政治待遇，扩建了离退休老同志活动中心，实施看病“三优先”和专人负责制等多种措施，加强对离退休老同志服务。

11. 党建与思想政治工作空前重视。加强理论学习，坚定了理想信念。党的群众路线教育实践活动、“三严三实”专题教育活动取得重要成果。制定实施了《中央民族大学贯彻落实党风廉政建设责任制党委主体责任和纪委监督责任实施办法》等管理办法，推进党建制度化、规范化、程序化。全面落实“两个责任”，完成了 240 多项全面从严治党主体责任整改建设任务。认真贯彻落实中央八项规定精神，切实转变作风。科学合理设置基层党委，进一步明确了职能部门和院（系）党委（总支）的职责和任务，完成了多个基层党支部的考核测评等工作，开展了红色“1+1”支部共建以及支部活动创新和党建研究项目建设。牢牢掌握意识形态领导权，坚持正确办学方向，充分发挥高校思想政治理论课主渠道作用，组织开展了多种形式的思想政治教育活动。新华社等媒体专题报道了我校思想政治教育的特色与经验，学生处获评“北京市思想政治优秀单位”和“全国教育系统先进集体”，校团委获评“首都大学生思想政治教育工作实效奖一等奖”，后勤产业集团获“北京高校后勤思想政治工作先进集体”称号。建立了一支以专职辅导员为主、兼职辅导员为辅的辅导员队伍，3 人入选“北京高校优秀辅导员”。

12. 大学文化建设丰富多彩。我校 60 周年校庆工作取得圆满成功，时任中共中央政治局委员、国务院副总理回良玉、国务委员刘延东等领导出席庆祝大会，进一步弘扬和传承了学校文化。开设了民大名师纪念展，出版了民大名师纪念文集，对学生进行生动的爱校爱学教育。发挥新媒体的重要作用，建立了官方微信、微博等新媒体宣传平台，宣传民大品牌。通过知识竞赛、报告会等形式，加强民族团结主题教育，践行“美美与共，知行合一”的大学校训。

通过“十二五”建设，学校其他各项工作也都取得了长足进展，学校获中国关工委授予的“全国科普基地”称号和“2015 年北京国际田联世锦赛”优秀组织奖；顺利通过北京市“平安校园”验收；学校办公室获“北京市教育事业统计工作优秀集体一等奖”，研究生院获“北京地区学位授予信息报送工作先进单位”，后勤产业集团获“后勤节能先进集体”，离退休干部处获国家民委系统“老干部工作先进集体”。工会、教代会开展了主题鲜明、丰富多彩的教职工文体活动。统战部努力为党外代表人士搭建民主管理和监督平台。校友会和基金会正式成立，接受各类捐赠 6 000 余万元。开展了多层次多形式的志愿服务，13 名教师获优秀汉语教师志愿者荣誉，校团委获全国大学生志愿服务西部计划“优秀项目办”单位称号。

（二）发展机遇与挑战

“十三五”时期，学校发展既有难得的历史机遇，又面临着巨大的挑战。

1. 发展机遇

国家“一带一路”战略的实施，迫切需要大批熟悉和了解“一带一路”沿线国家与地区的复合型人才以及相关领域的专业人才，这为我校发挥学科优势，加快培养高精尖复合型人才，突出“一带一路”沿线国家与地区特色研究和服务提供了难得的发展空间。

实现全面小康社会，要求民族贫困地区整体脱贫和少数民族贫困人口全部脱贫，这为我校实施教育扶贫等既提出了艰巨的任务，又提供了广阔的服务舞台，也为我校全面提升服务国家民族事业发展战略、服务民族地区和服务少数民族能力提供了难得的历史机遇。

《国务院关于加快发展民族教育的决定》为加快发展民族高等教育指明了方向、奠定了坚实的制度基础、提供了有力的政策保障，这既坚定了把我校办成民族高等教育排头兵的信心和决心，又为我校争创世界一流民族大学提供了难得的机会和条件。

《统筹推进世界一流大学和一流学科建设总体方案》的出台和实施，特别是将我校列入“一流大学”建设行列，这既是我校的巨大荣誉，更是一份沉甸甸的责任。“一流大学和一流学科”建设的目标已经明确，责任已经明晰，条件已经到位，这就为我校鼓足干劲、力争一流创造了难得的舞台和条件。

国家全面深化改革的强劲推动，为我校加快综合改革提供了重要依据和创造了良好环境。我校综合改革方案的批准和实施，为全面深化综合改革提供了路线图和时间表。这将为我校加快发展释放巨大的“改革红利”。

党和国家领导人对我校的事业发展一直十分关心和重视，多次批示解决我校发展的关键问题；国家民委、教育部和北京市始终将我校作为民族高校排头兵给予支持和建设；兄弟院校和单位对我校给予了热情的帮助；全校教职工和广大校友为学校建设付出了辛勤的心血和汗水。这将为我校加快发展提供强大的力量。

2. 面临的挑战

我校虽然进入“一流大学”建设行列，但在“一流大学”建设高校中综合实力明显不强，建设“一流大学”的任务异常繁重和艰巨。我校民族学学科虽然在2012年评估中排名第一，但还没有形成绝对的优势，特别是一些“一流大学”开始重视这一学科的建设，对我校构成巨大压力；社会学、音乐与舞蹈学、美术学、中国语言文学等特色学科和优势学科面临师资队伍建设和体制机制等难题；经济、管理、法律、教育、理工医类学科正处在快速发展的孕育期；“一流学科”建设需要新布局、新思路、新举措和新突破。其他民族高校的快速发展，特别是在某些领域的重点突破和特色发展，逼迫我校必须加快发展。

学校建设“一流大学和一流学科”，离不开全面从严治党和依法治校，这就需要探索新形势下加强党的建设、发挥党的领导核心作用、牢牢掌握意识形态领导权和提高思想政治教育水平的新途径、新方法；就需要依据新阶段的新形势、新特点和新要求，形成与“一流大学和一流学科”建设相适应的现代大学制度体系。

因此，学校要有使命感、危机感、责任感和紧迫感，抢抓机遇，坚定信心，勇于担当，凝心聚力，加快我校“一流大学和一流学科”建设。

二、指导思想、基本原则与发展目标

（一）指导思想

高举中国特色社会主义伟大旗帜，全面贯彻党的十八大和十八届三中、四中、五中全会精神，以马克思列宁主义、毛泽东思想、邓小平理论、“三个代表”重要思想、科学发展观为指导，深入贯彻落实习近平总书记系列重要讲话精神、五大发展理念以及中央民族工作会议和全国民族教育工作会议精神，坚持社会主义办学方向，坚持服务党和国家民族团结进步事业、民族地区和少数民族的办学宗旨，坚持把高等教育一般规律和民族高等教育特殊规律相结合的办学原则，以建设一流大学和一流学科为目标，以全面提高人才培养质量为中心，以教职工队伍建设为立足点，以全面深化学校综合改革为动力，以全面从严治党和全面依法治校为保障，继续实施“质量立校、特色兴校、人才强校”三大战略，秉承“精人文、强社科、拓理工”的发展思路，全面推进我校“特色鲜明、国际知名的高水平研究型大学”建设，为全面建成小康社会贡献力量。

（二）基本原则

坚持争创一流与突出特色相结合。按照一流大学和一流学科建设目标要求，突出办学特色，用特色争创一流，在一流中彰显特色。

坚持全面提升与重点突破相结合。在重点领域和关键环节实行重点突破，带动学校综合实力和整体办学质量全面提升。

坚持改革与发展相结合。全面深化学校综合改革，破除体制机制障碍，实现更高水平、更好质量、更高效率、更可持续的发展。

坚持以人为本与依法治校相结合。全面推进依法治校，构建现代大学制度体系，实现以学生为本，以教师为本的大学治理现代化。

（三）发展目标

到 2020 年，学校综合实力明显提升，“一流大学”的特征更加凸显；特色学科进入一流，学科特色进一步彰显；人才培养质量和科研创新、服务社会、国际化办学能力和水平显著提高；教职工队伍建设取得显著成效；现代大学制度体系基本成型；办学条件明显改善；学校的国际影响力进一步扩大。具体发展目标主要是：

——在校全日制本科生保持在 13 000 人左右，在校研究生规模争取达到 4 500 人左右，留学生规模达到 2 000 人左右。

——学科实力显著增强。各一级学科在全国的排名位次整体前移，其中，民族学确保排名第一，社会学和中国语言文学继续保持国内领先地位。一级学科博士学位授权点数量进一步增加，学科专业布局进一步优化。

——学生培养质量明显提升。本科生和研究生的生源质量逐步提高；在校生在全国大学生各类竞赛中保持优异成绩；毕业生就业质量保持较高水平；大学生创新创业能力明显增强；研究生发表论文的数量显著增加，质量明显提高。

——科研创新能力不断增强。重点建设一批不同层次的高水平科研平台，高水平学术论文数、国家级科研项目数、科研经费总额和国家级科研奖项数实现翻番，承担国家重大科研项目和在国际顶级期刊发表论文数实现新突破。

——服务社会能力显著提高。打造一批校院两级高水平智库，提供一批高水平研究报告、咨询报告，科研成果转化率明显提升，建设一批产政学研用协同创新基地。

——师资队伍水平明显跃升。形成以领军人才、杰出人才、优秀人才、优秀青年人才为骨干的结构合理的高水平师资队伍。培育引进“长江学者”“千人计划”“杰青”高层次人才的总量达到 10 人左右；专任教师中具有博士学位的比例达到 80%左右，有海外留（访）学经历的教师比例达到 50%左右。

——国际化办学水平大幅提升。与世界高水平大学的实质性合作进一步深化，与国外优质高等教育资源开展多种形式的合作办学取得明显进展；邀请海外知名专家学者来校讲学、交流和举办高水平国际学术会议数量明显增加；学生出国（境）研修交流累计达到 3000 人次，教师出国（境）访学交流累计达到 2000 人次；办好孔子学院，力争新增 1—2 所孔子学院。

——办学条件明显改善。完成新校区公租房建设，新校区主体工程基本完成并投入使用，部分学生入住学习和生活。老校区办学条件明显改善。校园信息化建设取得明显进展，图书馆建设质量明显提升。

三、主要任务

（一）推进一流学科建设

全面落实《中央民族大学学科建设规划（2015—2020 年）》，按照“全面提升、分类建设、重点突破、梯次推进”的原则，全面推进学科建设，到 2020 年学科整体水平迈上新台阶。

1. 强化学科优势。加强特色学科和优势学科建设，民族学学科要确保全国第一，形成绝对优势，争创世界一流水平。社会学、中国语言文学 2 个学科排名进入国内同类学科前 15%。美术学学科排名进入国内同类学科前 25%，领先于部分艺术专业院校同类学科。哲学、中国史、音乐与舞蹈学 3 个学科排名进入国内同类学科前 30%，其中音乐与舞蹈学学科排名领先于部分艺术专业院校同类学科。教育学、光学工程、中药学、公共管理 4 个学科力争进入一流学科行列。理论经济学、应用经济学、法学、政治学、马克思主义理论、新闻传播学、考古学、世界史、数学、统计学、生物学、生态学、计算机科学与技术、环境科学与工程、工商管理 15 个学科实现在国内同类学科中排名明显前移，力争若干学科进入国内同类学科前 50%。

2. 凝练学科方向。集中学科现有力量、整合社会资源，在各一级学科中聚焦建设几个特色和优势二级学科，形成明显的学科特色，提升学科竞争力。支持交叉学科和新兴学科发展。根据国家和民族地区发展战略需求，结合我校实际，优化调整学科与专业布局，专业数量控制在 60 个左右；强化专业特色和优势，推进专业分层和分类建设，形成若干国内一流水平的五星级和一批国内领先的四星级专业。

3. 优化学科布局。坚持“精人文、强社科、拓理工”的发展思路，力争社会科学、理工医类一级学科博士学位授权点取得新突破，重点建设理论经济学、教育学、生态学、光学工程和中药学 5 个一级学科。进一步优化硕士学位授权点整体布局，力争一级学科硕士学位授权点和专业型硕士学位授权点数量进一步增加，重点加强基础学科和应用学科建设。形成合理的学科布局。

4. 加强学科建设条件保障。以学校确定的学科建设规划为依据，按照“保证重点、兼顾一般、惠及全体”的经费投入原则，合理配置学科建设经费、人才引进指标、基本办学条件改善项目等，重点支持特色、优势学科和专业。

5. 完善学科建设评价和考核体系。按照国家评估指标体系，结合我校学科建设实际，形成科学、完善的学科评价体系。明确学科建设主体责任，实行问责制。按照“长期建设、定期考核、动态管理、优胜劣汰”的建设原则，实行“阶段总结、定期考核、周期验收”考核办法。建立以学科建设绩效评估结果为依据的学科建设经费配置动态调整等“奖优惩劣”机制。

（二）提高人才培养质量

牢固树立人才培养中心地位，通过深化教育教学改革，形成“全员、全方位、全过程、全环境”育人格局。

1. 创新本科人才培养模式。根据国家教育教学改革的总体要求，围绕立德树人的根本任务，修订和完善本科生培养方案，构建特色鲜明的人才培养体系。

推进优质课程资源建设，实施专业核心课精品课程建设计划和高水平特色通识教育核心课程建设计划。搭建完善优质教学资源平台，加强精品视频公开课、国家精品资源共享课建设。设立“国际课程学分”并纳入学生培养方案。有计划分层次推进英汉双语课程建设。探索专业课全英文授课。力争建设 10—15 门在线开放课程。争取获得更多国家级教学成果奖。

加大教材建设力度，重点建设一批我校优势特色专业课教材、民族类统编基础教材，力争一批教材成为国家级教材。加大教材选用管理力度，保证高质量教材进课堂。

加大教学实践基地与实验教学示范中心建设力度，立项建设校级实习示范基地，鼓励各教学单位积极开展校外教学实践基地建设，特别鼓励探索校际、校企合作建设教学实践基地。加强教学实验室建设，建好省部级实验教学示范中心，力争新增国家级实验教学示范中心。

鼓励教育教学改革研究，重点支持人才培养模式、教学内容、教学方法、教学考核方式等方面的教学改革研究。设立教育教学改革研究专项，鼓励教师积极申报省部级及以上教改项目。

健全和完善教学质量监控和保障体系，深化专业评估和认证工作，完善专业建设评价机制。推进教学工作自我评价体系建设，完善校院两级教学质量监控体系。完成全部本科专业自评工作，形成每 5 年一轮的专业自评工作机制。加大教学督导队伍建设，强化教学过程的监督与管理，探索学生打分、督导团督导和专业同行评估相结合的本科教学评估体系。

2. 实施本科生拔尖创新人才培养工程。以科教结合、协同育人为突破口，实施基础特色学科拔尖人才培养计划，培养一批学科基础宽厚的拔尖创新人才；实施应用学科卓越人才培养计划，培养一批应用学科拔尖创新人才；实施交叉学科复合型人才培养计划，培养一批复合型拔尖创新人才。探索与拔尖创新人才培养模式相匹配的培养方式，试行夏季小学期制和拓展课程小学期制，扩大学生转专业自由度和选课自主性，支持学生开展自主性学习、研究性学习和创新性实验，促进学生个性化发展。

3. 实施研究生质量提升工程。完善研究生分类培养模式，以提升科研创新能力为导向，对学术型研究生进行系统科研训练，鼓励研究生参与前沿性、高水平的科研工作，支持研究生积极申报学校研究生科研专项课题；以提升专业实践能力为导向，对专业型研究生实行双导师制度和加强实习基地建设，强化实践教学。实施研究生精品课程计划，优化课程体系，促进课程教学的系统化、科学化和规范化，建设一批有示范效应的精品课程。完善研究生培养质量监控体系，加强过程管理和中期考核，完善学位论文检测、预答辩、匿名评审等制度。加强博士后流动站建设，创新博士后管理体制，吸引更多高水平博士进站。

4. 深化招生制度改革。探索按学科大类招生模式，完善招生专业和招生指标动态调整机制，不断提高生源质量。探索实行特殊专业少数民族考生招生新模式，在招生专业和招生计划数方面加大对中西部地区、民族地区和人口较少民族的支持力度，继续提高对西部地区应用型专业计划数的投放比例。

努力扩大研究生招生规模，主要是增加海外留学生攻读硕士、博士学位研究生的数量，提高研究生在学生总数中的比重。探索完善硕博连读等多种招生选拔方式，提升研究生生源质量。完善研究生招生考试办法，扩大院（系）和导师团队招生自主权。完善题库式考试模式。

继续推进招生“阳光工程”建设，完善招生工作管理制度，严肃招生工作纪律。严格执行招生信息公开制度和培养单位研究生招生信息公开办法。健全招生监督机制，明确责任主体，强化责任追究。

5. 实施学生创新创业工程。深化创新创业教育改革，构建融课堂教学、自主学习、社会实践为一体的创新创业教育体系。建立国家级、市级、校级和院级 4 级训练体系。

开设创新创业课程。立项建设创新创业类网络课程，引进 20—30 门资源共享的慕课、精品课、视频公开课等在线创新创业类课程。

实施创新创业教育领航计划，设立创新创业教育教学改革专项，推进创新创业教育教学内容和教学方法改革；聘请企业家加入创新创业教育指导专家行列，进一步拓展学生创新创业实践交流途径。

实施创新创业基地建设计划，每年立项建设 5 个校内创新创业实践基地，建设中央民族大学文科实验中心。实施大学生学科竞赛计划，办好“互联网+”大学生创新创业大赛和“校长杯”年度创业挑战赛。

加强创业指导服务，增强学生的创业意识和创业能力，鼓励以创业带动就业，努力造就大众创业、万众创新的生力军。

6. 提高毕业生就业质量。加强就业指导，构建全员、全方位、全环境、全过程、个性化的职业发展教育体系。完善招生-培养-就业互动联动机制，建立社会需求与招生专业、人才培养和学生就业之间的互联互通。通过建立校际、校地、校企等合作机制，探索订单式培养模式。加快大学生就业工作的条件建设，建立就业跟踪调研和就业信息化服务体系。牵头搭建面向新疆籍毕业生的人才供需平台。

（三）增强科研创新能力

深化科研管理体制机制改革，全面落实《中央民族大学科学研究奖励办法》，构建创新体系，培育创新能力，提高科研水平。

1. 打造高水平科研平台。制定实施“中央民族大学科研平台管理办法”，打造适应国家重大战略需求的校级科研平台和优势突出、特色鲜明的院级科研平台，探索协同创新机制，产出高水平科研成果。加强中外学术合作中心建设，搭建国际学术前沿对话平台，推进科学研究国际化。探索科研平台体制机制创新，实行人员聘用制、人才流动制、学术休假制等灵活开放的新体制新机制。

2. 承担更多高水平科研项目。鼓励支持教职工争取省部级及以上科研项目，其中承担国家级科研项目数量力争翻番，承担国家科技重大专项、国家重点研发计划项目等国家级自然科学重大项目有所突破，承担国家社科基金重大项目和教育部重大攻关项目数量明显增加，力争科研经费总额实现翻番。

3. 产出更多高水平科研成果。鼓励支持教职工产出一批高水平科研成果，力争数量翻番，其中在国内顶级和国际权威学术期刊发文量明显增加，在国际顶级学术刊物发文量有所突破。

4. 获得更多高水平科研奖励。鼓励支持教职工争取获得更多省部级及以上科研成果奖励，其中国家级奖项明显增加。

5. 建设高水平科研孵化基地。设立科研专项，资助优秀青年人才入选者开展战略性、前瞻性、前沿性课题研究；完善“国家基金预研学术工作坊”项目，培育青年教师科研创新能力；设立研究生科研专项，培养研究生自主科研能力。

6.建立健全以质量和贡献为导向的科研评价体系。对高水平科研项目、科研奖项和科研成果获得者实施奖励，鼓励多出精品；对获得高水平科研项目、科研奖励和科研成果数量领先的单位（院、所、中心）给予表扬和奖励；修订《中央民族大学科研经费分配和使用管理办法》，优化科研资源配置，向承担高水平科研项目、产出高水平科研成果和获得高水平科研奖励的个人和单位倾斜，建立以科研绩效评估结果为依据的动态科研资源配置机制和鼓励创新、体现实绩的科研经费绩效管理机制。

7. 加强出版与期刊建设。促进出版社转型升级，鼓励出版学术精品，提升出版社社会影响力。加强学术期刊建设，不断提高办刊质量。

（四）强化服务社会功能

适应国家发展战略、民族区域发展和产业发展等社会重大需求，积极开展社会服务，提升服务社会水平。

1. 建设高水平智库。加强中国少数民族事业发展协同创新中心、教育部人文社科重点研究基地中国少数民族研究中心、全国青少年民族团结教育研究中心、北京市马克思主义与民族团结协同创新中心、中国民族理论与民族政策研究院、世界民族学人类学研究中心等智库建设，力争在入选国家智库、“2011 协同创新中心”方面有所突破；建设一批为国家战略和民族地区发展提供咨询服务的院级智库，依托校地、校企合作共建服务民族地区和产业的特色智库，产出一批高水平咨询报告、研究报告，力争对国家决策有重要参考价值的咨询报告、研究报告数大幅增加。

2. 承担更多横向课题。修订实施“中央民族大学横向科研项目管理办法”，鼓励支持教职工争取承担更多横向课题，力争横向课题数量翻番，横向科研经费大幅增长。

3. 提高科技成果转化率。制定、修订和实施“中央民族大学科技成果转化管理办法”“中央民族大学知识产权管理办法”等规章制度，改革管理体制、完善激励和保障制度，促进科技成果转化率明显提升。

4. 提升服务首都和民族地区能力。以我校与北京市共建的“北京市少数民族文化创意产业与教育基地”为平台，通过开展少数民族文化创意研发设计、生产制作、教育培训、信息交流等社会服务活动，打造首都少数民族文化创意研发集聚区、少数民族文化创意企业孵化区和少数民族文化创意人才开发区。挖掘附中潜力，积极服务首都发展。加强我校与民族地区地方政府和企事业单位合作，建立校地、校企合作教学科研基地和平台，并以此为依托，推进校地、校企深入合作。

5. 拓展教育教学社会服务。深化社会培训管理体制机制改革，加强文化部非物质文化遗产传承人培训基地、中组部全国民族干部培训高校基地、中央民族大学干训部和中央民族大学培训中心建设，继续做好党政干部培训、民汉双语人才培训、爱国宗教人士培训等，开展非物质文化遗产传承人培训、专业技术人员培训、企业家培训、校外机构合作培训及国际教育培训等。

（五）传承创新中华民族文化

少数民族文化是中华民族文化的重要组成部分。弘扬少数民族文化有利于促进民族团结进步，构建中华民族共有精神家园。

1. 实施民族文化育人工程。依托全国青少年民族团结教育研究中心和北京市马克思主义与民族团结教育协同创新中心，通过课堂主渠道和开展多民族文化教育活动，增强各族师生对伟大祖国的认同、对中华民族的认同、对中华文化的认同、对中国特色社会主义道路的认同。依托学校民族博物馆等民族文化教育平台，宣传和展示少数民族特色文化，促进各民族师生交往交流交融，培育中华民族共同体意识。

2. 实施民族文化保护与传承工程。利用学校教学科研优势和资源，对少数民族物质文化遗产和非物质文化遗产开展保护与传承工作。依托教育部和国家语委“中国语言资源保护工程”，开展少数民族语言资源特别是濒危语言的调查和保护，完善少数民族语言数据库建设。搜集整理少数民族古文字文献、少数民族传统乐器、少数民族原生态艺术等，通过出版和展览等传承少数民族文化，探索符合少数民族文化发展规律的传承机制。开展少数民族特色村寨保护与重现。以我校与北京市共建的“北京市少数民族文化创意产业与教育基地”为平台，推动少数民族文化产业发展。

3. 实施民族文化“走出去”工程。立足大学办学职能，实施民族学术精品走出去计划，翻译出版一批人文社科学术精品，鼓励民族类特色学科教师用外文直接出版学术著作和发表国际论文，宣传展示优秀民族文化成果，提高我校国际学术话语权和知名度。实施民族艺术走出去计划，整合学校文化艺术资源，创作民族艺术精品，开展民族艺术海外展演；开展民族博物馆双语展厅导视系统建设及馆藏藏品双语数字化建设。让世界感受中华民族传统文化的独特魅力和重要价值，向全世界展示中华民族文化的多样性，提升中华民族文化的世界影响力。

（六）提升国际化办学水平

制定实施“中央民族大学国际化战略规划”，加快推进我校国际知名大学建设。

1. 实施学科国际化水平提升工程。继续实施“创新引智基地建设计划”，加强“111 工程”民族生物学与生物资源保护利用技术国家引智基地建设，力争新建 1 个国家级创新引智基地。实施海外一流学科合作伙伴计划，共建联合研究中心和实验室等国际学术合作平台，开展原创性研究。实施国际大学联盟建设支持计划，积极参与各类国际大学联盟组织，与各盟校广泛开展学术合作与交流。争取与 15—20 所国外一流大学开展人才培养、科学研究等实质性合作。

2. 实施学生国际化培养工程。完善我校与世界高水平大学开展学生互换、学分互认、学位互授联授的联合培养模式，拓展合作范围，创新合作方式。实施学生海外研修计划，开设学生“2+2”“3+1+1”学位项目，拓展各类长短期学生暑期课程项目、海外实习项目、田野调查项目。

继续实施和完善教育部“留学中国计划”和北京市“留学北京行动”，实施优秀外国留学生奖学金计划，开发一批具有民大特色的英汉双语精品课程，开设“民族传统文化”系列课程，为不同层次、不同国籍、不同文化背景的学生提供跨文化交流学习平台。不断扩大留学生教育规模，提高留学生教育质量。

3. 实施师资国际化建设工程。依托国家留学基金委“国家公派高级研究学者”“中青年骨干教师海外研修计划”等，设立“青年骨干教师 1+1+1 计划”“学术团队国际交流项目”“博士后国际交流项目”，培育一支能用英文讲授专业课，具有国际视野和国际合作研究能力，站到国际学术前沿的教师队伍。

开辟海外引才绿色通道，实施“外专千人计划”等各类国家级重点引智项目，创新海外人才引进机制，引进一批高层次人才和获得国外高水平大学学位的青年人才，优先聘用获得世界排名前 100 位大学博士学位的青年人才来校任教，并根据具体情况给予特殊待遇。

继续办好海外知名学者“民大讲坛”，进一步扩大项目的受益面和影响力。通过设立“中央民族大学友谊奖”和开设“民大国际讲堂”等多种形式，聘请一批外国专家学者来校任教、讲座、交流。

（七）注重民生改善

确立以师生为中心的发展理念，为广大师生员工创造更加美好的工作生活条件。

1. 提高教职工待遇。按照国家薪酬政策，依据我校实际和可能，建立教职工工资正常增长机制，下大力气提高教职工收入水平。优化按岗位职责、工作业绩和实际贡献计酬的绩效工资制度。尝试多种聘任形式，积极探索实施年薪制、协议工资制、项目工资制、团队薪酬制等多种薪酬方式。在国家法律法规政策允许下，千方百计开拓各种渠道为教职工谋福利。

2. 改善教职工生活条件。在新校区建设 2000 余套公租房，解决我校教职工特别是青年教职工的住房困难。美化、优化老校区家属区生活环境，实施物业化管理。加强附中、幼儿园建设，尽最大可能解决好教职工子女入学。

3. 优化医疗健康服务。建立健全医院、科室、医生三级质量管理体系，充实医疗卫生服务内容，提升医疗服务水平，完善医疗服务设施。扩大与三甲医院业务合作，邀请专家来校医院坐诊。定期为教职工进行体检和大病筛查，为学生进行健康体检，提高师生健康水平。建立师生体质健康服务管理平台，采集运动和身体健康数据信息，建立数据库，全面掌握师生的体质健康状况，有针对性地进行体质健康指导。实施师生健身计划，提高学生体质达标率，增强教职工体质。

四、保障措施

（一）加强教职工队伍建设

人才是强校之本。创新教职工队伍建设体制机制，建设一流的教职工队伍。

1. 加强师资队伍建设。实施《中央民族大学高层次人才管理办法》，遴选领军人才、杰出人才、优秀人才和优秀青年人才，形成引领示范效应，建设高水平师资队伍。

筹建教师教学发展中心，实施“青年优秀教师助力计划”，依托教育部“新世纪优秀人才支持计划”、国家民委“中青年英才培养计划”、北京市“优秀人才培养计划”、我校“优秀青年人才”等，培育和引进一批具有较高学术水平和发展潜力的青年拔尖创新人才。

依托科研平台建设，探索实施优秀团队支持计划，以领军人才、杰出人才、优秀人才等为带头人，组建、培育一批具有国际视野、原创能力和发展潜力的优秀创新团队。

2. 加强思想政治工作队伍建设。探索思政队伍建设新途径，严格准入标准，明晰工作职责，强化岗位培训，完善考核机制，培养一批高水平的思政工作人才。

3. 深化人事聘用制度改革。形成与“一流大学和一流学科”建设相适应的岗位设置和聘任办法，科学核定学校及各单位事业编制人员和非事业编制人员的规模和比例，对事业编制和非事业编制实行统一核定、统一配置，实施事业编准聘长聘、非事业编预聘准聘等聘用形式。创新非事业编职员聘用办法，探索特聘研究员、兼职教授、科研项目合同制职员、管理和工勤技能岗合同制职员等多形式、多渠道的聘用制度。创新推荐省部级及以上各类人才项目、人才奖项、人才称号的选聘办法，提高申报高层次人才候选人的竞争力。创新教师岗位管理体制，建立教学科研型、科研教学型等教师岗位分类管理体系。完善研究生导师遴选办法，探索实施研究生导师队伍的动态管理体制。创新和完善职称职级评审办法，形成与“一流大学和一流学科”建设相适应的职称职级评审和聘任条件。改革教职工岗位考核评价体系，形成以教学科研业绩考核为主的教师岗位考核评价制度和以过程考核与业绩考核相结合的职员岗位考核评价制度。

4. 建立健全师德建设长效机制。落实《中央民族大学师德建设规范实施办法》，建立和完善党委统一领导、党政齐抓共管、职能部门各司其职、院（系）具体落实、教师自我约束的师德建设领导体制和工作机制，形成师德建设整体合力。建立师德重大问题报告和师德舆情快速反应和处理机制，强化师德监督。

（二）深化学校综合改革

全面落实《中央民族大学综合改革方案（2015—2020）》提出的改革任务，破除制约学校发展的体制机制障碍，激发全体教职工和学生推动学校发展的积极性、主动性和创造性。

1. 构建现代大学制度。贯彻实施《中央民族大学章程》，进一步探索和建立依法办学、自主管理、民主监督、社会参与的现代大学治理体系，完善党委领导、校长负责、教授治学、民主管理的大学治理结构，推进大学治理现代化。坚持党委领导下的校长负责制，健全党代会、教代会、团代会、学代会及民主党派、党外代表人士等各方面代表参与学校管理和重大事项的决策、审议、评议制度。发挥学术委员会的作用。健全党务公开、校务公开等信息公开制度，主动接受监督。扩大院（系）办学自主权，激发院（系）办学活力。

2. 深化体制机制改革。围绕建设“一流大学和一流学科”的总体目标，对学科建设、人才培养、科学研究、服务社会和文化传承创新、教职工队伍建设、行政管理、财务管理、后勤管理等体制机制进行深化改革，把《中央民族大学综合改革方案（2015—2020）》提出的改革任务落实、落细和落小。全面开展学校规章制度清理、修订、补充、完善工作，形成以大学章程为核心的系统完备、科学规范、协调统一、运转高效的制度体系。

（三）优化办学条件

千方百计创造条件，多渠道、多层次、多方式改善办学条件。

1. 完善资金配置机制。向优势学科、特色学科、优势专业倾斜，向人才培养倾斜，向高水平教学科研项目、成果、奖励和高层次人才倾斜，向想干事、能干事和干成事的单位和个人倾斜。加快资金执行进度，对未按序时进度执行的经费，收回学校统筹安排。建立以绩效评估结果为依据的动态投入机制，不断提高资金使用效益。加大对院（系）办学投入，改善院（系）办学条件。严格预算管理，加强资金使用监管，保证资金使用安全。

2. 拓展资金筹措渠道。加强学校项目库建设，争取获得国家更多专项建设资金支持。完善基金会各项规章，加强各地校友会建设，争取社会捐赠，实现教育基金总额翻番。加强国有资产保值增值，提高国有资产使用效益。

3. 提高物质条件保障水平。加强图书馆建设，加大经费投入，确保教学科研所需的数据库、图书资料的必要购置；开展少数民族文字古籍、著作、论文的数字化建设，突出图书馆办馆特色；扩大和优化图书馆阅览空间，为师生提供优质服务。全面提高综合服务水平，争取在高校图书馆的排名明显前移。加强实验室平台建设，促进实验室开放共享，提高教学科研仪器设备使用效率。合理配置教学资源，提高教室使用效率。完善招标采购工作机制，增强服务功能。优化后勤保障服务，创造工作学习良好环境。

（四）繁荣大学文化

文化是大学的灵魂。突显民大文化特色，彰显民大精神风貌，形成与一流大学建设相适应的民大精神、民大风格和民大气派。

1. 践行“美美与共、知行合一”的大学校训。将“美美与共、知行合一”大学校训贯穿于学校各项建设事业过程中，营造“各美其美、美美与共”的文化氛围，使各族师生员工牢固树立“三个离不开”“五个认同”的思想。崇尚“知行合一”创新精神，鼓励引导广大师生形成理论联系实际的学习工作作风。

2. 弘扬民大品牌。做好“先生还在身边——民大名师”系列活动，完善民大名师展，整理出版民大名师学术文集和纪念文集，为民大名师塑像，彰显大师精神，传承大师风范。开发利用校史资源，加强校史校情教育，引导师生秉承民大优良传统，传承民大优秀文化。大力宣传体现民大精神、民大风格、民大气派的典型事迹、人物和成果，彰显学校正能量，增强吸引力、凝聚力和影响力。加强校园网和官方微信、微博等新媒体宣传平台建设，打造集功能、特色、文化于一体的多渠道宣传窗口，塑造民大形象。

3. 丰富校园多彩文化。搭建校院两级学术交流平台，鼓励开展多层次、多形式的学术讲座、学术论坛和学术沙龙等学术活动，形成浓厚的校园学术氛围。支持校团委、学生会、研究生会开展礼敬中华优秀传统文化名家系列讲座、非物质文化遗产传承与传播、“爱我中华韵律操”宣传推广、民族服饰表演、民族饮食荟萃、民族歌唱大赛、民族体育竞技、民族风情月、民族传统节日庆祝等丰富多彩的校园民族文化活动。

（五）做好校区规划建设

1. 积极推进新校区建设。争取新校区主体工程早日开工建设，完成新校区主体工程，部分学生入住学习和生活，突破校区对学校发展的严重瓶颈制约。积极争取国家和北京市各项政策扶持，创新新校区建设的投融资体制，多渠道、多方式筹集建设资金。推进绿色低碳型、智慧型、节约型新校区建设。规范新校区建设，引进独立第三方对新校区批准建设的全部内容进行质量、安全、进度、费用、合同、信息等管理和风险控制。健全完善招标管理、工程管理、财务管理等制度体系，确保新校区建设成为廉政工程、放心工程。

2. 改善老校区校园环境。加大经费投入，做好老校区建设、维护和修缮工作，提升老校区环境质量。保护好老校区内的历史建筑、古文物、古树等，修旧如旧，彰显校园浓郁的历史文化底蕴。健全校园安全监控体系，加大校园周边环境综合治理，建设平安校园。

3. 合理确定校区功能定位。贯彻落实《京津冀协同发展规划纲要》，根据北京市疏解非首都功能要求，将老校区作为研究生教育、科技创新研发基地、北京市民族文化创意产业与教育基地。根据学校建设“一流大学和一流学科”发展需要，合理规划新校区功能定位。

（六）加快信息化进程

加大校园信息化基础设施建设，全力推进“互联网+”，实现学校运行管理转型升级。

1. 加大校园信息化基础设施建设。建设覆盖两个校区的新一代校园网，无线网实现校区全覆盖，有线网主干速率达到40G，校园网统一出口速率达到10G，全校数据容量达到3000T，推进数据中心服务器等设备统筹服务和应用。建设物联网和智能感知基础设施。

2. 推进信息化改造升级工程。建设实用型智能教学环境，实现远程教育和多方协作，推出一批有影响力和实用价值的慕课。建立和完善学科、教学、科研、人事、财务、国际化、学生管理等数据库和信息系统，实现各信息系统的互联互通。建立无纸化网络办公系统，促进学校管理信息化和决策科学化。

3. 建立网络信息安全防护体系。建设学校网络信息安全监控预警体系，提升网络舆情监测水平，增加突发事件反应处置能力，建立健全网络安全应急协作体系。

五、加强党的领导

（一）落实全面从严治党

全面加强党的思想建设、组织建设、作风建设、反腐倡廉和制度建设。加强理论学习，落实“两学一做”学习教育要求，用中国特色社会主义理论武装头脑，坚定理想信念，增强理论自信、道路自信、制度自信。健全完善学校党建组织体系，充分发挥学校党委核心领导作用；加强基层党组织建设，发挥基层党组织战斗堡垒作用；调动广大党员的积极性、主动性和创造性，发挥党员先锋模范作用。切实加强作风建设，严格执行中央八项规定，巩固党的群众路线教育实践活动和“三严三实”专题教育成果。落实党委主体责任和纪委监督责任，健全党风廉政建设制度，形成不敢腐、不能腐、不想腐的体制机制。严肃党的纪律规矩，强化遵守党章、党纪的自觉性。制定和完善党建和思想政治工作制度体系，把权力关进制度的笼子里。

（二）牢牢把握意识形态工作领导权

贯彻中央《关于进一步加强和改进新形势下高校宣传思想工作的意见》，落实学校意识形态工作责任制，健全党委统一领导、党政工团齐抓共管的体制机制。坚持以马克思主义统领学校意识形态工作，增强主流意识形态话语权和影响力。以马克思主义理想信念教育为核心，完善中华优秀传统文化教育，加强国家观、民族团结教育，做好马克思主义民族观宗教观、党的民族宗教政策和相关法律法规的宣传。以党史国史和国情世情教育为载体，以党团建设为抓手，深入开展中国梦和中国特色社会主义教育。加大思想政治意识形态阵地建设投入，强化意识形态阵地的日常管理，抓好舆论导向，牢牢把握正确的办学方向。

（三）坚持党委领导下的校长负责制

加强党委核心领导地位，严格执行“三重一大”事项常委会集体决策制度。按照《中央民族大学党委常委会议事规则》《中央民族大学校长办公会议事规则》，厘清学校党委和校长的权力关系与职能，明确责任，健全机制。

（四）加强干部队伍建设

贯彻落实中共中央《党政领导干部选拔任用工作条例》《中央民族大学处级干部选拔任用工作实施细则》《中央民族大学处级领导班子和处级干部年度考核办法（试行）》，健全干部选拔聘任制度，构建选人用人新机制。加强少数民族干部和非党干部的培养、选拔、任用。完善干部教育培训体系，提升干部履职能力。创新干部考核评价机制，形成能者上、庸者下的用人导向和机制。

（五）提高学生思想政治教育水平

坚持育人为本、德育为先的教育理念，加强学生正确世界观、人生观和价值观教育，把培育和践行社会主义核心价值观融入教书育人全过程，强化马克思主义民族观、宗教观和祖国观教育，形成“六观”教育体系，并贯彻到学校各项工作中。实施思想政治理论课建设体系创新计划，充分发挥思想政治理论课教育主渠道作用，推动中国特色社会主义理论体系进教材进课堂进头脑。积极发挥学生党团组织、社团组织对学生思想政治教育的推动作用，加强对自媒体、新媒体等意识形态新领域的引导和监管，使党的思想政治路线全面主导学生思想政治活动的各个领域和层面。通过形式多样、生动活泼、卓有成效的民族团结教育，造就一代爱党爱国、维护民族团结、素质优良、敢于担当的社会主义合格建设者。

（六）维护学校安全稳定

健全学校安全稳定防控体系，完善网格化安全管理模式，落实等级化综合防控责任。健全校园安全“矛盾化解、风险评估、应急处置”会商研判机制和学校安全稳定与社会安全稳定互动协调机制，系统构建学校安全稳定工作实施体系。健全学校舆情信息搜集网络，推进技防系统信息化。提升学校反恐维稳能力，有效防范和抵御敌对势力渗透。加强保密制度和安全稳定工作队伍建设。

六、组织实施

本规划是指导学校“十三五”期间事业发展的纲领性文件。各部门、各单位必须认真学习，深刻领会，严格执行。并以此为依据，结合本单位的具体情况制定本单位事业发展的“十三五”规划，形成指导学校发展的两级两类规划体系。

坚持“整体规划、分工实施、动态管理”的原则，明确责任分工，落实主体责任，实行问责制度。加强对本规划的宣传，形成全校共识，激发学校各部门、各单位和广大师生员工的积极性、主动性和创造性，发挥各民主党派、无党派人士以及离退休老同志在学校民主管理、民主监督和民主决策中的重要作用，形成群策群力、团结和谐、积极向上、共谋发展的良好氛围，确保学校事业发展“十三五”规划的全面贯彻落实和规划目标的实现。

中南民族大学教育事业发展“十三五”规划[1]

根据《国家中长期教育改革和发展规划纲要（2010—2020 年）》《中华人民共和国国民经济和社会发展第十三个五年规划纲要》《关于加强和改进新形势下民族工作的意见》《国务院关于加快发展民族教育的决定》《统筹推进世界一流大学和一流学科建设总体方案》等文件精神，为进一步办好中南民族大学，更好地满足少数民族和民族地区经济社会发展需要，促进全面建成小康社会目标早日实现，结合中南民族大学第七次党代会提出的目标任务和学校事业发展实际，特制订《中南民族大学教育事业发展“十三五”规划》。

一、学校“十二五”发展回顾

（一）“十二五”规划完成情况

“十二五”时期，全校师生员工围绕全面提高办学质量的主题，团结一心，奋发有为，基本完成规划确定的目标和任务，为学校的进一步发展奠定了基础。

1. 办学规模稳步扩大。截至 2015 年 9 月，包括 56 个民族成分在内的全日制在校生达 26869 人，其中本科生 24020 人，硕士研究生 2179 人，博士研究生 86 人，预科生 511 人，留学生 73 人。“十二五”期间，为社会输送 25000 余名毕业生。

2. 学科专业结构更加优化。获得 1 个一级学科博士点、8 个二级学科博士点、1 个博士后科研工作流动站，4 个学科获省一级学科博士点立项建设。学术型硕士授权一级学科从 3 个增加到 18 个，二级学科从 43 个增加到 79 个。专业型硕士授权类别从 1 个增加到 9 个。获批省部级一级重点学科 9 个，省部级一级重点建设学科 2 个，省部级二级重点学科 4 个。民族学在 2012 年教育部学科评估中排名全国第 4，3 个学科进入参评学科前 50%；化学学科在 2015 年首次进入 ESI 全球前 1%，学科竞争力、影响力不断提升。

本科专业从 60 个增加到 84 个。10 个专业获批省级专业综合改革试点项目，10 个专业获战略性新兴（支柱）产业人才培养计划立项。建成国家级、省级精品开放课程 18 门。建成国家级实验教学示范中心 2 个、省级重点实验教学示范中心 2 个、省级实验教学示范中心 1 个、省级虚拟仿真实验教学示范中心 2 个、省级实习实训基地 2 个。获得省部级教学研究项目 95 项。获省级教学成果奖 6 项；获国家级教学成果奖二等奖 1 项，实现该奖项零的突破。

3. 办学质量进一步提高。生源质量不断提高，一本招生省区从 5 个扩大为 12 个，一本招生占比从 41.8%提高到 51.6%。修订实施 2013 版人才培养方案。积极探索“校际交流培养”“国际联合培养”“产学研合作培养”，推进联合辅修双学位、跨专业选修学分等多种人才培养模式；开展本科专业、教学工作和教学状态评估，规范评教评学等。获得国家教育体制改革综合

[1] 中南民族大学. 关于印发中南民族大学“十三五”规划的通知[Z]. 2016-07-17.

试点项目 1 个。突出实验教学和创新创业教育，着力增强学生创新创业能力。学生获省部级以上学科竞赛等奖励 8422 人次，获省部级以上思政类表彰 15 人次。学生就业率保持高位稳定，就业质量逐步提升。全面推进研究生培养模式改革，实施“研究生教育质量工程”和优质生源计划，加强导师队伍建设，研究生培养质量得到提升。

4. 师资队伍水平不断提升。新进教师 309 人，专任教师达到 1301 人。其中，高级职称人数占 51.7%。外聘教师 440 人。引进“973”项目首席科学家、“国家杰出青年科学基金”获得者 1 人。172 人分别入选国家级或省部级人才工程项目，其中，百千万人才工程国家级人选 4 人、国家级有突出贡献中青年专家 2 人、教育部新世纪优秀人才支持计划入选 7 人、文化名家暨“四个一批人才” 1 人、国家民委突出贡献专家 6 人、湖北省有突出贡献中青年专家 17 人、省部级领军人才支持计划入选 4 人；29 人享受国务院政府特殊津贴，16 人享受省政府专项津贴。88 名教师到国内知名大学或科研院所访学或从事博士后研究工作。1 人获全国模范教师，3 人获湖北省“五一”劳动奖章。

5. 科学研究和社会服务能力进一步增强。获各类科研经费（合同）2.4 亿元。获国家级项目 317 项，其中，国家自科基金 157 项，国家社科基金 129 项；出版 C 等级以上著作 346 部，授权专利 119 项；发表论文 6267 篇，其中 C 等级以上期刊论文 385 篇，SCI 论文 1041 篇，EI 论文 1112 篇，CSSCI 论文 1460 篇；获省部级以上奖励 206 项，其中教育部高校科研（科学技术类）优秀成果一等奖 1 项，实现该奖项零的突破。新增省部级科研平台 22 个，达到 36 个，其中湖北省 2011 协同创新中心 1 个。学报整体水平不断提升，社科版于 2010 年获得“全国高校三十佳社科期刊”称号，自科版于 2015 年入选全国中文核心期刊。2 项研究成果获国家领导人批示，26 项调研报告被政府采纳，7 项议案获得省政府参政咨询奖。承担横向课题 283 项，与企业签订技术合同 149 项。完成技术技能人才培训 2624 人次，民族干部培训 1371 人次。帮扶武汉市民族中小学，积极参与武陵山片区区域发展与扶贫攻坚试点、“三万”活动、“616”工程、三峡库区移民等工作。积极推进校地战略合作协议的实施。获得“湖北省对口支援三峡工程移民工作先进集体”“‘三万’活动先进单位”“服务湖北经济社会发展先进高校”等多项荣誉称号。

6. 办学条件明显改善。新征大学生实习实训和创新创业基地建设用地 108 亩，占地面积达到 1554 亩。新增建筑面积近 30 万平方米，达到 100.66 万平方米。教学科研基础投入得到加强，教学科研仪器设备总值增长 1.38 亿元，达到 3.03 亿元。图书文物档案资料建设水平和服务质量再次提升，新增图书 32.86 万册，达到 222.12 万册。财政资金稳步增长，年拨款收入从 6.65 亿元增长到 7.62 亿元。获得化债资金 5400 万元，基建中央专项资金 3.4 亿元，财政部修购专项资金 3.71 亿元，绩效奖励专项资金 2600 万元，校基金会社会筹资及中央财政配套资金 1312.2 万元。数字化校园建设全面实施并初见成效，校园网格化管理初具雏形。完成教师公租房建设分配、水电气等基础设施改造，完成学生宿舍热水、洗衣机、开水、空调配套建设及教室空调安装、教学设备升级等工作。

7. 对外交流与合作持续推进。2015 年成为国家民委与教育部、湖北省共建高校。受援重庆大学，支持广西柳州师专（现广西民族科技师范学院）、河北民族师范学院。新增境外合作院校 21 所，共与美国、德国、俄罗斯、日本、韩国等 17 个国家（地区）的 48 所大学建立了合作交流关系。2012 年加入欧洲大学联盟，2013 年获面向港澳台地区招收本科生资格。执行学校重点引智项目 254 项，邀请外国专家来校任教和交流 366 人次。招收来华留学生 695 人，与美国威斯康星州立普拉特维尔大学合作培养硕士 109 人。选派教师出国（境）留学进修 423 人次，选派 707 名学生出国（境）研修交流。孔子学院得到快速发展，国家汉办/孔子学院总部 2014 年正式批准我校成为中国汉语水平考试（HSK）考点。承接孔子学院总部/国家汉办赴国外文艺巡演任务3次。

8. 内部治理结构改革不断深化。坚持党委领导下的校长负责制，全面深化教育综合改革，完成学校章程制定，做好规章制度废改立工作，推进依法治校，治理体系和治理能力现代化建设取得阶段性成果。开展第二轮岗位设置工作。圆满完成绩效工资改革，进一步改善教职工福利待遇。新设置了音乐舞蹈学院、资源与环境学院、教育学院，调整设置了马克思主义学院、预科教育学院、体育学院等，成立法制办公室，调整设立档案馆校史馆、现代教育技术中心、实验教学与实验室管理中心。规范各类工作领导小组和学术组织的设置。

9. 党建和思想政治教育进一步加强。校党委高举中国特色社会主义伟大旗帜，认真学习贯彻落实党的十八大和十八届三中、四中、五中全会精神，深入开展党的群众路线教育实践活动，推进“三严三实”专题教育，努力建设学习型党组织。全面从严治党，成立机关工作委员会，向重点单位派驻专职纪检监察员，落实党风廉政建设党委主体责任和纪委监督责任。加强党员领导干部作风建设和师德师风教育，推进校领导和职能部门联系教学单位、“成长守望计划”“校领导接待日”、领导干部听课等制度。召开了第七次党代会、第六次“两代会”、第九次团（学）代会和党建与思想政治工作会议。加强学生工作队伍建设和信息化建设，推进全功能型资助、心理健康普及教育、学业预警与帮扶工作，开展民族团结进步创建工作，加强各民族学生“三个离不开”“五个认同”“五观”教育。统战、工会、共青团、离退休、校友会的作用进一步发挥。

（二）“十二五”发展经验和存在的不足

“十二五”期间，在国家民委、教育部和湖北省委省政府的正确领导下，学校事业取得长足进步，积累了丰富的办学经验。一是坚定不移地坚持社会主义办学方向；二是坚定不移地抓好党的建设和思想政治工作；三是坚定不移地抓好发展这个第一要务；四是坚定不移地抓好优良校风教风学风培育；五是坚定不移地抓好质量提升；六是坚定不移地抓好学科和队伍建设；七是坚定不移地抓好内部治理结构优化。

综合评估学校“十二五”工作，成绩显著。但与党和国家对学校的要求相比，与师生员工的期盼相比，与学校长远的奋斗目标相比，还存在一些不足。一是内部治理能力有待提升，体制机制需进一步创新；二是学科专业整体水平有待提高，学科专业结构需要进一步调整；三是师资队伍的质与量与建设国内一流大学还有差距，人才评价、考核激励机制和引进培养政策需要进一步突破；四是人才培养中心地位还需进一步凸显，质量保障体系有待进一步完善；五是协同意识和创新能力有待加强，科研水平和社会服务能力需进一步提升；六是同质建设现象较为突出，办学特色还需进一步彰显；七是数字化意识和信息化能力有待进一步提升，数字化校园向智慧化校园纵深发展还需进一步加强；八是国际化办学水平还需进一步提升。

二、“十三五”期间学校发展面临的形势

（一）严峻挑战

一是学校要在遵循高等教育普遍规律基础上办出民族高等教育特色，既要避免同质化又要避免边缘化，学校面临着融入学术主流的同时又要坚持民族特色的挑战。二是高考招生制度改革和适龄人口下降，学校将面临愈发激烈的生源竞争。三是伴随着全面小康社会的逐步建成，民族地区对高等教育质量提出了新的、更高的要求。四是学校在学科专业结构、高端领军人才、

博士学位点建设、重大平台建设上存在薄弱环节，在激烈的院校竞争中“不进则退，慢进亦退”。

（二）发展机遇

一是“四个全面”战略布局和“五大发展理念”为新时期民族高等教育创新发展提供了理论指导和根本遵循。二是中央民族工作会议、第六次全国民族教育工作会议相继召开，为学校事业发展指明了方向。三是国家“十三五”规划提出“提高大学创新人才培养能力”“深入实施中西部高等教育振兴计划”，《国务院关于加快发展民族教育的决定》《统筹推进世界一流大学和一流学科建设总体方案》的出台，以及“一带一路”战略与“2011 计划”的深入推进，为学校事业发展带来了新的机遇。四是国家民委与教育部共建委属民族院校、国家民委与湖北省及武汉市人民政府共建中南民族大学，学校与多个地方政府和企业建立了战略合作关系，为学校发展提供了新的助力平台。五是几代民大人 65 年的艰苦创业为学校奠定了良好的发展基础，积淀了“笃信好学、自然宽和”文化传统，凝聚了“昂扬奋进、止于至善”的创业精神。

三、“十三五”规划的指导思想与主要目标

（一）指导思想

以党的十八大及历次全会精神和习近平总书记系列重要讲话精神为指导，以“四个全面”战略布局和“创新、协调、绿色、开放、共享”发展理念为统领，认真贯彻落实中央民族工作会议和全国民族教育工作会议精神，坚持党的领导，坚持社会主义办学方向，坚持立德树人、思想引领，坚持问题导向、创新驱动，坚持“质量立校、学科兴校、人才强校、特色荣校”发展战略，坚持面向地方，面向少数民族和民族地区，面向全国，为地方发展服务，为党和国家的民族工作服务，为国家战略需求服务的办学宗旨，努力建设特色鲜明、人民更加满意的高水平民族大学。

（二）办学定位

人才培养：以具有“独立思考、善于沟通、勇于担当、自然宽和、家国情怀、国际视野”特质的中国特色社会主义事业建设者和接班人为目标，着力培养适应民族地区和社会发展需要的应用型、复合型、创新型人才。

学科专业：适应社会需求，积极调整结构。优化传统学科，进一步彰显民族学等学科的优势和特色；加强应用学科建设，重点提高工、农、医、管理等学科比例。面向未来、面向市场、把握需求、遵循规律，积极发展适应经济社会发展需要的专业，促进学科、专业建设的良性互动。

层次类型：以本科教育为主，大力发展研究生教育，深化拓展国际教育，创新发展继续教育。

服务面向：坚持面向地方，面向少数民族和民族地区，面向全国。

办学特色：坚持立德树人，严格质量标准，培养各民族学生成长成才“一个都不能掉队”；坚持民族团结，促进交往交流交融，大力培育中华民族共同体意识；进一步发挥“培养少数民族高素质人才、研究我国民族理论和民族政策、传承和弘扬各民族优秀文化的重要基地，展示我国民族政策和对外交往的重要窗口”的独特功能，努力办人民更加满意的高水平民族大学。

（三）发展思路

按照“围绕一个中心、突出两大重点、实现三大提升、深化四项改革、促进五个转变”的发展思路，着力提高办学水平，显著增强学校核心竞争力。

一个中心：以提高质量为中心，不断提高学校的办学实力和比较优势。

两大重点：加强学科建设和人才队伍建设。

三大提升：提升人才培养质量，提升科学研究水平，提升社会服务能力。

四项改革：深化以两级管理为核心的内部管理改革，以教学质量为核心的教育教学改革，以岗位聘任与绩效考核为核心的人事分配改革，以绿色、节能、高效、人性化、精细化为核心的后勤保障改革。

五个转变：从规模扩张向质量提升转变，从要素驱动向创新驱动转变，从有限协作向开放协同转变，从传统管理向现代治理转变，从均衡性扶“平”向差别化扶“优”转变。

（四）发展目标

1. 五年目标

启动“双一流”建设工程。重点建设 1—2 个国内一流学科，10—15 个一流专业，引进和培养一批一流师资，产生一批一流成果，为社会提供一流的科技与咨询服务。深入推进由教学型大学向教学研究型大学的转变，学校整体实力稳居湖北省高校前 10 名。

2. 中长期发展愿景

用 10 年左右时间，推动办学质量和整体水平全面提高，国内影响力显著提升，学科排位等主要办学指标和综合实力更加接近国内一流大学水平，呈现国内名校的基本轮廓和面貌，进一步缩小与省内教育部直属高校的差距。力争在建校 100 周年之际，跻身于全国高校前 100 位之列，成为特色鲜明、国内一流、国际知名的高水平民族大学。

（五）主要任务指标

至 2020 年，本科生稳定在 25 000 人左右，研究生达到 3 500 人左右，预科生稳定在 500 人左右，国际留学生达到 300 人，全日制在校生 30 000 人左右。

1. 人才培养

——本、预科生教育

（1）建立以需求为导向、质量为核心的专业动态调整机制，“关、停、并、转”一批不适应社会发展需求的专业，增设 10 个左右新专业，提高理工类、应用型专业比例，专业总数控制在 85 个左右。

（2）试点校本课程、特色课程，打造一批国家级、省级和校级精品视频公开课和资源共享课。进一步开发全英语课程，建设 1—2 个国际化品牌专业；在 3—5 个专业引进国外先进课程资源，并在此基础上开办 2 个以上全英语授课专业。

（3）力争建成若干个国家级、省级实验教学示范中心与省级虚拟仿真实验教学中心。力争在国家级人才培养基地、大学生创新性实验计划、人才培养模式创新实验区、双语教学示范课程等项目上实现突破。争取获得国家教学成果奖 1—2 项，省级教学成果奖一等奖 2—3 项。

（4）狠抓教育教学质量，争取考研、出国率达到 20%以上。加强就业服务和市场拓展，争取签约率（含升学出国）达到 65%—70%；不断扩大长期稳定的知名企、事业用人单位群，不断巩固在民族地区、西部地区就业市场。不断提高生源质量，争取在 20 个以上省份以“一本”招生，“一本”招生计划达到总计划的 60%以上。

（5）创新预科培养模式改革，提升预科教育质量，打通预科教育与本科教育的层次节点，为优秀预科人才快速成长提供有力支撑。

——研究生教育

（6）推进专业学位研究生教育发展，总结与探索较为完善的专业学位人才培养模式。

（7）每年按 8%比例增加研究生招生数；力争推荐免试攻读硕士学位研究生的比例达到 10%；民族学专业探索本硕博连读模式；做好研究生招生宣传工作，不断提高生源质量。

2. 学科建设

（1）打造 1—2 个国内一流学科（群）；4—6 个优势学科在全国排名进入前 20%，5—8 个重点学科在全国排名进入前 30%。

（2）把民族学建设成为国内一流水平、国际有一定影响的学科，学科排名位次进入国内前 3。理工科 2—3 个学科进入 ESI 全球前 1%。

（3）力争 4 个立项建设学科获批博士学位授权点。一级学科博士学位授权点达到 5 个。

（4）硕士学位授权一级学科增加 10 个，达到 28 个。

（5）专业博士学位授权点达到 2—3 个，专业硕士学位授权点增加达到 20 个以上，满足社会对应用型人才的需求。

3. 队伍建设

（1）到 2020 年，全校在编教职工总数稳定在主管部门核定的数目范围内。聘用兼职教师的比例达到教师总数的 20%。

（2）在院士、长江学者等高层次人才上取得突破；引进、遴选 5—8 名知名教授；遴选、培育 20 支左右青年学者创新团队；力争国家级教学名师取得突破。

（3）统筹推进专业教师队伍、党政管理干部和教辅服务型人才“三支队伍”建设，努力建成专兼结合、以专为主、有序竞争、合理流动、充满活力的人才队伍。

4. 科学研究

（1）力争承担国家级科研项目 400 项左右，其中国家重大、重点和攻关项目 20 项；年均科研经费总量突破亿元。

（2）权威期刊论文发表量稳中有升，科研评价实现从量到质的转变。自然科学力争在 Science 或 Nature 发表学术论文，被 SCI、EI 收录论文各 1 200 篇以上。人文社会科学在权威期刊发表论文 120 篇以上，CSSCI 收录论文 2 000 篇以上，出版有影响的学术专著 500 部以上。

（3）获省部级奖项 200 项以上，争取在国家科学技术奖、教育部高等学校科学研究优秀成果奖（人文社会科学）一等奖等重要奖项方面实现突破。

（4）建成 1—3 个国际合作研究平台，建立 3—5 个各具特色的专业数据库；国家重点实验室（培育基地）、国家级“2011 协同创新中心”、教育部人文社会科学重点研究基地实现突破；力争打造 1—2 个“教育部创新团队”，2 个湖北省创新群体。

（5）争取一批具有自主知识产权的科技成果实现有效转化；完成一批高质量调研成果，为国家和地方制定经济社会发展政策提供参考。

（6）完善科研激励政策，营造良好的科研环境。出台鼓励学术交流的专项措施，重点扩大国际学术交流，活跃校园学术氛围。

5. 社会服务

（1）立足学校自身特色优势，围绕国家重大战略需求、民族地区与地方经济社会发展、民族文化传承与保护、中华民族共同体意识培养等方面的重大理论和现实问题，集中力量协同攻关，产出有重要社会价值的高质量成果。

（2）发挥优势，整合资源，协同创新。建成少数民族地区经济社会发展综合数据库；力争建成 1 个以上中国特色新型高校智库；重视和建设好中国城市民族与宗教事务治理研究中心，力争将其建成全国研究城市民族宗教事务治理最有成效和特色的人才库、智囊库和资料库。

（3）围绕“全面建成小康社会”战略布局，着眼少数民族地区，充分调动人力、财力、物力，积极参与武陵山片区区域发展与扶贫攻坚、精准扶贫等工作。

（4）大力开展创新创业教育，积极培育创新文化，探索构建政产学研用一体化协同创新的体制机制，推进专业链和服务链、产业链和人才链的有效对接，切实服务“大众创业、万众创新”国家战略。

（5）重视和做好继续教育，“十三五”期间，面向全国举办各类培训班 70 期以上，培训基层民族干部、专业技术人员和教职人员等 4 500 人次以上；为武陵山片区培训基层民族干部 600 人以上；力争开展职业技能培训项目达到 10 个以上，使 1 000 人次接受职业技能鉴定和培训服务。

四、发展举措

（一）深化教育教学改革，提高人才培养质量

牢固确立育人为本、德育为先、能力为重、全面发展的育人观。把促进人的全面发展和适应社会需要作为衡量人才培养水平的根本标准，牢固树立人才培养在学校的中心地位，严格培养标准、严格过程管理，切实提升人才培养质量。

1. 树立现代教育教学观。坚持立德树人，树立以提高质量为核心的教育发展观，以学生全面发展为目标的教育质量观。在深化“教学是什么，教学为什么”认识的同时，进一步厘清教学质量效益观、教学价值观、教学主体观、教学过程观、教学主导观和教学评价观。

2. 创新人才培养模式。以社会责任感、创新精神和实践能力为着力点，围绕全面实施素质教育，在既定培养目标规格的基础上，对学科布局、专业设置、教学内容及课程体系、培养途径及方法、质量评价及保障体系等进行全方位变革，使“培养什么样的人”和“怎样培养人”有机统一起来，使人才培养规律与市场经济规律科学结合起来。借鉴国内外成功的现代大学教学模式，沿着多样化、生本化、现代化、研究型的发展方向，更新教学理念，合理设计课程，改革教学方式方法，推进信息技术与教育教学深度融合，努力探索丰富多彩、具有特色的人才培养模式。

3. 调整优化专业结构。以就业为导向，以经济转型发展为契机，加大专业结构调整力度，实现招生、培养、就业三联动，健全专业预警、退出机制。着重理工类、应用型专业建设，着力打造一批支持和引领民族地区经济社会建设需求的优势特色专业，加强战略性新兴产业和支柱产业等新增专业建设。加大应用型、复合型、创新型人才培养力度。

4. 加强创新创业教育和就业指导服务。开发创新创业类课程，纳入学分管理。大力开展创新创业师资培养培训，聘请企业家、专业技术人才和能工巧匠等担任兼职教师。支持学生开展创新创业训练，完善项目资助体系。建设创新创业教育指导中心和孵化基地。加强就业指导服务机构建设，完善职业发展和就业指导课程体系，加强困难群体毕业生就业援助与帮扶。重视毕业生就业指引，立足长远发展，谋划布局重点行业和地区。

5. 改革研究生培养机制。实施导师负责制，探索团队式培养机制，完善研究生教育培养体系，调整研究生培养专业结构，创新培养模式。制定和实施“研究生教育创新计划”，举办研究生学术论坛，推进研究生科研与实践基地建设。改进研究生论文审查和答辩制度，加大论文查重力度，提高论文盲评比例，强化答辩质量监控，提升学位论文水平。建立研究生培养质量

追踪机制，着力提高研究生培养质量。

6. 加强预科和继续教育。创新预科教育模式，提升人才培养质量。立足实际，合理定位，积极发展非学历继续教育。注重培训质量，突出培训特色，努力提高民族干部培训的实效性和针对性。整合资源，开拓创新，大力开展职业技能培训及鉴定工作。

（二）加强学科内涵建设，切实增强核心实力

以“双一流”建设为契机，以体制机制改革为动力，以应用型学科发展为突破，坚持“彰显优势、统筹兼顾、创新驱动、服务社会、滚动发展”的原则，按照“分类指导、分层建设、逐步推进”的思路，谋划学科“大平台、大团队、大交叉、大项目、大成果”建设，进一步提升学科优势，彰显学科特色。

1. 大力建设国内一流学科（群）。重点建设民族学一级学科以及马克思主义民族理论与政策、民族史、民族经济、民族艺术、民族教育、民族法学、民族语言文学、民族医药学等优势学科（群）。面向学科前沿，进一步整合资源，加强人才引进和培养力度，建设国际化的学术团队，强化学科基础研究与应用研究。关注党和政府对少数民族及民族地区的重大关切，组织力量推出一批具有广泛国际影响和社会影响的标志性、原创性新成果，发挥开创和引领作用，全面提升学科的国内外影响力和学术话语权。

2. 着力培育重点学科。根据现有学科基础、国内外学科发展趋势和国家、行业重大需求等，将学科分为优势学科、重点学科和培育学科三个层级，实施分层建设。民族学、化学、生物学、教育学、中国语言文学为优势学科，药学、马克思主义理论为优势培育学科，法学、中国史、工商管理、公共管理、外国语言文学、生物医学工程、信息与通信工程、中药学等为重点学科，其他学科为培育学科。坚持学科、专业、实验室、师资队伍建设相统一，加强高水平学科平台建设。营造良好的学术和文化氛围，尊重教师的个人学术志趣和自由，并引导组建若干核心研究团队。加强对外交流，通过举办国际国内会议、课题合作研究、访问学者交流等多种方式提升学术对话能力，提高学科知名度。力争获得更多博士学位点。

3. 努力建设特色学科。充分利用各学科的行业特色、专业特色，面向行业与社会需求，面向国家战略性新兴产业，凝练学科方向，加强队伍与条件建设，以优势学科为基础、学术领军人物为核心、问题研究为导向、协同创新为突破口，以跨学科团队、重大项目和跨学科平台建设为主要形式，在若干领域或研究方向取得突破，产出个性化成果，将特色转化为优势，抢占学科发展战略制高点，扩大学科影响，服务经济社会发展。

4. 大力发展应用学科。紧密围绕国家、行业重大需求，根据我校学科历史、特点、师资力量等实际情况积极发展应用学科。与协同创新中心建设相结合，通过学科、校地、校企、校校之间的协同，推动应用学科发展，提升应用学科在科学研究、人才培养、社会服务等方面的综合能力。

5. 完善学科建设运行机制。进一步优化学科建设体制机制，加强对学科建设的组织领导、督导落实，促进学科建设上水平、上台阶。校领导定期研究学科建设工作，听取对学科建设的意见建议。聘请国内外专家成立专家咨询委员会，定期对学科建设情况把脉问诊。建立和完善学科建设评估指标体系，定期对全校学科建设实施检查，对各级责任人进行考核。设立学科建设奖励基金，奖励在学科建设中有突出贡献的单位、学科组和个人。

（三）重视人才队伍建设，增强学校发展动力

积极稳妥地推进学校人事制度改革，创新人才引进培养、发现评价、选拔任用、考核管理、

激励保障等机制，加强师德师风建设，创新工作载体，完善服务体系，为人才聚集、人才成长、人才发展搭台铺路。

1. 实施“高层次人才队伍建设计划”。贯彻人才工作会议精神，转变观念，加大投入，不断加强高层次人才引进工作力度，力争在“院士”“千人计划”“长江学者”“国家杰青”“青千计划”“国家优青”等高层次人才方面取得新突破。

2. 实施“领军人才创新团队支持计划”。以高水平学科带头人为核心，以重大项目为依托，以重点建设学科为平台，建立跨学科、跨行业、跨区域的协同创新中心，重点打造优秀的创新团队。设立学校“南湖特聘教授”“南湖中青年学者”，发挥高层次人才引领作用。

3. 实施“骨干教师培育计划”。实施领军人才创新发展的高端工程、中青年英才跨越发展的卓越工程、优秀青年人才全面发展的奠基工程以及少数民族人才成长发展的特支工程。发挥博士后流动站、教师教学发展示范中心作用，切实加强青年教师培养。

4. 实施“治理能力提升计划”。从战略高度和学校长远发展的角度谋划干部工作，切实鼓励和支持干部学习深造，加强干部培训和对外学习交流，完善基层挂职锻炼机制，拓展干部晋升流动渠道，不断提升管理队伍的整体素质和工作积极性。加强专业技术队伍和后勤服务队伍建设，改进管理服务的技术和手段，提高管理服务的网络化、信息化、智能化水平。从内部治理的制度机制、人员素质、硬件平台等多个层面协同推进，不断提高治理能力和治理水平。

（四）改革科研体制机制，提升科学研究水平

进一步突出科研工作在学校发展中的支撑地位，按照“量为基础、质为核心、提升学科、促进教学、服务社会”的原则，加强学科资源整合和研究方向凝练，完善科研激励机制，提升科学研究水平，促进科学研究、技术创新与人才培养的有机结合，在高水平科研实践中培养创新团队和创新人才，以高水平科学研究支撑高质量高等教育。

1. 大力推动协同创新。以“武陵山片区减贫与发展”2011协同创新中心建设为契机，建立与产业、区域经济紧密结合的技术研发和成果转化机制，提升服务国家重大需求、支撑民族地区经济转型和促进区域协调发展的能力。加强科研平台、学术团队和咨询中心、工程技术中心建设，促进学科交叉，实现科研力量的深度融合。

2. 着力打造科研品牌。统筹协调各方资源，在关键领域组织重点攻关，推进一批有影响力的科研活动。瞄准武陵山片区扶贫攻坚规划、“一路一带”建设、西部大开发和中部崛起战略等热点问题，充分发挥学科优势，发挥学术带头人的领军作用，形成独具特色的科研品牌。提高科学研究服务国家重大需求的能力，着力建设集资源库、知识库和思想库于一体的高校智库体系。

3. 推动标志性成果产出。对预期能产生重大科研成果的科学研究加大前期支持力度，以高标准、高要求进行管理与评估。加强校级层面的统筹规划，采取滚动支持、主动培育等方式催生高水平科研成果。加强平台团队的建设，把平台做大做强，力争实现国家级平台的突破，培养、引进高水平学术带头人，提升团队产出标志性成果的能力。调整科研考核奖励政策，加大代表性成果在考核体系中的业绩系数，特别是加大对高水平科研成果的奖励。加强重要成果的报送、推广、转化、运用，扩大成果的社会影响力。

4. 优化科研评价体系。完善量化评价的指标体系，实行分类评价、开放评价，引入同行评价、第三方评价和信息化评价等方式。建立涵盖科研诚信和学风、创新质量与贡献、科教结合支撑人才培养、科学传播与普及、机制创新与开放共享等内容的评价标准，对代表性、重大原创性、具有自主知识产权、重大技术突破的成果和服务决策需求的战略研究报告实行重点激励

奖励。建立中长期考核机制，尊重科研工作循序渐进、厚积薄发的内在规律，鼓励潜心治学，保障学术自由。

5. 推进科研成果转化。坚持创新引领，推进校校、校地、校企合作，重视和建设好科技园，依托科技园和大学生实习实践实训和创新创业基地，加大科技成果宣传、转化、应用的力度，推动产学研用综合协调发展。

（五）提升开放办学水平，注重服务合作实效

积极融入"一带一路""精准扶贫"等国家战略，发挥民族院校特色与优势，不断深化校地合作，在服务社会的过程中提升学校办学实力。不断拓宽国际交流与合作的渠道，积极探索教师互派、学生互换、学分互认、学位互授联授等具有实质内容的交流与合作模式，着力提高交流合作水平。

1. 积极服务民族地区扶贫攻坚。密切关注民族地区经济社会的重大需求，进一步推进科技成果转化，切实加强与相关企业、地方政府的产学研合作。建设民族地区发展综合数据库，为促进民族地区经济社会发展提供重要支撑。建成国内一流的中国特色新型高校智库，增强为社会和政府提供决策咨询的能力。扎实推进精准扶贫、"三万"活动、"616"对口支援等工作，进一步做好武陵山片区联络员工作。

2. 主动服务地方经济转型升级。加大横向项目支持和奖励力度，激励教师面向企业尤其是科研需求迫切的中小企业开展科学研究。将教师参与社会服务工作纳入教师绩效考评指标体系，作为教师专业技术职务晋升的条件之一。通过外聘"产业教授"和在教师专业技术职务序列中设置"社会服务与推广型"教授等举措，引导教师积极关注社会需求，全身心投入科技成果转化与推广，服务地方经济社会发展。

3. 扎实推进国内合作与交流。落实好国家民委与教育部、湖北省共建工作，推进对口支援受援工作，切实提升办学水平。积极拓展与国内高校的交流与合作，组织开展干部挂职、教师访学、学生学分互认等多种形式的交流与合作。落实好校地、校企合作战略协议，提升服务社会能力。

4. 大力发展留学生教育。扩大留学生规模，优化留学生层次、结构，提高留学生教育质量，完善留学生服务设施及奖、助学金制度；以项目带动留学生教育的发展，参与国际教育服务；建设好孔子学院；逐步发展学历留学生教育。

5. 有效推动人才培养国际化。引进国外优质课程资源，聘请国外优质师资，利用国际远程教学，加强国际课程建设。扩大长、短期本科生海外游学，推进研究生出国留学（游学）、境外访学、境外实训计划。大力推进学分互认、联合培养等各类中外合作办 学模式，推动人才培养国际化。

6. 着力加强国际科研合作。多渠道、多形式选派优秀教师和管理人员赴境外考察、培训和研修。积极参与并举办国际学术活动，支持学院举办有影响的国际学术会议。积极引导和扶持教师与海外合作学校教师共同申请各类政府资助的科研合作项目。利用现有的国际交流渠道，通过共同研发课题，联合出版国际科研合作著作。

（六）加强校园文化建设，营造良好发展氛围

树立以人为本的办学理念，弘扬尊重学者、崇尚学术、追求真理的优良学风，营造恪守学术规范、尊重学术自由、崇尚科学与民主的人文环境和宽和包容的学术氛围。

1. 大力培育创新文化。营造"尊重知识、尊重人才、鼓励探索、宽容失败"的创新文化氛

围，开展创新方法培训，强化科学精神、创造性思维和创新能力教育培训。拓宽创新文化传播渠道，支持校内各单位、学生团体和企业联合搭建创新交流平台，打造若干具有较大影响的创新论坛，展示和推出自主创新成果。引导和支持校园媒体传播创新理念，宣传创新案例，报道创新动态，普及创新知识。

2. 建设平安和谐校园。弘扬以“笃信好学、自然宽和”为核心的校园精神，提升广大师生的人文修养和道德素质，夯实“校兴我荣、校衰我耻”的思想基础，构建各族师生共同的精神家园。加强阵地建设，把握正确舆论导向，充分发挥文化引导、育人和推动发展的功能，增强各民族师生的凝聚力和创造力。建设和完善与现代大学相匹配的校园文化设施和载体，充分发挥校园文化的育人作用。积极开展民族团结进步创建、普法宣传教育，加强治安综治工作，推进和谐、文明、平安校园建设。

3. 实施“全民健身计划”。统筹规划并定期维护校内体育设施，传承发展民间传统体育和少数民族体育，实行工间、课间健身制度，倡导每天健身 1 小时。办好体育运动会，发展竞技体育，鼓励日常健身，丰富师生精神文化生活，形成健康文明的生活方式，提高师生的身体素质、健康水平和生活质量。

4. 实施“先进典型培育计划”。把先进典型作为学校办学水平和人才培养质量的一项重要表征，系统规划、积极投入、持续支持，努力培育一批在教书育人、科学研究、社会服务、文化传承创新、创新创业、党的建设和民族团结进步创建等多个方面具有全国影响力的优秀师生典型。

（七）改善办学基础条件，助力学校事业发展

积极筹措资金，合理安排基本建设项目投资，进一步完善基础设施和公共服务体系，不断改善办学条件和校园环境，努力把学校建成条件良好、功能完善、充分体现大学文化特征、彰显民族大学特色、环境优美和谐的现代化校园。

1. 科学合理配置资源。以提高学校核心竞争力为目标，加大争取财政支持的力度，积极拓宽社会筹资渠道，为学校事业发展提供资金保障。优先保障人才培养、队伍建设、重点学科、重大平台和重要任务的经费需求，提高预算支出的科学化水平，确保有限资源的高效利用。

2. 改进和加强硬件设施。做好大学生实习实践实训和创新创业基地（科技园）建设和修购项目，完成音乐舞蹈大楼、体育艺术综合训练馆、综合实验实训大楼等建设、改造项目。进一步加强图书文物档案、特色馆藏和数据库建设，提升服务教学科研的能力和质量。不断加大教学科研仪器设备投入力度，整合实验教学资源，加强实验室建设，提高技术装备和管理水平。

3. 推进智慧化校园建设。从战略高度重视教育信息化建设工作。做好顶层设计，持续加大投入力度，构建适应高等教育发展趋势，满足校园网络化、信息化、数字化、智能化的时代要求，提供有利于培养创新性、应用性、复合型人才的高效能、低成本、全方位、多途径的智慧化服务。推进无纸化办公，提升学校管理效能。升级校园自动消防安防系统。

4. 建设“资源节约型、环境友好型”校园。科学制订校园建设规划，从技术和管理等方面入手做好节能工作。完成管网改造、布局，提升水电气综合保障能力。加强校园绿化、美化、功能化建设。

（八）师生共享发展成果，凝神聚气共谋大计

1. 逐步提高教职工收入。努力提升办学效益，在政策允许的前提下不断提高教职工福利待遇，建立与考核结果挂钩的收入年增长机制。在学校财力可行的前提下，在现有工资分配体系

的基础上，实现薪酬的年度调整和适度上浮。积极稳妥推进养老保险改革，在政策范围内切实保障教职工切身利益。

2. 推进安居乐业工程。挖掘学校现有资源潜力，逐步改善教职工尤其是青年教职工的居住条件。扩建幼儿园，尽力做好教职员工子女就近就便就读重点中、小学的协调工作，切实消除教师员工的后顾之忧。合理规划校内交通线路，加强校内交通秩序管理。积极协调地方政府支持，争取学校周边建成地铁等重大市政工程，努力构建符合师生工作和生活规律的交通网络。

3. 改善学生学习生活条件。完善学生培养过程中的全程“绿色通道”和多层次、全方位的帮困网络体系，扩大学生奖学金的覆盖面，加大资助力度，改善教室、寝室、图书馆硬件环境，丰富第二课堂，为学生创造良好的成长环境。

五、实施保障

（一）全面从严管党治党，引领学校健康发展

1. 切实加强党的领导。坚持党的教育方针和民族政策，坚持社会主义办学方向；坚持立德树人，把培育和践行社会主义核心价值观融入教书育人全过程；强化思想引领，牢牢把握党在学校意识形态领域的领导权。把思想政治建设放在首位，推进学习型、服务型、创新型党组织和领导班子建设。坚持“党管人才”原则，加快人才工程建设。按照“三严三实”要求，严格干部选拔任用程序和标准，完善干部管理监督机制。深入开展“两访两创”，推进“双带头人”培育工程，做好党员发展、教育、管理工作，重基层、打基础、夯基石。

2. 切实转变工作作风。贯彻落实中央“八项规定”、国家民委党组“实施意见”和湖北省委“六条意见”精神，驰而不息反“四风”，以更加优良的党风促校风带教风正学风。通过完善党代会制度、选举制度、情况通报制度、情况反映制度、重大决策征求意见制度、监督制度等，建立和完善党员领导干部深入师生、深入一线的机制，促进领导干部联系基层、躬身基层，听取民意、汇聚民智、接受公开评议和民主监督。

3. 切实履行“两个责任”。严格执行党风廉政责任制，进一步强化各级党组织和党员落实主体责任意识。全面推进落实“党政同责、一岗双责”工作机制，继续加强党性党风党纪建设，严守政治纪律和政治规矩。不断完善惩治和预防腐败体系，构建起符合我校特点的廉政风险防控体系，形成不想腐的教育机制、不能腐的防范机制、不敢腐的惩戒机制。

4. 切实加强思想政治教育工作。加强思想政治工作队伍建设，完善思想政治工作机制，建立适合民族院校特点的学生工作现代治理体系，引导学生自主管理、自我教育、自我完善、全面发展。大力开展以爱国主义为核心的民族团结进步教育，为学生学业发展提供全方位支持，完善全功能发展型资助体系，提升心理健康教育、生命安全教育和社会责任教育实效，提升大学生思想政治教育质量，培养“三个特别”精英和骨干人才。

（二）深化教育综合改革，完善现代大学制度

1. 完善内部治理。坚持和完善党委领导下的校长负责制，构建以大学章程为龙头的现代大学制度。建立和完善“党委领导、校长负责、教授治学、依法治校、民主管理”的现代大学治理结构和治理体系，推进内部治理体系和治理能力现代化建设。厘清学术事务与行政事务的范畴与边界，理顺学术权利和行政权力的关系。

2. 提升管理效能。完善以能力和业绩为导向的目标责任制和考核评价体系，建立规范、公正、透明、廉洁、高效的管理模式和运行机制，提升管理水平与效益。推进人事分配与岗位管

理改革，打破“干和不干一个样、干多干少一个样、干好干坏一个样”的平均主义格局，完善选人用人管人机制，汇聚优秀人才，健全和落实干部能上能下、教师能进能出、待遇能高能低的管理制度。

3. 推进两级管理。切实推进学校管理重心下移，以目标责任制管理全面推进校院二级管理。理顺学校与学院的关系，确立学院的办学主体地位，调动各学院及广大教职工的积极性。

4. 加强后勤保障。引进竞争机制，加强过程监控，强化精细化管理，构建人尽其责、财尽其力、物尽其用的后勤保障服务体系，提高后勤保障能力和社会效益。

5. 充分发扬民主。坚持和完善教代会、团代会、学代会制度和其他各项民主管理制度，完善信息公开工作机制，保障师生的知情权、参与权、监督权。

（三）加强规划执行监督，落实各项任务措施

1. 加强组织领导。学校负责规划实施的指导、协调、督促和检查工作。各职能部门、教学单位要按照总体规划的部署，组织各方资源，狠抓贯彻落实。

2. 细化任务措施。各单位要依据学校规划的目标任务，结合自身实际制定和完善本单位的“十三五”规划，构建好以学校总体规划为核心、各专项规划为主干、各部门和学院规划为支撑的“十三五”规划体系，并制定任务书、明确时间表、落实责任人，确保任务目标落实。各单位规划要紧扣学校总体规划，强化与学校规划的衔接，保障计划的可操作、可量化、可监督、可考核。

3. 强化检查考核。学校以本规划为依据，建立规划实施情况的监督考核、调整完善机制，通过目标责任管理，确保规划贯彻落实。各单位要建立相应的规划实施检查评估机制，加强过程管理，提高规划实施质量。2018 年，学校将组织专家对“十三五”规划执行情况开展中期检查评估，及时总结成绩，查找不足，弥补短板。

（四）调动一切积极因素，凝聚强大发展合力

认真贯彻落实党的统战工作方针和民族工作方针政策，做好统战工作和民族宗教工作；健全工作机制，充分发挥工会的桥梁纽带作用，切实维护教职工合法权益；以建设优良的校风教风学风为目标，推动以组织青年、引导青年、服务青年、维护青少年合法权益为重点的共青团工作取得新发展；做好离退休老同志的服务工作，重视发挥老同志在推进学校事业发展、党建和育人工作中的重要作用；重视校友工作，积极争取校友和社会各界在资金、毕业生就业、科技合作、人才培养等各方面的支持，形成学校与校友、社会相互支持、互利共赢的良好局面。

西南民族大学“十三五”发展战略规划[1]

序　言

学校已走过了 65 年的光辉历程，各项事业得到了长足的发展，为国家特别是民族地区的经

[1] 此规划文本由西南民族大学组织人事部提供。

济建设、社会发展、文化繁荣、民生改善尤其是民族团结进步做出了不可替代的突出贡献。“十二五”时期，面对高等教育改革发展的新形势和人民群众对民族高等教育的新期待，学校全面贯彻党的教育方针和民族政策，抓住机遇，迎难而上，改革创新，锐意进取，学校面貌发生了根本变化，形成了鲜明的办学特色和较为突出的办学优势，社会影响更为显著，实现了教育事业的又好又快发展，为学校实现更高水平的改革发展奠定了坚实基础。

“十三五”时期是全面建成小康社会的决胜阶段，是我国不断提升高等教育质量，加快推进高等教育强国建设的重要时期，是学校进一步加强内涵建设、优化办学结构、提升办学水平的重要战略机遇期，也是学校全面铸造办学特色、优势和品牌，提升核心竞争能力，建设有特色、高水平大学的关键时期。

“为少数民族和民族地区服务，为国家发展战略服务”是学校长期坚持的办学宗旨，其内涵随着教育理念的深化和教育实践的深入而不断丰富。“十三五”时期，学校要进一步贯彻“二为”办学宗旨，发挥自身优势，争取更大作为，为民族地区同步建成小康社会进一步发挥不可替代的作用。

发展是第一要务。学校要适应新常态，抢抓新机遇，树立新的发展理念，以更加开阔的思路、更加积极的姿态科学谋划，坚持科学发展、内涵发展、特色发展、创新发展、共享发展，敢为人先，主动作为，凝练特色，积蓄优势，铸造品牌，着力提高综合竞争实力和办学声誉，努力建设有特色、高水平大学。

质量是永恒主题。高等教育未来发展的核心任务就是提高办学质量。学校要充分认识到“质量是立校之本”，进一步强化质量意识，全面提高教学质量、科研质量、管理质量、服务质量，促进学校实现在新的历史发展阶段又好又快发展。

特色是办学生命。牢固树立“特色铸校”的办学理念，克服同质化思维，努力形成一种本校所独有，或者在水平和能力上优于其他学校的发展形态，主动适应国家和区域经济社会发展需要，优化学科专业和层次结构，促进多学科交叉和融合，加快建设特色学科群和优势学科群。以特色促优势，通过凝练与塑造，大力彰显办学特色，努力形成促进学校事业发展的品牌资源。

改革是必由之路。当前，高等教育的综合改革进入攻坚期和深水区。学校要根据教育的发展规律和发展趋势，选择制约学校发展的“瓶颈”因素和关键环节作为改革的突破口，将管理体制、运行机制、人事制度、考核制度、分配制度等各方面改革紧密结合起来，保证改革的整体性和系统性。不断加强现代大学制度建设，要理顺学科体系内部组织关系，调整和优化组织结构，切实发挥好学部制的作用，突出教学科研单位的实体地位，使学院（研究院）的办学自主权和综合优势得以充分发挥，不断增强学校的办学活力和竞争力。

新形势下，学校要正确处理人才培养、科学研究、社会服务、文化传承与创新等方面的关系，切实发挥好办学职能。人才培养是学校的根本任务，必须把提高人才培养质量放在更加突出的位置，深化教学改革，创新人才培养模式，加大各类人才培养力度。科学研究是学校办学实力的重要标志，要主动面向国家特别是民族地区的重大战略需求开展研究，产出一批创新性、标志性、高水平的科研成果。社会服务是学校科学研究和人才培养功能的延伸，也是扩大社会影响和提升办学声誉的重要途径，要把社会服务与“二为”办学宗旨更加紧密结合起来。文化传承与创新是学校办学的重要职责与使命，既要建设好学校自身的文化系统，又要为国家文化建设特别是民族文化的繁荣与发展做出贡献。

大学精神是大学优秀文化传统的凝练，是大学的灵魂所在。“十三五”时期，学校要继续团结带领全校师生员工，凝聚广大海内外校友爱校荣校的力量，发扬老一辈民大人的敬业爱岗奉献精神，增强新时期的改革创新意识，牢固树立“校兴我荣、校衰我耻”的责任意识，深入挖掘建校以来所积淀的优良传统和文化资源，进一步丰富以“和合偕习、自信自强”为核心的学校精神，深化办学宗旨和办学理念的认识，明确新时期学校的发展战略和发展路径，传承民大文化血脉，为建设有特色、高水平大学提供强大的精神支撑。

为指导“十三五”期间学校各项事业的发展，根据习近平总书记系列重要讲话精神和《中华人民共和国国民经济和社会发展第十三个五年规划纲要》《国家中长期教育改革和发展规划纲要（2010—2020年）》《国家中长期人才发展规划纲要（2010—2020年）》，以及《国务院关于加快发展民族教育的决定》《统筹推进世界一流大学和一流学科建设总体方案》《关于深化高等学校创新创业教育改革的实施意见》等文件精神，结合学校发展实际，编制《西南民族大学“十三五”发展战略规划》，力争以新的思路应对新的形势，以新的举措迎接新的挑战，在“十三五”时期实现学校发展的新跨越。

一、“十二五”期间建设发展状况分析

“十二五”期间，在国家民委、教育部、四川省委省政府的坚强领导下，学校党委、行政团结带领全校师生员工，提质量、强内涵、求创新、促效益，圆满完成了“十二五”发展规划任务目标，各项工作取得了可喜进步，为“十三五”期间学校事业发展奠定了坚实基础。

（一）建设成就

1. 党建与思政工作谱写新篇章

全面贯彻党的十八大及十八届三中、四中、五中全会精神，深入开展党的群众路线教育实践活动、庸懒散浮拖问题专项整治活动、“三严三实”专题教育，启动以整顿软弱涣散基层党支部为重点的“三分类三升级”活动，不断加强和改进学校各级领导班子建设、基层党组织建设和党员队伍建设；深入学习贯彻习近平总书记系列重要讲话精神及中央民族工作会议、第六次全国民族教育工作会议精神；贯彻落实中央“八项规定”精神及上级要求，出台《西南民族大学关于改进工作作风、密切联系群众的若干规定》；设置二级纪委，抓好党风廉政建设和反腐败工作，推进廉政风险防范管理工作。校党委领导班子获四川省高校“四好”班子创建活动先进单位。

认真开展“中国梦”“民族团结进步创建”等主题教育活动，扎实推进校园文化建设；高度重视师德师风建设和学生思想政治教育，引导各族师生培育和践行社会主义核心价值观，确保了学校意识形态工作的领导权、主动权和话语权；全力做好敏感节点的维稳工作，确保校园安全、和谐、稳定。学校被评为“四川省民族团结进步创建活动示范学校”；民族博物馆被命名为“全国民族团结进步教育基地”；1位教师被评为全国优秀教师，1位教师被评为全国师德标兵；2项校园文化成果获全国高校校园文化建设优秀成果特等奖；1名辅导员获得“全国高校辅导员年度人物”荣誉称号，2名辅导员获“全国高校辅导员年度人物”入围奖，1名辅导员获得全国辅导员职业技能大赛优秀奖；1名学生荣获全国大学生年度人物提名奖，4名学生入围全国大学生年度人物。

2. 办学条件得到新改善

相继完成武侯校区民族博览中心震灾后加固改造，武侯校区学生宿舍建设项目，航空港校区实验楼群建设项目，航空港校区南区新建食堂，专家楼、留学生楼及教学配套设施项目，青藏高原生态保护与畜牧业高科技创新实践研究基地2期工程，增加校舍建筑面积30万平方米，校园环境和教学、生活设施得到进一步改善。

目前，学校占地面积近3000亩，校舍建筑面积112万平方米；固定资产总值增至27.8亿元，其中教学科研仪器设备总值增至4.7亿元；图书藏量达600余万册（含电子图书），逐步实现了读者阅读的泛在化和查询借还的自主化与智能化；校园数字化建设成效显著，无线网络从无到有，信息点增至2250个，实现了重点区域覆盖，完成了“有线无线一体化，智慧型敏捷校园网”的校园网及信息系统的彻底改造。

3. 学科建设迈上新台阶

厘清思路，规范管理。先后出台《西南民族大学关于进一步加强学科建设的若干意见》《西南民族大学学科建设目标管理办法》等文件。加大学科建设投入力度，深入凝练学科特色。年均投入200万元对畜牧学、中国语言文学、应用经济学和哲学等4个博士培育学科进行重点资助建设并取得明显成效；年投入建设经费250余万元，对27个一、二级硕士学科点采用项目制管理，进行长期建设。

“十二五”期间，一级学科省（部）级重点学科由原来的1个增至5个（含1个重点建设学科）；新增一级学科博士点1个（二级学科博士点由原来的2个增至7个）；一级学科硕士授权点由原来的2个增至17个（硕士招生专业由原来的42个增至78个）；专业学位硕士点由原来的10个增至12个；本科专业由原来的68个增至85个。

“十二五”期间，建成“中国彝学研究中心”“青藏高原社会经济发展研究中心”等省部级人文社科重点研究基地5个，新增省级工程技术中心1个，新增四川省2011协同创新中心2个。

“十二五”末学校省部级学科平台一览表

序号	基地名称
1	西南少数民族研究基地
2	中国彝学研究中心
3	少数民族哲学思想与文化传承创新研究基地
4	中国西部民族经济研究中心
5	羌学研究中心
6	青藏高原社会经济发展研究中心
7	少数民族双语教育普及基地
8	民族民间文艺发展中心西南研究中心
9	动物遗传育种学实验室
10	青藏高原动物遗传资源保护与利用实验室
11	四川省青藏高原草食家畜工程技术中心
12	青藏高原生态畜牧业协同创新中心
13	藏羌彝走廊民族问题与社会治理协同创新中心
14	四川省抗逆牧草种质创新及生态修复功能工程实验室

4. 人才培养开创新局面

本科生教育改革进展显著。持续5年在8个省区“一本”招生，部分专业在四川省“一本”

招生，绝大部分省区第一志愿满额录取。坚持“加强基础、拓宽口径、提高能力、办出特色”的人才培养原则，结合办学实际探索实施“双符双适型”人才培养模式，培养“既适应市场经济和社会发展需要，又适应民族地区和少数民族需求”的复合型、应用型、创新型民族英才，获批为国家教育体制改革试点项目。

通过中国少数民族语言文学专业人才培养模式改革实践、“卓越人才”教育培养计划、与对口支援高校湖南大学开展联合办学、探索和完善拔尖创新人才培养、订单定向式人才培养等措施，大力实施人才培养质量工程。新增国家民委教改项目 25 个、四川省教改项目 26 个，四川省优秀教育教学成果奖 8 项，四川省教学名师奖 1 名，国家级多媒体课件大赛 62 个，国家民委教学观摩赛获奖 8 项；建成“西南民族大学课程中心”，引进通识视频课程共计 74 门，2 门课程获批国家精品视频公开课，4 门课程获批省级精品课程。组建省部级重点实验室学术委员会，建立首个实验室建设项目库。加强实践基地建设，学校法学教育实践基地获批中央部属高校国家大学生校外实践基地，法学专业获批国家级专业综合改革试点单位。

“十二五”期间“卓越人才”教育培养计划一览表

卓越人才教育培养计划	获批年度	项目/专业名称
教育部卓越法律人才教育培养计划	2012 年	西部基层法律人才教育培养基地
教育部卓越农林人才教育培养计划	2014 年	食品科学与工程、动物医学、动物科学
四川省卓越工程师教育培养计划	2012 年	电气工程及其自动化、化学工程与工艺、城市规划、通信工程
	2013 年	电子信息工程、软件工程、制药工程、建筑学
四川省卓越新闻传播人才教育培养计划	2013 年	新闻学

“十二五”期间教育教学成果奖项一览表

类别／年份	教育教学成果奖		教学名师奖		校级教学质量奖	校级青年授课技能大赛	多媒体课件大赛		国家民委教学观摩赛获奖
	省级	校级	省级	校级			国家级	校级	
截至 2010 年	38 项	83 项	2 名	25 名	190 个	90 个	0 个	104 个	0 项
截至 2015 年	46 项	119 项	3 名	31 名	262 个	159 个	62 个	167 个	8 项

成立“西南民族大学大学生创新创业中心”，与双流县共建“创客茶馆”，实施校友助力创新创业计划，学生创新能力和综合素质有较大提升。“十二五”期间，大学生创新创业项目立项数额逐年增加，师生参与率达到 25%左右；各级各类学科竞赛获奖成绩喜人，不断有新的突破；6 个国家级“大创计划”项目分别入选第六届、第七届、第八届全国大学生创新创业年会。

“十二五”期间“大创计划”立项情况一览表

年份	国家级（项）	省级（项）	校级（项）
2011	35	0	0
2012	35	0	52
2013	38	100	162

续表

年份	国家级（项）	省级（项）	校级（项）
2014	50	101	210
2015	70	150	289
合计	228	351	713

“十二五”期间学科竞赛获奖情况一览表

年份	省部级以上奖励	其中国家级奖励	其中国际区域奖励	其中国际级奖励	学生以第一作者发表论文
2011	130	39	2		未统计
2012	106	54	5		未统计
2013	148	99	3		50
2014	181	58	2	8	49
2015	169	61	3	4	75
总计	734	311	15	12	174

毕业生就业率保持稳定，就业质量进一步提升，获“全国毕业生就业典型经验50强高校”，连续七次被评为四川省毕业生就业工作先进集体。

研究生教育水平稳步提高。研究生招生人数稳中有升。“十二五”期间共招收研究生4507人，其中全日制硕士研究生4185人，博士研究生136人，在职人员攻读硕士专业学位研究生186人。2013年获港澳台地区研究生招生资格，研究生报考点连续12年被评为四川省目标责任先进单位。

搭建研究生学术创新平台，开展研究生科研奖励，成立研究生教育指导委员会，建立教学过程培养监督机制，重视课程体系设计，制订（修订）研究生学位点培养方案，加强专业学位研究生双导师制度建设。“十二五”期间，共资助研究生创新型科研项目1440项，资助金额368万余元；769项研究生科研成果获得奖励，奖励金额达33万余元；研究生学位论文质量明显提升，3篇博士学位论文、16篇硕士学位论文获“2013年四川省优秀博、硕士学位论文”荣誉称号，连续4年在国家民委对委属高校硕士学位论文抽检中获全部“合格”，连续3年在国务院学位办对博士学位论文抽检中获得全部“合格”。

预科教育发展势头良好，继续教育稳步发展，民族地区干部培训成效显著。

5. 科研工作取得新突破

学校继续按照“大抓项目、抓大项目、多出成果、出好成果”的科研工作思路，夯实基础，搭建平台，科研工作得到了较为快速的发展，科研平台建设取得新进展，承担科研项目数量稳步增加，科研经费逐年增长，国家重大项目立项和高级别科研成果奖励取得新突破。成立社会科学处，加强学校哲学社会科学研究的统筹协调管理。

“十二五”期间，学校教师承担各类科研项目2970项，其中，国家级科研项目212项，省部级科研项目629项，横向科研项目560项，争取科研项目经费2.6亿元；学校教师发表学术论文7862篇，出版专著351部，获国家发明专利授权30项，获省部级科研成果奖124项。

学校承担国家重大重点项目能力有了极大的提升，在争取高级别科研成果奖励上取得了新的突破。一批项目获国家科技支撑计划、863计划、国家星火计划、国家农业科技成果转化项目、国家公益性行业科研专项资助；8个项目获国家社科基金重大招标项目立项资助；1项成果获四川省科技进步一等奖，1项成果获四川省第十四次哲学社会科学优秀成果一等奖，2项成果获教育部人文社科三等奖。

“十二五”期间科研项目统计汇总表

年度	科研项目（项）					科研经费（万元）
	总数	国家级项目	省部级项目	横向项目	学校项目	
2011年	482	35	92	95	260	3371.5
2012年	430	37	104	73	216	6314
2013年	551	57	160	62	272	5819.7
2014年	664	37	123	203	301	5602
2015年	843	46	150	127	520	5068.3
合计	2970	212	629	560	1569	26175.5

“十二五”以来科研成果统计汇总表

年度	出版著作、教材（部）	发表论文（篇）	SCI收录（篇）	新华文摘、中国社科文摘、人大复印	省（部）级科研奖（项）	国家发明专利授权（项）
2011年	60	1300	104	19	6	0
2012年	57	1251	106	20	55	5
2013年	81	1634	207	20	5	8
2014年	65	1817	154	19	34	11
2015年	88	1860	201	10	24	6
合计	351	7862	772	88	124	30

学报办刊质量不断提高，人文社科版多次入选中国社会科学评价中心CSSCI来源期刊，连续多次入选北京大学核心期刊和中国人文社会科学期刊，入选“全国百强社科期刊”“全国民族地区学术名刊”。自然科学版入选科技部科技核心期刊，并被教育部评为中国高校特色科技期刊，获批首届中国高校民族类特色科技期刊，并进入了美国《乌利希国际期刊指南》。创办《民族学刊》，填补了全国民族类专业性学术期刊在西南地区的空白，并获第二届全国民族地区优秀学报（期刊）评选的优秀期刊特别奖。

6. 师资队伍建设达到新高度

“十二五”末，学校教职工人数达1948人，其中具有硕士及以上学历教师占专任教师的82.3%，具有博士学位教师占36.3%，具有高级职称教师占45.8%。

实施“5242人才提升工程”成效显著。引进和培养了省级及以上的学科带头人和优秀拔尖人才共计49人，引进和培养优秀中青年学术骨干175人。通过引进和培养，“十二五”末博士总人数已达到483人，重点打造了11个创新团队。

积极开展高层次人才、专家的选拔和推荐工作。“十二五”期间，先后有2位教师被批准为享受国务院特殊津贴专家，21 位教师被批准为四川省学术技术带头人，8 位教师被评为国家民委领军人才或四川省有突出贡献优秀专家，1 位青年教师入选万人计划青年拔尖人才，1 位教师入选中宣部文化名家暨"四个一批"人才工程，5 位教师入选教育部新世纪优秀人才支持计划，11 位教师入选国家民委中青年英才支持计划，34 位教师被批准为四川省学术技术带头人后备人选。2015 年学校获批参加国家留学基金委高校青年骨干教师出国研修项目。

7. 社会服务实现新拓展

成立校地合作办公室，加强校地合作，先后与四川、云南、贵州、湖南、青海、西藏、重庆等 7 省（区、市）的 18 个州、县建立校地战略合作关系。派出处级干部 32 人次担任国家民委派驻"武陵山片区区域发展与扶贫攻坚"联络员，建立"武陵山片区区域发展与扶贫攻坚"专项资金，累计资助 23 个项目，共计 230 余万元。为甘孜州开展"订单定向式"人才培养工程，已实现招生 215 人。被确定为首批"四川省干部教育培训高校基地"，累计为民族地区开展培训班 70 余期，培训学员 4400 余人。2015 年开始设立"服务民族地区发展科研项目"，并立项 13 项，资助金额 100 万元。充分发挥四川省社科普及基地——少数民族双语教育普及基地的作用，积极开展少数民族双语科普教育宣传工作。作为四川省定点扶贫红原县单位，积极助推红原县社会经济发展。贯彻服务边远贫困地区、边疆民族地区和革命老区的"三区"人才支持计划实施方案，为"三区"发展提供人才支持。

积极推进科技成果转化，服务地方社会经济发展。学校教师完成的"牛羊高效生产及肉品精深加工关键技术研究与示范"、"简州大耳羊新品种培育及配套技术研究与推广应用"和"青藏高原特有草种质资源保护及发掘利用"等 60 多项研究技术成果在民族地区的生态环境保护、生态畜牧业、动物遗传育种、动物疫病防控、特色资源开发与利用等领域开展转化应用，为民族地区牧民增产增收、转变经济发展方式起到积极推动作用，取得了良好的社会效益和经济效益。

充分发挥学校的特色与优势，加强对少数民族和民族地区发展过程重大理论和现实问题的研究，开展有针对性的应用研究和对策研究，为政府部门提供决策参考。学校教师完成的一系列重大成果得到了李克强总理等党和国家领导人的肯定性批示。

8. 国际合作暨港澳台合作迈出新步伐

"十二五"期间，学校派出各类出访团组 110 批次、776 人次，接待各类境外团组 136 批次、688 人次，聘请各类长、短期境外专家 316 人次，举办国际会议 14 场，成功承办中俄两河流域"青年论坛"。

与台湾世新大学、东华大学、澳门城市大学等 5 所高校建立了校际合作关系。利用"民族风 两岸情""青年文化周"等多种交流平台，加强与港澳台高校的合作。"十二五"期间，共派出 195 人次学生赴港澳台学习交流，5 人攻读博士学位，2 人免费访学。

外专项目形成新的管理模式和运行机制。项目申报数每年从 50 项左右上升到 90 项，实际到访专家从 20 人次上升到 96 人次，"十二五"期间共申请外专项目 382 项，经费达 1926 万。外专来访总数达 202 人次，聘请长期专业外教 77 人次。

"十二五"末，全校有校际合作项目 37 项，与美国、英国、德国、意大利、加拿大、澳大利亚、斯里兰卡、印度、韩国、日本等国及中国的台湾、澳门、香港地区的高校建立了合作关系。选派包括研究生在内的 618 人次学生赴境外交换学习，接收境外交换学生 220 人次到我校学习。

"十二五"期间，学校累计招收留学生 2261 人次，国别数达 68 个。

9. 管理服务工作有新作为

学校始终把关心教职工切身利益放在重要位置，通过民生的改善，让全校每位教职工都能充分体会到学校党委、行政的关爱，都能共享学校改革发展的成果。

进一步完善内部治理结构，完成《西南民族大学章程》修订工作，并已经国家民委审核通过，报请教育部核准；修订党委全委会、常委会、校长办公会议事规则等规章制度，完善内部管理规章制度；规范对外法律事务，推动依法治校和现代大学制度建设；调整机构职能，启动全校行政机构职能与岗位职责分析、摸底工作，修订处级单位年度考核办法，完善处科级干部外出报备制；推行各单位工作计划及预算执行进度月报制，严控“三公经费”，推进节约型校园建设；整治清理公务用车，实行集中管理；按规定清理调整办公用房；对学校资产经营性活动和有偿服务情况进行摸底梳理；对全校科研仪器设备使用情况检查评估；推动信息公开，建立全校信息公开清单制度。

加强学生服务管理工作。启用学生数字迎新系统，方便新生入学报到、提高迎新工作效率；实施学生宿舍夜间休息时段断网，提高学生到课率，改善学生宿舍生态，优化部分自律能力较弱学生的学习生活方式；允许和鼓励新生参加英语四、六级考试；实行辅导员入住学生宿舍和新生相对集中区域居住制度。

充分发挥教代会、工会、共青团、学联、校友会（基金会）的作用，积极吸取党外人士和离退休干部的智慧，调动各族师生员工和海内外校友参与学校建设发展的积极性；推行党务、校务公开，畅通与师生联系渠道，及时解决师生反映的问题。

10.“两翼”特色展现新风采

学校“两翼”格局不断推进，成为推进学校内涵发展、彰显学校办学特色的重要载体。

在“一翼”——青藏高原生态保护与畜牧业高科技研究示范基地方面，聚焦青藏高原“生态、生产、生活”，打造研究平台。2012 年 10 月至 2014 年底，青藏高原基地二期建设完工并投入使用。青藏基地由总部、五个科技园区和基础研究平台组成。总部在四川省红原县征地 1000 亩，租草地和可利用草地 5200 亩，建设了使用面积 13000 平方米的实验中心、培训中心、会议中心和后勤中心，以及科研、试验、示范和推广场地，拥有总值 2000 多万元的相关仪器设备，目前已成为研究青藏高原畜牧业、生态保护和社会经济发展等问题的重要平台。

青藏高原研究院把服务国家发展战略、承担重大项目、取得重要成果、促进青藏高原“人草畜”协调发展作为科研工作重点。近 5 年来，已承担 60 余项与青藏高原生态、生产、生活相关的国家和省部级科研项目，获省级科技进步奖一等奖 2 项、三等奖 4 项，鉴定科研成果 12 项，获得专利 22 项，培育家畜新品种 1 个、牧草新品种 4 个。在国内外学术刊物上发表学术论文 500 余篇，出版著作 5 部。推广科技成果 10 余项，为各级政府提供决策咨询报告 6 项。为青藏高原地区培训各类人才 3000 余人次。以青藏基地为基础建立的青藏高原生态畜牧业协同创新中心是四川省首批 13 个 2011 协同创新中心之一，有力推进了青藏高原区域社会经济发展。

在另“一翼”——民族文化创新实践研究基地建设方面，充分整合五个中心的力量，民族文化研究凸显特色优势，成果丰硕。与国家高端智库——中国生产力学会联合成立“中国生产力科学研究院”。成立“藏羌彝走廊民族文化资源保护与产业发展协同创新中心”，2015 年获批为四川省 2011 协同创新中心。“十二五”期间，民族研究院承担了 3 项国家社科重大招标项目，即“新形势下推动民族地区经济社会发展的若干重大问题研究”“马克思主义民族理论中国化与民族政策的完善创新研究”“民族宗教与国家治理研究”。国家艺术基金资助立项项目实现新突破，2015 年度立项数名列全国民族高校前列。主持了 5 项国家社科重点项目，主持与藏羌彝走廊地区民族社会文化问题、社会治理有关的国家级及省部级重大重点项目 70 多项，出版著作近 30 部，发表学术论文 180 余篇，科研成果获得省部级奖 35 项，共获科研经费 1 000 多万元。特别是围绕涉及民族地区社会治理、非常规突发事件与危机管理、复杂系统与组织行为等重点领域，深入开展相关领域的理论方法和对策研究，已形成研究方向稳定、人才结构合理、研究成果丰硕的创新团队。

此外，2011 年成功地举办了 60 年校庆；2013 年成立了西南民族大学教育发展基金会；2015 年实现国家民委与教育部、国家民委与四川省人民政府共建学校。

（二）存在问题

在取得成绩的同时，也要清晰地意识到，面临新的形势和新的发展机遇，与其他高水平大学相比，学校整体实力和核心竞争力还有较大差距，距实现“有特色、高水平大学”的奋斗目标仍任重道远。当前，学校存在的问题主要体现在：

一是学科建设力度有待进一步加大。新形势下分类分层的学科建设思路和学科定位有待进一步厘清，学科特色和优势还需进一步凝练，新兴学科培育和建设亟待加强，学科交叉融合尚需深入推进，各门类学科布局有待进一步调整，学科建设资源有待整合。

二是人才培养质量有待进一步提高。育人工作的中心地位还需要进一步强化，拔尖创新人才的培养模式还需要继续探索，教学质量保证体系还需要进一步完善，将“以学生为中心”的教育理念与人才培养的具体实践结合还不够，人才培养需进一步提高国际竞争力。

三是科研水平及学术话语权有待进一步提升。学术研究能力、科技创新能力、服务社会能力亟待增强，科研管理体制改革有待进一步深化，协同创新机制有待进一步健全。标志性高水平科研成果还不够多，参与国家重大科研计划、主持国家重要科研任务能力还不够强，具有国际话语权和影响力的学者还不多，高水平的科研团队和基地建设亟待加强。

四是社会服务功能有待进一步增强。“为少数民族和民族地区服务、为国家发展战略服务”的意识和能力有待进一步加强，社会服务的范围和领域有待进一步拓展，社会服务的方式和方法有待进一步创新，高层次、高水平的社会服务活动有待进一步丰富。

五是师资队伍结构有待进一步优化。高层次人才、紧缺专业人才匮乏的短板仍然明显，吸引高端人才的内部动力不足，在完善人才储备与遴选机制、建设高水平人才队伍方面还需加力加劲。优秀中青年学术骨干队伍亟须进一步充实，促进青年教师成长的举措力度不够，学科团队建设的目标、途径与考核激励机制还需进一步优化完善。

六是内部治理结构有待进一步完善。内部治理体系和治理能力亟待加强，制约学校科学发展的内部管理体制和运行机制的障碍需要进一步破除，依法治校的举措还需进一步细化落地，现代大学管理制度还需要进一步探索，有利于调动学院积极性、责权利相统一的校院两级管理体制有待完善。

七是学校资源整合与利用还需进一步提高效率。人、财、物等校内资源难以实现合理共享，资源整合和共享的深度和范围不足，资源利用率不高，高校内部管理机制和资源共享机制尚待完善。

八是学校的国际化办学水平有待进一步提高。学校整体国际化氛围不浓，国际化意识还不够高，积极主动性还不够强，在教育管理体制和国际化经验等方面与国内外高水平大学差距明显，在经费投入、资源利用、人才引进、成果转化、学生外派、双语教学等诸多方面都有较大的提高空间。

二、“十三五”期间发展面临的机遇和挑战

（一）机遇

第一，国家出台了《国家中长期教育改革和发展规划纲要（2010—2020 年）》《统筹推进世界一流大学和一流学科建设总体方案》等系列文件，大力支持高等教育的发展，高等教育作为科技第一生产力和人才第一资源的重要结合点，在国家发展中的地位和作用更加突出，这为我校加快建设有特色、高水平大学提供了新的发展机遇。

第二，党和国家越来越重视民族教育工作。作为我国高等教育的重要组成部分，民族高等教育承担着重要而独特的作用，民族高校的发展有着更为广阔的发展空间。国家召开了第六次全国民族教育工作会议，颁布了《国务院关于加快发展民族教育的决定》，明确提出“办好民族院校”，制定实施民族院校学科专业调整规划，在学位点设置、招生计划、研究基地、专项资金等方面符合规划、办学条件和质量有保障的民族院校倾斜，这都是有力的政治保障。

第三，委部、委省、省校共建为学校的改革发展提供了有利的政策支持和条件保障。“十二五”期间，国家民委先后与四川省人民政府、教育部签订共建西南民族大学的协议，这标志着我校进入委省共建、委部共建、省校共建高校的行列，这为学校在“十三五”期间的发展提供了新的机遇和更广阔的发展平台。

第四，在全面建成小康社会征程中，“大众创业、万众创新”战略的实施对学校深入推进“双符双适型”人才培养模式改革试点，对民族地区和少数民族培养更多高质量的复合型、应用型、创新创业型高素质人才提出了新要求。学校从少数民族和民族地区的实际出发，把创新人才培养模式与“双创”紧密结合起来，能够更加充分地发挥自身优势，更好地服务于少数民族和民族地区经济社会发展。

第五，“一带一路”战略有利于学校彰显特色、开放办学。“一带一路”战略可以促进学校实现与“一带一路”沿线国家和地区大学教育信息、学术资源的交流合作，进一步加强与四川省区域发展战略的紧密结合，推进协同创新，联合开展科学研究。同时能够结合自身特色和优势，积极发挥学校的办学职能，主动走出去，助力国家“一带一路”发展战略。

第六，“互联网+”行动计划为我校推进教育现代化建设进程创造了新时空。教育信息化是教育现代化的重要标志。“互联网+”行动计划突破了教育的时空限制，促进了数字教育资源开发和共建共享，形成了国际化和全球化的交流网站，为我校教育信息化建设提供了大好机遇。

第七，全社会对高等教育事业的关心和期待程度日益提升，对优质高等教育的渴望十分强烈。社会经济发展和民族地区经济发展程度不断提升，对民族高校的人才培养、科学研究、决策咨询等提出了更新更高的要求，这为学校立足民族地区实际，贯彻“五大发展”理念，践行“为少数民族和民族地区服务，为国家发展战略服务”的宗旨，实施“一体两翼”发展战略，不断扩大社会影响力，实现可持续发展提供了新的机遇。

（二）挑战

第一，从经济社会发展趋势看，以中高速、优结构、新动力、多挑战为主要特征的经济发展新常态，必将对高等教育提供人才保障和智力支撑提出更高要求，对教育资源配置和科学管理产生更大影响，对学校改革发展提出新期待。学校必须发挥自身的特色和优势，不断深化改革，提高高校教育教学水平和创新能力，才能积极应对这一挑战。

第二，从高等教育发展趋势看，新一轮科技革命和教育改革还在逐步推进，现代学习方式

迅速兴起，对传统教育方式产生了深刻影响，世界各国制订新的教育发展战略，主动适应新科技革命对教育和人才的需求。同时，教育交流合作广泛开展，优秀师资和生源的争夺更为激烈，教育竞争压力不断加大，我们必须科学判断形势，迎难而上，主动应对高等教育改革与发展的新动态。

第三，从国家需求层面看，目前学校服务国家重大发展战略和核心需求能力不足。要进一步集中力量，眼界向高、举措向实，围绕“一带一路”“大众创业、万众创新”等国家重大战略，在一流学科建设、“2011 计划”、中国特色新型智库建设等方面取得突破。以全面融入创新驱动战略为动力，引领体制机制创新，形成新型开放的办学思路和办学体系。

第四，从社会需求层面看，目前学校对接经济社会发展需求能力不足。要适应新常态下教育发展导向从供方市场向需方市场的转变，以提高质量、强化特色为基础，在人才培养、科技创新、产学研用一体化、基础教育研究等方面加快转型，全面适应、服务并引领经济社会发展。

第五，从学校自身发展来看，也面临一些挑战。内涵发展的理念还需加强，一些深层次的问题尚未解决，与国内知名高校相比还有一定差距，与师生发展需求还有不适应的地方，这在某种程度上形成了制约学校发展的瓶颈。学校必须进一步强化内涵发展理念，提高校内各类资源整合利用水平，不断提高办学质量、增加办学效益。

三、“十三五”期间发展定位

（一）学校目标定位

有特色、高水平大学。

（二）学校类别定位

综合性民族大学。

（三）服务面向定位

扎根四川，立足西南，依托西部，着眼全国，面向世界，服务少数民族和民族地区，服务国家发展战略。

（四）办学水平定位

综合实力显著增强，社会影响力大幅提升，在国内民族高校中持续保持一流地位，建校 80 周年进入全国高校综合发展前列，建校 100 周年建成区域一流、全国知名、国际有影响力的大学。

（五）办学层次定位

优化各类办学层次结构，适度发展本科生教育，大力发展研究生教育尤其是专业学位研究生教育和博士学位研究生教育，积极发展民族预科教育、留学生教育和继续教育，加快发展干部培训。

（六）学科专业定位

人文社会学科与理工农医学科协调发展，力争建成一批国际有影响、国内知名、区域一流的学科。

四、“十三五”期间发展的指导思想、基本原则与发展目标

（一）指导思想

高举中国特色社会主义伟大旗帜，以马克思列宁主义、毛泽东思想、邓小平理论、“三个代表”重要思想、科学发展观为指导，深入贯彻习近平总书记系列重要讲话精神，围绕“五位一体”总体布局、“四个全面”战略布局和五大发展理念，准确把握党的教育方针和民族政策，按照《中华人民共和国国民经济和社会发展第十三个五年规划纲要》《国家中长期教育改革和发展规划纲要（2010—2020 年）》《国务院关于加快发展民族教育的决定》《统筹推进世界一流大学和一流学科建设总体方案》的精神，以《西南民族大学章程》为遵循，坚持正确的办学方向，坚持以立德树人为根本，以提升内涵为主线，以学科建设为龙头，以人才队伍建设为核心，以科学研究为重点，以服务社会为着力点，以优化办学条件为保障，进一步提高人才培养质量，提高办学水平和效益，努力为国家经济社会和少数民族、民族地区的发展做出更大的贡献，为把学校建设成为有特色、高水平大学奠定扎实的基础。

（二）基本原则

1.学科引领，质量为先

进一步突出学科建设的龙头地位，充分发挥学科建设的引领作用，优化学科结构、凝练学科方向，完善学科体系，构建学科团队，夯实学科平台，以学科建设为重要抓手全面提高人才培养质量、科研质量、管理质量、服务质量，不断提升学校的核心竞争力。

2.综合改革，统筹推进

“十三五”时期，学校要瞄准“有特色、高水平大学”的目标谋划和实施综合改革，重视顶层设计，抓住改革重点，注重统筹兼顾，遵循高等教育发展规律，以整合资源、理顺管理体制为主要手段，以现代大学制度建设、依法治校为制度保障，全面深入推进学校的各项改革。

3.重视评估，打造品牌

“十三五”时期是高等教育从规模扩张向内涵发展转变的重要阶段，社会评估尤显重要，学校要重视评估，积极参与，以参与评估为契机深度分析学校整体情况及各学科专业情况，以评促建，以评促改，打造学校品牌，提升学校的社会美誉度和影响力。

4.坚持稳定，主动创新

一方面，“十三五”规划在学校类别定位、服务面向定位、学科专业定位、推进两翼建设等方面与“十二五”规划保持一致性和延续性。另一方面，又要主动适应高等教育发展的新形势，全面落实立德树人根本任务，紧扣“双一流”建设要求，积极创新，将学校内涵发展落到实处。

（三）发展目标

“十三五”期间，学校将向“有特色、高水平大学”的总目标进一步迈进，实现更高水平的发展。到 2020 年，力争实现以下目标：

1. 办学规模：到“十三五”末，在校本科生规模约 30 000 人，研究生规模约 4 000 人，预科生规模约 1 000 人。“十三五”期间，留学生约 3 000 人次，继续教育约 4 000 人次，干部培训约 8 000 人次。同时，不断改善各类学生生源质量和结构。

2. 学科专业：到“十三五”末，力争有2—3个学科成为国内一流、国际有影响的学科，有5—7个学科成为区域一流、国内知名的学科，有若干学科成为区域知名、省内一流的学科；力争新增一级学科博士点2—3个，一级学科硕士点6—8个，研究生专业学位硕士类别6—10个（专业领域10—15个）；根据国家经济社会发展需要，实施动态调整学科专业；参照国内一流大学标准，建设10—15个高水平本科专业，建成双学位专业30个以上；加强优势特色交叉专业建设，建设少数民族语言文学+法律、少数民族文化产业管理、数学+金融、数字媒体技术等交叉专业。

3. 师资队伍：进一步强化人才观念，管好用活现有编制，把有限的编制资源优先用于紧缺人才引进，全力破解编制紧缺瓶颈制约，多渠道引进人才、多形式使用人才，进一步充实师资队伍；专任教师中具有博士学位的比例达45%；高级职称的比例达45%；45岁及以下专任教师中具有一年以上海外学习或工作经历的比例达20%；专职实验技术人员中高级技术职务比例提升至25%以上；校级及以上重点实验室人员具有研究生学历比例提升至85%及以上；图情档案资料人员均具有大专以上学历，其中本科以上学历者比例提升至80%。同时，根据学科建设需要，重点在畜牧学、兽医学、化学和药学等领域引进兼职院士1—2人；培养和引进长江学者、国家杰出青年科学基金获得者、国家教学名师等2—3人；培养和引进青年长江学者、青年千人计划、国家优秀青年科学基金获得者、万人计划青年拔尖人才等优秀青年高层次人才5人以上；力争实现国家千人计划、国家级学科团队零的突破；培育能承担国家重大人文社科项目和国家重大科技项目的学科团队6—8个，培育能承担省部级重大人文社科项目和重大科技项目的学科团队10—12个。

4. 人才培养：到“十三五”末，通过创新人才培养模式改革，形成特色鲜明的“双符双适型”人才培养体系。“十三五”期间，继续拓展订单定向式人才培养的领域，本科教育重点建设6大类150门通识教育核心课程，培育5—10个核心课程教学团队，编辑出版民大特色的系列通识教育教材5—10种，新增选修课100门以上，建设在线视频课程100—150门，构建具有民大特色的通识教育课程体系。建设优质实践教学课程40—50门，建设1—2个工程教育中心、2个国家级教育实践基地和4个省级教育实践基地。优化创新创业课程体系，建设15—20门创新教育核心课程，100门以上探讨式课程。力争增设20—30门中英文双语课程。人文社科类学院单独开办或与其他学院合办至少1个创新人才培养班。参加双学位、主辅修的学生达到学生总数的30%。拓展与湖南大学、北京师范大学、中国科学院成都文献情报中心等科研院所的合作领域。建设国家级创新实践教育基地1个，四川省校外实践教育基地2个，参与实践创新活动的学生人数达到在校生人数的50%，创新创业项目立项数达到1000个，孵化优秀的学生企业5—10个。

不断优化研究生招生结构，拓宽培养口径，推进硕博连读，加强研究生实践基地的建设与管理，修订研究生培养方案，完善研究生培养质量标准，学位论文盲评实行全覆盖，构建高水平研究生课程体系，建立导师激励和问责制，完善专业学位双导师制度，促进学生全面发展。

办好预科教育，争取实现硕士层次预科教育的突破。

多渠道促进学生就业，提高学生就业的质量和竞争力。

5. 科学研究：到“十三五”末，争取实现国家级科研平台零的突破；省部级研究基地（中心或重点实验室）达到15—18个，新型特色智库3—5个；培育能够承担国家重大人文社科项目和国家重大科技项目的科研团队6—8个；培育能够承担省部级重大人文社科项目和重大科技项目的科研团队10—12个。争取国家级（人文社科与自然科学两大领域）科研项目立项总数达到220—260项，省部级（人文社科和自然科学两大领域）科研项目立项总数达到630—680项，科研经费总额达到3亿—3.5亿元。发表论文达到7 800—8 000篇，在核心刊物发表4 000篇以上，其中，在ESI收录论文数、被引频次、论文被引百分比、高被引论文等指标有较大提升，自然科学论文15%被SCI、EI、ISTP等国际自然科学期刊论文检索系统收录，人文社科论文被SSCI、A&HCI、ISSHP等转载和他引次数明显提高。出版学术著作达到350—400部，其中A类出版达150—200部。争取实现国家级科研成果奖励零的突破，省部级科研成果奖励达到120—160项。成果转化率较“十二五”有明显增加。

6. 社会服务：充分发挥学科综合和人才集聚的优势，进一步创新社会服务的方式方法，大力拓展社会服务的领域，增强服务国家和社会的能力。到“十三五”末，围绕国家精准扶贫战略，继续做好武陵山片区扶贫攻坚和对口帮扶红原县、若尔盖县的工作任务，进一步加大与地方特别是少数民族地区和边远山区的合作和联系，深入拓展服务的领域和范围。依托两个2011协同创新中心，发挥智库决策咨询作用，为青藏高原生态畜牧业发展和藏羌彝走廊民族问题与社会治理提供有力的人才支撑和智力支持。健全政产学研用协同创新体系，深入推进政产学研用合作项目。充分发挥四川省干部教育培训高校基地的作用，与四川省政府共建四川民族干部学院，大力开展民族干部培训工作，服务民族地区经济社会发展。

7.国际交流：到“十三五”末，建立学校重点外专项目平台5项，外专项目经费到2020年达700万，外专人数每年保持10%的增长率，外专库优秀人才数保持每年5%的增长率。以“高精尖缺”为导向，年均新增2名专业类外教，年均为相关专业教师提供1—2项到合作院校访学的机会。继续提高国际学生尤其是“一带一路”沿线国家学生来我校学习的比例和规模，留学生来校学习和交流3 000人次，有出境经历的学生人次数方面保持10%的逐年增长比例。

8、办学条件：到“十三五”末，校园占地面积达到3 000亩，教学行政用房面积达到40万平方米，学生宿舍面积超过25.1万平方米，总平增加15万平方米，其他建设面积增加9.3万平方米，道路改造3万平方米。利用各种资源建设大学科技园、大学生创业园、创业孵化基地和小微企业创业基地。加大对省部级和国家级重点实验室的建设力度，多渠道加大对教学实验设备的投入，不断提升国家级和省部级重点实验室建设利用水平，不断改善公共实验环境。进一步科学规划校区，重点完成太平园校区的整体规划、设计及建设，全力推进航空港校区教学研究楼建设、工程训练中心建设，大力配合完成航空港校区民大路下穿隧道及中心广场建设，完成航空港校区食堂建设工程项目和专家楼、留学生楼及教学配套设施项目的建设，合理布局档案用房的修建，把校园初步建设成为功能较全，布局合理的现代化、特色化、园林式校园。加快教育信息化建设，不断夯实办学基础。继续扩展无线网络的覆盖范围，建设统一身份认证系统、数据交换共享平台，加强信息基础设施建设，全面推进信息系统的建设与应用。

五、“1258”战略布局

学校在“十三五”期间着力构建“1258”战略布局，即聚焦一个目标、抓住两个关键、深化五项发展、实施八大工程。

（一）聚焦一个目标

聚焦一个目标就是围绕“建设有特色、高水平大学”这个总体目标。

“有特色”大学就是在尊重教育规律、教学规律和人才成长规律及大学共性的基础上充分体现个性，积极提倡和鼓励多元，最终达到共性与个性、一元与多元的和谐统一，主要着眼于从学校的办学理念、教育思想、学科建设、人才培养、科学研究、管理机制、校园环境及社会服务等方面挖掘和提炼办学特色。

其中，“民族”是学校的根本特色，集中体现在“为少数民族和民族地区服务，为国家发展战略服务”的办学宗旨上，并具体落实到人才培养、科学研究、社会服务及文化传承创新等办学功能之中，以满足少数民族和民族地区经济社会发展需求，在民族地区的政治建设、经济建设、文化建设、社会建设、生态文明建设等各项事业中发挥不可替代的作用。

“高水平”大学包括观念、制度和物质等三个层面，主要涵盖大学教育观念现代化、大学管理现代化、大学教育综合化、大学教育社会化、大学教育国际化、大学教育大众化等诸多因素，集中体现在办学思想、办学水平、办学质量、办学效益等核心要素，主要有三个方面的含义：一是在民族类高校中，学校的总体发展水平必须保持在前列；二是在全国高校中，2—3 个优势学科发展成为在国内有影响的一流学科，一些优势特色学科必须具有较高的学术影响力，在“二为”服务方面优势明显；三是办学质量和办学效益显著提升，办学机制更加灵活，办学理念更加开放，更加包容，具有国际视野，并有一定的国际影响力。

（二）抓住两个关键

抓住两个关键就是抓内涵发展和综合改革。

1. 内涵发展

质量是高等教育的生命线，提高质量既是内涵式发展的核心，也是内涵式发展的目标。当前，走以提高质量和效益为核心的内涵式发展道路，正在成为我国各个高等学校的自觉追求。“十三五”时期，学校将抓住内涵发展、提质增效这个关键，立足总体和长远，树立全面的质量观，即全员参与、全面评价、全过程管理、全方位优化和全要素提升的质量观，加快提高办学水平和竞争力。主要有：正确处理好质量、规模、结构、特色、效益之间的关系，保证内涵式发展诸要素之间的有机统一和协调发展；坚持以提高质量为核心，把学科调整、优化和建设作为重中之重，以建设一流学科或高水平学科引领发展方向、夯实发展基础、优化发展结构、整合发展资源、激发发展动力；遵循教育、知识和人的发展规律，科学把握大学的战略目标、发展定位、基本功能和主要任务，突出高校的基本办学功能，全面提升人才培养、科学研究、社会服务和文化传承创新能力；着力学术发展和制度创新，进一步构建起与学校实际相适应的统一领导、多元协调、科学发展的内部治理结构，为学校推进内涵发展提供更加有力的制度保障。

2. 综合改革

改革是学校事业又好又快发展的必由之路。“十三五”时期，学校将抓住综合改革、资源整合这个关键，以“实事求是、大胆创新；点面结合、重点突破；科学统筹、有序推进”为基本原则，以提升学校核心竞争力和品牌形象为目标，以解决改革发展制约瓶颈为出发点，以整合资源、理顺管理体制为主要手段，以现代大学制度建设、依法治校为制度保障，全面深入推进学校教育教学改革。主要有：以“立德树人，提高质量，内涵发展”为目标，继续推进提升人才培养质量的改革；以“问题导向，成果转化”为目标，创新发展提升科学研究水平和社会服务功能的改革；以“培养传人，传承文化，特色发展”为目标，提升文化传承创新能力的改革；以“整合资源，提高效率，科学发展”为目标，深化内部管理体制机制的改革。

（三）深化五项发展

发展理念是发展行动的先导，是发展思路、发展方向、发展着力点的集中体现。学校事业的深入发展，必须适应形势发展需要，切实增强以新的发展理念为统领的自觉性、坚定性。“十三五”时期，学校将进一步深化五项发展。

一是践行宗旨，科学发展。坚持社会主义办学方向和“二为”办学宗旨，尊重高等教育发展规律，进一步探索民族高等教育发展的特殊规律，促进学校实现全面、协调、可持续发展。

二是质量优先，内涵发展。坚持质量是立校之本，促进学校步入以质量效益的全面提升为核心的内涵发展之路。

三是对标一流，特色发展。以建设一流学科为重要目标，着力打造优势学科群和特色学科群，彰显特色，形成优势，争创一流。

四是深化改革，创新发展。坚持问题导向，立足现实需求，全面深化综合改革。通过深化改革，激发活力，提高效益，实现创新发展。

五是立足长远，共享发展。准确把握近期目标和长期发展的平衡点，既兼顾当前，又着眼长远，久久为功，促进学校持续发展，为建校 100 周年建成区域一流、全国知名、国际有影响力的大学迈出坚实的步伐。积极调动各方力量有序参与学校的改革发展，共享改革发展成果。

（四）实施八大工程

发展目标和发展理念的顺利实现，需要有针对性地开展一些重点工作，在重点领域和关键环节实现新突破，为学校事业发展培育新动能、积蓄新力量、形成新优势。“十三五”时期，学校要围绕中心工作和重点工作着力实施党建固本领航工程、一流学科建设工程、人才培养提质工程、科研强校工程、人才兴校工程、信息化建设提速工程、内部治理增效工程、国际化水平提升工程等八大工程，共 30 项计划。

六、“十三五”期间发展的主要任务和重点工程

（一）全面加强党的建设，不断提升党建工作水平

全面加强党的建设，是学校各项事业发展的基础和坚强政治保证。“十三五”期间，学校要以习近平总书记系列重要讲话和党的十八大精神为指引，按照全面从严治党的要求，认真贯彻落实《中国共产党普通高等学校基层组织工作条例》和《关于坚持和完善普通高等学校党委领导下的校长负责制的实施意见》，深入开展“两学一做”学习教育，以改革创新精神全面推进学校党的思想、组织、制度、作风和反腐倡廉建设，不断提高学校党建工作的科学化、规范化水平。

牢牢把握意识形态工作领导权和主动权，坚持不懈抓好思想理论武装与引导工作，深入持久地加强全校各族师生员工的思想政治教育工作。围绕立德树人根本任务，坚持育人为本、德育为先，将马克思主义民族观、宗教观、国家观和党的民族理论政策融入到民族团结宣传教育当中，开展好民族团结进步创建活动，不断增强促进民族团结进步的自觉性、坚定性，着力做好民族团结宣传教育工作。大力推进学习型、创新型、服务型党组织建设，健全理论中心组学习制度，完善党员学习教育体系，制定和实施新一轮干部教育培训规划。坚持和完善党委领导下的校长负责制，完善院系党政联席会议制度，加强各级领导班子和干部队伍建设，健全干部选拔任用机制和评价激励机制。完善基层党组织设置，积极开展基层党建工作创新立项，增强基层活力，坚持做好在学术骨干和优秀青年师生特别是少数民族师生中发展党员工作。进一步加强党风廉政建设，深入贯彻落实党风廉政建设责任制，加强反腐倡廉教育和校园廉洁文化建设，健全反腐倡廉制度体系，弘扬党的优良作风，引导党员、干部和师生员工自觉坚持优良校

风学风。积极推动制度建设和党内民主，健全贯彻民主集中制的各项制度，进一步落实“三重一大”决策制度，完善集体领导与个人分工负责相结合的制度，建立健全党代会代表发挥作用的制度和办法，增强学校党组织的创造活力。

重点工程一：党建固本领航工程
1. 思想教育入心计划：认真学习十八大以来习近平总书记的系列讲话精神，提高党员干部和全体党员的思想政治素养，坚持用社会主义核心价值观武装各族师生的头脑、指导实践、推动工作。进一步加强和改进教师思想政治工作和新闻舆论工作，做学生健康成长的指导者和引路人。继续推进中国特色社会主义理论体系进教材、进课堂、进头脑，不断拓展大学生思想政治教育的渠道和空间，加强大学生理想信念教育、责任教育。
2. 基层组织强基计划：发挥党组织的领导核心和政治核心作用，建立基层党建工作考评体系和党员教育、管理、服务的长效机制，健全党内激励、关怀、帮扶机制。加强党的作风建设，继续发扬艰苦奋斗的优良作风，大兴求真务实之风，认真落实党风廉政建设责任制，形成风清气正的发展氛围。加大在学术骨干和优秀青年师生中发展党员力度，进一步扩大活动覆盖面，严格党内组织生活，全面提高党员队伍素质。
3. 民族团结教育拓展计划：坚持不懈地开展爱国主义和民族团结教育，引导各族学生牢固树立“一条道路”“两个共同”“三个离不开”“四个自信”“五个认同”“五个维护”“六观”思想，积极培育中华民族共同体意识，促进各民族学生交往交流交融，促进各民族学生共学共进。不断创新民族团结教育的载体和方式，开展形式多样的民族团结进步创建活动。加强心理健康教育，促进各族学生身心全面发展。

（二）聚力一流学科建设，构建优势特色学科体系

按照“分类指导，分层建设，分步推进”的总体思路，调整优化学科专业结构，对传统学科专业进行更新升级，集中力量加强一流学科建设，建立具有西南民族大学特色的“三类三层”金字塔型优势特色学科体系，逐步形成以民族学、畜牧学、中国语言文学、应用经济学、哲学为优势学科，以法学、兽医、工商管理、外国语言文学、考古学、生态学、公共管理、音乐与舞蹈学、管理科学与工程、美术学、马克思主义理论、电子科学与技术、化学、藏学、彝学等为特色学科，以新兴学科、交叉学科及理工科一级学科硕士授权建设点等为培育学科协调发展的格局，全面提升学科发展的整体水平。优势学科要在保持优势的基础上不断创新发展，成为聚优势与特色为一体的领先学科，达到国内一流国际有一定影响力的学科水平，占领学科高地。特色学科要进一步凝练学科方向，形成学科集群式发展的有利态势和局部优势，达到区域一流国内知名的学科水平。培育学科要实现跨越式发展，力争建成一批具有良好基础和发展前景的学科。学科设置和布局要适应民族地区经济社会发展需要，所有学科的国内排名均有较大进步。

重点工程二：一流学科建设工程
1. 学科建设模式改革计划：“十三五”期间，学校将在学科建设中实行分层管理和目标管理，将全校所有学科分为优势学科、特色学科、培育学科，根据分类设定有差异的考核目标，给予不同的资源支持，分别实施“火炬”计划、“星火”计划、“火种”计划。
2. 学科建设机制创新计划：围绕学科建设目标，推进实施遴选机制、建设机制、评估机制、调整机制，按照国家教育改革发展要求，结合学校实际，遴选出不同层次的发展学科；落实学院（研究院）学科建设责任，建立有效的学科建设责任体系；以教育部学科评估、ESI评价指标体系及其他评价指标体系为参照，构建科学的学科评估体系；根据学科建设成效，实行学科动态调整，加强对重点关注学科的动态监测，确保学科建设成效。
3. 学部制建设计划：为更好地适应高等教育改革发展的形势要求以及学校自身发展的客观需要，“十三五”期间在全校范围内推进学部制建设，以学部制建设为重要抓手，形成优势特色学科专业群，建立具有民大特色的学科建设生态系统。学校按照学科门类和学科集群的口径，组建六个学部。学部制建设分三步推进：第一步主要按照学科门类搭建学部架构，理顺运行机制，积累相关经验；第二步以学部为基础，调整学院（研究院）、本科专业及师资队伍；第三步根据运行情况，以学部为基础，调整学科学位点布局，着力建设民族学部、人文学部、社会科学学部、理工学部、生命科学学部、教育学部等六大学部。依托学部制建设，打破原有学科壁垒，形成优势学科群、优势专业群，形成“拳头效应”，发挥学科整合的优势。

续表

重点工程二：一流学科建设工程
4. 学科平台建设计划：以打造高水平学科平台和新型智库为目标，以实行学部制建设为契机，整合学校各学科资源，加大投入，推动包括学校跨学科研究基地、协同创新中心、科技创新平台、中国特色新型智库在内的学科平台建设，重点建设青藏高原生态畜牧业协同创新中心、藏羌彝走廊民族问题与社会治理协同创新中心、中国文化软实力协同创新中心、中华多民族文化遗产与文化凝聚协同创新中心、中国生产力科学研究院、四川省区域发展高水平智库等，力争将“青藏高原生态畜牧业协同创新中心”打造成国家级协同创新中心，力争在重大学科平台建设方面取得实质性突破。

（三）创新人才培养体系，着力提高人才培养质量

“十三五”期间，学校要将人才培养的中心任务落到实处，完善教育质量评价制度，严格教育教学工作量考核，多维度考评教学规范、教学运行、课堂教学效果、教学改革与研究、教学获奖等教学工作实绩，健全教学激励约束机制，提高教师教学业绩在校内业绩绩效分配、职称（职务）评聘、岗位晋级考核中的比重。切实巩固本科教学基础地位，落实教授为本科生上课的制度，强化课堂教学纪律考核，深化专业综合改革，进一步提高本科教育质量，着力做好基础学科创新、应用学科卓越、交叉学科复合三类人才培养工作。深入推进创新创业教育，调整专业培养目标和建设重点，优化人才培养方案，加强学生创新创业能力的培养，完善协同育人机制，探索具有民大特色的人才培养模式，建立完善拔尖人才培养体制机制。

深化研究生教育改革，拓宽研究生培养口径，改善研究生培养条件，加强研究生课程体系建设，加强研究生社会实践基地和专业学位研究生联合培养基地建设，推进科教结合，丰富研究生学术交流的形式与内容，加强学位论文质量监控、完善研究生培养质量标准。优化导师队伍结构、完善导师负责制。加大“少数民族高层次骨干人才计划”培养力度，实施“少数民族百名博士培养工程”，提高研究生人才培养质量。

办好预科教育，深化预科教育教学改革，加快预科教育课程体系建设，加强预科教育教材建设和师资队伍建设，力争在“十三五”期间开办少数民族硕士层次预科教育，为高校输送少数民族优秀人才。

稳步发展继续教育，推进继续教育教学改革创新，加强继续教育课程、教材建设，加强继续教育对外合作及信息化建设，为民族地区培养“留得下、干得好、靠得住”的有用人才。

加快发展民族干部培训。适应民族干部教育大环境的变化、民族地区干部结构和要求的变化以及在学干部学员状况和结构的变化，积极探索民族干部教育培训新模式，提升培训的针对性、实效性，为培养和造就一大批能够更好地服务于少数民族和民族地区、德才兼备的少数民族优秀干部做出更大的贡献。

重点工程三：人才培养提质工程
1. 拔尖创新人才培养计划：加强基础学科创新人才培养，依托“王维舟创新人才培养班”，实施个性化培养和弹性化管理，探索具有民大特色的拔尖人才培养模式；加强应用学科卓越人才培养，建立完善具有专业特色的选拔培养管理机制，强化实践教学，推进校企、校院联合培养，强化实践学习经历，实行双导师制；加强交叉学科复合型人才培养，发挥学科综合优势，加强优势特色交叉专业建设，培养复合型创新人才。
2. 专业水平提升计划：稳定专业规模，重点建设基础学科专业，大力发展民族地区亟须的应用专业、民族特色鲜明专业；促进跨学科交叉融合；建立本科专业动态调整机制，优化完善专业结构；着重建设 10—15 个高水平本科专业；与湖南大学、北京师范大学、中国科学院成都文献情报中心等科研院所深度开展育人合作。

续表

重点工程三：人才培养提质工程
3. 培养模式创新计划：加强通识教育课程、教材建设，试行按学部或大类招生，实施通识教育基础上的宽口径专业教育；增加实践教学比重，强化实践教学环节；优化创新创业教育课程体系，构建校院一体、系统化的创新创业教育训练平台和竞赛平台，构建与实验室和实训基地建设相结合、产学研一体化的教学运行新机制；积极开展订单定向式人才培养，推进"订单定向式"人才培养模式改革。
4. 研究生培养质量提升计划：按照一级学科和专业学位类别，探索与企业联合修（制）订研究生人才培养方案；以学位点建设评估为抓手，加强学位论文质量监控，加大"少数民族高层次骨干人才计划"，改善研究生培养条件，完善研究生培养质量标准；加强研究生课程体系建设，构建教学内容反映学科前沿的高水平课程体系；加强导师队伍建设，优化导师队伍结构，提高研究生导师、特别是博士研究生导师的遴选标准，建立导师激励约束机制，落实导师责任制；改革研究生奖助学金政策，培养优秀研究生。

（四）加强创新体系建设，不断增强科学研究能力

坚持"深化改革、协同创新、转型升级、提质增效"的科研工作新思路，坚持服务国家需求和注重实际贡献的评价导向，探索建立"代表性成果"评价机制，实行科学合理的分类评价，建立合理的科研评价周期，促进由以论文导向的追踪研究向以问题驱动的原创研究转型，积极研究全局性、区域性、基础性重大理论和现实问题，加强科技创新体系建设，推动科研绩效评价工作，完善科研管理规章制度，建立科技成果信息发布制度和科技成果转化绩效公告制度。突出社会效益和长远利益，大力推进科技成果的转化应用，完善科研成果转化业绩的考核，综合评价教师在人才培训、科技推广、专家咨询和承担公共学术事务等方面的工作，鼓励引导教师积极开展科学普及工作，提高公众科学素养和人文素质，增强服务经济社会发展能力，努力使学校在研究平台、研究队伍、高层次科研项目立项、科研经费总量、高水平科研成果获奖、服务社会能力和社会影响力等方面都能与有特色、高水平大学的办学水平相适应。

重点工程四：科研强校工程
1. 科研攀登计划：以产出具有重大影响力的标志性、原创性成果为目标，为有能力冲击该目标的个人或团队提供特殊的政策和重点支持，配备一流的科研条件，营造一流的学术环境和氛围，在科研平台、科研项目、团队建设、国际交流与合作等方面为其提供专门的通道，力争使学校某些学科方向或领域的研究达到国内一流世界知名水平。
2. 科技创新能力提升计划：以全面提升学校整体科技实力和自主创新能力，促进学校自然科学类各学科协调、可持续发展为根本任务，充分发挥中央高校基本科研业务费专项资金项目的引导和孵化作用，加大对国家重大（重点）、特色优势科技项目孵化和科技团队的支持和培育力度，努力提升学校承担国家重大、重点科技项目的综合实力和原始创新能力。
3. 哲学社会科学繁荣发展计划：加大哲学社会科学发展支持力度，通过加强组织领导和保障支持，夯实基础、提升层次、铸造品牌、扩大影响，推进学校哲学社会科学研究迈向新的层次和高度；加强学校新型特色智库建设，发挥新型特色智库作用，服务民族地区和少数民族能力与成果大幅提升，开创学校哲学社会科学繁荣发展的新局面。

（五）优化人才队伍结构，提升学校核心竞争能力

"十三五"期间，学校将师德考核摆在教师考核的首位，严把选聘考核思想政治素质关，完善师德师风考核办法，健全师德师风建设长效机制，扎实推进师德师风建设。从学校的发展阶段和办学特色出发，深化教师考核评价制度改革，坚持问题导向和考核评价改革的正确方向，把握考核评价的基本原则，根据教师所处职业生涯的不同阶段，健全教师分类管理和评价办法，分类分层次分学科设置考核内容和考核方式，坚持发展性评价与奖惩性评价相结合，不断完善

和优化人才选拔、使用、评价、流动机制。统筹兼顾，育引并举，分类指导，制订教师培养培训计划，加大对教师专业发展的政策支持与经费投入，着力加强高素质管理队伍建设和专业技术队伍建设，促进各类人才队伍协调发展，提升教师队伍国际化水平，为建设有特色、高水平大学提供优质的人才保障。

重点工程五：人才兴校工程
1. 队伍建设机制改革计划：建立适应学部制管理的人才队伍建设工作机制，发挥学部和学院在人才队伍建设过程中的组织协调作用和主体落实作用，发挥各职能部门的协同作用，构建“学校统领、学部组织、学院落实”的三级人才队伍建设责任体系。以学科建设为牵引，探索建立人才特区，试行包括人才遴选、聘用、薪酬、培养、激励和考核、退出的一揽子特区政策。
2. 人力资源配置改革计划：坚持问题导向推进改革。积极进行人力资源配置改革，盘活现有人力资源，创新用人模式，不断完善多种形式的聘用制，积极探索建立非事业编制合同制的“双师型”教师队伍和专职科研队伍管理模式，在加强岗位编制总量控制的同时，扩大二级单位岗位设置自主权。进一步规范和完善聘用与岗位管理制度。完善教师评价制度。探索实施与学校发展相适应的薪酬分配制度改革，突出体现分配的激励和约束功能，逐步建立常态的工资收入增长机制。
3. 高层次人才队伍建设计划：根据学科建设和人才培养需要，拓宽引智渠道，试行海外高层次人才长聘制，探索柔性引进、限期聘任和择优长聘相结合，积极开展海外知名大学副教授、教授及优秀博士和博士后等高层次人才的引进工作，加强创新团队建设，成建制引进一流学科领军人才及其团队。遴选一批已取得重要学术成果且具备良好发展潜力的优秀中青年学者，给予重点支持。力争取得国家级创新团队、院士、长江学者、国家教学名师、青年长江学者、国家杰出青年科学基金获得者、国家千人计划、青年千人计划人选零的突破。

（六）加强智慧校园建设，提高校园建设整体水平

建设与学校战略发展相适应的数字校园，实现学校教学、科研、管理和服务与校园学习、生活的数字化。加强信息化公共服务体系建设和教学资源信息化建设，全面推进信息系统建设与应用，显著提高学校信息化水平，实现学校信息化建设可持续发展。

重点工程六：信息化建设提速工程
1. 信息服务体系建设计划：建设统一身份认证系统、数据交换共享平台，升级建设校园“一卡通”系统，开展学校信息化标准体系建设，逐渐形成学校信息化公共服务体系，为全校各单位的信息系统数据共享以及个人信息整合提供稳定、安全、快捷的信息服务能力。
2. 信息系统建设与应用计划：通过建设移动互联网平台下的校内各应用系统的 App 平台、数据分析及决策支持系统、智慧型高校图书馆，不断提升学校教学科研、管理服务等各领域的信息化水平，实现信息技术对学校主要业务的大部分覆盖。
3. 教学资源信息化建设计划：在学校丰富的各类教学资源基础上，通过课程中心教学资源建设、教学信息中心建设、自主学习与网络考试中心建设，大力推动学生自主学习，实现传统教学方式和学生自主学习方式的结合，着力推进信息技术与教育教学深度融合。
4. 信息基础设施建设计划：在不断提升学校现有校园网基础设施技术水平的基础上，瞄准主流和成熟技术，大力加强移动网络设施建设、数据中心基础设施建设，推动信息安全及 IT 管理等方面持续深入发展，确保基础设施的发展满足支撑应用不断升级的要求。
5. 校园安防系统建设计划：为构建和谐平安校园，全面加强完善学校的安防监控系统、提升校园总体技防能力，按照“统一规划、统一管理、分步建设、逐步完善”和“三年领先、五年不落后”的安防建设原则，对航空港校区和武侯校区安防监控系统实施全面升级改造建设，整合全校的视频监控资源和融合门禁、消防、停车场等各类安防平台，建成平台统一，数据可靠，全覆盖、高清、智能、易操作的综合监控系统。
6. 校园基础建设计划：“十三五”期间将进一步夯实办学条件，重点完成太平园校区的整体规划、设计及建设，全力推进航空港校区教学研究楼建设、西南民族大学工程训练中心建设，大力配合完成航空港校区民大路下穿隧道及中心广场的建设，完成航空港校区食堂建设工程项目和专家楼、留学生楼及教学配套设施项目的建设，合理布局档案用房的修建，积极争取中央财政对改善基本办学条件的专项支持，尽最大力量改善教职工的工作条件，为建设有特色、高水平大学奠定坚实基础。

（七）优化内部治理结构，完善现代大学治理体系

针对当前高等教育发展的新形势，结合自身实际，进一步确立新的管理目标和方式，夯实办学条件，推进特色校园文化建设，深化内部治理结构改革，从整体上建构起与现代大学制度相适应的高校内部管理体系。

重点工程七：内部治理增效工程
1. 大学精神铸魂计划：实施“百年民大”蓝图行动，把“面向学术前沿、面向国家重大战略需求、面向少数民族和民族地区”的“三个面向”作为行动指南，引导全校各族师生增强主人翁意识和责任感，加深对学校办学理念、文化和价值的认同，组建卓越平台，组织卓越团队，争取卓越成果，按“十三五”期间、建校80周年、建校100周年等阶段，立足长远，久久为功，开展品牌提升行动，铸造“民大品牌”，凝聚“民大精神”，实现百年的“民大梦想”。 2. 行政管理机制完善计划：依据学校章程，突出“依法治校”，坚持和完善党委领导下的校长负责制，完善学校内部治理结构，建立健全决策、执行与监督相对分离、有机结合的运行机制，明晰内部组织及成员的权利与责任。更加充分地发挥教代会、工会、共青团、学联、校友会（基金会）的作用，更加注重吸取党外人士和离退休干部的智慧，凝心聚力，形成发展合力。进一步强化学院（研究院）主体地位，逐步完善学院（研究院）在学校宏观管理下的自主管理、自我发展、自我约束的运行机制。按照现代大学治理要求，梳理、修订和完善相关规章制度，简化管理流程，加强绩效评估，推进战略管理，提高服务保障水平。 3. 学术管理机制完善计划：进一步明确学校、学部、学院三级学术委员会的职责与权限，形成学术权力与行政权力相对独立、相互支撑、相互制衡的格局；探索教授治学的有效途径，充分发挥各级学术委员会在学科规划与建设、人才引进和学术评价中的作用；加强学院（研究院）学科建设的水平评估和效益评价，建立以学术贡献为主要依据的资源分配机制和动态投入机制；建立科学的学术评价体系和考核评估制度，营造激励创新、竞争向上、客观公正、民主宽松的学术环境。

（八）加强国际交流合作，不断推进教育国际化进程

进一步加强与国（境）外高水平大学的合作，加强国际化课程建设，继续提高国际学生尤其是“一带一路”沿线国家学生来我校学习的比例和规模，逐步扩大我校学生出国进修学习的比例；不断提升教师国际化水平，继续引入高端外籍专家，积极搭建交流平台，加大教师出国访学支持力度，鼓励教师积极与世界一流大学和研究机构开展实质性交流合作，不断提高教师赴外交流的人次和比例，全面提升学校国际化办学水平。

重点工程八：国际化水平提升工程
1. 国际合作拓展计划：通过加强学校国际合作与交流的管理，拓宽高水平国际交流合作的渠道，拓展领域、深化合作，每年以合作2个“一带一路”沿线国家为基础目标，增设1个一流大学或专业的合作；积极推进申办“孔子学院”“孔子学堂”，推动少数民族文化的国际传播，提升学校的国际影响力。 2. 学生国际化推进计划：继续提高国际学生尤其是“一带一路”沿线国家学生来我校学习的比例和规模，设立“西南民族大学留学生校长奖学金”，吸引更多优秀国际学生来校学习；设立西南民族大学“优秀学生国际交流项目”，选派更多学生尤其是少数民族学生“走出去”学习深造，进一步落实赴外学习交换兑换学分的规范化和常态化，使有出国（境）经历的学生人次保持每年10%的增长率。 3. 教师国际化推进计划：完善教师赴外交流学习的规章制度，加大对教师出国（境）研修和访学的支持力度，鼓励和支持教师申报国家公派出国面上项目，继续加强与国家留学基金委合作，利用高等学校青年骨干教师出国研修项目、西部地区人才特别计划等平台，有计划、有步骤地选派优秀中青年骨干教师到国外高水平大学访学进修，逐步提高赴外交流教师的人次和比例。重视国家外国专家管理局引智项目申报与管理工作，建立学校重点外专项目平台5项，外专项目经费到2020年达700万，外专人数每年保持10%的增长率，外专库优秀人才数保持每年5%的增长率。鼓励教师和海外知名高校的学者开展学术合作与交流，参加高层次国际学术会议，在国际学术舞台上发表高水平学术论文。 4. 国际化课程建设计划：围绕一流学科建设，支持相关学科增设10门英文专业课程，引进优质英文原版教材，增配外籍专业教师，在课程设置、教学内容和方法等方面借鉴国际先进经验，真正实现在课程改革方面与国际接轨。

七、“十三五”期间发展的保障措施

（一）加强党建思政工作，提供坚强政治保障

坚持党的教育方针和社会主义办学方向，贯彻全面从严治党的战略部署，把思想政治建设放在首位，加强领导班子和干部队伍建设、基层党组织和党员队伍建设、党风廉政建设、领导干部作风建设和党员干部教育管理，切实践行“三严三实”，建设学习型、服务型、创新型党组织，进一步坚持和完善党委领导下的校长负责制，为“十三五”规划的实施提供坚强的政治保障。

（二）加强规划领导实施，提供坚强组织保障

成立“十三五”规划实施领导小组，组成强有力的工作队伍，将规划任务逐年逐级进行分解，并抓好贯彻落实，组织规划实施情况专项评估检查并将评估结果列入相关单位年度考核指标体系，做到决策部署以规划为依据，工作目标以规划为指南，考核工作以规划实施效果为主要标准，同时大力加强高等教育研究，把握发展方向、趋势，并根据形势变化和学校发展需要，对规划进行必要的调整和完善。加强宣传，使规划执行过程成为凝聚人心、群策群力、共谋发展的过程，确保规划目标的顺利达成。

（三）争取各方资源支持，提供财力物力保障

1. 积极争取国家民委、教育部、四川省和有关部门在生均拨款、专项补助、专项资金等方面的优惠政策。充分用好《国务院关于加快发展民族教育的决定》《国家中长期教育改革和发展规划纲要（2010—2020 年）》对民族院校的扶持政策及委部、委省共建西南民族大学的相关支持政策，切实把四川省人民政府与我校的战略合作协议落到实处，加快促进战略合作各项工作的开展，集中力量共同推进国家级青藏高原生态畜牧业协同创新中心（青藏高原研究院）与畜牧学、中国语言文学、应用经济学、哲学等博士授权点的建设，并力争把学校纳入四川省一流大学与一流学科建设规划，共同推进一流大学与一流学科建设。争取“中央高校基本科研业务费”等专项经费的支持额度进一步增加。进一步拓展与湖南大学对口支援工作，深化校际合作，加强与国内外优秀高校、科研院所及企业的合作与交流，根据规划目标，高标准、高质量抓好规划任务的落实。

2. 加强校友工作，培育更多“支持型校友”。健全校友组织工作机制，密切与各地校友会的联系，开展丰富的校友文化活动，为校友提供多样的服务项目，引导更多校友关心、支持母校发展，进一步推动学校建设与发展。

3. 积极筹措资金，拓宽办学经费筹集渠道与来源。按照有所为、有所不为的原则，整合校内外资源，建立开放、竞争、择优的资源配置体系，坚持以规划目标和绩效考核为导向，统筹学校各类经费，突出建设重点，提高资金使用效益，为规划目标的实现提供强有力的财力物力保障。

八、远景规划

面向未来，学校建设“有特色、高水平大学”分三个阶段：第一阶段到 2020 年（建校 70 周年左右）为优化结构、特色发展期，着力打造 1—2 个国际有影响力、国内一流的学科，学校的办学声誉、影响力和知名度在国内进一步增强；第二阶段到 2030 年（建校 80 周年左右）为

重点突破、分类发展期，1—2 个学科在国际上有较大影响，3—5 个学科达到国内一流水平，学校的办学声誉、影响力和知名度在国内外显著增强，努力提高国际知名度；第三阶段到 2050 年（建校 100 周年左右）为整体提高、协调发展期，1—2 个学科达到国际一流水平，3—5 个学科达到国际有较大影响、国内一流的水平，学校的办学声誉、影响力、知名度和美誉度在国内外全面提升，建成有特色、高水平大学。

西北民族大学事业发展“十三五”规划[1]
（2016—2020）

为确定学校“十三五”期间的发展战略、发展目标和主要建设任务，推动学校各项事业科学发展，更好地服务少数民族和民族地区经济社会发展，更好地服务国家战略，根据《国家中长期教育改革和发展规划纲要（2010—2020 年）》《国家中长期人才发展规划纲要（2010—2020 年）》《国务院关于加快发展民族教育的决定》《统筹推进世界一流大学和一流学科建设总体方案》《国家民委所属高校改革和发展“十三五”规划》《甘肃省“十三五”高等教育发展规划》等，制定本规划。

一、发展基础

（一）“十二五”时期的工作成绩

1. 办学条件进一步改善

学校占地达到 3019 亩（含绿化地 1300 亩）；新增建筑面积 110000 平方米，总建筑面积达 670000 平方米，其中，图书馆 42808 平方米，食堂 20509 平方米，学生公寓 30000 平方米，教学楼 17466 平方米。新增纸质图书 443959 册，总藏书量达到 1900635 册。教学科研仪器设备产值新增 18891 万元，总产值达到 34070 万元。

2. 办学层次进一步提高

新增一级学科硕士点 12 个，专业学位硕士点 2 个，专业学位领域 3 个。现有博士学位授权点 1 个，博士后科研流动站 1 个，一级学科硕士学位授权点 13 个，二级学科硕士学位授权点 40 个，6 个硕士专业学位授权类别（11 个招生专业、领域）。学科门类涉及哲学、经济学、法学、教育学、文学、历史学、理学、工学、农学、医学、管理学、艺术学等 12 个学科门类。

新增省部级重点学科 16 个，省部级重点学科总量达到 19 个，其中，国家民委重点学科 7 个，甘肃省重点建设学科 12 个。新增本科专业 10 个，总数达到 70 个；新增省级特色专业 8 个，校级特色专业 11 个；临床医学、口腔医学专业通过国家专业认证。新获批 10 个学科副教授专业技术职务任职资格评审权，基本实现了现有学科副教授评审权的全覆盖。

---

[1] 西北民族大学发展规划与学科建设处. 西北民族大学事业发展“十三五”规划[EB/OL].（2016-11-03）. http://cms.xbmu.edu.cn/frontContent.action?siteId=62&articleClassId=1726&articleId=44716.

3. 师资结构进一步优化

引进专任教师 357 人，其中高层次人才 132 人，与“十一五”末相比，专任教师由 910 人增加到 1224 人，专任教师中具有硕士及以上学位者由 501 人增加到 998 人，其中具有博士学位者由 90 人增加到 279 人；教授、副教授分别由 143 人、240 人增加到 274 人、498 人；博士研究生导师由 9 人增加到 27 人，硕士研究生导师由 245 人增加到 464 人。至“十二五”末，专任教师中，具有硕士及以上学位者达到 81.7%，其中具有博士学位者达到 22.9%；具有高级职称者达到 62.6%。入选“百千万人才工程”国家级人才 1 人，中宣部“四个一批”人才 5 人，教育部“新世纪优秀人才支持计划”3 人，国家民委突出贡献专家 2 人，国家民委领军人才 4 人，国家民委“中青年英才培养项目计划”8 人，甘肃省领军人才 2 人，全国新闻出版行业第三批领军人才 1 人；入选第五届全国专业技术人才先进集体 1 个，教育部“创新团队发展计划”1 个，国家民委创新团队 1 个，甘肃省教学团队 6 个。

4. 人才培养成效显著

培养本科生 2376 名，预科生 1742 名，舞蹈中专生 74 名，博士、硕士研究生 2182 名；中外合作办学项目“国际经济与贸易”专业招生 90 余人。获得国家民委教改项目立项 24 项，校级教改项目立项 230 项，省级教学成果奖 15 项，校级教学成果奖 77 项。建成国家级虚拟仿真实验教学中心 1 个，国家级实验教学示范中心 1 个，省级实验教学示范中心 6 个，校级实验教学示范中心 8 个，校外实习实训基地 190 个。学生在各类学科竞赛中获得了多项奖励，其中，国际竞赛 22 项，国家级 788 项，省部级 938 项；获批国家级大学生创新创业训练计划项目 321 项，中央高校基本科研业务费专项资金本科生项目 54 项。

5. 科研水平明显提升

获批各类科研项目 703 项，同比增长 124%，项目经费达到 10998.83 万元，同比增长 335%。教师发表各级各类论文 5972 篇，其中三大检索 528 篇，同比增长 380.00%；出版著作 588 部，同比增长 83.75%；获得专利授权 88 件，同比增长 250.00%；获得各级各类奖励 324 项，其中省部级奖励 113 项，厅局级奖励 186 项。现有省部级重点实验室、工程中心 9 个，地厅级重点实验室、工程中心 2 个，省部级人文社科重点研究基地 8 个。新增教育部创新团队 1 个，校级科研创新团队 6 个。主办、承办各类全国性大型学术会议 35 场次，学术讲座 560 场次。学校作为核心协同单位分别参加了四川大学、西北师范大学、上海政法学院牵头的 3 个“2011 协同创新中心”。

6. 社会服务能力进一步增强

“动物血清系列产品”“外墙保温及围护用断热节能复合砌块与工艺设备成套技术”“基于云平台的多终端藏语/汉语远程教育学习系统”“民族语/汉语公共信息服务系统”等科研成果的成功转化以及“新丝绸之路经济带民族特色农产品多语言网络交易展示平台”的建设均取得了良好的经济效益和社会效益，为民族地区经济社会发展做出了突出贡献。学校师生深入民族地区开展调研、科普服务，深入了解和掌握民族地区社会发展的历史与现状，使学校的科研工作与服务民族地区社会发展紧密结合，形成了一批高质量的调研报告，为各级政府正确决策、为各类企业谋求发展提供了重要参考。

学校党委响应甘肃省委“联村联户、为民富民”行动的号召，精心安排部署，干部职工积极参与，“双联”工作推进有序。作为“武陵山片区区域发展与扶贫攻坚规划”的试点工作联系单位，学校利用在人才培养、科学研究、社会服务等方面的优势，为片区扶贫开发提供了有效的智力支持。

7. 境外合作交流进展顺利

学校与美国、加拿大、英国、意大利、德国、埃及、土耳其、阿联酋、蒙古国以及我国的澳门、台湾等地的多所大学建立了良好的校际合作关系。邀请 630 多名境内外专家来校访学、交流，开展科研合作，外专项目达到 380 多项；招收、培养留学生近 200 多名；选派学生赴境外合作院校学习 220 多名；派出师生参加国际会议、研修、培训、学术访问或校际交流 750 多名。获教育部批准的甘肃省首个国际经济与贸易中外合作办学本科教育项目开始招生。

8. 校园文化建设有序推进

学校实施校园精品文化活动计划，大力培育校园品牌活动。“一院一节一特色” 活动依托各学院的专业优势，成为特色鲜明、形式多样、感召力强、参与性广的学校特色品牌活动。以“挑战杯”为重要载体，努力营造青年教师和大学生成长成才的良好环境与氛围；引导和激励广大青年学生刻苦钻研，勇于创新，积极推动了学生课外科技文化活动的蓬勃开展；各族师生积极践行校训，遵纪守法，文明诚信；民族团结进步教育创建长效机制基本形成，“三个离不开”“五个认同”成为各民族师生的共识和自觉行动；师生员工积极践行“民主法治、公平正义、诚信友爱、充满活力、安定有序、人与自然和谐相处”的总要求，校园文化建设成效显著。

9. 党建工作扎实有效

学校党委认真贯彻党中央、国家民委党组、甘肃省委各项部署要求，高举中国特色社会主义伟大旗帜，深刻领会党的十八大和习近平总书记系列重要讲话精神，充分发挥党组织的领导核心、政治核心和战斗堡垒作用，全力推进党的建设工作，深入开展党的群众路线教育实践活动，践行“三严三实”要求，落实全面从严治党“两个责任”，贯彻落实中央八项规定，持之以恒纠正“四风”，强化党内监督，加强权力运行和重点部位、关键环节的监督检查，构建了全方位、多层次的廉政宣传教育系统，在思想建设、组织建设、作风建设、反腐倡廉建设和制度建设等方面取得了显著成效。学校党委及各级党组织围绕中心，服务大局，不断提升领导力，增强凝聚力，扩大影响力，为促进学校事业发展提供了坚强的政治保证和组织保证。

（二）“十三五”的机遇与挑战

“十三五”时期是全面建成小康社会的决胜阶段，是中国教育改革与发展的关键时期，也是西北民族大学建设与发展的关键时期。实现“两个一百年”奋斗目标和中华民族伟大复兴的中国梦，对学校教育改革发展提出了新的更高的要求；实施中长期教育改革和发展规划纲要、“一带一路”和创新驱动发展战略，为学校教育事业提供了重大的发展机遇；实施深化教育领域综合改革、推进大众创业万众创新、统筹推进世界一流大学和一流学科建设，为推动学校内涵式发展指明了方向；中央民族工作会议和第六次全国民族教育工作会议，对学校做好新形势下民族教育工作提出了新目标、新任务，也进一步增强了学校推动民族高等教育快速发展的责任感和紧迫感。面对新的发展形势，和国内高层次、高水平大学相比，学校的总体办学水平还相对落后，综合实力还相对薄弱，进一步发展仍面临一些困难和问题。一是民族地区教育需求已向高层次、高质量、创新型、多样化发展，不断提高学校人才培养质量和整体办学水平，已经成为学校改革发展的当务之急；二是学科专业结构还不尽合理，教学资源配置还需进一步优化，专业布局和教学资源还需要进行结构性调整；三是整体科研实力不强，理工科科研平台相对较少，承担重大科技项目的能力较弱，高水平科研成果的数量、质量、转化都有待于进一步提升；

四是人才引进与稳定极为困难，学科、学术带头人较为匮缺，高水平教学科研团队建设任务相当艰巨；五是学校地处欠发达地区，在办学环境的改善、办学经费的筹措、社会资源的整合利用等方面的问题将愈加突出，因学龄人口的变化而导致的生源竞争将更加激烈，办学成本上升、现代信息技术快速发展等因素对学校发展的影响将日益凸显，实现学校教育规模、结构、质量、效益协调发展的任务将越来越繁重。

充分认识外部环境的特征和深刻变化，加强与国家和区域重大发展战略布局的统筹衔接，紧跟高等教育改革发展新形势，着力突破制约学校发展的体制机制障碍，彰显“西北”“民族”特色，准确把握机遇，积极迎接挑战是学校“十三五”时期建设与发展的核心任务。

二、指导思想和发展思路

（一）指导思想

高举中国特色社会主义伟大旗帜，深入贯彻党的十八大和十八届三中、四中、五中全会和习近平总书记系列重要讲话精神，坚持社会主义办学方向，全面贯彻党的教育方针；紧紧围绕“四个全面”战略布局，认真贯彻落实中央民族工作会议、第六次全国民族教育工作会议以及国家关于深化教育领域综合改革、加快发展民族教育的总体部署；以“创新、协调、绿色、开放、共享”的发展理念为指引，以实现中华民族伟大复兴的中国梦为坚定信念，坚持“立足西北、服务民族”的办学宗旨，遵循“以人为本、助人成功”的办学理念，围绕立德树人根本任务，全面实施素质教育，着力培养德智体美全面发展的社会主义建设者、接班人和民族团结进步的引领者；全面加强党的建设，全面推进依法治校，全面深化综合改革，全面提高人才培养质量，办特色鲜明的、人民满意的高水平民族大学。

（二）发展思路

遵循高等教育的普遍规律，正确把握民族高等教育的特殊性，围绕学校的办学使命和发展目标，紧抓国家和区域战略实施的重大机遇，积极服务国家战略和民族地区经济社会发展，全面提升办学水平。走以提升质量为核心的内涵式发展道路，以国家和民族地区经济建设人才需求为导向，以深化综合改革为突破口，以信息技术与教育教学深度融合为重要手段，坚持育人为本、德育为先，深化改革、协同育人，优化结构、补齐短板，提升能力、保障质量，着眼学生的社会责任感、创新精神和实践能力，全面提升人才培养质量。坚持学生的主体地位、教师的主导地位、教学的中心地位、条件保障的优先地位，突出特色立校、质量强校、开放兴校、依法治校，实现学校事业发展新的跨越。

三、发展目标

（一）总体目标

“十三五”期间，将学校逐步建设成为学科特色更加鲜明、管理体制更加先进、师资队伍更加精良、办学条件更加完善的高水平民族大学，成为在国家和西北民族地区经济社会发展中具有重要地位和重大影响力的少数民族各类人才培养基地，民族团结进步教育示范基地，民族地区知识分享与信息交流基地，民族问题和宗教问题的研究和咨询基地，民族优秀文化遗产的收集、保护、研究、传承基地，促进少数民族地区特色经济发展的科研和服务基地。

（二）具体目标

1. 人才培养

办学规模。本科生规模保持相对稳定，研究生规模适度发展。到“十三五”末，在校本科生规模26300名左右，预科生400名左右；在校研究生规模2100名左右，其中，硕士研究生2000名左右，博士研究生100名左右；留学生规模100名左右；继续教育和职业教育学生当量数保持在2000左右；少数民族学生比例保持在65%左右。

德育工作。以培养中国特色社会主义事业合格建设者和可靠接班人为目标，坚持和巩固马克思主义指导地位，培育和践行社会主义核心价值观；加强思想政治理论课教学实践环节的探索创新和改革力度，强化思想政治理论课在大学生思想政治教育中的主渠道作用；开展扎实有效的“五个认同”教育和民族宗教政策教育，夯实各民族学生中华民族共同体思想基础，引领各民族学生增强中国特色社会主义道路自信、理论自信、制度自信和文化自信，树立正确的国家观、民族观、宗教观、历史观、文化观，自觉维护民族团结、国家统一和社会稳定，着力培养民族团结进步事业的引领者和民族地区经济社会发展的建设者。

培养模式。深入研究经济社会发展对各类人才需求的趋势，创新人才培养机制，以深化创新创业教育改革为着力点，丰富课程、创新教法、指导帮扶，推进教学、科研、实践紧密结合，从人才培养、师资队伍、课程建设、实践创新等多方面加强专业内涵建设，全面提升人才培养力度，力争在国家卓越人才培养计划项目中取得新成绩；加强学生参与科研的能力，加强学生的就业能力，改变学生的就业观念，拓宽学生的就业渠道，毕业生就业率平均保持在85%左右；分类推进研究生培养体系改革，创新培养模式，深化专业学位研究生教育改革，完善研究生教育创新计划，进一步提高研究生培养质量。

专业建设。进一步调整专业结构，强化专业内涵，合理确定专业人才培养目标，合理制定招生规模；大力推动学科之间的交叉、融合与渗透，努力培育新的专业生长点；不断调整和提升传统专业，扩大专业的适应面，使传统专业产生新的增长点，打造服务国家战略和民族区域特点的优势专业；重点建设综合实力强，在同类专业中具有一定优势，能体现学校办学特色，支撑省部级重点学科建设的相关专业；开展审核评估、学院评估、专业评估、专业认证、教学基本状态数据统计等专项工作，加强专业建设力度；建设校级特色专业 8—10 个，省级特色专业5—6个。在保持现有专业数量基本稳定的基础上，根据社会经济发展和职业岗位要求，增设新专业5个左右。“十三五”末，本科专业数保持在75个以上。

教学改革。积极争取省部级、国家级本科教学工程。每年立项教育教学改革研究项目40项，在省级教学成果奖评选中取得优异成绩，在国家级教学成果奖评选中有所突破；每年建设校级专业综合改革试点项目2个；每年建设校级规划教材10部，争取有教材入选省部级、国家级重点建设教材和规划教材；立项建设研究生示范性学位课程25—35门，研究生教育教学改革研究项目40—50项，校级研究生精品课程15门左右，专业学位研究生课程案例库15个；整合实验实践教学资源，建设校级实验教学示范中心10个左右，并在此基础上建设省级实验教学示范中心4—5个，力争在国家级实验教学示范中心和虚拟仿真实验教学中心项目中取得新的突破。

2. 科学研究

科研项目。各类科研项目数量逐年递增，层次不断提高，力争主持人文社科类重大招标项目、国家科技重大专项和国家重点研发计划等4—5项，科研累计经费达到1.2亿元左右。围绕民族地区的政治、经济、社会、文化、生态发展等问题开展跟踪调研长期课题10—20项、短期课题40—50项。

科研平台。力争在国家级科研平台上实现零的突破。新增国家民委创新团队或甘肃省创新群体 1—2 个；新增省部级重点研究基地 4—6 个，其中，省级重点实验室（或培育基地）和工程技术研究中心 2—3 个，省级人文社会科学重点研究基地 2—3 个；面向西部地区行业产业共性问题和区域发展的重大现实问题新增省级协同创新中心 1—2 个；力争建设特色鲜明的哲学社会科学智库 1—2 个。

科研成果。发表高水平学术论文年均增长 10%左右，出版高质量学术著作 100 部以上。申请国家专利 300 项，其中发明专利申请量和授权量增长 10%以上。争取获国家级科研奖励 1—2 项，省部级科学技术奖 5—6 项，省部级社会科学优秀成果奖 10—15 项，“全国民族工作优秀调研报告”15 项。

服务社会。充分发挥学校智力和科研优势，建立民族政策与民族问题研究智库，积极推动民族地区经济社会发展。加强协同创新和科技成果转化，力争科技成果实现有效转化 30—40 项，成果转化率达到 20%—30%；加强哲学社会科学研究，产生民族地区优秀调研成果 20—30 项。

3. 学科和学位点建设

重点突破学科。重点支持中国语言文学、民族学、计算机科学与技术、兽医学等优势学科（研究方向）达到国内一流水平或进入教育部学科评估排名前 10%。

重点发展学科。大力发展整体实力或可比指标达到国内前 30%—60%（部分学科方向达到国内前 20%水平）的学科，使其排名呈现不断上升趋势。

重点培育学科。积极培育基础较为薄弱但社会需求较大，又面临重大发展机遇、符合学校战略性布局的学科；大力扶持特色学科，积极推进学科交叉。

学位授权点。在政策允许的条件下，新增一级学科博士学位授权点 2—4 个，专业学位博士授权点 1 个，一级学科硕士学位授权点 3—8 个。

4. 师资队伍建设

师资规模。专任教师总数达到 1 500 名左右，生师比力争达到 18∶1。

师资结构。专任教师中具有硕士以上学位者达到 85%以上，具有博士学位者达到 30%左右，外缘关系达到 85%以上。结合学校少数民族语言文学、汉语言等专业和双语专业建设规划，培养和引进兼通民族语言和汉语的民汉双语专业师资。加强兼职教师队伍建设，建立符合应用型人才培养需求和教育教学需要的外聘教师资源库。力争建设一支数量较为充足，结构较为合理，以专职为主，专兼结合的双师型教师队伍和创业指导教师队伍。

师资层次。加强高层次人才培养和引进，努力培养和造就 15 个左右有影响力的高层次教学团队、科研创新群体。培养和引进 30 名左右在全国同行中有影响的知名教授，100 名学科带头人和学术带头人，300 名实践教学能力较强的中青年学术骨干。争取教师入选甘肃省领军人才 4—6 名，国家民委领军人才 6—8 名，国家民委中青年英才培养项目计划 10 名。培育校级教学名师 15 名左右，省级教学名师 2—3 名。每年立项校级教学团队 10 个；新增省部级教学团队 4—5 个，国家民委创新团队 2 个。争取在“海外高层次人才引进计划”“百千万人才工程”“两院院士”“长江学者奖励计划”“国家杰出青年科学基金”等国家级人才项目上有所突破。

师资质量。建立健全教师师德、教学能力和教学效果考核评价体系，按照“有理想信念、有道德情操、有扎实学识、有仁爱之心”的标准，全面提高教师的师德素养、教学技能和专业实践能力。建设一支有坚定政治立场、有高尚道德情操、有严谨治学态度、有扎实专业基础、有创新实践能力、有开放进取精神的优良师资队伍。

5. 国际交流合作

教育合作。加快国际化办学进程，加强与国外高水平大学的教育合作，发挥学校特色、突出优势，争取新的中外合作办学教育项目；逐步扩大国际教育规模。

外专聘请。抓住国家“一带一路”战略实施的有利时机，每年聘请长、短期专家和教师100人次以上；每年获批外专项目50项以上。

出访交流。逐步扩大师生出访交流的规模，每年选派出国（境）访学、交流师生100人次以上；每年选派出国（境）留学生100人次以上。

6. 校园设施建设

文化设施。紧紧围绕学科发展的需要，实现教学、科研、管理和服务的信息化，逐步实现统一平台、集中管理的信息化建设目标，建成校内全覆盖的无线网络系统；加强图书馆文献信息资源和基本设施的建设，在更大范围和更高程度上实现文献信息资源共享；实施“数字档案馆”建设项目，到“十三五”末，档案馆馆藏档案文件及目录全部实现计算机检索，馆藏永久档案的全文扫描达到50%左右，构建电子文件在线接收、安全保管和信息查询的一体化平台。

基础设施。在政策条件允许的情况下，适度扩大校园占地面积，积极推进榆中校区600亩征地工作。合理规划建设榆中校区学生公寓楼、文科楼、实验实训大楼、学生室内活动中心、教工公寓楼、教职工住宅楼，西北新村校区医学教学实验大楼、学生公寓楼、留学生公寓楼、棚户区改造项目；开展基础设施改造，对两校区老旧建筑进行维护修缮，对榆中部分教学用房进行功能性改造，进一步提高教学用房的利用率。

四、主要任务

（一）人才培养

1. 落实立德树人根本任务

扎实推动中国特色社会主义理论体系进教材、进课堂、进头脑，完善中国特色哲学社会科学学科体系和教材体系，办好思想政治理论课，不断增强学生的道路自信、理论自信、制度自信和文化自信。把培育和践行社会主义核心价值观融入教书育人全过程，真正落实到质量标准体系中，落实到课程教材课堂中，落实到课外实践活动中，落实到教师率先垂范中，使社会主义核心价值观成为学生成长成才的基本遵循。加强爱国主义、集体主义和中国特色社会主义教育，强化学生的国家意识、责任担当意识以及对社会与他人的关爱意识。传承中华文化基因，在创造性转化、创新性发展的基础上弘扬中华优秀传统文化，不断增强文化自觉和文化自信。将民族团结教育列入教育教学计划，融入教育的全过程，推动党的民族理论、民族政策和国家法律、法规进课堂、进教材、进头脑；把“五观”教育、“五个认同”教育、“三个离不开”教育有机融入到课堂教学中，进一步增强民族团结教育的针对性和实效性。进一步加强学生党建工作和入党积极分子的培养。

2. 创新人才培养机制

依据专业自身的发展定位和特色，明确人才培养目标，提高人才培养目标与培养效果的达成度；增强学制和教学计划的弹性，允许学生根据自己的能力与兴趣自主安排修读计划，逐步建立完善的学业预警和助学机制；创新创业教育与专业教育相融合，建立创新创业学习认证和学分认证制度，开设具有行业特点、与创新创业和就业密切相关的专业课程；充分利用学校民语教学资源，在现有普通专业中针对性的有计划、有步骤的培养民族地区急需的双语类人才。

突出“互联网+”时代背景下的教育教学方法改革，建设一批以慕课为代表、课程应用与教学服务相融通的优质在线开放课程；扩大在线开放课程应用，推广翻转课堂、混合式教学等新型教学模式，建立线上与线下教学有机结合、有利于教学方法创新和学生自主学习的教学运行机制。探索与有关部门、科研院所、行业企业联合培养人才的模式；继续加强国内外合作办学，拓宽合作培养渠道；充分利用对口支援政策，做好与四川大学联合培养本科生工作。建立定位清晰、目标明确、特色鲜明、协调发展的研究生分类培养体系，根据培养类别、学科特点及培养目标的不同，在培养过程、学位授予、质量评估等方面建立不同标准，体现特色，制定个性化的培养计划；加强研究生课程体系建设，积极构建符合培养需要的课程体系；改进研究生课程教学，优化课程内容，完善课程考核制度；进一步做好研究生示范性学位课程、精品课程和案例库建设工作。

3. 深化创新创业教育

构建课程、训练项目、实践实训“三位一体”的创新创业教育实践体系。建立创新创业学习认证和学分认证制度，将创新创业教育理念贯穿于教学全过程；开设具有行业特点、与创新创业和就业密切相关的专业课程，着重提升学生创业知识和专业技术技能；开展创新创业教学、培训、训练、竞赛、扶持，为校内学生提供创业平台，建立网络化的“众创空间”等孵化平台，构建面向“互联网+”时代的各类创新创业平台；依托“甘肃省大众创业万众创新示范基地”建设项目，为学生提供创新创业场地、条件保障和服务指导，同时积极从社会各界聘请企业家、创业成功人士、专家学者等作为创新创业教育校外指导教师，进一步加强学校与企业、行业之间的联系；积极推进大学生创业孵化中心建设，使中心成为集创业孵化、创业实训、就业指导、信息服务于一体的大学生自主创业平台。

完善研究生教育创新计划。强化系统科研训练，以研究生科研创新项目、中央高校基本科研业务费专项资金资助项目、学术交流、“求知杯”学术论文大赛、“学术月”、学术年会、研究生科技竞赛等研究生教育创新计划平台为抓手，拓宽学术视野，提升研究生的科研与实践创新能力；通过开展研究生创业竞赛、创业培训、创业实践资助等方式培育研究生创业意识，提高创业能力。

4. 促进学生全面发展

全面提高学生综合素质。践行“勤学、敬业、团结、创新”的校训，积极营造新时代校园文化。注重对学生人文精神的培养，加强理想信念教育、爱国主义教育、民族团结教育和思想道德建设，促进学生的全面发展；加强对学生的思想引导，鼓励学生围绕端正学风、学习成才、提高自身综合素质开展活动，充分发挥学生自我管理、自我教育、自我服务的作用。树立先进学生典型，激励广大学生的成才意识，营造勤奋学习、努力成才的良好氛围。

全面实施学分制。贯彻“以学生为中心”的教育理念，进一步修订和完善各专业人才培养方案、教学计划和课程教学大纲。建立包括弹性学制、主辅修制、学分互认制、学业导师制、免听免修制、补考重修制等在内的学分管理制度以及与学分制相配套的各项制度。因材施教，增强学生选课的自由度，通过学分互认、学分对接等措施，增强学生专业学习、科学研究的能力和水平，努力为学生全面发展提供优质和个性化的服务。

加强学生学习指导与服务。制定和实施学习拓展和学习援助长效计划；制定和实施毕业生学历提升指导方案，对学业预警的学生采取针对性的帮扶计划；关注学生健康保障与生活服务，努力改善学生生活条件，关心关爱学生；加强学生职业生涯和就业指导课程体系建设，实行分类指导，将就业指导提前到招生过程、延伸到就业之后，服务学生就业的全过程。

5. 强化教学质量保障

重视质量信息及利用工作，建立本科教学状态数据常态化，对教学信息进行分析统计；完善评教制度和相关工作机制，做好学校审核评估的各项工作，有计划、有步骤地开展运行、考核、评价、监督、保障等各项工作，提高办学定位和人才培养目标对社会需求的适应度、教师和教学资源对培养质量的保障度、教学质量保障体系运行的有效度、学生和社会用人单位的满意度、培养质量对培养目标的达成度。完善研究生教育各项规范制度，提高制度实施的有效性和增强质量自律的主动性；完善研究生管理信息系统，建立教育教学质量信息分析和预警机制；推进研究生教育质量保障重心下移，重点发挥好导师在研究生培养全过程的质量监控和质量管理第一责任人的职能；开展学位论文评优活动，加大学位论文检测和抽检力度；建立毕业生第三方调查工作机制，充分发挥其在研究生教育质量调查研究、标准制订、绩效评估及学风建设等方面的重要作用。进一步完善教育教学质量评估和质量保障机制，在加强学校内部教学质量评估的同时，积极引入“第三方评估”模式，充分利用“第三方评估”结论及其诊断性评价的导引功能，建立持续提升教育教学质量和人才培养质量工作机制。

（二）科学研究

1. 促进科研与教学紧密结合

改革科研激励机制，引导教师将科研方向与教学专业相统一，使教师个人学术追求与学校发展目标和学科发展方向紧密结合起来，与人才培养目标紧密结合起来。使学校的科研工作真正做到培育学生的科学研究意识、学术道德、科研诚信，培育学生发现、提出、分析、解决问题的能力，培育学生实事求是、协同攻关的精神，以教学带科研，以科研促教学，真正实现科研与教学协调统一发展。

2. 推进创新团队建设

鼓励不同学科专业人员共同申报承担项目，联合攻关重大课题，在项目攻关中不断凝聚和培育专职与兼职相结合，学科和专业相交叉，老、中、青相结合的科研创新团队。建立以项目合作为纽带，以学科交叉为特征的新型学术团队内生与成长长效机制，整合不同学科高水平研究力量，形成原始创新合力，提升整体创新能力和创新水平，形成高水平创新团队，产生重大创新的研究成果，进一步提高学校科研创新能力和竞争力。

3. 加强科研平台建设

加强已有科研平台建设，保证软硬件投入，完善绩效考核措施，发挥科研平台的积极作用。推进中国–马来西亚清真食品国家联合实验室建设，努力建成“一带一路”国际合作的典范；进一步加强与中亚各国的合作交流，筹建中亚文化研究人文社会科学研究基地；在特色学科领域和区域重大需求领域，培育国家重点实验室，不断完善以国家级科研平台为引领、省部级科研平台为主体、国际合作科研平台为补充的科学研究基地体系。进一步加强《西北民族研究》和《西北民族大学学报》的建设与发展，充分发挥其在社会文化研究领域的重要平台作用。

4. 提升社会服务能力

加强哲学社会科学研究。巩固现有民族学、社会学、宗教学、格萨尔学、民俗学、少数民族语言文学领域的优势地位，重点加强民族文化、民族艺术、民族经济、民族关系、民族法制、民族教育、民族区域发展等理论及实践研究；产生一批对政府决策具有重大参考价值，对民族地区社会生活产生重要影响，能够解决民族地区与地方经济社会发展的重大现实问题的研究成果。加强协同创新和科研成果转化。以国家丝绸之路经济带建设、华夏文明传承创新区建设、兰白科技创新和改革试验区建设、精准扶贫等国家和区域战略为契机，加强与省内外科研机构、行业、企业及地方政府的集群化政、产、学、研合作，探索建立校校协同、校所协同、校企协同、校地协同、国际合作协同的“开放、集成、高效”的新模式；通过共建研究院所、共建联合实验室、共同承担重大科研任务等方式，推动协同创新，广泛联合校外创新主体共同推进产学研用一体化，有力支撑科技成果的转化和产业化。充分发挥学校智力优势与研究特色，继续加大对民族地区的双语人才、专业技术人才、基层干部培训力度，促进民族地区经济发展，维护民族地区社会稳定。

5. 改进管理服务模式

完善科研信息管理平台，优化科研信息管理系统，广开信息服务渠道，为学校教学科研人员提供及时、全面、准确的科研政策和信息；完善评价奖励办法，探索建立以激发科研内生动力、提升学术水平和增强社会服务能力为导向的科研管理模式；完善项目预评审制度，加强项目申报前期研究方向的凝练等基础性工作，倡导和鼓励联合申报，积极推进后期资助的方式；完善学术活动管理模式，鼓励科研人员“走出去、请进来”，加大对高层次学术交流的统筹支持力度。

（三）学科和学位点建设

1. 加强一级学科建设

进一步凝练学科方向，合理定位各一级学科发展目标，根据目标定位，确定国际或国内追赶的标杆，通过对比分析寻找差距，选择适合本学科特点的关键绩效指标体系，明确阶段性建设任务；以各一级学科的目标定位和承建任务为依据，完善以一级学科建设为导向的资源配置统筹机制，建立跨职能部门的资源投入联动机制，形成资源合力；建立“长期规划、稳定支持、分年实施、动态调整、信息公开”的项目管理运行机制，对一级学科的建设工作进行年度项目检查，对目标完成进度和项目建设效益进行评估，根据评估结果对项目类别和建设经费进行动态调整并提供奖励性支持，同时加强对各建设项目运行过程的公众监督。

2. 促进学科交叉融合

优先发展新兴学科和交叉学科，大力发展应用学科，积极推进学科间的交叉融合。探索形成多学科统筹管理运行模式，建立开放竞争的学科交叉建设项目遴选机制和促进学科交叉的工作机制，以项目建设为纽带，打破人才培养和科学研究中存在的学科之间、院所之间的壁垒，为开展学术交流和合作创设条件，提升自主创新能力和培养拔尖创新人才的能力。明确学科交叉建设项目的目标任务，推动多学科交叉的学科前沿创新，促进跨学科复合型人才培养。

3. 创新学位点建设机制

以人才培养为根本，以提高质量为主线，积极推进学位点建设，全面深化学位建设与研究生教育改革，加大专业学位发展力度，统筹学术学位与专业学位协调发展，合理确定研究生教育规模，构建科学化、多元化的研究生教育格局。对接国家和地方重大需求，瞄准学术前沿领域，优化学位点布局和研究生培养类型结构，分类推进研究生培养模式改革，构建以学生成长成才为中心的培养机制。对研究方向稳定、师资力量雄厚、承担重大任务、培养条件成熟的学科交叉建设项目单列研究生招生指标。

4. 实施绩效考核与动态调整

按照“一年打基础、两年有显示、三年出成效”的目标要求，采取“一年一次自我评价、三年阶段考核、五年周期考核”的绩效考核办法，对立项学科进行评估，实施动态调整。实行学位点负责人任期目标管理考核制度，对各类学位点进行定期评估，实施动态调整。

（四）师资队伍建设

1. 加强师德师风建设，提升教师师德素养

建立健全师德建设目标责任制和责任追究制；建立健全师德考评、奖惩和监督的长效机制；建立师德档案制度，将师德表现作为教师评优评先、职称评聘、岗位聘任等的首要内容，实行师德问题“一票否决制”；健全完善学生、同行、学院评教机制，充分发挥教职工代表大会、工会、学术委员会等在师德建设中的作用。开展新入职教师的师德师风教育专题培训，将师德师风教育与提高教师的业务技能结合起来。

2. 引进高端教育人才，完善师资队伍管理机制

大力加强高层次人才引进工作，重点引进学科、学术带头人等高层次人才及教学科研团队。充分发挥学院在师资队伍建设中的主体作用，明确职责分工，通过完善师资队伍管理机制和人事分配制度改革，理顺师资队伍规模、结构和层次的关系，进一步做好岗位设置和岗位聘任管理工作，促进教师队伍建设科学化、规范化、制度化；拓宽师资来源，提升引智工作水平，做好外聘教师、兼职教授的聘任和管理工作。

3. 注重教师培养和发展，提升教师实践创新能力

加大教师培训力度。整合校内外师资培训资源，逐步完善培训内容，拓宽培训渠道，为教师提供职业规划和教学能力提升的平台，切实提高教师教学能力和学术创新能力；建立对青年教师的“传帮带”机制，充分发挥老教师对青年教师的指导作用；选派青年教师到国内著名大学或研究机构从事博士后研究等科研工作；组织和资助青年教师参加多种形式的进修培训和学术研修，提高学术水平和教育教学能力；广泛宣传，积极引进，结合学校专业发展，重点培育和建设服务“一带一路”国家战略的相关专业师资队伍，逐步壮大民汉双语专业师资队伍；加强实验教学队伍及其他教学辅助队伍的专业技能培训，提高实验实践教学水平。加强“双师型”教师队伍建设。有计划地引进具有丰富实践经验和行业资质的优秀人才；实施工程实践能力拓展计划，鼓励教师在高校教师资格外获得相关行业的特许资质，着力培养一批实践教学能力较强的中青年骨干，促进应用型创新人才培养目标的实现。加强创新创业教育与创业指导教师队伍建设。聘请知名科学家、创业成功者、企业家等各行各业优秀人才担任创新创业课程或创业导师，建立创新创业教育专职教师到行业企业挂职锻炼制度，支持教师将科技成果产业化，并鼓励教师带领学生创新创业。实施“科研创新团队建设计划”“教学团队建设计划”“中青年学科带头人和优秀中青年骨干教师选拔培养计划”“教学名师培养计划”。

（五）国际交流合作

1. 加强科研合作国际化

积极加入国际教育及学术协作组织，拓展与国（境）外一流大学的交流渠道和合作项目；抢抓“一带一路”机遇，争取国家政策支持，努力开拓发挥我校优势、凸显我校特色、双方契合度较高的交流合作项目；在巩固扩大外专引智规模的基础上，大力发展学术水平较高、合作质量较好、成果效益明显的重点和高端引智项目。积极参与并举办国际学术交流活动。

2. 加强教育教学国际化

引进国外优质课程资源，加强国际化课程建设，提升广大师生的外语水平和国际学术交流能力；加大对教师赴国（境）外访学进修和学术交流的支持力度；完善研究生访学、短期交流、参加国际学术会议的资助制度；拓展在校学生出国（境）留学的渠道和院校，增加本校学生与国（境）外学生双向交流的项目和数量。进一步改善留学生学习生活条件，设立校级奖学金，扩大和提高外国留学生教育规模和培养质量。

3. 加强人才培养国际化

加快人才培养国际化进程，聘请一批国外学术机构或国际组织中的著名专家担任重点学科兼职导师，联合指导研究生或开展合作科研与教学工作；充分利用“海外高层次人才引进计划”和中外合作办学项目，围绕国家和区域发展战略目标，积极引进国外优秀专家，组建国际化教学科研团队，提升学校人才培养国际化水平。

（六）和谐校园建设

1. 加强精神文化与行为文化建设

加强民族团结进步教育工作，深化民族团结进步创建活动，抓好每年的“民族团结进步教育月”活动；促进各民族师生“交往、交流、交融”与“和睦相处、和衷共济、和谐发展”的工作；以各民族传统节日为契机，开展特色文化活动，大力弘扬各民族优秀传统文化，形成更多的校园文化活动品牌；做好心理健康教育和心理咨询工作，培养学生良好的心理素质，积极引导各族学生实现互相尊重、互相理解、互相融合，增进各民族师生间的情感交流和相互信任，实现“中华民族一家亲，同心共筑中国梦”的共同心愿；实施“互联网+”行动，立足育人目标，积极开展富有思想性、娱乐性、知识性、服务性的网络文化活动，推动网络文化建设和管理，充分发挥网络文化育人作用；利用网络资源进一步宣传学校，扩大学校的影响力和在民族团结创建方面发挥的积极作用；加强新形势下的校风、教风、学风建设，进一步规范校风、优化教风、强化学风，促进学校健康和谐发展；有效防范和应对境内外敌对势力，特别是“三股势力”在校园内进行渗透破坏活动。

2. 加强文化设施与文化环境建设

进一步优化信息化设施与环境，加快校园各类信息资源的整合，构建信息化、数字化校园体系；加强宣传文化阵地与载体的建设，传播正能量；整合校内各类媒体资源，形成以新闻网为引领、新媒体全面发展的校园媒体联盟，健全规范新闻发布机制，做好突发事件的预警和处置引导工作；加强科技展览馆、博物馆、格萨尔文化展厅、校史馆、档案馆等场馆建设和利用；综合利用榆中校区图书馆，把图书馆打造成学术交流、文化展览、书评、图文信息、影视文化赏析中心；完成学校道路楼宇命名、人文景观命名工作，实现校园建筑使用功能、审美功能和教育功能的和谐统一。进一步加大两校区基础设施建设力度和统筹力度，科学调整校园总体规划和建设布局，明确目标、突出重点、兼顾整体、因地制宜地充分发挥好两校区的功能，促进学校办学资源的优化利用。

五、发展保障

（一）加强政治保障

1. 加强党的建设

贯彻全面从严治党的战略部署，从严教育管理监督干部，坚决落实“八项规定”，认真践行“三严三实”，深入开展“两学一做”，不断完善党风廉政建设责任体系；加强党的思想建设、组织建设、作风建设、反腐倡廉建设和制度建设，充分发挥党组织的领导核心、政治核心和战斗堡垒作用，紧紧围绕中心工作，为“十三五”规划实施提供强有力的思想政治保障，确保学校各项规划任务始终沿着正确方向推进。

2. 加强党对民主党派、群团组织等的领导

重视民主党派参与民主管理、民主监督的工作，发挥民主党派、统战团体和党外知识分子在学校建设发展中的积极作用。重视离退休老同志在推进学校事业科学发展、党建和育人工作中的重要作用，重视工会、妇委会、校友会的桥梁纽带作用。稳步推进团学工作，加强共青团、学生会、学生社团等学生组织建设，充分发挥他们在校园文化建设中的作用。充分调动一切力量，为创建特色鲜明的高水平民族大学构筑坚实的政治基础。

3. 充分发挥共产党员的先锋模范作用

党员干部要认真学习党章党规，深刻领会习近平总书记系列重要讲话精神，不断坚定理想信念，从思想政治、能力素质、道德品行、现实表现等方面，充分发挥先锋模范作用，带领广大师生积极投身学校事业发展，全力落实“十三五”规划的各项工作任务。

（二）加强制度保障

1. 推进大学制度建设，创新内部管理体制

坚持和完善党委领导下的校长负责制，提高依法办学、科学决策和民主管理的水平；坚持党务、校务公开，认真贯彻执行民主集中制，严格执行重大决策、重要干部任免奖惩、重大项目安排和大额度资金使用事项集体决策制度；建立学校理事会，拓展社会参与民主管理形式和渠道；健全以学术委员会为核心的学术管理体系与组织架构，进一步理顺行政权力与学术权力的关系；逐步推进管理重心由学校向学院下移，进一步完善学校宏观管理、学院过程管理两级管理体制，形成科学的决策机制、运行机制和监督机制。

2. 深化人事制度改革，完善岗位聘任管理

构建符合高等教育特点和学校实际的岗位明确、职责清晰的人力资源管理体系。探索建立教师队伍分类管理制度，制定不同的评价标准，实行不同的工作条件、待遇分配支持；加快推进教师考核评价机制改革，增大人才培养效果在专业技术聘任、绩效考核和收入分配体系中的比重，尝试建立教师流动转岗退出机制；以提升教学科研能力和育人水平为导向，以岗位业绩为主要依据，构建以岗位工资为主体，职级工资、绩效工资、奖励工资等并存的工资体系；积极探索协议工资制、项目薪酬制、团队薪酬制等多种分配方式；健全薪酬水平正常调节机制，合理调节各类人员的收入水平，在统筹兼顾的基础上，充分体现“多劳多得，优劳优酬”，实现高薪向高层次人才倾斜、向突出贡献人才倾斜。

3. 深化干部选拔任用制度改革，加强党政管理队伍建设

坚持德才兼备、以德为先的用人导向，形成科学规范、公开公正、求真务实的用人选人机制；统筹推进管理干部队伍建设，不断完善岗位设置方案，不断拓宽选人用人渠道；切实加强管理岗位干部交流轮岗力度，鼓励行政单位优秀干部到基层单位工作，从基层单位选拔优秀干部到行政单位任职；进一步加强任期内的考核和管理，切实推进干部能上能下制度；加强培训，切实提高管理队伍的业务水平，进一步完善管理队伍素质结构。

（三）加强资源保障

1. 优化资源保障体系

积极推进国有资产管理模式改革，健全资源配置机制，加强资产管理信息系统建设，建立闲置资产调剂制度，最大限度地实现资源共享和资产有效利用；进一步加强财务预算管理，科学编制预算，优化经费投入结构，严格支出审批程序，确保资金使用安全，建设节约校园；积极争取社会各界对学校的更大支持，加强社会资源的开发和利用，优化整合校内外资源，多渠道筹措经费；积极推进后勤工作社会化改革，强化后勤服务为教学科研服务的目标与要求，建设新型的高校后勤服务体系。

2. 争取国家和地方政策支持

全面贯彻落实全国民族教育工作会议、第六次民族教育工作会议精神以及国家和地方关于高等教育发展的各项政策措施，认真做好与国家战略及民族地区经济社会发展需求的衔接，积极争取上级主管部门和地方政府及有关部门支持；进一步加强和完善部委共建、省部共建、校地共建工作机制，构建协调顺畅的外部公共关系，进一步细化并落实共建协议内容，推动学校和谐发展；积极落实对口支援政策，利用四川大学优质教育资源为学校教学科研服务。

（四）加强作风保障

加强规划实施的宣传引导，最大限度汇聚全校师生员工的智慧和力量，发挥其主观能动性和工作创造性，激发其使命感与责任心；大力弘扬以“黄土地”和“黄河”为表征，以“朴实无华、甘于清贫、淡泊名利、无私奉献”和“志存高远、奔流不息、百折不挠、勇往直前”为核心的西北民族大学精神，坚定信心、团结一致、齐心协力、积极探索、努力创新，以饱满的热情和优良的作风全面推进学校规划实施。

（五）加强组织保障

成立由校领导担任组长、副组长，主要职能部门和教学单位主管领导为成员的规划实施工作领导小组及专项工作小组，全面负责规划实施工作的组织领导、统筹协调、整体推进和监督落实。构建以学校总体规划为核心、各专项规划为主干、各部门和学院规划为支撑的“十三五”规划体系。积极推动《西北民族大学学科建设“十三五”规划》《西北民族大学专业建设“十三五”规划》《西北民族大学科研发展“十三五”规划》《西北民族大学师资队伍建设“十三五”规划》《西北民族大学学位与研究生教育“十三五”规划》《西北民族大学基本建设“十三五”规划》《西北民族大学和谐校园“十三五”规划》及各部门各学院规划的实施和落实工作。建立有效的工作推进机制，强化组织保障，做到科学管理、精细管理、从严管理，做到任务分解、责任明确、各司其职、密切配合、协调开展，把规划提出的每一项任务、每一个环节、每一个步骤落到实处；健全规划实施的跟踪、监督检查、中期评估和年度监测制度，并根据形势变化和事业发展需要，对规划进行必要的调整和完善，确保各项规划目标顺利完成。

云南民族大学“十三五”发展规划[1]

序　言

“十三五”时期，是我国全面建成小康社会的关键时期，是国家实施“一带一路”战略，云

[1] 此规划文本由云南民族大学党委宣传部提供。

南省建设民族团结进步示范区、生态文明建设排头兵、面向南亚东南亚辐射中心的重要时期，也是云南民族大学推进高水平民族大学、民族团结进步示范校、校风教风学风示范校建设的加速期和重要战略机遇期。

根据《中共中央关于制定国民经济和社会发展第十三个五年规划的建议》《国家中长期教育改革和发展规划纲要（2010—2020年）》《国家中长期人才发展规划纲要（2010—2020年）》《国家中长期科学和技术发展规划纲要（2006—2020年）》《统筹推进世界一流大学和一流学科建设总体方案》《中西部高等教育振兴计划（2012—2020年）》《教育部关于全面提高高等教育质量的若干意见》和《教育部 财政部关于实施高等学校创新能力提升计划的意见》等国家和云南省经济社会、教育科技、文化繁荣的中长期发展规划和文件精神，面向国家经济建设与社会发展以及云南省对民族高等教育的需求，为全面推动学校各项事业科学发展，特制订本规划，规划期为2016—2020年。

本规划是学校今后五年甚至更长时间内，落实科学发展观，全面贯彻以习近平为核心的党中央领导集体的治国方略和执政理念，深刻认识国家、云南省，特别是学校发展的新常态，进一步明确学校的发展思路、战略目标、战略定位和战略重点，更加主动地把人才培养、科学研究、社会服务、文化传承与创新全面融入国家和地方发展战略，着力增强综合竞争力与国际影响力，进一步制定加快建设高水平教学研究型大学步伐的战略蓝图和共同行动纲领。

一、发展基础

“十二五”是云南民族大学发展的重要转折期，云南民族大学坚持走内涵发展道路，重视和加强学科建设，不断深化教育教学改革，持续优化师资队伍结构，积极开展人才培养和科学研究，加快推进国际化进程，努力改善办学条件，大力创新体制机制，顺利完成了“十二五”规划确定的主要目标和任务，学校综合实力进一步提升，为实现创建高水平民族大学、民族团结进步和校风教风学风示范校的宏伟目标奠定了坚实的基础。

（一）“十二五”建设的主要成效

学科建设开创新局面。学校目前已构建起相对完整的学科体系，为培养各民族高层次人才奠定了基础。学校民族学和社会学获得一级学科博士点，并建成民族学博士后科研流动站，招收了博士研究生和博士后科研人员。新增一级学科硕士点和专业硕士点各1个，一级学科硕士点达12个、专业硕士点9个，二级学科硕士点增加到92个；新增本科专业19个，达83个；省部级重点学科增加到7个。

人才培养再上新台阶。全日制本专科在校生从2010年末的17000人增加到2015年的21376人，硕士研究生从2010年末的1960人增加到2015年的2493人（其中：博士研究生14人、博士后科研人员10人），外国留学生从2010年末的470人增加到2015年的2816人，成人教育稳定在万人规模。实施本科“教学质量提升计划”，获得多项国家级和省部级教学奖励（其中：国家教学成果奖一、二等奖各1项、省级教学成果奖及管理奖等35项）。努力推进了研究生培养改革，实施研究生“西部骨干计划”“创新计划”，着力提高培养质量。生源质量、毕业生就业率逐年提升，就业质量不断提高，我校连续五年获云南省高校毕业生就业创业工作目标责任制考核一等奖。

队伍建设迈出新步伐。学校围绕优势特色学科和重大平台建设，坚持内培与外引相结合的原则，集聚了一批高层次人才。学校拥有全国杰出专业技术人才、国家百千万人才工程人选、教育部新世纪人才、全国高校优秀教师、国家有突出贡献中青年专家、享受国务院特殊津贴人员、云南省有突出贡献优秀专业技术人才、享受云南省政府特殊津贴人员、云南省中青年学术技术带头人和创新人才等省部级及以上各类高层次人才人选累计 60 余人次。学校具有博士、硕士学位的专任教师占比达到 71%，具有高级专业技术职务的比例占 45.5%，师资队伍综合素质明显提高。

科技创新实现新突破。学校国家社科基金项目立项数一直位居全省高校前列，国家自然科学基金项目立项数逐年稳步增长，“十二五”期间共获得国家级项目 132 项（国家社科基金项目 74 项、国家自然科学基金项目 58 项；国家社科基金重大招标项目 1 项、重点项目 5 项）。获批省部级科研平台项目 22 项，院士工作站 2 个、专家工作站 2 个。此外，获准建立云南省南亚东南亚西亚研究中心、云南省民族文化研究院、云南藏学研究中心等研究机构，全国少数民族传统体育示范基地、云南民族理论政策研究基地、云南民族教育重点研究基地也相继挂牌成立，云南民族团结进步协同创新中心落户学校。

国际化教育获得新成绩。学校的教育国际化一直走在云南省内高校的前列，成为国家留学基金委员会指定的云南唯一具有“国际区域问题研究及外语高层次人才培养项目”和印地语专业学生推荐名额的“政府互换奖学金项目”承担高校；是中国西南地区唯一获得印度政府 ICCR 奖学金授权的高校以及全国范围内为数不多的能够招收南亚东南亚研究方向硕士研究生的高校；是留学基金委指定的云南省唯一具有“国际区域问题研究及外语高层次人才培养项目”的高校；首次获得留学基金委 CSC 创新人才出国留学项目；学校与印度文化关系委员会合作共同建立了中国首家瑜伽学院；中国-东盟教育培训中心培训工作顺利推进，国际教育进一步拓展。

办学条件取得新进展。学校固定资产增加 49195.62 万元（教学科研仪器设备增加 8338.19 万元，总值达到 21745.04 万元，生均 6336 元），新增纸质中文图书 82304 种、209148 册，纸本中文期刊达 1701 种、外文纸本期刊达 80 多种。网络基础设施建设逐步完善，数字化校园建设全面启动，莲华校区和雨花校区实现了光纤互联和无线 WLAN 信号全覆盖。完成基建投资约 3 亿元，新增校舍面积约 16 万平方米。

办学体系得到新完善。云南民族干部学院、云南省高等学校少数民族预科教育基地、云南省普通高等学院专升本培养基地、附属中学、附属小学相继成立。国家级专业技术人员继续教育基地、全国双语人才培训基地、国家高等教育少数民族预科教育培养学校、国培计划项目、国家级少数民族高层次骨干人才计划等也相继落户学校，包括博士后、博士、硕士、本科和留学生教育、少数民族预科、民族干部培训、专业技术人员培训直至中学、小学在内的人才培养体系现已形成。2015 年，学校成为云南省人民政府、国家民委、教育部共建大学。

体制机制创新产生新实效。学校制定了《云南民族大学章程》，现已形成以校党委会、校长办公会、教代会、学术委员会“四马拉车”为主体，集“六个要件”“六权治本”和“六个阳光”为一体的学校内部治理体系。探索设立了“学院特区”“学院特区培育试点”“学术特区”，为学院制改革率先垂范。学校对全校教学单位及其学科、专业和机构，按教育部规定的学科进行科学调整和设置。深化干部人事制度改革，实行目标考核与绩效分配的联动机制。

民族团结进步示范谱写新篇章。云南省少数民族预科教育基地落户学校并逐年招生，云南民族干部学院的成立秉承了学校培养少数民族干部的优良传统，2015 年少数民族学生种类从 42 种增加到 43 种，占全国少数民族种类的 78%，学校成立了“宁洱民族团结示范基地”。学校在服务云南经济社会发展、培养少数民族干部和专业技术人才、民族文化保护和传承、民族高等教育振兴、民族理论政策研究咨询、民族团结进步示范创建等示范工程建设方面迈出坚实步伐。

"十二五"期间，学校新一届领导班子审时度势、高瞻远瞩，立足于办人民满意的教育这一理念，不断理清学校发展思路，明确办学定位与办学特色，制定大学章程，健全学校治理结构，实施高水平民族大学、民族团结示范校和校风教风学风建设工程，通过全校师生员工的不懈努力，使得学校综合实力显著提升，各项事业实现跨越发展，实现了从教学型大学向教学研究型大学转型。

"十二五"期间学校教育事业获得了长足发展，但仍然存在一些亟待解决的问题：一是现代大学制度有待完善，校院两级管理体制亟须改革；二是教学改革体系不完备，人才培养质量、效益不够合理；三是高层次领军人才缺乏，有组织的科学研究整合不足；四是教学科研协同机制不畅，学科建设难以辐射人才培养；五是资源投入增长有限，资源绩效约束激励机制尚未健全。

（二）"十三五"建设面临的形势

"十三五"是学校提升质量水平的战略期，跨越发展的加速期和深化改革的攻坚期。要进一步增强机遇意识和忧患意识，以更加敏锐的战略思维和更加宽广的国际视野，把学校未来发展放在国家发展的全局战略中科学定位，放在民族团结进步事业的大局中认真审视，放在少数民族和民族地区经济社会文化繁荣发展中长远谋划，放在高等教育事业转型发展中来思考和谋划。

一是国家重大战略需求将丰富和拓展学校发展的新内涵。国家"一带一路"建设和云南建设民族团结进步示范区、生态文明建设排头兵、面向南亚东南亚辐射中心，都要求学校切实提升创新能力，大力推进学科、科研与人才培养相结合的"协同创新"，努力成为国内有地位、国际有影响的高水平民族大学，在国家战略发展中发挥独特作用。

二是全面提高高等教育质量将为学校改革发展指明新方向。国家教育、科技、人才中长期规划相继出台，高等教育发展步入新的历史阶段。从发展环境来看，人才市场的供需关系已由学校主导驱动变为用人单位为主导的需求驱动；从发展定位来看，高等教育从边缘地带走向社会发展的中心，角色定位也从支持服务逐步走向服务与引领同步；从发展方式上看，高校发展重点从拼规模拼数量向在稳定规模基础上拼质量拼内涵转型。学校"十二五"期间已经完成"以量谋大"任务，"十三五"期间将要完成"以质图强"的新目标。

三是主动融入云南经济社会发展已赋予学校服务社会的新使命。教学研究型大学既是高层次创新人才培养的重要基地，又是基础研究和高技术领域创新成果的重要源泉。云南提出实现"三大战略定位"、闯出跨越式发展路子、同步建成全面小康社会的目标，要求学校紧紧围绕服务国家战略需求和地方经济社会改革发展这个主题，彰显办学特色和优势，塑造品牌，在服务地方发展与建设中发挥引领作用。

四是不断扩大国际交流合作将激发学校开放办学的新活力。开展多层次、宽领域的教育交流与合作，提高教育国际化水平，是高等教育国际化发展的必然趋势。国家提出统筹推进世界一流大学和一流学科建设的战略，结合云南跨越发展的战略构想、学校多年积淀的办学优势和实现建设高水平民族大学、民族团结进步和校风教风学风示范校的宏伟蓝图，这些都要求学校加快国际化办学步伐，充分利用国外优质教育资源，积极参与国际教育和科技的交流、合作与竞争，不断扩大学校国际知名度和影响力，在国际高等教育大格局中发挥积极作用。

五是委部省共建为学校改革发展搭建了新平台。2015 年 10 月，经云南省人民政府与国家民委、教育部协商，决定共建云南民族大学，这既是云南省委省政府、国家民委、教育部全面贯彻落实党的十八大，十八届三中、四中全会，第六次全国民族教育工作会议精神，也是学校认真实施《国务院关于加快发展民族教育的决定》，切实推动学校教育改革实现新发展、新跨越，着力办出特色、增强实力、多做贡献的新契机。

总之，“十三五”期间，学校发展机遇大于挑战。必须准确把握发展形势的深刻变化，切实增强机遇意识、责任意识、忧患意识、进取意识，提出更高的战略目标，励精图治、埋头苦干、奋勇争先，不断开拓改革发展的新局面。

二、总体要求

（一）指导思想

高举中国特色社会主义伟大旗帜，以马克思列宁主义、毛泽东思想、邓小平理论、“三个代表”重要思想、科学发展观为指导。坚持社会主义办学方针，坚持“四个全面”的战略布局，全面贯彻创新、协调、绿色、开放、共享的理念，以主动融入国家战略为中心，以提升人才支持和智力支撑的社会服务能力为重点，以“民族性、边疆性、国际性”为办学特色，更加注重内涵发展、特色发展、体制创新和需求导向的发展方向，进一步深化改革，努力推动高水平民族大学、民族团结进步和校风教风学风示范校建设取得重大突破，实现科学发展、和谐发展、跨越发展，建成绿色、开放、和谐、幸福的民大。

（二）基本原则

坚持内涵发展，增强学校综合实力。遵循教学研究型大学的发展规律，强化顶层设计，明晰发展方向，促进阶段规划与中长期规划统筹衔接；在发展方式上更加注重规模、结构、质量、效益协调发展，合理配置办学资源，着力提高办学质量和效益。

坚持特色发展，提升学校核心竞争力。将高等教育办学规律和民族工作规律相结合，围绕优势特色学科建设，在学科前沿和现实需求结合点上开展重大问题研究，进一步凝练办学特色，发挥办学优势。

坚持创新发展，激发学校办学新活力。以机制体制创新为重点，大胆探索和创新人才培养模式与科研管理体制，完善分配激励机制，改革质量评价体系，以制度创新促进教育创新和学术创新。

坚持共建发展，提升学校社会贡献力。以贡献促共建，以服务求支持，积极推动委部省共建，将国家、行业需求与学校发展紧密结合，促进人才培养、科技合作、学术交流、学科与创新平台建设等多方面交流与深度合作，提升学校社会贡献力。

坚持和谐发展，增强学校发展凝聚力。着力保障和改善民生，将学校改革发展的成果惠及师生员工，建设幸福民大；加强党建与思想政治工作，为学校又好又快发展提供强有力的政治保障；进一步凝练和弘扬特色鲜明的大学文化与大学精神，凝聚和提振民族大学精气神。

坚持开放发展，提高学校国际影响力。彰显国际办学特色，紧密结合国家战略和区域发展重点，着力构建国际化教育体系，突出培养服务面向南亚东南亚辐射中心、西南边疆民族地区发展的高级专门人才功能，提升学校服务地方经济社会发展的综合能力。

（三）战略定位

目标定位：到 2020 年，全面建成国内竞争力强、国际影响大的高水平民族大学、民族团结进步示范校、校风教风学风示范校，总体办学水平跻身全国高校 200 强，位于全国民族高等学校前列。

层次定位：以本科教育为主体，以研究生教育为主导，以留学生教育为拓展，以继续教育、专业培训为辅助，完善多种类型、多种形式相辅相成的人才培养体系。

专业定位：以应用性、民族性、国际性的专业办学为方向，加大专业结构调整与优化，促进专业建设与社会发展相结合。

（四）发展目标

主动服务和融入国家战略需求，积极适应区域发展需要，大力推进“质量立校、人才强校、科研兴校、管理活校和特色铸校”战略，经过“十三五”建设，形成规模与质量相适应、比较完善的高层次人才培养体系和办学保障体系。

形成以民族学、社会学等优势特色学科为引领、以人文与社会学科为主体，理、工、管、医等多学科协调发展的办学格局，民族学、社会学力争进入全国学科排名前十位。

领军人才和优秀人才队伍明显壮大，科研集群优势和创新能力显著提升，国际化程度大幅提高，综合办学实力明显增强，实现教学研究型大学的成功转型。

作为民族工作的人才摇篮、民族问题研究的学术重镇、民族理论政策的创新基地、民族文化保护和传承的重要阵地的不可替代作用进一步凸显，成为各民族师生创建的绿色、开放、和谐、幸福的高水平民族大学。

具体目标：

规模和结构更趋优化。全日制在校生人数保持在 36350 人以内，其中本专科生（预科生）29000 人，研究生 3350 人，留学生 4000 人左右（含东盟基地培训人员 3300 人），研究生与本科生比例接近 20%；师资队伍年龄、学历、学缘、职务结构和不同学科间配置结构进一步优化；学科专业结构更趋于合理。

人才培养质量不断提高。育人为本的理念更加牢固，力争 2—3 个本科专业通过国家权威机构专业认证，建成 2—3 门高质量的精品课程，编撰 5—10 部高质量的规划教材，完善拔尖创新人才培养体系；加强研究生创新能力培养；就业、创业质量不断提升，就业率稳中求升、创业率不断增加。

学术核心竞争力显著增强。形成民族学、社会学等优势学科群，力争 1—2 个学科达到国内领先水平；通过重点建设和专项培育，新增 3—5 个博士点学位授权学科，3—5 个特色学科，3—5 个新兴学科，形成优势凸显、特色鲜明、结构优化的学科体系。学术创新体系进一步完善，产出更多具有较大影响的原创性成果，国家科技奖、高等学校科学研究优秀成果奖等数量明显增长，社会成果转化率不断上升。

师资队伍整体素质不断提升。引进和培育更多优秀教学科研创新团队；吸引和造就一批学术造诣深、具有国际国内领先水平的学科领军人才；培养和引进一批基础扎实、能力突出的学术拔尖人才；储备和培育一批具有发展潜力的青年后备人才；进入省部级及以上高层次人才人选总量不低于专任教师的 10%。全面提升师资队伍创新能力和育人水平，打造德高望重、结构优化、实力雄厚的高水平师资队伍。

社会服务取得重大进展。构建完善高效的开放合作体系，加快成果转化，服务社会的领域进一步拓展、能力进一步增强、水平进一步提高，在服务国家战略和区域经济社会发展方面取得重要进展，贡献度大幅提升。

国际化水平显著提高。大力推进国际化进程，与世界知名的大学密切交流与广泛合作，努力打造国际交流合作平台，推动国际化高水平人才培养与科技创新。加强留学生教育，完善留学生培养层次，留学生规模稳定在年均 3000 人以上。

支撑保障能力明显增强。办学经费不断增长，财经状况明显改善。教学科研保障能力进一步提升，建设节约校园、数字校园、和谐校园，师生学习、工作和生活条件明显改善。

管理体制改革不断深化。构建科学完善的学术管理体系、精简高效的行政管理体系，学院制改革取得明显成效，内部治理结构进一步明晰，现代大学制度和文化体系日臻完善。

党的建设全面推进。大力推进党的思想、组织、作风、制度和反腐倡廉建设，不断推进党务政务公开，推动党的建设理论创新、制度创新、实践创新；深化思想政治教育改革，提升思想工作的针对性和有效性，使党建和思想工作规范化、科学化水平迈上新台阶。

三、主要任务

（一）深化体制改革，完善现代治理体系

优化学校组织结构、理顺工作关系、强化制度建设，构建适应学校内涵发展和高水平民族大学建设要求的管理体制和工作机制。深化管理体制改革，加强党的领导，坚定正确的办学方向；健全教授治学和民主管理制度，充分发挥教师在人才培养和科研创新中的主体作用；强化行政管理与服务职能，提高工作效率和服务质量。

1. 健全“六权治本”综合治理体系

坚持和完善党委领导下的校长负责制，形成党委领导、校长负责、教授治学、民主管理的工作运行机制；按照“决策权的规范运行、执行权的阳光公开、监督权的有效保障”的治理思路，推行校党委会、校长办公会、教职工代表大会、学术委员会民主决策和监督的“四马拉车”治理结构，实行“正职监管、副职分管、集体领导、民主决策”的治理模式，健全和完善“六权治本”综合治理体系，在深化综合改革过程中，坚持从实际出发，积极探索、有序推进，正确处理好改革、发展和稳定的关系，使学校在改革和发展中更加和谐、稳定。

2. 完善和推进学院制改革

坚持重心下移、责任分担原则，以分配制度和资源配置为重点，逐步推进学院制改革，进一步扩大学院人、财、物管理权限，指导学院在招生方式、培养模式、治理结构、教师聘任等方面的改革，充分调动院系办学的积极性和创造性，充分激活办学资源的效益。构建学校宏观调控，学院自主运行、师生民主管理、教授专家治学的管理运行机制。

3. 发挥好特区引领示范作用

继续加大学校给予学院特区和学术特区在经费、资源、人事和管理方面的特殊支持和政策倾斜，赋予其更大的自主权，实现人才培养、科学研究、社会服务、行政管理等综合配套改革，探索建立利于激发活力、提高效率的先进管理模式，充分发挥改革试点的引领示范作用。

4. 完善人事制度和分配政策

健全以岗位聘任为核心的分类管理体系。以实施分类管理和分层目标考核为重点，科学核定编制和岗位，创新人事管理体制与机制；改革校内津贴分配政策，完善以岗位履职相挂钩的绩效工资制度，提高薪酬分配的激励性；健全薪酬水平正常调整机制，保持在同区域、同行业的竞争力。

5. 推进后勤服务保障体制改革

坚持控制成本、降低消耗、提高效益的要求和集约化、扁平化的原则，推动后勤管理向“以师生为中心、以服务为根本、以效率为导向”的管理模式转变，着力构建科学高效、师生满意、适应建设高水平大学要求的大后勤管理服务体系。健全完善后勤服务考核评估体系，健全内部监督制衡、集约发展机制；积极探索建立后勤管理目标决策、过程监督、绩效评估、失误问责

与人力资源有偿使用机制；深化以提升服务质量和水平，拓展服务范围与领域的体制机制改革。

6. 提高学校管理水平和运行效率

加强机关职能部门和后勤保障单位的工作效能建设，围绕提高管理水平和工作效率，大力加强制度建设、增强管理工作的科学性、规范性和实效性，强化服务意识、增强服务能力、提高服务质量；完善学校财务制度和审计制度，加强对各类投入的可行性研究论证，提高资金使用效益，避免重复建设；加强资源配置与管理机制建设，强化后勤保障与服务功能，提高资源的使用效益，建设节约型校园。

（二）加快优化升级，积极创建一流学科

充分发挥传统优势学科的牵动作用，坚持有所为有所不为，实施差异化、错位式发展战略，按照学科发展的内在规律和要求，健全完善学科布局、凝练学科方向、壮大学术队伍、打造研究高地、优化学术环境、创新管理机制，加大投入和支持力度，全力推动学科建设的整体水平迈上一个新台阶。

1. 优化学科布局结构

坚持“创新引领、发挥优势、相互支撑”的原则，以促进学科的全面协调可持续发展、实施大学科建设为导向，优化学科布局结构，形成重点突出、协调发展、综合优势明显，支撑学校人才培养和文化传承创新的学科格局。

2. 实施学科重点建设工程

突出建设一流学科。以学校整体学科战略布局为基础，以率先突破为重点，采取“扶优、扶强、扶新”等措施，加快现有省、校级重点学科及一批有潜力的一级学科和二级学科的建设步伐，使学校重点学科数量大幅增长，部分学科及若干领域在国内形成学科高地，实现优势学科的率先发展、率先突破、率先进入国内先进水平。

提振基础优势学科。以建立学科高峰为目标，坚持把建设强大的基础学科作为学科建设的核心任务，深入总结基础学科建设经验，着眼学科发展的主流和未来，进一步凝练学科方向，加强协同创新平台建设，着力提高基础学科创新能力，带动和支撑其他学科发展。

积极发展应用学科。以服务地方为导向，面向国家重大战略、重大技术需求和重大现实问题，紧密结合行业需求，提升集成创新能力，建设若干个优势明显的学科群；进一步突出研究重点，通过校院合作、校企合作、校地合作等多种途径的协同创新体系建设，面向社会搭建协同创新平台，围绕大目标，解决大问题，争取大项目，产出大成果。

扶植新兴交叉学科。以多学科综合为依托，瞄准科技发展前沿和社会发展进步需求，进一步破除体制机制性障碍，通过多种途径，精心谋划，科学组织，实现跨领域、跨门类的学科交叉融合，积极培育新的交叉学科生长点，以此促进文理工等学科的彼此支撑、相互促进、协调发展。

3. 创新学科管理模式

探索构建“学科—平台—项目—团队—人才”的建设模式，构建分层次分类别的学科建设平台体系，建设一批学科专业平台、学科交叉平台和协同创新平台；创新管理方式，实现学科建设“长期规划、动态管理、分步实施”，探索优化学科组织形式，引导不同学科背景的学者之间协同合作；改革学科资源投入方式，完善学科建设经费分配机制和效益评估制度，进一步集中优质资源，整合撤并重复学科专业，带动学院和科研机构的资源整合，促进学科结构调整和布局优化；建立完善科学的学术评价体系，健全学术管理制度，健全学术组织，完善工作运

行机制，营造崇尚自主创新、开放兼容的学术环境。

（三）加强队伍建设，构筑人才聚集高地

大力实施“人才强校”战略，推进“三个一百”人才队伍建设工程，加大人才队伍建设投入力度和人力资源开发力度，引进和培育建设若干优秀教学科研创新团队，吸引和造就一批学科领军人才，培养和引进一批学术拔尖人才，储备和培育一批青年后备人才，全面提升师资队伍创新能力，打造结构优化、实力雄厚的高水平师资队伍。通过内培和外引相结合，努力把学校建设成为聚集各类优秀人才的人才高地。

1. 实施高端人才引进计划

围绕重点学科的建设和重点建设的学科，培养和引进一批高层次人才和学术领军人物，坚持把自主培养和引进人才相结合，构建良好的人才梯队；瞄准影响未来发展的关键学科领域或交叉学科，有针对性地开展高层次人才培养和造就工作，加大扶持和投入力度，培养、造就出一批高层次人才和优秀青年学术骨干；根据重点建设学科的需要，有针对性地开展人才引进，健全完善人才引进制度和机制，加大人才引进经费投入，拓宽人才引进渠道，积极争取和利用各种国家“引智”项目和战略计划，大力引进海外高水平大学和科研机构的高层次优秀人才。

2. 深化高端人才、后备人才和青年骨干教师培养计划

在校内加大学科领军人才、学科带头人、学术带头人培育，给予政策保障和经费资助；完善和落实青年骨干教师培训工作，丰富教师培训形式，资助青年教师参加各级各类的出国留学项目，鼓励教师自己联系国外著名学术科研单位出国留学、主持或参与国际合作研究；加强博士后科研人员培训和管理，为师资队伍提供后备人选。

3. 推进高水平管理服务队伍建设计划

加强学校行政管理人员的培训，支持管理人员参加各级各类业务技能培训；组织中层管理干部到国内外高水平知名大学进行短期或长期的研修培训，稳步提升管理干部队伍的国际视野和管理能力；按照学校事业科学发展的要求，完善干部考核评价机制，强化考核结果运用，建立有利于优秀管理干部竞相脱颖而出的选人用人机制，拓展管理干部队伍个人发展空间；努力建设一支高素质、专兼职结合的思想政治教育工作专业队伍，努力为思想政治工作人员的学习、研究和提高创造条件。

4. 加强学术和教学团队、梯队建设

加强年龄、职称、学历和学缘结构合理且有助于学科持续发展的学术梯队建设；完善学科带头负责人制度，着力培养一批高学历、高职称、高学术创造力的中青年学术骨干；继续推进以国家和社会重大战略需求为主攻方向、以国际一流水平为发展目标的学术创新团队建设，发挥学术团队在获取重大课题、开展重大项目攻关、产生有影响的学术成果、培养创新人才等方面的重要作用；进一步加强教学创新团队建设。

5. 构建科学的考核评估体系

改革并不断完善教师、管理人员和专业技术人员职务分类管理与考核评估制度，加强年度履职评估和聘后定期考核，着力提高标准、规范程序，建成与高水平大学接轨的人员评价体系，促成竞争择优、绩效导向的科学合理的激励竞争机制，有效发挥考评政策在人事管理中的杠杆作用；健全人员聘用管理机制，探索完善队伍动态优化机制，激发竞争活力。

6. 加强师德师风建设和教职工思想政治工作

规范教师职业道德和学术行为，倡导文明、积极、健康、高尚的职业道德，把教师职业道德作为教师考核、岗位聘任和奖惩的重要依据之一，实行师德一票否决制；规范教师的学术行为，通过典型的教育和引导作用，大力宣传和弘扬优秀的学术传统和教学传统，加强学术道德规范建设，坚决抵制和反对学术上的不正之风。

进一步创新教职工思想政治工作的体制机制，坚持把教职工思政工作与教学、科研、管理等工作相融合，同解决广大教职工普遍关心的实际问题、学校改革发展的重大问题紧密结合起来，不断拓宽工作渠道，及时把握思想动态，切实增强工作的针对性和实效性；高度重视青年教职工的思想政治工作，努力为他们的工作、学习和生活创造良好条件；加强对教职工意识形态工作的领导和引导，建立思想政治工作预警制度；进一步总结和推广先进经验，发挥思想政治工作研究会的作用，不断提高教职工思想政治工作水平。

（四）创新培养模式，提高人才培养质量

健全和完善德育体系，推行探索“德育学分”育人模式与大学生诚信档案建设工作，积极推进“云南省校外德育实践基地”“云南省高校创新创业实践育人基地”。按“德育为先”的原则，把人才培养的根本任务放在首位，加大投入和保障力度，面向少数民族和民族地区发展、面向民族团结进步事业、面向现代化建设，大力培养各类人才，特别是要培养一批政治坚定、群众信任、综合素质高的民族工作人才；培养一批民族地区“用得上、干得好、留得住”的专门人才；培养一批民族教育和民族研究的领军人物。在创新人才培养模式、提高人才培养质量上努力形成高水平民族大学特色和优势。

1. 创新研究生教育教学

加大博士研究生培养力度。鼓励和支持博士研究生培养体系改革创新，完善培养方案和专业课程教学体系，拓展国际化教育途径，大幅提升博士研究生具有海外交流和学习经历者的比例。

创新研究生培养模式。合理优化学术学位与专业学位研究生以及不同学科领域研究生布局结构；完善适于不同学位类型研究生成长的多元化培养机制，建立有利于适合社会需求的复合型人才脱颖而出的创新培养模式。

深化研究生培养机制改革。以提高研究生创新能力和实践能力为核心，完善研究生培养机制改革；进一步强化研究生指导教师的责任意识和质量意识，健全完善以科学研究为主导的导师责任制；充分利用学校多学科优势和社会资源，发挥双导师和校外合作导师的作用，联合培养研究生。

健全研究生质量保障体系。大力实施研究生培养创新计划，完善研究生课程体系，重点建设一批高水平核心课程，提升研究生课程质量；充分利用学科综合优势和现代教育技术手段，建设研究生优质教学资源共享平台；创新并完善研究生学位论文答辩制度，提高论文质量；加强完善研究生学术规范建设，促进研究生良好学术规范的养成；健全研究生质量评估体系，完善质量评价机制。

努力提高生源质量。进一步健全完善公开公平、竞争择优的选拔考核制度，完善类别化招考题库建设，改进完善复试环节考核；改革完善研究生奖助学制度，通过多种形式和渠道，吸引优秀生源。

2. 强化本科专业教育教学

深化教育教学改革工程。以提高教育教学质量为核心，以提高教师教学水平和建立有效的

教学运行机制为保障，以优势特色专业、课程和创新实践教学平台建设为基础，以实施“质量提升工程”为着力点，带动本科教学水平全面提高；不断优化本科培养方案，推进优质教学资源共享和研究性教学，丰富学生的“第二课堂”和“社会实践”经历，培养全面发展的高素质人才。

创新拔尖人才培养模式。深入推进实施“卓越法律人才培养教育计划”与“卓越工程师培养教育计划”，充分发挥其辐射带动作用，形成有利于创新人才成长的个性化培养机制。

加强课程建设。完善通识教育课程体系，加强基础课程和核心课程建设，推进课程国际化建设，增加双语教学课程数量，构筑开放兼容的学科和课程体系；利用现代信息技术搭建课程资源平台，推进优质课程资源共享，建设一批高水平的精品视频公开课、精品资源共享课和精品教材。

创新实践教学方式。重点加强一批受益面大、影响面宽的公共基础和专业基础实践教学平台、公共实验示范中心（室）建设，建设一批高水平的大学生校外实践教育基地，提高学生创新实践能力。

健全教学管理监控体系。深化学分制改革，扩大学生自主学习空间，以教师教学质量管理为核心，健全各专业教学质量标准，建立完善的教师本科教学质量评价体系和教师教学约束及奖励机制，调动教师从事本科教学的积极性；健全教学管理规章制度，推进教学管理信息化建设，进一步规范教学运行管理。

3. 提高职业技术教育、继续教育的质量和效益

创新职业教育办学体制机制，促进职业教育与创新创业教育深度融合，提高应用型人才培养质量和层次；健全面向社会需求的终身教育体系，拓展办学空间，增设应用性专业，加强对外合作，大力实施在职人员培训项目，发挥国家级专业技术人员继续教育基地的优势；积极拓展面向全国基层干部、政府工作人员的民族政策、宗教政策、民族知识的普及培训工作和面向民族地区的各类职业技能培训；建立健全个性化教学服务和信息化教育体系，提高继续教育的社会效益。

4. 重视和办好少数民族预科教育

加强少数民族预科学生思想政治教育。有针对性地开展以社会主义核心价值观为引领的“五观”教育，民族团结教育和法律法规教育，引导各民族学生牢固树立“三个离不开”思想，强化各民族学生的“五个认同”。

完善预科教育教学体系。完备预科教学计划，开齐开足规定课程，结合学生需求和实际，开设相关的选修课程和讲座，提高预科培养质量。

加强基地建设。完善预科学生管理体制，创新基地建设和经费投入机制，努力改善预科学生、生活的学习条件。

5. 加大宗教人才培养力度

加大宗教人才培养力度、强化宗教人才，开展党和国家的宗教政策法规、规章教育，积极引导宗教适应社会主义和和谐社会建设，进一步加强与云南省佛学院、云南省基督教神学院、昆明市伊斯兰教经学院的办学合作，改革培养模式和教学方式，为宗教人才成长提供最优质的教学资源。

6. 加强改进学生思想政治教育

紧紧围绕以社会主义核心价值体系为引领，积极培育和践行社会主义核心价值观，着力培养中国特色社会主义事业的合格建设者和可靠接班人这一根本任务。坚持以理想信念教育为核心，深入开展世界观、人生观和价值观教育，教育引导大学生正确认识社会发展规律、国家前途命运和自己的社会责任，为全面建成小康社会，为实现中华民族伟大复兴的中国梦而努力奋斗；坚持以爱国主义教育为重点，加强世情、国情和省情教育，民族理论与政策教育，引导和培育广大青年学生弘扬民族精神，强化国家观念，具备国际视野，培养自强自信自尊自爱的优良人格；坚持以诚信教育为基础，深入开展社会公德、职业道德和家庭美德教育，激励大学生自觉锤炼高尚的品德；坚持以全面发展为目标，深入推进素质教育，强化实践能力和创新创业精神，促进大学生思想品德素质、科学文化素质和健康素质协调发展。

拓展大学生思政教育的有效途径。建立技术先进、系统安全、制度完备、管理规范、信息健康的网络德育体系；构建并完善心理健康教育工作体系，引导学生追求积极向上，形成包容、开放、理性的心态，培养健全人格；健全大学生创新创业教育教学体系、保障体系和服务体系，扶持和推出若干项具有影响力和示范性的大学生创新创业成果；建立社会实践与课堂教学、宿舍管理、服务社会、勤工助学、择业就业、创新创业相结合的新机制；加强人文素质和科学精神教育，加强国家大学生文化素质教育基地建设。

构建大学生思政工作的保障体系。建立和完善党委统一领导、党政齐抓共管、专兼职队伍结合、学生自我教育的工作运行机制；加强学生思想政治教育建设；加大大学生思想政治教育工作的经费投入和制度保障，增强思想政治教育的针对性和实效性。

（五）推动协同创新，促进科研跨越发展

探索建立协同创新的新模式和新机制，努力提升学校在国家创新体系建设中的贡献和地位。坚持理论联系实际，重视基础性理论研究，同时紧密结合边疆民族工作实践，密切跟踪世界民族问题发展动向和理论研究动态，深入研究国内民族问题的新变化、新趋势、新挑战，向国内外积极宣传和阐释中国共产党的民族政策和中国各民族发展的新面貌。加强科学前沿基础和应用基础研究，进一步将科研成果转化成产品，实现产学研结合。

1. 加强协同创新能力建设

聚焦关键领域。着眼国家战略和科技前沿，紧密结合国家科技中长期发展规划，加强顶层设计和跨学科组织，着力在化学、民族医药等领域争取更多国家自然科学基金项目；聚焦国家战略，整合学术资源、凝练学术方向、构建创新体系、推进创新工程、增强创新活力，积极服务于少数民族和民族地区经济社会发展与文化繁荣，着力在哲学社会科学领域争取更多的国家社科基金重大重点项目及教育部哲学社会科学重大课题攻关项目。

力推协同创新。按照“问题导向、体现优势、突出特色”原则，以体制机制改革为重点，以创新能力提升为突破口，通过政策和项目引导，大力推进协同创新，提升学校科学技术和哲学社会科学创新能力。

2. 加大科研平台建设力度

加强重点科技平台、基地和实验室建设。依托特色学科的科技创新平台，加快国家或省部级重点实验室、工程技术中心的创建；依托学校优势学科，加强自主创新和技术集成，鼓励与企业结成战略联盟，推动产学研合作基地建设，共建技术创新和成果转移中心。

加强哲学社会科学研究基地和平台建设。聚焦学术前沿，瞄准国家发展战略和学科发展前沿，突出问题导向，引导基地面向社会需求、大力开展基础理论和现实应用研究，产出一批高水平的标志性研究成果；推动基地改革创新、开放发展、激发活力、凝练方向，全面提升建设

水平；鼓励与国外高水平大学或研究机构开展科研合作，提升国际影响力。

加强智库建设工程。紧密结合党和政府科学民主决策、依法决策对中国特色新型智库提出的要求，精心打造智库形象识别系统，大力强化智库成果，充分展示智库实力，不断扩大智库影响，建设服务国家战略和地方经济社会发展所需要的民族团结进步研究院、南亚东南亚辐射研究中心等高端智库。

3. 着力提升科学研究质量

重大科研成果奖励。遵循质量与数量并重、质量优先原则，实施重大科研成果奖励制度，对原创性、标志性科研成果实施重大奖励，促进研究质量和水平大力提升，争取获得更多的国家级科研奖项，提升科研论文和申请专利的质量和水平。

精品成果培育。重点支持中青年教师开展代表学科发展方向和体现学科前沿的基础研究，鼓励自由探索，强化重点项目培育；积极参与国际合作交流，提升哲学社会科学研究的国际影响力和话语权；积极推进学术观点、研究方法和评价体系创新，催生若干个对文化传承和理论创新具有重大影响的标志性成果。

4. 加快科技成果转化步伐

实施高水平科研成果转化工程建设，加快现有先进适用技术、成果在企业的推广应用和产业化步伐；积极打造横向科研服务信息互动平台，建设体现学校科技创新能力、跟踪掌握市场需求、激活科技资源的信息互动平台。

5. 改革完善科研评价机制

加强科技评价和奖励制度改革，以创新和质量为导向，逐步改革完善科研考核评价制度，建立以科研成果创造性、研究质量、服务国家水平以及科研对人才培养贡献为导向的评价激励机制；坚持分类指导，对不同学科及研究领域采取不同的目标管理、资源配置、绩效评价和激励模式；探索建立科学的科研评价标准，充分调动广大教师的积极性，促进科学研究质量的提升。

6. 创新科研管理体制机制

深化改革，以体制机制创新解决制约科研发展的突出问题；激发创新活力，提高创新质量，建立科学规范、开放合作、运行高效、适应不同类型科研活动特点的现代科研管理机制；加强学术道德和学风建设，健全完善激励约束机制；加强科研管理队伍建设，加强科研服务，健全服务体系。

（六）服务国家战略，提升社会服务能力

坚持为国家和区域现代化建设服务的发展取向，抓住国家和云南转型升级的战略机遇，继续增强服务地方经济社会建设能力。加强人才培养、科技创新和学科建设与国家和云南地方经济社会发展的重大需求的深度结合，积极构建面向南亚东南亚的高端智库，不断提升学校的决策咨询和社会化服务能力。

1. 主动融入和服务国家战略

面向国家需求，积极参与国家重大战略举措的实施，在人才培养、学科设置和科研攻关等方面提前布局，积极参与国家宏观政策的制定和实施，多渠道、深层次、全方位服务国家战略。深入贯彻落实党和国家精神，切实推进对口支援工作，促进受援地区经济和社会可持续发展；充分发挥学校在南亚东南亚语言文化研究的优势，服务国家外交战略。

2. 助推地方经济社会发展

制定实施服务云南民族地区发展行动计划，主动参与引领地方创新体系建设，积极为地方经济社会发展提供政策咨询和智力支撑。着眼制约云南地方发展的人才和技术需求，主动参与地方创新体系建设，并在创新人才培养、技术支持、文化建设等方面起到引领作用；加强对地方经济社会发展中重大问题的政策研究，努力使学校成为地方党委、政府决策的思想库和智囊团。

3. 拓展服务区域和合作领域

以科研项目为纽带，以科研平台为载体，瞄准地方政府、企业发展和边疆各民族繁荣进步所需，就发展中的重大问题、难点问题、热点问题开展联合攻关，搭建成果转化的畅通渠道，不断拓展服务区域和合作领域，增强智力支撑的服务能力。

4. 推动国内合作发展

健全国内合作交流网络，完善国内合作交流与服务平台，健全完善国内合作机制，创新国内合作模式，完善国内合作规范。充分发挥校友会的作用，提升校友服务工作水平，更好地联系和服务校友，以服务促交流、促合作、促发展。

5. 实施“挂包帮、转走访”精准扶贫工程

加强与昭通市彝良县海子镇的对接及实地调研，健全和落实“学校挂点、校领导包村、学院和部门包组、处级干部帮户”的机制，落实为彝良县办好的“十件实事”，顺利完成好精准扶贫任务，努力帮助彝良县海子镇贫困群众早日脱贫致富。

（七）实施国际化战略，提高国际影响力

加强国际化人才培养力度，落实教育部《留学中国计划》，大力实施“万人留学云南计划”，推进实施“留学南亚东南亚计划”，从学校人才培养、科学研究和队伍建设的需要出发，全方位提升开放水平，不断拓宽与国际知名大学交流合作的领域，实施国家化教育工程，提高合作层次，提升学校的国际竞争力和学术影响力。

1. 实施国际交流拓展计划

通过加强与重点国家驻华代表机构的联系，进一步拓展国际合作渠道，推动实质性的合作项目，巩固和加强与世界高水平大学的交流与合作；积极争取与国外高水平大学共建国际合作教学科研平台，开展教师互派、学生互换、学分互认、学位互授等合作项目；主动参与海外国际会议，资助教师参加国际重要学术组织或团体，为教师走向国际搭建平台，提升学校在国际上的学术地位和国际形象；发挥学校艺术体育等学科的优势，通过开展文化交流，展示多元民族文化特色，扩大学校影响力；在国际交流与合作中，加强对学科专业在对外交流中相对薄弱学院的帮扶，实现国际合作与交流的各学科协调发展和全面发展。

2. 加强和拓展国际教育

吸收和借鉴世界一流大学的教育理念、教学方式方法、教学管理模式与评价方式，引入课程、教材等海外优质教育资源，推进人才培养模式改革；加大留学生教育的投入，提高教育教学水平，扩大留学生规模，建设完善全英文或非通用语授课课程体系平台，打造留学生教育的品牌项目。

3. 加强教师队伍国际化建设

深化教师海外培训的层次，促进教师海外进修由一般性进修向一般性进修加重点分类培训

转变；通过各类项目计划，资助教师参与国际合作研究，在国际性刊物发表学术论文；通过提供国际会议资助，鼓励教师参加国际会议，支持有条件的学院举办国际会议和国际学术交流活动，提升教师的国际视野和学科的国际竞争力。

4. 深化南亚东南亚地区交流合作

充分展现学校在宣传党和国家民族政策成就、民族团结良好形象和丰富多彩民族文化的窗口作用，发挥非通用语言文化教学研究方面的优势，在合作研究、互换学生、联办学术会议、学生联谊交流等方面，拓宽交流渠道、深化合作内涵，进一步深化与南亚东南亚各国间文化交流。

（八）注重创新创业，提升社会适应能力

开展创新创业教育，是高水平大学建设的内在要义，是促进学生自主创业，主动适应社会发展需要，服务创新型国家建设的重要举措，也是学校全面深化综合改革，培养学生创新精神和实践能力的重要途径，是落实创业带动就业，促进学生充分就业的有效措施。

1. 构建创新创业教育体系

坚持强基础、搭平台、重引导的原则，为学生打造良好的创新创业教育环境，优化创新创业制度和服务环境，营造鼓励创新创业的校园文化环境，建立创新创业学分积累与转换制度，实施有利于学生创新创业的弹性学制，着力构建全覆盖、分层次、有体系的创新创业教育体系。

2. 强化创新创业教育活动

注重学生创新意识和创业精神的培育，通过设立创业基金、开展创业设计大赛、创业实践项目支持、创业团队组建、网络创业园等活动形式和载体，为学生创新创业搭建平台，推动学校加快产学研深度结合，提高科研成果、技术产品转化应用率。强化学校科技成果的孵化功能，进一步推动校区、园区和城区“三区联动”，支持高校与行业、企业、科研院所和地区建立产业技术创新战略联盟，共建创新创业平台。

3. 改革创新创业课程教学

围绕促进学生创业就业的需要，开设创新创业教育课程，增强实践教学环节，改革学分评价与激励机制，将创新创业教育课程学习纳入专业学习的要求，实施学校与企业产学研相结合科技攻关计划，加大对重大科研项目和创新团队的支持力度，开展科技攻关，创造更多的科技成果向企业转让，更加有力地支持创新创业教育出效果。

（九）加强文化建设，提高传承创新能力

学校将积极履行和承担起新的功能和使命，将自身打造成为优秀文化传承的重要载体和思想文化创新的重要源泉，着力推进民族文化传承创新，不断提升大学文化建设水平。

1. 推进文化传承创新

充分发挥大学文化在认识世界、传承文明、创新理论、引领社会、服务社会的重要功能，提升高等教育服务文化大发展大繁荣的能力，扬弃旧义、创立新知，推出一批内涵丰厚、影响深远的优秀文化成果；努力突出学校在国家、地方建设中的独特优势，发挥大学文化的辐射作用，引领社区文化、城市文化、国家文化发展方向，全面提升大学文化的创造力和影响力，为传承、传播中华文化和建设文化强国做贡献。

2. 追求卓越的大学文化

紧紧围绕教学、科研、社会服务和文化传承创新，多途径地营造现代大学文化氛围；通过制度创设、宣传教育、榜样示范等方式积极推进民主和谐的师生关系建设，增强“民大人”的文化认同，建设民大师生共有的精神家园，推动改革创新、追求卓越的校风建设，形成推动学校向高水平教学研究型大学发展的强大合力。

3. 推动校园文化建设

围绕学校的办学特色和目标定位，努力营造、不断强化富有民族特色的校园文化。通过电视、广播、报纸、校园网络、手机报等宣传媒介，逐步形成和谐平等、团结进步的氛围，为学校建设发展提供强大的精神动力；通过民族节日、校园文化活动、特色学生社团等形式，打造文化活动品牌，形成独具一格的民大文化形象；营造尊重、欣赏、借鉴各具特色的民族文化的良好校园文化氛围；通过统筹规划、科学设计、分步实施的原则，按照学校美化、绿化、亮化的思路，打造环境优美、特色鲜明的校园文化环境。

（十）加强党的建设，促进学校全面发展

加强党建工作，充分发挥学校党组织的先锋堡垒作用，全面落实“三严三实”“忠诚、干净、担当”的方针政策，把握方向，凝聚人心，营造和谐，促进发展，为学校改革发展提供坚强的思想政治保障。

1. 以建设学习型和创新型党组织为着力点，进一步加强思想建设

切实加强学习型、创新型党组织建设，坚持用中国特色社会主义理论体系武装全校师生员工；学校认真贯彻党的十八大和十八届三中、四中、五中全会精神和习近平总书记系列重要讲话精神，推动全校上下继续解放思想、更新观念，增强理论自信、道路自信和制度自信；以完善校院两级理论学习中心组制度为重点，建立健全理论学习的指导、监督、检查、评价机制；不断加强理论学习阵地建设，充分发挥党校、校报、校园网、微信学习平台等作用，形成全方位、立体化的党员干部学习服务体系。加强学校对意识形态的主导权、领导权、话语权，巩固共同思想基础。进一步加强学校宣传规整工作，营造良好氛围，为学校改革发展提供强大精神动力和思想保证。

2. 以增强凝聚力和战斗力为着力点，进一步加强组织建设

坚持和完善党委领导下的校长负责制，加强校级领导班子的建设；进一步加强中层领导班子建设，优化中层领导班子结构和功能，逐步形成梯次合理、有序递进、后继有人的班子结构，着力建设一支与建设高水平教学研究型大学相适应的高素质干部队伍；完善干部的公开选拔、竞争上岗制度，形成干部能上能下、科学流动、合理退出的有效机制；建立切实有效的干部培养教育体系和干部管理监督体系；不断加强后备干部队伍建设。

3. 以优良党风引领校风为着力点，进一步加强作风建设

认真贯彻实施《中国共产党普通高等学校基层组织工作条例》，切实促进基层党组织政治核心和监督保障作用的发挥；进一步改进和调整基层党组织的设置形式，形成健全严密的组织网络；以建设学习型、实践型、开放型、服务型、创新型党组织为目标，进一步完善基层党组织的工作体制和运行机制；健全创新基层党组织的有关制度，组织和指导基层党组织开展形式生动、内容丰富的主题实践活动；广泛深入开展创先争优活动，建立健全基层党建工作评估体系。

4. 以扎实推进惩治和预防腐败体系建设为着力点，进一步加强党风廉政建设

推进党风廉政制度建设，强化教育制度、监督制度、预防制度、惩处制度创新；重点推进干部人事、财务管理、招生、资产、基建工程等重要领域和关键环节的制度创新，建立严密有效的制度体系；健全对上级和学校重大决策执行情况检查和专项督查制度、纪律保障机制；加强对校院两级严格执行“三重一大”制度情况的监督检查；构建反腐倡廉教育的宣传教育格局，重点加强领导干部的反腐倡廉教育，深入开展校园廉政文化建设；坚持惩治和预防两手抓、两手都要硬，严肃查处违法违纪案件，进一步加大惩治腐败工作力度。

5. 以提高素质增强党性为着力点，进一步加强思想政治宣传工作

以提升学校影响力为重点，进一步创新对外宣传工作，积极构建大宣传格局；坚持“凝聚人心、营造和谐、外树形象、展示民大”的工作思路，健全、完善对外宣传工作制度和规范，拓展新的宣传内涵和宣传方式，提高新闻宣传工作的质量和水平；进一步做好对内凝聚人心工作，不断增强广大师生的责任感和对事业发展目标的认同感；进一步加强网络思想政治工作，营造多层次多类型的校园网络文化，用正确、积极、健康的思想文化占领网络阵地，培养造就一支高素质的网络思想政治工作队伍。

6. 以凝心聚力广纳谏言为着力点，进一步加强统一战线和群团工作

进一步支持民主党派、引导无党派人士树立和践行社会主义核心价值体系，加强党外后备干部队伍建设，进一步发挥好统一战线成员作用；继续加强教职工权益保障制度和困难帮扶机制建设；坚持“党建带团建”的原则，进一步加强共青团工作，不断提高团干部的整体素质，加强对学生组织的领导和指导。

四、保障措施

（一）优化资源配置机制，为学校改革发展提供基础保障

坚持绿色发展理念，坚持节约优先、保护优先，以建设节约校园为重点，遵循创新体制、强化管理、重点支持、全面保障原则，研究和探索各种办学资源的优化配置机制，积极争取政府投入和社会捐赠，不断增强资源保障能力，进一步优化资源的科学配置，充分发挥办学资源综合优势，努力实现办学效益最大化。

1. 增强财经保障能力

促进收入持续增长。以预算管理为中心，强化收入责任，积极争取政府投入，努力提升科研经费总量，应收尽缴各项收费，形成结构合理和稳定的财源，以充裕财力保障学校发展。

提高财务管理水平。建立健全财经管理制度，创新财务管理机制，加强内部管理，提高科学理财能力；坚持重点支持、全面保障，科学合理安排财务预算，严格预算管理；建立资金使用绩效评估制度，最大限度降低成本。

全力筹集社会捐赠。以发展合作为前提，积极探索社会各界支持学校事业发展的新形式、新途径，全面提升学校筹资工作能力。

2. 优化公共资产配置

加强资产管理。建立学校资产统一归口管理体制，健全资产管理制度，完善资产综合管理平台，确保资产保值、增值，提高资产使用效益。

建立公共设施设备共享机制。建立公共设施设备共享平台，加强对公共设施设备共享效果

评价，最大限度发挥使用效益，实现优化配置。

3. 建设勤俭节约校园

加强节能工作。积极采取有效措施，深入推进节水、节电、节材，减少能源消耗，降低运行成本。加强对新建及修缮项目的节能论证，加强管理节能和技术节能。

加强制度约束。严控行政运行成本，着力解决体制性、结构性、资源性浪费，杜绝不合理支出。大力加强教室、实验室、宿舍等公共场所对水、电的使用管理，加强节约意识的宣传教育。

（二）完善公共服务体系，为学校改革发展提供平台支持

坚持“统筹规划、分步推进、资源共享、加强应用”原则，以网络建设为基础，以资源共享为核心，形成资源高度共享、服务信息化的公共服务体系，拓展服务功能，改善教学科研环境，为人才培养和科学研究提供有力支持。

1. 加强图书馆及其服务能力建设

建设数字图书馆。逐步配备先进、完备的信息基础设施，改善信息服务支撑环境，丰富电子资源及权威数据库资源，形成大规模、高质量、全学科覆盖的数字资源，提高服务的信息化水平。

调整馆藏结构。加强纸质图书存量和外文原版图书期刊的引进，逐步优化馆藏资源的配置比例，逐步提高馆藏质量。

理顺管理体制。理顺各学院资料室与图书馆的关系，实现全校图书资源共建共享；完善图书馆各类资源采购制度，完善学科服务支撑体系，提升图书资源管理与服务水平。

2. 加快信息化基础设施建设

加强基础平台建设。升级学校主干网，扩大网络带宽，加速无线网络建设；完善学校数字化校园基础平台，提供统一数据标准、统一数据交换、统一身份认证服务和全面的虚拟资源服务；加强教学资源、基础数据库和特色数据库建设，促进全校数据信息共享。

抓好国家教育资源公共服务平台规模化试点工作，抓住云南“云上云”建设应用的机遇，实施“互联网+教育”基础设施建设，整合和引入各类学校教学资源和生成性课堂教学案例，实施在线学习、移动学习、慕课、微课程试点应用工作，创新人才培养方式和教师培训方式。探索建设“智慧校园”，全面实施“互联网+教育”，推进“互联网+课程”，全面拓展与更新学科课程内容，推进“互联网+教学”形成网络教学平台、网络教学系统、网络教学软件等，开设“名师课堂”和“名师网络课堂”。

加强应用系统建设。加强信息资源整合集成，深入推进校园门户网站、办公管理系统、网络教学平台、数字图书馆等应用平台的开发建设，构建完善数字化的学习、工作环境，实现数字校园。

3. 提高公共平台信息化服务水平

加强公共实验和教学平台建设。加强科研平台和基地的建设和开放力度，发挥多学科综合优势，组建若干交叉学科创新实验室，紧紧围绕教学科研任务，构建完善基础科学、技术科学、专业研究三个层面实验教学中心，提高教学信息化水平；加大实验室开放力度，增加学生自主设计实验机会，提高实验资源使用效益。

加强文博资源建设。加强博物馆、校史馆建设，提升信息化水平，进一步整合开发和广泛利用档案、校史等文博资源，充分发挥在传承民族文化、弘扬大学文化方面的重要作用。

（三）优化校区功能布局，为学校改革发展提供条件支撑

坚持科学发展观和构建和谐幸福校园为指导，以建设高水平民族大学、民族团结进步示范校为发展要求，以利于教学科研、提高办学效益、降低办学成本为宗旨，以科学定位校区功能、合理配置办学资源为核心，以强化资源共享、改善办学条件为重点，遵循高等教育发展规律，充分利用老校区，科学规划新校区，辐射带动校外办学点，实现新老校区及多处办学点资源互补与共享，逐步形成总体功能布局科学、学科资源配置合理、办学效益突出、便于高效管理的“一校两区多点”的校园格局，努力营造学术风气浓郁、文化底蕴深厚、物质环境优美和具有浓厚大学特色的校园文化氛围。

1. 充分利用老校区

改造和提升莲华校区，强化教育教学功能；保护学校文化文脉，展示办学历史积淀。

2. 科学规划新校区

推进雨花校区功能布局的科学化，充分满足学校发展需要；加快建设三号学生宿舍和食堂，改善学生生活条件；加强云南民族大学东南亚南亚语言文化教学实训大楼建设项目，为国际教育发展奠定基础；加强民族学学科群教学实验大楼建设，为高水平一流学科建设搭建平台；加大云南民族大学创新创业园建设，为提升学生创新创业能力提供支撑。

3. 统筹各办学点共同发挥作用

加强对多地办学点的统筹协调，促进相互间的资源共建，为深化教育合作交流提供条件支持。

（四）创建民族团结示范校，为学校改革发展营造和谐氛围

高举民族团结进步的旗帜，贯彻落实好《云南省少数民族教育促进条例》精神，以云南省建设民族团结进步示范区为契机，加快我校民族团结进步示范校建设步伐。坚持将民族团结教育融入各项工作，充分发挥学校在人才培养、科学研究、服务社会和文化传承方面的积极作用。

1. 坚持“一个融入”“七个结合”

坚持将民族团结进步教育融入学校各项工作中，坚持与思想政治教育、与培养中国特色社会主义合格建设者和可靠接班人、与发挥多民族文化资源优势、与解决学生实际需要、与培养服务社会的理念、与维稳工作、与创建民族团结教育基地相结合，全面推进各民族师生的大团结。

2. 彰显“两个作用”

结合云南少数民族和民族地区发展的实际，以国家战略与社会需求为导向，秉承办学传统、发挥特色优势，彰显学校在人才培养与智力支持中的重要作用，更好地融入经济社会发展。

3. 做出“六个示范”

通过扎实有效的举措，努力在服务云南经济社会发展、培养少数民族干部和专业技术人才、民族文化保护传承、民族高等教育建设发展、开展科学研究特别是民族理论政策研究咨询、开展民族团结进步和边疆繁荣稳定教育六个方面做出示范。

（五）改善师生生活条件，为学校改革发展注入人文动力

坚持学校事业发展和师生员工自身发展相统一的发展理念，切实把改善民生作为推动学校科学发展、和谐发展、跨越发展的出发点和落脚点，着力解决师生员工关注的现实问题、重大

问题，充分调动广大师生员工的积极性和创造性。

1. 着力改善民生工程

逐步提高教职工收入水平。深化绩效分配制度改革，积极探索实施绩效工资和各种福利保障措施，逐步提高教职工福利待遇。

积极改善教职工住房条件。重视广大教职工尤其是青年教师的住房问题，积极争取政策，多渠道改善教职工居住条件，着力改善教职工集中居住区的生活环境。

关注师生身心健康。加大师生医疗保障水平，积极做好师生医保工作；完善师生定期体检制度，提高校医院医疗防治水平与突发公共卫生事件的防控能力；提倡全民健身活动，促进师生身心健康。

加强和改进离退休工作。完善离退休工作体制机制，充分发挥离退休人员的作用；加大离退休职工福利保障，改进离退休职工活动方式，努力提高离退休人员的生活质量。

发展好普教事业。创新和提高附中、附小办学水平，重视素质教育，坚持精品办学，发挥优质效益，提升办学影响力；创新教育形式，改革教学方式，注重教学效果；拓展办学空间、改善办学条件，努力把附中、附小办成高水平的素质教育示范校。继续加强对附属中小学、幼儿园的管理，不断提高办学水平和办学质量，为教职工子女教育提供便利。

2. 着力服务学生成长成才

完善家庭经济困难学生资助体系。健全对家庭经济困难学生的帮扶体系，完善贷款管理机制，积极争取社会资助，推进勤工助学工作。

提高就业指导教育服务水平。完善就业指导体系、就业信息体系、就业援助体系以及创业扶持体系，健全就业指导课程体系，不断提升就业率和就业质量。

保障学生权益。进一步完善申诉制度和决策参与制度，保障学生参与学校民主管理的权利，提升学生参与学校民主管理的能力，维护学生的正当利益。

改善学习生活环境。大力实施校园美化、亮化、绿化工程，完善体育场馆设备设施，加大实验室、实训室、图书馆、训练场馆等向学生的开放力度。

3. 着力建设平安稳定校园

高度重视维护校园稳定工作，完善安全维稳工作体制机制；加强校园“人防、物防、技防、消防”建设，构建聚成式校园维稳工作网络体系；加强校园周边环境综合治理，改善师生员工的生活环境。进一步加强信访工作，着力从源头上预防信访问题的发生。

五、组织实施

本规划凝聚了全校师生员工的共识，是集体智慧的结晶，是未来五年学校改革发展的行动纲领。要提高本规划对学校发展的指导作用，推进规划实施规范化、制度化，健全规划的实施机制、评估机制、保障机制，强化过程监督，明确工作责任，建立追究机制，确保规划目标实现。

（一）提高思想认识。统一组织校内各单位对规划进行集中学习，统一思想、提高认识，广泛宣传动员、营造良好氛围，切实增强全校师生员工实施规划的信心和决心，明确实施规划的任务与步骤。

（二）加强组织领导。建立健全规划实施与评估的组织领导机构和工作机构。各学院、部门要将贯彻规划作为重要工作，把规划纲要与配套专项规划、院级规划、年度计划有机结合，明确目标任务，落实责任分工，确保规划确定的目标、任务和措施真正得到贯彻落实。

（三）完善配套规划。适应事业发展需要，各学院、部门要高度重视规划纲要与配套专项规划及本学院、部门事业发展规划的体系衔接，共同构建科学合理的学校规划体系。

（四）统筹资源配置。以规划为主线配置人力资源、财力资源、物力资源等，形成按规划配置资源的紧密联动工作机制；各类办学资源都要按照学校规划发展目标和重点任务进行科学配置，切实提高办学绩效；以完善预算分配制度为重点，每年工作计划及年度预算以规划安排为基本依据，突出规划的指导性，切实保证规划实施效果。

（五）实施规划评估。将规划中确定的各项发展指标纳入对学院、部门的考核体系，并定期听取实施情况汇报，集中研究和解决实施中的困难和问题，促进规划更好实施。

概念解释：

1. 一个中心：是指学校发展将以主动融入国家战略为中心。

2. 一个融入：是指将学校的发展主动和积极融入云南民族团结进步示范区建设。

3. 两个重点：是指学校将坚持人才支持和智力支撑的社会服务为重点。

4. 两个作用：是指学校要在云南少数民族和民族地区发展中充分发挥培养各民族高层次专门人才和提供智力服务的作用。

5. 三严三实：是指严以修身、严以用权、严以律己，谋事要实、创业要实、做人要实。

6. 三个特色：是指学校要着力彰显“民族性、边疆性、国际性”的办学特色。

7. 三个百人：是指引进 100 名高端人才和优秀博士、培育 100 名高层次教学科研人才、培养 100 名管理服务创新人才。

8. 三个离不开：是指汉族离不开少数民族，少数民族离不开汉族，各少数民族之间也互相离不开。

9. 四个注重：是指学校将更加注重内涵发展、特色发展、体制创新和需求导向的发展方向。

10. 四马拉车：是指学校要充分发挥党委会、校长办公会、教代会、学术委员会的工作职能，形成“四马拉车”的治理格局。

11. 五个认同：是指对伟大祖国的认同、对中华民族的认同、对中华民族文化的认同、对中国共产党的认同、对中国特色社会主义道路的认同。

12. 五观教育：是指对学生加强马克思主义国家观、民族观、宗教观、历史观、 文化观的教育。

13. 五个理念：是指学校“十三五”期间要贯彻创新、协调、绿色、开放、共享的理念。

14. 六个要件：是指一是提出了“决策权的规范运行、执行权的阳光公开、监督权的有效保障”的治理思路；二是实行了“正职监管、副职分管、集体领导、民主决策”的治理模式；三是推行了“四马拉车”治理结构；四是制定了权利决策目录；五是制定了“四清单一流程图”；六是形成了以章程为核心的规章制度体系。

15. 六权治本：是指学校从权力确定、权力配置、权力约束、权力行使、权力监督和惩处滥用权力六个方面，管住“权”，用好“权”。

16. 六个阳光：是指学校要进一步升华干部在阳光下成长、风气在阳光下升华、制度在阳光下完善、权力在阳光下运行、民生在阳光下改善、学校在阳光下转型的新风尚。

17. 六项改革：是指学校“十三五”期间要完成完善治理结构和提升治理能力，形成高水平治理体系；深化干部人事和分配制度改革，打造高水平师资队伍；深化教学改革和创新人才培养模式，培养高水平专门人才；深化学科建设和科研体制改革，多出高水平研究成果；推进财务管理和资源配置机制改革，创建高水平办学条件；推进和谐校园文化建设，构建高水平大学文化。

18. 六个示范：是指服务云南经济社会发展、培养少数民族干部和专业技术人才、民族文化保护传承、民族高等教育建设发展、科学研究特别是民族理论政策研究咨询、开展民族团结进步边疆繁荣稳定教育六个方面做出示范。

19. 七个结合：是指坚持与思想政治教育、与培养中国特色社会主义合格建设者可靠接班人、与发挥多民族文化资源优势、与解决学生实际需要、与培养服务社会的理念、与维稳工作、与创建民族团结教育基地相结合。

20. 八项工程：是指学校"十三五"期间"以质图强"需要推进学科重点建设工程、教学质量提升工程、教育教学改革工程、科研创新工程、三个"百人计划"队伍建设工程、高端智库建设工程、高水平成果转化工程、国际化教育工程。

21. 九大成就：是指规模和结构更趋优化；人才培养质量不断提高；学术核心竞争力显著增强；师资队伍整体素质不断提升；社会服务取得重大进展；国际化水平显著提高；支撑保障能力明显增强；管理体制改革不断深化；党的建设全面推进。

22. 十大任务：是指学校"十三五"期间要实现深化体制改革，完善现代治理体系；加快优化升级，积极创建一流学科；加强队伍建设，构筑人才聚集高地；创新培养模式，提高人才培养质量；推动协同创新，促进科研跨越发展；服务国家战略，提升社会服务能力；实施国际化战略，提高国际影响力；注重创新创业，提升社会事业能力；加强文化建设，提高传承创新能力；加强党的建设，促进学校全面发展。

23. 十件实事：是指学校每年为彝良县举办两期干部培训班；两年内为海子镇培训一期镇、村干部和致富能手；两年内对中沟小学全体教师和海子中学生全体教师轮训一遍；2016 年云南民族大学附中协助彝良县中学开办一个针对彝良优秀学子的高中班；2016 年给彝良县 5 个专升本学生名额和 5 个少数民族预科生名额；2016 年民族文化学院招收 20 名彝良籍苗族和彝族学生；学校奖助学金覆盖所有在校彝良籍家庭经济困难学生；改善和提升中沟小学、海子中学信息化水平；在海子镇筹建云南民族大学种养殖基地；由民族医药学院对天麻的药用价值和深加工进行研究。

广西民族大学"十三五"发展规划[1]

序　言

"十三五"是广西民族大学进入办学 70 年，是全面推进教育综合改革的攻坚期，是建设高水平大学的关键期，依据《国家中长期教育改革和发展规划纲要（2010—2020 年）》《国务院关于印发统筹推进世界一流大学和一流学科建设总体方案的通知》《广西中长期教育改革和发展规划纲要（2010—2020 年）》《广西壮族自治区人民政府办公厅关于实施广西高等教育强基

[1] 广西民族大学. 关于印发《广西民族大学"十三五"发展规划》的通知 [Z]. 2017-05-14.

创优计划推进高等学校创新创业教育改革的通知》的要求，与国家、广西的经济社会、科技、人才等规划相衔接，结合我校发展实际，制定本规划。

一、发展基础与形势

（一）“十二五”期间的改革发展成效

“十二五”期间，学校在党的十七大、十八大精神的指引下，在上级党委、政府领导及社会各界指导与支持下，学校始终坚持为少数民族和民族地区经济社会发展服务、为民族工作服务这“两个服务”的办学宗旨，坚持“民族性、区域性、国际性”的特色办学思路，抢抓高等教育发展的历史性机遇，大力推进人才培养、学科建设、队伍建设、科学研究、社会服务、国际合作、公共服务、党建工作，办学特色更为凸显，教育教学质量进一步提高，学校社会影响力日益扩大，取得了一系列可喜的成绩。

学科建设取得新突破。学校成为博士学位授予单位，建成完整人才培养体系。获得民族学、外国语言文学、中国语言文学 3 个博士学位授权一级学科，设立民族学博士后流动站，新增 8 个硕士学位授权一级学科、4 个硕士专业学位授权点。新增 19 个省部级重点学科。组建 33 个学科创新团队。

师资队伍建设成效显著。人才引育力度明显加大，共引进教师 179 人，其中具有博士学位的 84 人，具有高级职称的 49 人。共资助教师攻读国内外博士研究生 71 人，派出国内外访问学者 108 人。人才队伍层次明显提升，现有专任教师 765 人，其中具有博士学位的 275 人，占专任教师总数的 36%；具有高级专业技术职务的 422 人，占专任教师总数的 55.2%；具有半年以上海外留学经历的 178 人，占专任教师总数的 23.3%。

教学质量进一步提高。全面修订人才培养方案，增设创新、创业类课程，加强创新实践教学。学生参加各级各类竞赛硕果累累。恢复公益劳动课，逐步推行小班教学。新增国家级专业综合改革试点 1 个、精品视频公开课 1 门，新增自治区级特色专业 18 个、精品课程 2 门、教学团队 1 个，新增 19 个本科专业。本科毕业生就业率连年高于 94%，连续 7 年获得自治区就业工作先进集体。

科学研究取得新发展。2014 年“中国边疆地区的边民离散与回归”获国家社科基金重大招标项目立项，实现我校国家社科基金重大项目零的突破。五年来，国家级项目获资助立项 117 项，比“十一五”增加了 85.1%；科研经费 18246.6 万元，比“十一五”增加了 338.6%。共获哲学社会科学优秀成果奖 124 项，自然科学二等奖 6 项，教育部国别研究基地 1 个，国家民委重点人文研究基地 1 个，广西高校重点实验室 5 个，广西高校协同创新中心 7 个。学校新增各级各类科研平台 26 个，高级别科研平台建设取得明显成效。

服务社会能力取得新提升。先后与南宁市、自治区文化厅、中马钦州产业园区、广西中海环境工程设备有限公司等签订校市、校企战略合作协议，为服务地方发展积极输送人才。多项发明专利获得转让，多篇调研报告被相关部门采纳。承担横向科研项目 192 项，获得资助 2133.9 万元，承担横向项目数和经费分别比“十一五”时期增长 368.3%和 569.9%。派出志愿者 3581 人，服务中国东盟博览会、中国东盟商务与投资峰会，连续 11 年荣获“志愿服务先进集体”。

国际交流与合作空间进一步拓展。成功建设东盟学院，组建东南亚语言文化学院、中英学院，在印度尼西亚设立了丹戎布拉大学孔子学院，学校授予柬埔寨首相洪森名誉博士学位，为广西首家授予外国首相名誉博士学位的高校，拓展了我校与东盟国家交流合作的广度和深度，学校的国际影响力明显提升。

学校办学条件得到明显改善。西校区图书馆、东盟学院大楼等相继投入使用，基础设施建设基本完成。东校区八坡教职工住宅小区危旧房改住房项目开工建设。新增3000万元各类教学仪器设备，学习生活环境改善。适应办学空间和办学规模扩大的需要，学校积极筹措办学经费，办学经费大幅提升。

学校办学制度进一步完善。颁布实施了《广西民族大学章程》，为依法治校提供顶层设计。陆续制定和修订了《广西民族大学关于贯彻落实“三重一大”决策制度的实施办法》等规章制度，为学校健康发展提供了制度保障。

“十二五”成绩来之不易，经验也弥足珍贵。解放思想、实事求是是学校改革与发展的思想基础；深化改革、抢抓机遇、开拓创新是实现学校快速发展的关键；科学定位，提高教育教学质量是学校发展的根本；服务国家战略，服务社会经济发展，满足人民需要是学校又好又快发展的动力；“特色—优势—品牌”之路是提高学校整体办学水平的途径；坚强有力的党委领导、高素质的干部队伍和全校师生员工的齐心协力，是做好各项工作的重要保证。

（二）“十二五”面临的机遇与挑战

1. 发展机遇

当前，经济全球化深度发展，我国经济发展进入新常态，新型工业化、信息化、城镇化、农业现代化协调推进，全方位对外开放合作新格局正在形成，“一带一路”、创新驱动、中国制造 2025、精准脱贫等国家重大战略实施，大众创业、万众创新的社会需求，加强供给侧结构性改革、提高供给体系质量和效率稳步推进，迫切需要教育的服务和人才的支撑。特别是中央赋予广西构建面向东盟的国际大通道、打造西南中南地区开放发展新的战略支点、形成21世纪海上丝绸之路与丝绸之路经济带有机衔接的重要门户“三大定位”新使命，北部湾经济区、珠江–西江经济带、左右江革命老区、桂林国际旅游胜地实现国家战略全覆盖，中国–东盟自由贸易区升级版建设进程加快，广西在国家战略和全国对外开放大格局中的地位与作用显著提升，为高等教育改革发展带来了新的历史机遇。

2. 面临的挑战

学校在“十二五”期间取得较好成绩的同时，我们也清醒地认识到，学校处在欠发达后发展地区，整体实力不高，处在全国高等学校的中上水平，与党、国家和人民的要求还有很大距离，仍然存在一些制约学校发展的问题：办学特色需进一步凝练和培育，人才培养质量有待提升，教风、学风有待进一步改善；高级别的科研项目和高水平的科研成果不多，科技创新和科研服务地方经济社会能力还比较弱；文理科发展不平衡，理工科发展还比较滞后；学科建设仍需进一步加强，专业结构需逐步调整；高层次人才队伍建设任务依然艰巨，教师的国际化视野还需进一步拓宽；数字化校园建设需加速推进；行政工作效率和后勤精细化管理水平有待进一步提高；等等。这些都需要我们在以后的工作中不断地加以克服和解决。为此，我们要进一步增强紧迫感和使命感，努力推动学校新的发展。

二、指导思想、基本原则和总体目标

（一）指导思想

高举中国特色社会主义伟大旗帜，以邓小平理论、“三个代表”重要思想、科学发展观为指导，认真落实党的十八大和十八届三中、四中、五中全会精神，深入贯彻习近平总书记系列重要讲话精神，按照“四个全面”战略布局和党中央、国务院决策部署，以及自治区党委、政府的要求，深入推进高水平民族大学建设，为国家战略和广西经济社会发展服务。

（二）基本原则

坚持以建设国内高水平大学为目标。汇聚优质资源，培育高水平学科，培养高素质人才，产出高质量成果，在国内同类高等院校，西南、华南多民族聚居区及东南亚拥有领先地位。

坚持育人为本。始终把人才培养作为学校的中心工作，着力培养学生的创新创业能力；营造良好的工作氛围，汇聚高水平师资队伍。

坚持特色引领。以传统优势特色学科为引导，创新学科组织模式，支持各学科优化结构，凝练发展方向，打造新的学科增长点，形成独特优势。

坚持提升品牌。引导和支持单位做好做强自身品牌，使之固化为学校发展的名片，提升学校的整体竞争力和影响力。

坚持以绩效为杠杆。建立激励约束机制，鼓励公平竞争，强化目标管理，突出建设实效，各单位构建完善发展评价体系，充分激发学校各单位的内生动力和发展活力，不断提升办学水平。

（三）总体目标

1. 中长期发展愿景：国内一流大学

到 2032 年建校 80 周年，学校成为国内一流大学。

建成若干国内一流学科。促进人文社会优势学科更加突出，理工科形成优势，建成若干高水平的学科交叉平台，若干学科达到国内一流水平，若干学科方向达到世界一流水平。

教师队伍国际影响力和竞争力显著提升。形成科学合理的教职体系，培养和引进一大批活跃在国际学术前沿，满足国家特殊重大需求的拔尖人才，建设若干高水平创新团队。

科学研究为创新驱动发展做出卓越贡献。凝练科研方向，提升解决区域发展重大问题能力，建立科学高效的科研组织模式和体制机制，深度融入民族区域产业创新体系，提高对经济社会发展的贡献率。

学生创新创业教育特色鲜明。建成更加系统开放、以学生创新创业能力培养为核心的教育教学体系和制度、环境支撑体系，学生创新创业能力培养取得显著成效。

优秀文化传承促进区域跨文化交融。建成层次分明、功能齐全的文化传播平台，把最广泛的学术研究和交流转变为最有效的优秀文化传承途径，把广西乃至中国的发展经验提升为跨区域和全球认同的模式典范，使学校成为促进跨文化交融的区域核心枢纽。

2. 2020 年目标：国内有特色的高水平大学

实现人才培养、科学研究、社会服务和文化传承创新四位一体的内涵式发展，推动一批学科进入国内一流，建成在中国和东南亚有重要影响的高水平民族大学，在支撑“一带一路”建设、服务区域经济社会发展、弘扬优秀民族传统文化、维护民族团结、培育和践行社会主义核心价值观等方面发挥重大作用。

三、改革发展的重大任务

（一）全面实施教育质量建设工程，进一步提高教育教学质量

1. 预期目标

人才培养的规模和结构进一步优化，全日制在校生规模达到 29 000 人左右，其中，博士研究生 200 人，硕士研究生 3 000 人，本科生 20 000 人，预科生 3 000 人，专科生 900 人，留学生

2 000 人。新增 6 个自治区级教学团队，获得 40 项自治区教学成果奖，新增 2 个国家级教学团队，新增 2 项国家级教学成果奖。

2. 主要举措

（1）落实立德树人根本任务

加强社会主义核心价值观教育。增强学生社会责任感、创新精神、实践能力。进一步加强学校民族团结教育，形成学校民族团结教育常态化机制。推动思想政治理论课教师与辅导员班主任队伍的有机融合，鼓励和支持哲学社会科学教师参与思想政治理论课教学。建成全区高校重点马克思主义学院。

（2）牢固确立教学工作中心地位

建立学校党委常委会、校长办公会定期研究教学的常态化机制，形成领导重视人才培养的良好氛围。进一步提高教学管理人员的服务水平，保证学校教学秩序稳定。完善教师教学发展中心建设，健全教师教育教学保障机制，发挥教师主体作用。

（3）创新人才培养模式

探索拔尖创新人才培养模式，启动“创新人才培养计划”试点，组建“创新人才实验班”，建立寓研于教机制。探索国际化复合型人才培养模式和高端应用型本科人才培养模式。加强研究生创新教育，培养拔尖创新人才。

（4）加强课程、专业一体化建设

高度重视课程学习在学生培养中的重要作用，加大本科和研究生课程体系建设力度，培育并打造优质课程和优质案例库，形成具有自身特色的课程和教学体系。

（5）深化创新创业教育改革

设立创新创业学院。加大创新创业价值宣传，发掘树立创新创业先进典型。加强实验教学资源建设和共享，广泛搭建实习实训平台，组织创新创业竞赛，把创新创业教育融入教学全过程。

（6）进一步完善人才培养质量监控体系

健全人才培养质量标准体系，强化落实和执行。完善教学质量监控体系、创新质量监控方式。建立教学激励竞争机制，鼓励教师在教学改革与教学研究上下功夫，不断提高教学质量。

（二）实施一流学科建设工程，夯实高水平大学建设基础

1. 预期目标

加强学科建设的顶层设计，建设和培育一批一流学科，带动学科整体竞争力提升。重点建设培育 5 个左右国内一流学科、20 个左右高水平学科，形成 4 个左右学科群。新增一批一级学科授权点。

2. 主要举措

（1）建设培育国内一流学科

支持民族学、中国语言文学、外国语言文学 3 个特色优势学科，建设国内一流学科，若干学科方向争创世界一流。培育科学技术史、图书情报与档案管理 2 个学科建设国内一流学科。

（2）拓展高水平学科

支持数学、马克思主义理论、化学工程与技术、法学、公共管理、政治学、中国史、计算机科学与技术 8 个高水平学科建设。扶持哲学、应用经济学、社会学、教育学、体育学、生物学 6 个一级学科建设高水平学科。培育 6 个左右学科建设高水平学科。

（3）建设交叉学科群

本着有所为、有所不为和重点推进、统筹发展的原则，重点建设四大学科群。民族学学科群成为中国西南地区最具有创新活力和影响力的教学、科研重镇之一；东盟学学科群培育若干个具有较强研究能力和竞争力的创新群体，发挥其在广西乃至全国的引领作用；数学与信息科学交叉学科群带动计算数学、计算机软件与理论、信息处理、电子通信、集成电路设计分析等学科发展；资源开发利用与环境保护学科群支撑经济社会发展能力显著提升。

（三）实施教师能力提升工程，打造一流师资队伍

1. 预期目标

培养和造就一支结构合理的教学和管理队伍。具有博士学位教师达到400人，教授250人，45岁以下有留学经历的教师比例达到30%以上，力争2个国家级创新团队、6个自治区创新团队，新增获得国家级人才荣誉称号6人左右。

2. 主要举措

（1）加大人才引进和培养力度

引进和培养一批国内知名、区内领先的高层次人才，强化高层次人才的支撑引领作用，加快培养和引进院士、国家“千人计划”入选者、教育部“长江学者奖励计划”特聘教授、国家杰出青年基金获得者、国家“万人计划”百千万工程领军人才、国家“新世纪百千万人才工程”人选、中国科学院“百人计划”入选者、教育部新世纪人才等高层次人才和团队。柔性引进高层次人才，带动学科跨越式发展。

（2）实施师资队伍国际化成长项目

依托国家、自治区公派留学项目、学校海外留学师资培养项目等平台，选派学科带头人、中青年学术骨干、优秀青年骨干教师等到国外（境外）重点大学、研究机构访学、进修。支持教师参加各种类型的国际学术交流活动。

（3）实施青年教师培养项目

以中青年教师和创新团队为重点，优化中青年教师成长发展、脱颖而出的制度环境，培育跨学科、跨领域的创新团队，增强人才队伍可持续发展能力。

（4）实施教师创新创业教育教学能力建设项目

将提高学校教师创新创业教育的意识和能力作为岗前培训、课程轮训、骨干研修的重要内容。进一步明确教师创新创业教育责任，鼓励教师到企业、事业单位挂职，聘请各行各业优秀人才，担任创新创业指导教师。

（5）实施思政和就业工作队伍建设项目

依托广西高校思想政治理论课教师、高校辅导员、大学生就业创业指导教师等培训项目，加大全员培训、骨干研修等工作力度，周期轮训学校思政和就业创业指导教师。

（6）进一步完善人才队伍激励评价机制

继续完善岗位设置与聘任相关规章制度；稳步推进绩效工资改革工作，把引进人才作为绩效考核指标；完善教师教学评价体系，科学设置职称评价条件，发挥职称评审在人才培养的激励作用，充分调动教师主动性和积极性，推动学校的发展。

（四）实施科学技术研究能力提升工程，促进科技成果转化

1. 预期目标

显著提升现有省部级重点实验室、协同创新中心的创新能力，获得1个国家级科研平台，1

个中外合作研究机构，3 个左右政企合作的高技术研究院，国家级科研项目数量和经费总额实现翻番，发明专利申请和授权数量实现翻番，省部级获奖数量实现翻两番，获省部级科技奖一等奖 2 项以上，成为广西区域创新体系的重要力量。

2. 主要举措

（1）推进科技创新平台和重大科技基础设施建设

厅级以上科研平台各学院达到全覆盖。重点聚焦广西和国家目标、战略需求，在传统优势自然科学领域培育国家级重点实验室，若干领域形成为区域发展提供共性关键技术的创新能力，成为国内一流的创新高地。

（2）提升科技创新与成果转化能力

面向区域和国家重大需求，整合优势学科资源构建创新链，承担重大科技任务，打造若干优势学科群，全面提升综合实力和竞争力。创新体制机制，加快科技成果转移转化，以高水平的科技创新支撑高质量的人才培养和产业创新。

（3）高级别科研奖励取得突破

强化质量意识，打造精品成果，高水平科研成果取得新进展。发明专利申请和授权数量实现翻番，获广西科学技术奖一等奖 2 项，获省部级成果奖 25 项。

（五）实施社会科学研究能力提升工程，全面繁荣人文社会科学

1. 预期目标

人文社会科学领域积极参与国家和区域发展战略研究，力争获得国内领先水平的标志性成果，获得国家级二等奖 2 项以上，获省部级成果奖 200 项，省部级二等奖以上数量翻番；在新型智库建设方面取得突破，力争新增 1 个国家级、2 个自治区级智库。

2. 主要举措

（1）传承创新优秀文化

维护与传承华南、西南等民族聚居区内世居民族优秀传统文化。鼓励广大教职员工走出校园，与地方政府、相关科研单位、优秀文化传承基地与传承人密切合作，成立相应的研究机构，形成传承、创新民族民间优秀文化的良好氛围与中坚力量。

（2）建设新型智库

人文社会科学领域积极参与国家和区域发展战略研究，为国家和地区经济与社会发展决策咨询服务，在新型智库建设方面取得突破。

（3）提升继续教育服务能力

稳步发展学历继续教育，大力发展非学历继续教育；大力推进与政府部门、科研院所、企业等相关组织联合开展继续教育，做好各类培训；继续办好越南 165 项目培训班。

（六）实施国际交流与合作能力提升工程，构建开放合作新格局

1. 预期目标

紧扣国家“一带一路”“推动中华文化走向世界”等发展战略，扩大教育开放，提升国际化办学特色和水平，构建面向东盟、衔接欧美、对接港澳台、服务西南中南全方位开放合作新格局。建立汉语国际推广东盟语言培训基地，争取依托广西民族大学筹建中国东盟联合大学。新增 1 个中外合作办学项目，外国留学生人数达到 2000 人以上。

2. 主要举措

（1）提升高校师资和管理队伍的国际化水平

参与“一带一路”优质教育资源共享，扩大合作交流，提升教育国际化水平和服务共建“一带一路”能力。鼓励教师出国进修、访问。有选择地建立若干海外教师培训基地。拓展管理人员国际视野。进一步加强和改进外国文教专家的聘用工作。

（2）实施学生双向交流工程

推进我校与国外同类高水平高校建立长期的全面合作关系，扩大双向交流生、交换生规模。进一步拓展学生交流渠道，丰富学生交流形式，为学生提供更多的国际交流机会。

（3）大力发展留学生教育和境外办学

加强留学教育推介，吸引外国学生来我校留学；选择在一些国家设立招生代理处或招生中心，方便国际学生办理来校留学手续。继续加强“孔子学院”建设，扩大中国文化和广西教育在国外的影响力。鼓励有条件的学院开辟境外办学市场。

（4）扎实推进中外合作办学

大力支持和促进中英学院和现有中外合作办学项目不断提高合作水平，充分发挥示范作用。加大我校与国外同类高水平高校的合作力度，积极开发各种双联课程、学分互认课程、外国学位课程、外国考试机构课程等。有计划地引进国际通用职业资格证书。

（5）加快国际化特色学院建设

鼓励学院结合自身实际，突出特色发展。扩大建设面，改进运行机制，重点培育国际化特色学院，有目的、有计划地加大对国际化特色学院的支持力度，尽快提升我校的整体办学水平和国际影响力，培育壮大推进我校高等教育国际化发展的中坚力量。

（七）加强基础设施建设，提升公共服务能力

1. 预期目标

校园基础设施更加完善，公共实验室设施高质量保障实验教学，文献信息资源满足师生员工教学科研需要，数字校园实现高水平信息共享，后勤保障更加有力，形成完善的公共服务体系。

2. 主要举措

（1）大力推进校园基本建设

加大实验教学用房建设，加快推进留学生公寓建设项目，建设博士研究生学生公寓楼、西校区综合体育馆、中国东盟学术交流中心等，改善教学基本条件，解决教授办公场所问题。完成东校区图书馆新馆建设并投入使用。大力推进武鸣校区建设，满足学校发展需要。改善幼儿园、附小、附中的办学条件，拓展办学空间，提高办学质量，解决职工子女入托、入学后顾之忧。进一步做好危旧房改造工作，改善教职工住房条件。

（2）建设数字化校园

提升网络出口带宽和覆盖范围，实现无线网络全校覆盖，构建多业务集成为一体的“云”校园网系统，优化校园网主干网络及接入系统，建设高效节能的新一代数据中心，改善学校综合信息服务，建立专业高效的信息技术管理服务体系，全面提高学校的工作效能、管理效率、决策效率、信息利用率，提升学校的核心竞争力。

（3）提升实验室服务能力

科学合理布局教学实验室，形成各学院实验室分区相对集中的分布体系。优化实验内容，

增加综合性、设计性、创新性实验比例。加强实验室信息化和标准化建设，完善实验室建设绩效评价体系。力争获得 5 个左右自治区级实验教学示范中心或虚拟仿真实验教学中心。努力争取 1—2 个国家级实验教学示范中心。

（4）提升文献信息服务能力

提高图书馆服务学校教学科研能力；实现“专业阅读推广”全覆盖，构建多元文化交流中心；完成东盟数字图书馆建设，巩固和扩大本馆东盟文献资源馆藏优势。将图书馆建设成为学校教学科研文献信息中心、校园文化交流中心和区域内东盟文献资源的主要提供者。

（5）完善后勤保障功能

建立健全科学合理的后勤工作管理机制，提升工作整体执行力，实现后勤管理工作精细化，以“温馨后勤”“智慧后勤”“文化后勤”为目标，构建以“师生为本，服务温馨，安全节能，优质高效”的后勤保障系统。

（八）改革经费配置体系，提高经费使用效率和效益

1. 预期目标

学校资金筹措能力显著提升，经费配置更加科学合理，支撑保障更加有力，经费使用的集约与共享度显著提高。

2. 主要举措

（1）构建多元经费投入体系

多渠道筹措学校发展经费，逐步形成政府投入、学校自筹和社会引资相结合的多元经费投入体系。争取更多中央和自治区财政资金支持，提升省部级重点学科、重点实验室和人文社会科学研究基地的整体水平，利用教育基金会，加强与校友及社会各界联系，争取各类社会捐助，合理使用银行信贷资金加强基础设施建设，形成纵向横向交织的资金吸纳能力。

（2）加强经费使用管理、监督

加强预算管理，提高预算编制和预算执行水平，实行绩效考核目标管理，提高经费使用效率；加强学校收费管理，实行收支两条线。

依法理财，加强资金监督检查，实现财务、审计、国资及资金使用部门之间联动，加强事前、事中、事后的监督检查，保证资金安全。

（九）完善学校治理体系，建设现代大学制度

1. 预期目标

建立以制度激励为核心的现代大学治理体系，逐步实现学校治理体系和治理能力的现代化，形成特色鲜明、充满活力、富有效率、管理自律的现代大学制度。

2. 主要举措

（1）完善学校治理体系

建立健全《广西民族大学章程》落实机制，加快形成以章程为统领的完善、规范、统一的制度体系。充分发挥学术委员会在学科建设、学术评价、学术发展和学风建设等方面的重要作用。

充分发挥教职工代表大会、共青团、学生会等在民主决策机制中的作用，积极探索师生代表参与学校决策的机制。加强审计监察工作，建立健全学校国有资产管理体制，进一步做好资产管理工作。

（2）深化校院两级管理模式改革

探索试行有利于学科发展、学科交叉，有利于打破学科专业壁垒的院级单位设置模式和管理运行机制，实现由以学校为主的发展模式向以学院、学科为主的发展模式转变，学校加强规划制定、目标导向、绩效评估、动态调节等工作，强化学院在目标实现和决策执行过程中的自主权，调动学院和学科的积极性和创造性。完善相思湖学院内部管理制度，提升总体办学水平。

（十）加强党的领导，打造坚强领导核心

1. 预期目标

坚持党委的学校领导核心地位，牢牢掌握党对学校工作的领导权，按照办好中国特色社会主义大学的目标，以立德树人为根本，把思想政治工作贯穿教育教学全过程，实现全程育人、全方位育人。全面推进党的思想建设、组织建设、制度建设、作风建设和反腐倡廉建设。推动全面从严治党向纵深发展，奋力营造“三大生态”、实现“两个建成”，谱写建党百年广西发展新篇章。

2. 主要举措

（1）加强学校领导班子建设，提高办学治校能力

坚持党对学校各项工作的领导，完善党委领导下的校长负责制，完善常委会向全委会、向学校党代会报告工作制度。坚持和完善党委理论中心组学习制度和定期务虚研究制度，不断强化理论武装。党员领导干部严格执行双重组织生活会制度，按照要求参加组织生活。

（2）加强干部队伍建设，提升干部队伍整体素质

建立健全干部选拔、任用制度，制定干部培养计划，推动干部交流锻炼、挂职锻炼和多岗位锻炼，加大培养选拔年轻干部、女干部、少数民族干部和党外干部的力度，注重各级后备干部的选拔培养，建设一支素质优良、业务精湛、结构合理的干部队伍。

（3）加强基层党组织建设，强化党支部功能和作用

落实党建工作责任，落实党组织负责人履行党建工作第一责任人的职责，加强对党支部工作的具体指导，坚持“书记抓，抓书记”。各党支部要结合“两学一做”开展理论学习，加强党员思想教育和管理，丰富党员组织生活。建立健全督促检查、跟踪落实和考核评价制度，有针对性地加强对党支部建设的指导、督促和检查。

（4）加强宣传思想道德建设，优化育人环境

着力抓好中心组和教工党支部政治理论学习。加强意识形态工作。加强马克思主义学院和思想政治理论课建设。加强新媒体建设。充分发掘广西民族大学的历史和传统，统筹推进精神文明和校园文化建设。全面推进校园文化建设，努力营造优美的育人环境和良好的文化氛围。

（5）加强党风廉政建设，推进全面从严治党

深化反腐倡廉体制机制改革，建立完善二级党组织纪委机构。健全党风廉政建设责任体系，落实党委主体责任和纪委监督责任，强化“一岗双责”。加强宣传教育、校内巡查和问责追责力度，自觉建立起遵纪守法的防线。

（6）加强统战和群团组织建设，密切联系师生群众

完善大统战工作格局，支持民主党派、无党派人士加强自身建设，充分发挥各相关团体人员及党外知识分子的作用。坚持和完善教职工代表大会制度，发挥工会组织的桥梁纽带作用。改革创新的基层组织、工作模式。加强离退休服务保障工作，关心支持关工委开展工作。

四、加强规划实施与管理

切实加强规划的组织实施，把高水平民族大学建设摆到事关学校全局工作的突出位置。

（一）加强组织领导

成立高水平广西民族大学建设领导小组，推进实施特色引领学校创新发展的总体部署，进一步深化学校综合改革。领导小组下设办公室。建立定期专题研究综合改革会议制度，加强学院、各职能部门的协调与联动机制。

（二）落实考核问责制度

加强宣传力度，增强学校各单位实施规划的主动性和积极性。把建设目标、重点任务纳入工作计划和目标责任制考核内容，确保规划各项任务落到实处。

（三）强化规划实施监测评价

建立规划实施的年度监测制度和体系，对规划指标的实现进度、任务部署和政策措施的落实情况进行年度监测，及时掌握规划实施情况。开展规划实施中期评估和期末总结评估，对规划实施效果进行总结评价，在监测评估的基础上，根据高等教育的新进展和社会需求的新变化，对规划指标和任务部署进行及时、必要的调整。

后　记

本书为国家民委 2017 年民族研究委托项目“中国高水平民族大学建设研究”（2017-GME-009）和中南民族大学中央高校科研业务费专项资金资助项目（CSD17025）的重要结项成果。

项目能够受托立项，要感谢国家民委民族理论政策研究室各位领导和专家的充分信任和激励鞭策。项目能够有效推进，要感谢中南民族大学科学研究发展院、教育学院的协调配合，以及中央民族大学、中南民族大学、云南民族大学、西南民族大学、广西民族大学、西北民族大学等兄弟院校的学校办公室、发展规划处、党委宣传部、组织人事部等多个职能部门的鼎力支持和无私帮助。项目能够顺利结题，要感谢为民族高等教育事业实践探索和理论创新呕心沥血、无私奉献的同仁们，是大家的宝贵经验和创新成果为我们开展研究奠定了基础，开阔了视野，启迪了思维，激发了灵感；也要感谢中南民族大学教育学院研究团队的默默耕耘与辛勤付出。本书中，“高水平民族大学的建设历程”一章由胡炳仙教授、杨胜才研究员共同撰写；甘永涛副教授为“高水平民族大学的建设现状”一章做了部分资料收集和整理工作；“高水平民族大学的建设规划”一章由康翠萍教授、田恩舜教授、王磊副教授和邓俊熙博士等研究团队前期完成调研工作并形成文本初稿，由杨胜才研究员修改完善。其他章节的撰写和全书的统稿、定稿均由杨胜才研究员完成。

本书能够及时付梓，要感谢国家民委民族理论政策研究室，中南民族大学科学研究发展院、教育学院和研究生院的充分肯定和大力支持，以及科学出版社有关编辑的辛勤耕耘和敬业奉献。还要特别感谢中国人民大学陈立鹏教授在百忙之中对于拙作的悉心提点和作序推荐。总之，本书是项目内外的同仁团结一心、通力合作、协同攻坚的可贵精神与集体智慧的结晶。我们衷心期待这种协同模式和成果本身能对我国民族高等教育理论研究与实践探索有所裨益。

高水平民族大学建设是一项浩大的社会系统工程，因素较多，涉及面广，结构庞杂，难于做到毕其功于一役。因此，本书的出版仅在于抛砖引玉。高水平民族大学建设是一项使命特殊、任务艰巨、与时俱进、开拓创新的伟大实践，要回答好这一重大时代命题，还需要专家学者们潜心笃志、驰而不息地深入探究。由于我们理论功底浅薄、研究站位不高、学术水平有限、调查研究不够全面深入等原因，不论在宏观规划把握还是在微观分析解构上，都难免存在疏漏甚至错误之处，敬请民族教育研究和民族研究领域的专家学者们批评指正。

杨胜才

2019 年 10 月 15 日于武汉